私募投资基金监督管理条例一本通

冒小建　编著

REGULATION ON THE SUPERVISION AND
ADMINISTRATION OF
PRIVATE INVESTMENT FUNDS HANDBOOK

法律出版社
LAW PRESS · CHINA
北京

图书在版编目(CIP)数据

私募投资基金监督管理条例一本通 / 冒小建编著. -- 北京：法律出版社, 2024
ISBN 978-7-5197-8854-4

Ⅰ. ①私… Ⅱ. ①冒… Ⅲ. ①私募投资基金监督管理条例-基本知识-中国 Ⅳ. ①D922.280.4

中国国家版本馆CIP数据核字(2024)第028638号

私募投资基金监督管理条例一本通
SIMU TOUZI JIJIN JIANDU GUANLI TIAOLI YIBENTONG

冒小建 编著

责任编辑 似 玉
装帧设计 鲍龙卉

出版发行 法律出版社
编辑统筹 法律应用出版分社
责任校对 李 军
责任印制 刘晓伟
经　　销 新华书店

开本 A5
印张 17　**字数** 454千
版本 2024年3月第1版
印次 2024年3月第1次印刷
印刷 固安华明印业有限公司

地址:北京市丰台区莲花池西里7号(100073)
网址:www.lawpress.com.cn
投稿邮箱:info@lawpress.com.cn
举报盗版邮箱:jbwq@lawpress.com.cn

销售电话:010-83938349
客服电话:010-83938350
咨询电话:010-63939796

书号:ISBN 978-7-5197-8854-4　**定价**:78.00元

凡购买本社图书,如有印装错误,我社负责退换。电话:010-83938349

出版说明

2017 年 8 月 30 日，国务院法制办发布《私募投资基金管理暂行条例(征求意见稿)》，我当时有工作的实际需要，并且满怀学习兴趣，就开始围绕条例编一本汇总相关法律条文的工具书。经过两年多的时间，到 2019 年年底书稿基本成型，之后我就适时根据法律法规的修改对书稿不断调整。2023 年 7 月，国务院终于正式公布《私募投资基金监督管理条例》，因为条文变化较大，所以我在原有书稿的基础上进行了大量的修改工作。

在过去的十几年间，私募基金行业经历了野蛮生长、适度监管、扶优限劣几个阶段。2012 年修订的《证券投资基金法》新增第十章"非公开募集基金"一章，私募基金自此取得了法律上的身份。2015 年修正的《证券投资基金法》要求私募管理人按照规定向基金业协会履行登记手续，产品募集完毕应及时备案。之后，基金业协会陆续出台了一系列详细规则。2023 年国务院公布的《私募投资基金监督管理条例》强调对私募基金"扶优限劣"的差异化监管，保护投资者权益，注重安全与发展的平衡，这在全国人大常委会制定的《证券投资基金法》、证监会出台的《私募投资基金监督管理暂行办法》等部门规章及中国基金业协会出台的自律规则体系之间，起到了承上启下的重要作用，完成了私募基金行业法律规范的顶层设计。

然而，在《私募投资基金监督管理条例》出台前，原有的监管规则以部门规章和自律规则为主，法律效力层级偏低，缺乏一部针对私募投资基金行业的“上位法”，以行政法规的形式对私募基金的监管规则进行明确和统一。《私募投资基金监督管理条例》的生效实施，标志着中国私募基金行业监管体系顶层设计的初步完成，这必将进一步推进行业有序、理性、合规的发展。因此，有必要以此为契机，全面梳理私募基金的相关法律法规和自律规则。

本书分为两个部分：第一部分是全书主体内容，即以《私募投资基金监督管理条例》为切入点，结合法律、部门规章、自律规则对条文进行解读，形成了一本通的体系，具体涉及《刑法》、《民法典》、《公司法》、《合伙企业法》、《证券法》、《证券投资基金法》等。为方便阅读，每个条文之前，加上了该条文的条旨，条文之后根据其具体内容，大致按照法律效力的层级，采编了法律、部门规章、自律规则的相关条文。第二部分为附录，分为三点：一是监管部门已经公布的征求意见稿，虽然其尚未生效，但内容重要，为便于读者更好地理解、适用本书主体内容，所以收集在附录部分；二是投资活动相关的术语，鉴于私募投资基金是专业度很高的经营活动，除法律之外还涉及财务会计、金融投资、企业管理等相关领域常识，为便于读者更好地理解条例的相关内容，因此收集、罗列了一些常见的基本概念；三是汇总了作者目前掌握的所有与私募基金相关的规范性文件目录，供有需要的读者查询。

由此，本书定位为私募基金法律法规查阅便利的工具书，便于私募基金投资人、私募基金从业人员、相关法律工作人员查阅、理解、适用相关法律条文及自律规则，也为理论工作者从事私募基金教学与科研提供便利，为法学、金融学科学生全面学习掌握私募基金相关知识提供帮助。

本书的完成，离不开很多人的帮助。首先感谢复旦大学国际金融学院执行院长金融学教授钱军老师，他为本书作序。在钱军老师的帮助下，我不但学到金融知识，还有意识地培养自己的金融思维。感谢法律出版社似玉编辑，以及王春蕊老师、邵贝妮同学、霍东杰同学，他们以各种形式为本书出版给予了大力支持。感谢陈鸣同学、王旭倩同学、袁雨昕同学、张显扬同学，他们在和我共事之余，先后为书稿资料的收集整理提供了大量帮助。

本书将以修订版的形式，长期致力于私募基金相关法律法规的整理工作。因个人能力有限，本书难免存在不当、疏漏之处，敬请批评指正。

冒小建

2024 年 3 月

序

中国基金业协会的相关数据显示，截至2024年1月末，存续的私募基金管理人超过2.1万家，产品达到15万余只，管理规模超过20.33万亿元。从“大资管”行业的各个细分领域来看，私募基金的管理规模并不是最大的，但其增长速度是最快的。2023年7月3日，《私募投资基金监督管理条例》正式发布，这是我国私募投资基金行业首部行政法规。条例的出台，有利于完善私募基金监管制度，将私募投资基金业务活动纳入法治化、规范化轨道进行监管，对私募基金行业规范健康发展、防范化解风险具有重要意义。

2024年春节前夕，我收到金融EMBA学员冒小建同学编著的《私募投资基金监督管理条例一本通》书稿，他还邀请我为此书作序。我仔细拜读后，欣然答应。此书为私募基金法律法规的工具书，采编了相关的法律、行政法规、部门规章、自律规则的条文，这凝集了作者二十年来学习、运用法律的心得，而采编的过程中，还需要运用金融、财税、工商管理等方面的知识，才能适应私募投资专业领域的需要，这又有他近些年来，尤其是在复旦大学国际金融学院钻研、学习的成果。我认为此书有三大亮点：

第一，法律与金融的完美结合。此书的主体部分呈现的是法律条文的汇编，而私募投资的底层业务逻辑是金融、产业、企业管理、财税等相关领域。此书的附录部分还专门收录了常见的投资业务术语。我清楚地记得，在新冠疫情严重的时期我给EMBA同学们讲授了一门投融资和企业并购的课程，谈到了国内外商学院的经典案例康雷尔公司和国内某互联网企业的收购案例，也提及委托代理、协同效应等问题。这些内容在私募基金杠杆收购中经常碰到，因此有必要把法律和金融完美地融合，才能为业务开展起到更好的引领和指导作用。另外，资本市场的规范要求极高，“法治兴则市场兴”，法治供给的增加会更好地发挥法治在资本市场高质量发展中的固根本、稳预期、利长远的作用。

第二，此书很好地回答了一些没有定论的重要问题。金融有创新的内在驱动，而法律法规的制定和实施有天然的滞后性，如何填补二者之间存在的“真空地带”对金融实践工作的开展以及法律法规的完善都至关重要。比如，在编者注中提到，在当前私募基金托管业务中，有的法律学者认为管理人及托管人应当视为信托法层面的共同受托人，先由托管人承担连带责任，继而向管理人进行内部求偿。而司法实践中基金托管人的共同受托人地位认定路径尚不清晰，有不认定托管人为共同受托人的做法，仅要求托管人对投资人承担部分责任。此外，不同的金融行业协会对此事的看法也曾不一致。相信随着私募基金业务的深入发展，这些尚无定论的法律问题会最终形成共识。这些不单单是法律问题，也是行业整体发展的业务问题。当然，随着行业的发展，也许会出现更多的争议问题，需要更多融合金融与法律的研究分析。

第三，此书是一部实操性很强的工具书。作者全面、深入地梳理了私募基金的相关法律法规和自律规则，有助于读者研习、掌握私募基金法律法规的适用原则和具体细节特征，也有助于私募基金行业的健康发展。此书为私募基金投资人、私募基金管理人以及所有对私募基金感兴趣的人士提供帮助。当然,作为一部有益的工具书,更多的人阅读后,可以发现它的价值,也会发现它的不足。希望有条件的话,小建同学能一直坚持修订、完善该著作,为中国金融的力量贡献更多专业之力。

中国私募基金尽管近年来发展迅速,但是与其他成熟市场相比,在单个管理人管理基金规模、管理人整体数量等方面还有一定的差距。简言之,希望私募基金行业的各个相关主体,用好这部专门的行政法规,把行业更好地发展起来。

钱 军

2024 年 3 月 1 日

检索说明

本书按《私募投资基金监督管理条例》内容为序进行编撰。查找到相关条文,即能查阅相关私募基金条文规定、立法解释与司法解释等内容。

可使用以下任意一种检索法查阅本书内容:

1. 目录检索法

通过目录查阅相关私募条文。

本书按照条文的顺序制作目录,通过目录确定条文具体页码,定位到具体页码便可查阅更多相关法条、司法解释等内容。

2. 页眉检索法

本书以条例各“条文”为单位设置页眉。因部分条文项下相关知识点及法律法规较多,通过每页页眉内容便可查阅该页系具体针对哪一条文而进行解读的。

凡　例

一、目录

1. 本书以章和条文为单位编制目录。

2. 目录由七章六十二个条文以及补充、附录构成。

二、正文

正文的编排结构呈现方式：首先是条文内容；其次是对条文的解读，其中的主要内容是该条文背后涉及的相关法律法规等。

1. **条文内容**：逐条列明《私募投资基金监督管理条例》中的条文原文。

2. **条文解读**：对条文的内容进行解构和剖析，通过将条文中的主要内容提取后按知识点罗列，并在每个知识点项下将与之相关的法律法规进行梳理排布。

3. **其他相关法律法规**：条文中同一知识点下的相关法律法规一般按照法律位阶进行排序，位阶相同的，按照发布时间由近到远排列。部分条文中的内容较多且划分知识点后，因与之相关的法律法规拆分排布后不便于系统查阅，故将其统一放在各知识点前。如条例条文第九条【董监高、执行事务合伙人消极条件】，该条文项下虽细分知识点，但与之相关的部分法律法规条文不便于拆分，故统一放在最前面，起到整体概括的作用。

三、省略

1. 在本书正文内容中，有时会省略条文解读部分中某些条文或条文的某些内容。省略的情形如下：

(1)被省略内容与所解读条文没有相关性；

(2)被省略内容为该文件的开头部分或结尾部分；

(3)被省略内容为政策性的宣誓性规定。

2. 因与某一条文缺乏相关性而被省略的内容，会在其他相关条文中出现。

3. 部分条文知识点重叠导致与该知识点相关解读内容重复，为避免烦琐，会引用已在其他处分析的知识点内容。如条文第十四条中的第5点“私募基金财产清算”，该部分内容在其他知识点处已作为重点予以分析，故此处呈现为“关于清算相关内容详见‘第三十四条2. 私募基金清算’。”

4. 省略纯粹属于技术处理，不会导致对所解读条文的理解产生偏差。有时省略部分内容后，该条文的解读反而更为清晰明确。

四、编者注

一部分条文解读后面附有编者注，是编者对相关内容的提示、分析和补充。

五、补充

本书共有十二个补充文件，补充一：资管行业监管全景是对大资管行业监管体系内容的补充；补充二：《私募投资基金服务业务管理办法(试行)》，是对条例第三条中的第5点“私募基金服务机构”相关内容的补充。

补充三、四、五分别为各类组织形式私募投资基金合同的拟定提供了详细指引(补充三：《私募投资基金合同指引1号——契约型私募基金合同内容与格式指引》；补充四：《私募投资基金合同指引2号——公司章程必备条款指引》;补充五:《私募投资基金合同指引3号——合伙协议必备条款指引》)。补充六是关于发布《私募投资基金电子合同业务管理办法(试行)》的通知,为电子合同业务操作提供依据。

补充七:《募集环节的适当性程序》为管理人及投资人提供募集环节适当性义务履行的流程指引;补充八:《不动产私募投资基金试点备案指引(试行)》对不动产私募投资基金试点政策下的具体备案要求做了细化;补充九:《证券投资顾问业务暂行规定》为私募证券投资基金管理人投顾业务的参照适用提供了依据;补充十:《私募基金管理人失联处理指引》督促私募基金管理人畅通投资者服务渠道,对管理人失联相关事宜作出了具体规定。

补充十一及补充十二对管理人的信用信息报告工作提供了指引(补充十一:《私募股权、创业投资基金管理人会员信用信息报告工作规则(试行)》;补充十二:《私募证券投资基金管理人会员信用信息报告工作规则(试行)》)。

六、附录

1. 因本书出版时证监会发布的《私募投资基金监督管理办法》尚在修订,目前仅可见征求意见稿内容,但该文件作为私募行业重要的部门规章,具有重大意义。为避免疏漏同时提请读者注意,该部分内容并非正式文件,为证监会于2023年12月8日发布的《私募投资基金监督管理办法》(征求意见稿)。

2. 投资活动相关术语:对本书中涉及的投资活动相关术语进行解释。

3. 与本条例相关的法律法规目录:部分文件按照位阶由高到低进行排列,部分文件无须区分位阶,按照发文机构进行整合,同一发文机构项下的文件统一排列。

目　　录

私募投资基金监督管理条例

第一章　总则 …… 1
第一条　【立法目的】…… 1
第二条　【适用范围】…… 3
1. 非公开方式 …… 3
2. 以投资活动为目的 …… 4
3. 基金管理人 …… 5
4. 普通合伙人 …… 6
5. 执行事务合伙人 …… 6
6. 为投资者的利益 …… 7
第三条　【基本原则】…… 7
1. 鼓励私募行业发展 …… 8
2. 自愿、公平、诚信原则 …… 8
3. 民事法律行为无效 …… 9
4. 私募基金从业人员信义义务 …… 11
5. 私募基金服务机构 …… 12
6. 私募基金从业人员的资格要求 …… 12
第四条　【财产独立性原则】…… 15
1. 基金财产独立 …… 15
2. 按约定分配收益、承担风险 …… 16

第五条 【监督管理机构】…… 18
1. 监管机构 …… 18
2. 政府投资基金 …… 20
第六条 【分类监管】…… 27
1. 差异化监管 …… 27
2. 创业投资基金 …… 28
3. 私募证券投资基金 …… 28

第二章 私募基金管理人和私募基金托管人 …… 29
第七条 【私募基金管理人】…… 29
1. 公司设立条件 …… 29
2. 合伙企业设立条件 …… 31
3. 通道业务相关 …… 32
4. 集团化管理 …… 34
5. 经营者集中申报 …… 36
第八条 【管理人,控股股东、实际控制人、普通合伙人消极条件】 …… 38
1. 实际控制人的认定 …… 48
2. 利冲相关内容 …… 50
3. 不良信用记录 …… 53
第九条 【董监高、执行事务合伙人消极条件】 …… 53
1. 董事、监事、高管任职资格 …… 58
2. 执行事务合伙人及其委派代表的禁止性规定 …… 59
3. 相关罪名 …… 61
4. 金融管理部门的行政处罚 …… 61
5. 证券公司及公募基金管理人董监高任职资格 …… 64
6. 不能清偿到期债务 …… 65
7. 失信被执行人名单 …… 65
第十条 【登记程序】…… 66

1. 登记程序与文件 …… 67
2. 中止/终止私募基金管理人登记 …… 74
3. 法律意见书问题 …… 76
第十一条　【管理人职责】…… 88
1. 依法募集 …… 89
2. 基金备案 …… 89
3. 分别管理、分别记账 …… 90
4. 风险控制制度 …… 91
5. 收益分配 …… 98
6. 信息披露 …… 100
7. 资料保存 …… 100
8. 诉讼权利 …… 102
第十二条　【合规治理】…… 105
1. 虚假出资、抽逃出资、股权代持等 …… 106
2. 擅自干预业务活动 …… 108
3. 为自己/他人谋取利益,损害投资者利益 …… 110
4. 股东、实控人、合伙人的禁止行为 …… 112
第十三条　【管理人持续性要求】…… 114
第十四条　【注销及清算】…… 118
1. 申请注销 …… 118
2. 解散、被依法撤销或者被依法宣告破产 …… 120
3. 因重大违法被追责 …… 122
4. 持续备案发行 …… 132
5. 私募基金财产清算 …… 133
第十五条　【私募基金托管】…… 133
1. 托管要求 …… 133
2. 托管人资质 …… 134
3. 证券投资基金托管人机构公示 …… 137
第十六条　【托管人职责】…… 138

1. 依法履行职责 …… 138
2. 托管业务隔离机制 …… 144
3. 托管人履职不当的责任 …… 146

第三章 资金募集和投资运作 …… 148
第十七条 【自行募集】…… 148
第十八条 【合规募集】…… 151
1. 合格投资者 …… 151
2. 累计人数限制 …… 155
3. 收益权拆分 …… 157
4. 法律责任 …… 159
第十九条 【适当性匹配】…… 163
1. 基金产品等级划分 …… 163
2. 投资者分类与转化 …… 166
3. 普通投资者与基金产品的风险匹配 …… 170
4. 适当性募集程序 …… 172
5. 适当性管理制度 …… 178
6. 信息保存 …… 179
7. 违反适当性义务的法律后果 …… 179
8. 法律责任 …… 180
第二十条 【募集六不得】…… 181
1. 合格投资者 …… 181
2. 资金来源合法 …… 181
3. 非公开方式 …… 185
4. 宣传推介 …… 186
5. 不得以托管人名义宣传推介 …… 189
6. 不得保本保收益 …… 190
7. 法律责任 …… 193
第二十一条 【私募基金显名】…… 193

第二十二条　【基金备案】…… 195
1. 备案信息 …… 196
2. 备案程序 …… 200
3. 变更管理人 …… 202
4. 备案产品类别 …… 207
5. 不予备案情形 …… 208
6. 暂停备案情形 …… 210
7. 受益所有人的认定 …… 211
8. 实缴募集资金规模 …… 213
第二十三条　【监管监测】…… 215
第二十四条　【投资范围】…… 216
1. 私募基金的投资范围 …… 216
2. 政府隐性债务相关规定 …… 220
第二十五条　【投资层级豁免】…… 222
1. 投资嵌套规定 …… 222
2. 创投基金、政府出资产业基金投资嵌套限制豁免 …… 223
第二十六条　【专业化管理和防范利冲】…… 224
1. 专业化管理 …… 225
2. 高级管理人员资格要求 …… 226
3. 从业人员买卖证券申报制度 …… 233
第二十七条　【自主运营】…… 235
1. 投资管理职责不得转委托 …… 236
2. 通道业务相关 …… 236
3. 投资顾问机构要求 …… 236
第二十八条　【关联交易】…… 238
1. 关联方的认定 …… 238
2. 关联交易管理制度 …… 240
3. 违反关联交易的法律责任 …… 242
第二十九条　【审计要求】…… 243

第三十条 【禁止行为】…… 244
1. 财产混同 …… 247
2. 利益输送 …… 250
3. 侵占、挪用基金财产 …… 253
4. 内幕交易 …… 256
5. 其他 …… 265
第三十一条 【管理人信息披露】…… 272
1. 募集阶段，管理人对投资人的信息披露义务 …… 273
2. 投管阶段，管理人、托管人对投资人的信息披露义务 …… 277
3. 管理人对托管人的信息披露义务 …… 280
第三十二条 【信息披露的禁止行为】…… 281
1. 虚假记载、误导性陈述或重大遗漏 …… 281
2. 禁止预测投资业绩及保本保收益 …… 285
第三十三条 【信息报送程序】…… 289
1. 按规定报送 …… 289
2. 信息共享 …… 296
3. 风险预警 …… 296
4. 失联处理 …… 297
第三十四条 【失能预案】…… 298
1. 专业机构介入风险处置 …… 298
2. 私募基金清算 …… 299

第四章 关于创业投资基金的特别规定 …… 308
第三十五条 【创投基金的条件】…… 308
1. 创投基金的定义 …… 308
2. 禁止杠杆融资的例外 …… 310
第三十六条 【政策支持】…… 313
第三十七条 【差异化监督管理】…… 325
1. 登记备案方面的便利 …… 325

2. 退出方面的便利 …… 327
第三十八条 【差异化自律管理】…… 328

第五章 监督管理 …… 329
第三十九条 【监管机构职责】…… 329
第四十条 【监管措施】…… 330
第四十一条 【监督检查、调查】 …… 333
第四十二条 【类金融监管】…… 334
1. 监管机构行政措施 …… 334
2. 金融机构的接管 …… 335
第四十三条 【诚信体系、信息共享】 …… 337
1. 诚信体系 …… 338
2. 信息共享机制 …… 341

第六章 法律责任 …… 342
第四十四条 【违反登记程序的处罚】…… 342
第四十五条 【违反合规治理的处罚】…… 342
第四十六条 【管理人违反持续性要求的处罚】…… 343
第四十七条 【托管人违反业务隔离机制的处罚】…… 343
第四十八条 【募集不合规的处罚】…… 344
第四十九条 【违反适当性匹配的处罚】…… 345
第五十条 【违反基金备案要求的处罚】…… 345
第五十一条 【违反投资范围的处罚】…… 346
第五十二条 【违反专业化管理和利冲管理的处罚】…… 346
第五十三条 【违反自主运营的处罚】…… 346
第五十四条 【违反关联交易要求的处罚】…… 347
第五十五条 【对禁止行为的处罚】…… 347
第五十六条 【信息披露禁止行为的处罚】…… 347
第五十七条 【服务机构及从业人员违反信义义务

的处罚】 …………………………………………………………… 348
第五十八条 【市场禁入措施与妨碍执法的处罚】………………… 348
1. 妨害公务罪 ……………………………………………………… 348
2. 市场禁入 ………………………………………………………… 348
第五十九条 【监管人员职务违法】…………………………………… 351
第六十条 【民事赔偿责任优先】……………………………………… 352
第七章 附则 ……………………………………………………………… 354
第六十一条 【外商投资私募基金管理人】…………………………… 354
第六十二条 【施行日期】……………………………………………… 391

补充 ……………………………………………………………………… 392
补充一:资管行业监管全景 ……………………………………………… 392
补充二:《私募投资基金服务业务管理办法(试行)》(中国证券投资基金业协会,中基协字〔2017〕21 号,2017 年 3 月 1 日) ……………………………………………… 392
补充三:《私募投资基金合同指引 1 号——契约型私募基金合同内容与格式指引》(中国基金业协会,2016 年 7 月 15 日) …………………………………………………… 404
补充四:《私募投资基金合同指引 2 号——公司章程必备条款指引》(中国基金业协会,2016 年 7 月 15 日) …… 422
补充五:《私募投资基金合同指引 3 号——合伙协议必备条款指引》(中国基金业协会,2016 年 7 月 15 日) …… 425
补充六:《私募投资基金电子合同业务管理办法(试行)》(中国证券投资基金业协会,中基协字〔2022〕204 号,2022 年 6 月 2 日) ……………………………………… 430
补充七:募集环节的适当性程序 ……………………………………… 437
补充八:《不动产私募投资基金试点备案指引(试行)》(中国证券投资基金业协会,中基协发〔2023〕4 号,2023 年 3 月 1 日)……………………………………………… 437

补充九:《证券投资顾问业务暂行规定》(中国证券监督管理委员会,中国证券监督管理委员会公告〔2020〕66号,2020年10月30日) …… 443
补充十:《私募基金管理人失联处理指引》(中国证券投资基金业协会,中基协发〔2023〕17号,2023年7月14日) …… 449
补充十一:《私募股权、创业投资基金管理人会员信用信息报告工作规则(试行)》(中国证券投资基金业协会,2019年11月11日) …… 453
补充十二:《私募证券投资基金管理人会员信用信息报告工作规则(试行)》(中国证券投资基金业协会,2018年1月12日) …… 455

附录 …… 458
附录一:私募投资基金监督管理办法(征求意见稿) …… 458
附录二:投资活动相关术语 …… 483
附录三:与本条例相关的法律法规目录 …… 498

私募投资基金监督管理条例

第一章　总　　则

第一条　【立法目的】

为了规范私募投资基金（以下简称私募基金）业务活动，保护投资者以及相关当事人的合法权益，促进私募基金行业规范健康发展，根据《中华人民共和国证券投资基金法》（以下简称《证券投资基金法》）、《中华人民共和国信托法》、《中华人民共和国公司法》、《中华人民共和国合伙企业法》等法律，制定本条例。

《中华人民共和国证券投资基金法》（全国人大常委会，中华人民共和国主席令第23号，2015年4月24日）

第一条　为了规范证券投资基金活动，保护投资人及相关当事人的合法权益，促进证券投资基金和资本市场的健康发展，制定本法。

《私募投资基金监督管理暂行办法》（中国证券监督管理委员会，中国证券监督管理委员会令第105号，2014年8月21日）

第一条　为了规范私募投资基金活动，保护投资者及相关当事人的合法权益，促进私募投资基金行业健康发展，根据《证券投资基金法》、《国务院关于进一步促进资本市场健康发展的若干意见》，制定本办法。

《中国证券监督管理委员会关于加强私募投资基金监管的若干规定》（中国证券监督管理委员会，中国证券监督管理委员会公告〔2020〕71号，2020年12月30日）

第一条 为了规范私募投资基金（以下简称私募基金）业务活动，保护投资者和相关当事人的合法权益，促进私募基金行业健康发展，防范金融风险，根据《证券投资基金法》、《私募投资基金监督管理暂行办法》（以下简称《私募办法》）等法律法规，制定本规定。

《私募投资基金登记备案办法》（中国证券投资基金业协会，中基协发〔2023〕5号，2023年5月1日）

第一条 为了规范私募投资基金（以下简称私募基金）业务，保护投资者合法权益，促进私募基金行业健康发展，根据《中华人民共和国证券投资基金法》《私募投资基金监督管理暂行办法》等法律、行政法规和中国证券监督管理委员会（以下简称中国证监会）规定，制定本办法。

《私募投资基金募集行为管理办法》（中国基金业协会，2016年7月15日）

第一条 为了规范私募投资基金（以下简称私募基金）的募集行为，促进私募基金行业健康发展，保护投资者及相关当事人的合法权益，根据《证券投资基金法》、《私募投资基金监督管理暂行办法》（以下简称《私募办法》）等法律法规的规定，制定本办法。

《私募基金管理人登记指引第1号——基本经营要求》（中国证券投资基金业协会，中基协发〔2023〕6号，2023年5月1日）

第一条 为了规范私募基金管理人登记业务，保护投资者合法权益，促进私募基金行业健康发展，根据《中华人民共和国证券投资基金法》《私募投资基金监督管理暂行办法》《私募投资基金登记备案办法》（以下简称《登记备案办法》）等，制定本指引。

《私募基金管理人登记指引第2号——股东、合伙人、实际控制人》（中国证券投资基金业协会，中基协发〔2023〕7号，2023年5月1日）

第一条 为了规范私募基金管理人登记业务，保护投资者合法权益，促进私募基金行业健康发展，根据《中华人民共和国证券投资基金法》《私募投资基金监督管理暂行办法》《私募投资基金登记备案办法》（以下简称《登记备案办法》）等，制定本指引。

《私募基金管理人登记指引第3号——法定代表人、高级管理人员、执行事务合伙人或其委派代表》（中国证券投资基金业协会，中基协发〔2023〕8号，2023年5月1日）

第一条　为了规范私募基金管理人登记业务，保护投资者合法权益，促进私募基金行业健康发展，根据《中华人民共和国证券投资基金法》《私募投资基金监督管理暂行办法》《私募投资基金登记备案办法》（以下简称《登记备案办法》）等，制定本指引。

第二条　【适用范围】*

在中华人民共和国境内，以非公开方式募集资金，设立投资基金或者以进行投资活动为目的依法设立公司、合伙企业，由私募基金管理人或者普通合伙人管理，为投资者的利益进行投资活动，适用本条例。

1. 非公开方式

《中华人民共和国证券投资基金法》（全国人大常委会，中华人民共和国主席令第23号，2015年4月24日）

第二条　在中华人民共和国境内，公开或者非公开募集资金设立证券投资基金（以下简称基金），由基金管理人管理，基金托管人托管，为基金份额持有人的利益，进行证券投资活动，适用本法；本法未规定的，适用《中华人民共和国信托法》、《中华人民共和国证券法》和其他有关法律、行政法规的规定。

《私募投资基金登记备案办法》（中国证券投资基金业协会，中

---

* 本条例的适用范围详见补充一《资管行业监管全景》。

基协发〔2023〕5 号,2023 年 5 月 1 日)

第二条第一款 在中华人民共和国境内,以非公开方式募集资金设立投资基金,由私募基金管理人管理,为基金份额持有人的利益进行投资活动,适用本办法。

2. 以投资活动为目的

《中华人民共和国民法典》(全国人大常委会,中华人民共和国主席令第 45 号,2021 年 1 月 1 日)

第七十六条 以取得利润并分配给股东等出资人为目的成立的法人,为营利法人。

营利法人包括有限责任公司、股份有限公司和其他企业法人等。

第八十七条 为公益目的或者其他非营利目的成立,不向出资人、设立人或者会员分配所取得利润的法人,为非营利法人。

非营利法人包括事业单位、社会团体、基金会、社会服务机构等。

《中华人民共和国证券投资基金法》(全国人大常委会,中华人民共和国主席令第 23 号,2015 年 4 月 24 日)

第一百五十三条 公开或者非公开募集资金,以进行证券投资活动为目的设立的公司或者合伙企业,资产由基金管理人或者普通合伙人管理的,其证券投资活动适用本法。

《私募投资基金监督管理暂行办法》(中国证券监督管理委员会,中国证券监督管理委员会令第 105 号,2014 年 8 月 21 日)

第二条第三款 非公开募集资金,以进行投资活动为目的设立的公司或者合伙企业,资产由基金管理人或者普通合伙人管理的,其登记备案、资金募集和投资运作适用本办法。

《私募投资基金登记备案办法》(中国证券投资基金业协会,中基协发〔2023〕5 号,2023 年 5 月 1 日)

第二条第二款 非公开募集资金,以进行投资活动为目的设立的公司或者合伙企业,资产由私募基金管理人或者普通合伙人管理的,其私募基金业务活动适用本办法。

《中国基金业协会关于发布私募投资基金合同指引的通知》（中国基金业协会，2016年7月15日）

附件4　私募投资基金合同指引起草说明

一、指引制定的背景

（一）私募投资基金的组织形式及登记备案

《证券投资基金法》（以下简称《基金法》）第二条规定，“在中华人民共和国境内，公开或者非公开募集资金设立证券投资基金，由基金管理人管理，基金托管人托管，为基金份额持有人的利益，进行证券投资活动，适用本法”。在此基础上，《私募投资基金监督管理私募办法》（以下简称《私募办法》）第二条进一步规定，“非公开募集资金，以进行投资活动为目的设立的公司或者合伙企业，资产由基金管理人或者普通管理人管理的，其登记备案、资金募集和投资运作适用本办法”。据此，根据组织形式不同，目前私募基金可以分为契约型基金、公司型基金、合伙型基金。

……

3. 基金管理人

《中华人民共和国证券投资基金法》（全国人大常委会，中华人民共和国主席令第23号，2015年4月24日）

第八十九条　担任非公开募集基金的基金管理人，应当按照规定向基金行业协会履行登记手续，报送基本情况。

第九十条　未经登记，任何单位或者个人不得使用“基金”或者“基金管理”字样或者近似名称进行证券投资活动；但是，法律、行政法规另有规定的除外。

《私募投资基金监督管理暂行办法》（中国证券监督管理委员会，中国证券监督管理委员会令第105号，2014年8月21日）

第二条　本办法所称私募投资基金（以下简称私募基金），是指在中华人民共和国境内，以非公开方式向投资者募集资金设立的投资基金。

……

非公开募集资金，以进行投资活动为目的设立的公司或者合伙企业，资产由基金管理人或者普通合伙人管理的，其登记备案、资金募集和投资运作适用本办法。

证券公司、基金管理公司、期货公司及其子公司从事私募基金业务适用本办法，其他法律法规和中国证券监督管理委员会（以下简称中国证监会）有关规定对上述机构从事私募基金业务另有规定的，适用其规定。

4. 普通合伙人

《中华人民共和国合伙企业法》（全国人大常委会，中华人民共和国主席令第55号，2007年6月1日）

第二条 本法所称合伙企业，是指自然人、法人和其他组织依照本法在中国境内设立的普通合伙企业和有限合伙企业。

普通合伙企业由普通合伙人组成，合伙人对合伙企业债务承担无限连带责任。本法对普通合伙人承担责任的形式有特别规定的，从其规定。

有限合伙企业由普通合伙人和有限合伙人组成，普通合伙人对合伙企业债务承担无限连带责任，有限合伙人以其认缴的出资额为限对合伙企业债务承担责任。

5. 执行事务合伙人

《中华人民共和国合伙企业法》（全国人大常委会，中华人民共和国主席令第55号，2007年6月1日）

第二十七条 依照本法第二十六条第二款规定委托一个或者数个合伙人执行合伙事务的，其他合伙人不再执行合伙事务。

不执行合伙事务的合伙人有权监督执行事务合伙人执行合伙事务的情况。

第二十八条 由一个或者数个合伙人执行合伙事务的，执行事务合伙人应当定期向其他合伙人报告事务执行情况以及合伙企业的经营和财务状况，其执行合伙事务所产生的收益归合伙企业，所产生的费用和亏损由合伙企业承担。

合伙人为了解合伙企业的经营状况和财务状况，有权查阅合伙企业会计账簿等财务资料。

第二十九条第一款 合伙人分别执行合伙事务的，执行事务合伙人可以对其他合伙人执行的事务提出异议。提出异议时，应当暂停该项事务的执行。如果发生争议，依照本法第三十条规定作出决定。

6.为投资者的利益

《中华人民共和国信托法》（全国人大常委会，中华人民共和国主席令第50号，2001年10月1日）

第二条 本法所称信托，是指委托人基于对受托人的信任，将其财产权委托给受托人，由受托人按委托人的意愿以自己的名义，为受益人的利益或者特定目的，进行管理或者处分的行为。

第三条 【基本原则】

国家鼓励私募基金行业规范健康发展，发挥服务实体经济、促进科技创新等功能作用。

从事私募基金业务活动，应当遵循自愿、公平、诚信原则，保护投资者合法权益，不得违反法律、行政法规和国家政策，不得违背公序良俗，不得损害国家利益、社会公共利益和他人合法权益。

私募基金管理人管理、运用私募基金财产，私募基金托管人托管私募基金财产，私募基金服务机构从事私募基金服务业务，应当遵守法律、行政法规规定，恪尽职守，履行诚实守信、谨慎勤勉的义务。

私募基金从业人员应当遵守法律、行政法规规定，恪守职业道德和行为规范，按照规定接受合规和专业能力培训。

1. 鼓励私募行业发展

《上海市地方金融监督管理局、中国证券监督管理委员会上海监管局、上海市国有资产监督管理委员会、上海市市场监督管理局、上海市财政局、国家税务总局上海市税务局关于支持上海股权托管交易中心开展私募股权和创业投资份额转让试点工作的若干意见》（上海市地方金融监督管理局等，沪金监〔2022〕120号，2022年9月21日）

为落实《中共中央国务院关于支持浦东新区高水平改革开放打造社会主义现代化建设引领区的意见》（中发〔2021〕13号）要求和国务院常务会议精神，进一步拓宽私募股权和创业投资份额转让（以下简称份额转让试点）退出渠道，助力金融资本与产业资本循环畅通，促进经济稳定协调融合发展，现提出如下意见：

一、目标原则

坚持需求导向、问题导向，通过畅通私募股权和创业投资的退出渠道，吸引长期资本支持科技创新，形成科技、金融、产业的良性循环和三角互动，助力经济高质量发展。

……

2. 自愿、公平、诚信原则

《中华人民共和国民法典》（全国人大常委会，中华人民共和国主席令第45号，2021年1月1日）

第五条 民事主体从事民事活动，应当遵循自愿原则，按照自己的意思设立、变更、终止民事法律关系。

第六条 民事主体从事民事活动，应当遵循公平原则，合理确定各方的权利和义务。

第七条 民事主体从事民事活动，应当遵循诚信原则，秉持诚实，恪守承诺。

第八条 民事主体从事民事活动，不得违反法律，不得违背公序良俗。

《中华人民共和国证券投资基金法》（全国人大常委会，中华人民共和国主席令第23号，2015年4月24日）

第九条第一款 基金管理人、基金托管人管理、运用基金财产，基金服务机构从事基金服务活动，应当恪尽职守，履行诚实信用、谨慎勤勉的义务。

《中华人民共和国信托法》（全国人大常委会，中华人民共和国主席令第50号，2001年10月1日）

第五条　信托当事人进行信托活动，必须遵守法律、行政法规，遵循自愿、公平和诚实信用原则，不得损害国家利益和社会公共利益。

《私募投资基金登记备案办法》（中国证券投资基金业协会，中基协发〔2023〕5号，2023年5月1日）

第三条第一款　从事私募基金活动，应当遵循自愿、公平、诚实信用原则，维护投资者合法权益，不得损害国家利益、社会公共利益和他人合法权益。

《中国人民银行、中国银行保险监督管理委员会、中国证券监督管理委员会、国家外汇管理局关于规范金融机构资产管理业务的指导意见》（中国人民银行等，银发〔2018〕106号，2018年4月27日）

二、资产管理业务是指银行、信托、证券、基金、期货、保险资产管理机构、金融资产投资公司等金融机构接受投资者委托，对受托的投资者财产进行投资和管理的金融服务。金融机构为委托人利益履行诚实信用、勤勉尽责义务并收取相应的管理费用，委托人自担投资风险并获得收益。金融机构可以与委托人在合同中事先约定收取合理的业绩报酬，业绩报酬计入管理费，须与产品一一对应并逐个结算，不同产品之间不得相互串用。

……

3. 民事法律行为无效

《中华人民共和国民法典》（全国人大常委会，中华人民共和国主席令第45号，2021年1月1日）

第一百四十四条　无民事行为能力人实施的民事法律行为无效。

第一百四十六条　行为人与相对人以虚假的意思表示实施的民事法律行为无效。

以虚假的意思表示隐藏的民事法律行为的效力，依照有关法律规定处理。

第一百五十三条 违反法律、行政法规的强制性规定的民事法律行为无效。但是，该强制性规定不导致该民事法律行为无效的除外。

违背公序良俗的民事法律行为无效。

第一百五十四条 行为人与相对人恶意串通，损害他人合法权益的民事法律行为无效。

《关于适用〈中华人民共和国民法典〉合同编通则若干问题的解释》（最高人民法院，法释〔2023〕13号，2023年12月5日）

第十六条 合同违反法律、行政法规的强制性规定，有下列情形之一，由行为人承担行政责任或者刑事责任能够实现强制性规定的立法目的的，人民法院可以依据民法典第一百五十三条第一款关于"该强制性规定不导致该民事法律行为无效的除外"的规定认定该合同不因违反强制性规定无效：

（一）强制性规定虽然旨在维护社会公共秩序，但是合同的实际履行对社会公共秩序造成的影响显著轻微，认定合同无效将导致案件处理结果有失公平公正；

（二）强制性规定旨在维护政府的税收、土地出让金等国家利益或者其他民事主体的合法利益而非合同当事人的民事权益，认定合同有效不会影响该规范目的的实现；

（三）强制性规定旨在要求当事人一方加强风险控制、内部管理等，对方无能力或者无义务审查合同是否违反强制性规定，认定合同无效将使其承担不利后果；

（四）当事人一方虽然在订立合同时违反强制性规定，但是在合同订立后其已经具备补正违反强制性规定的条件却违背诚信原则不予补正；

（五）法律、司法解释规定的其他情形。

法律、行政法规的强制性规定旨在规制合同订立后的履行行为，当事人以合同违反强制性规定为由请求认定合同无效的，人民法院不予支持。但是，合同履行必然导致违反强制性规定或者法律、司法解释另有规定的除外。

依据前两款认定合同有效，但是当事人的违法行为未经处理的，人民法院应当向有关行政管理部门提出司法建议。当事人的行为涉嫌犯罪的，应当将案件线索移送刑事侦查机关；属于刑事自诉案件的，应当告知当事人可以向有管辖权的人民法院另行提起诉讼。

第十七条　合同虽然不违反法律、行政法规的强制性规定，但是有下列情形之一，人民法院应当依据民法典第一百五十三条第二款的规定认定合同无效：

（一）合同影响政治安全、经济安全、军事安全等国家安全的；

（二）合同影响社会稳定、公平竞争秩序或者损害社会公共利益等违背社会公共秩序的；

（三）合同背离社会公德、家庭伦理或者有损人格尊严等违背善良风俗的。

人民法院在认定合同是否违背公序良俗时，应当以社会主义核心价值观为导向，综合考虑当事人的主观动机和交易目的、政府部门的监管强度、一定期限内当事人从事类似交易的频次、行为的社会后果等因素，并在裁判文书中充分说理。当事人确因生活需要进行交易，未给社会公共秩序造成重大影响，且不影响国家安全，也不违背善良风俗的，人民法院不应当认定合同无效。

第十八条　法律、行政法规的规定虽然有“应当”“必须”或者“不得”等表述，但是该规定旨在限制或者赋予民事权利，行为人违反该规定将构成无权处分、无权代理、越权代表等，或者导致合同相对人、第三人因此获得撤销权、解除权等民事权利的，人民法院应当依据法律、行政法规规定的关于违反该规定的民事法律后果认定合同效力。

4. 私募基金从业人员信义义务

《私募投资基金登记备案办法》（中国证券投资基金业协会，中基协发〔2023〕5号，2023年5月1日）

第三条第二款　私募基金管理人、私募基金托管人和私募基金服务机构从事私募基金业务活动,应当遵循投资者利益优先原则,恪尽职守,履行诚实信用、谨慎勤勉的义务,防范利益输送和利益冲突。

5. 私募基金服务机构

《私募投资基金服务业务管理办法(试行)》全文见补充二。

《私募投资基金登记备案办法》(中国证券投资基金业协会,中基协发〔2023〕5号,2023年5月1日)

第七十一条 律师事务所、会计师事务所等服务机构及其人员为私募基金业务活动提供服务,有下列情形之一,情节严重的,协会采取不再接受该机构、人员出具的文件的自律管理措施,并在官方网站予以公示:

(一)出具有虚假记载、误导性陈述或者重大遗漏的相关文件;

(二)通过虚假承诺等不正当手段承揽私募基金服务业务;

(三)通过弄虚作假等违规行为或者其他不正当手段协助私募基金管理人办理登记备案业务;

(四)中国证监会、协会规定的其他情形。

6. 私募基金从业人员的资格要求

《私募投资基金登记备案办法》(中国证券投资基金业协会,中基协发〔2023〕5号,2023年5月1日)

第三条第三款 私募基金从业人员应当遵守法律、行政法规和有关规定,恪守职业道德和行为规范,具备从事基金业务所需的专业能力。

《私募投资基金备案指引第1号——私募证券投资基金》(中国证券投资基金业协会,2023年9月28日)

第二十条第一款 投资经理应当具有股票、债券、衍生品、证券投资基金等证券投资领域的投资管理或者研究经验,具备良好的诚信记录和职业操守。

《基金从业人员管理规则》(中国证券投资基金业协会,中基协发〔2023〕23号,2023年11月24日)

第七条 基金从业考试设置科目一《基金法律法规与职业道德》、科目二《证券投资基金基础知识》及科目三《私募股权投资基金基础知识》等科目。

第八条　申请注册从业资格的人员(以下简称申请人)应当具备下列条件:

(一)品行良好,具有良好的职业道德;

(二)通过基金从业考试,或者符合协会规定的其他条件;

(三)已被机构聘用;

(四)最近3年未因犯罪被判处刑罚;

(五)不存在《证券投资基金法》第十五条规定的情形;

(六)最近5年未被中国证监会撤销基金从业资格或者被协会取消基金从业资格;

(七)未被金融监管部门或者行业自律组织采取禁入措施,或者执行期已届满;

(八)法律、行政法规、中国证监会和协会规定的其他条件。

申请人豁免基金从业考试全部或者部分科目的,应当符合国家、金融监管部门及行业自律组织有关规定,具备从事基金业务活动所需的专业能力,掌握基金业务活动相关的专业知识,最近5年未被金融监管部门采取行政处罚或者行政监管措施、未被金融行业自律组织采取自律处分或者自律管理措施。境外人员申请注册从业资格的,依据国家有关政策及安排等办理。

符合规定的基金销售机构申请人不具备本条第一款第(二)项规定的条件,按照规定通过协会认可的专项培训并考核合格的,自合格之日起2年内,视同临时具备从业资格注册条件。注册临时从业资格的从业人员符合相关规定的,可以申请转为从业资格。

第九条　申请人从事基金业务的,应当填报申请表,并通过所聘用机构向协会申请注册从业资格。申请人注册材料经所聘用机构审核后提交协会,协会在5个工作日内完成校核,符合本规则规定条件的,申请人注册取得从业资格;不符合本规则规定条件的,不予注册从业资格,通知机构和申请人并书面说明理由。

第十条　从业人员在从事基金业务过程中应当持续具备从业资

格注册条件,并参加后续职业培训。自从业资格首次注册次年起,或者在从业资格注销后重新注册当年起,每年度完成与法律法规、职业道德、专业技能有关的后续职业培训不少于15学时,其中职业道德方面的后续职业培训不少于5学时。

从业人员通过学历认定、从业经历认定等方式注册从业资格的,应当自从业资格首次注册之日起,60日内完成前款规定的后续职业培训。

从业人员在从事基金业务过程中个人信息发生变化的,应当及时进行变更。

第十一条 协会对从业人员的从业资格信息进行公示。公示内容包括从业人员姓名、从业机构、资格注册及变更记录、诚信记录和异常标识信息等。

对公示信息有异议的,协会予以核实。公示信息与实际情况不相符的,协会督促机构及时更正公示信息。

中国证监会及协会对特定岗位从业人员另有规定的,机构应当按照有关规定进行信息公示。

第十二条 从业人员有下列情形之一的,机构应当在情形发生5个工作日内为其办理从业资格注销:

(一)从业人员由于离职、工作调动等原因不再从事基金业务;

(二)从业人员受到刑事处罚、被中国证监会撤销基金从业资格或者被协会取消基金从业资格,被金融监管部门或者行业自律组织采取禁入措施、认定为不适当人选、不适合从事相关业务、加入黑名单的行政处罚、监管措施、纪律处分,或者不再持续具备从业资格注册条件;

(三)法律、行政法规、中国证监会和协会规定的其他情形。

从业资格注销后,从业人员信息不再对外公示。

第四条　【财产独立性原则】

私募基金财产独立于私募基金管理人、私募基金托管人的固有财产。私募基金财产的债务由私募基金财产本身承担,但法律另有规定的除外。

投资者按照基金合同、公司章程、合伙协议(以下统称基金合同)约定分配收益和承担风险。

1. 基金财产独立

《中华人民共和国证券投资基金法》(全国人大常委会,中华人民共和国主席令第23号,2015年4月24日)

第五条　基金财产的债务由基金财产本身承担,基金份额持有人以其出资为限对基金财产的债务承担责任。但基金合同依照本法另有约定的,从其约定。

基金财产独立于基金管理人、基金托管人的固有财产。基金管理人、基金托管人不得将基金财产归入其固有财产。

基金管理人、基金托管人因基金财产的管理、运用或者其他情形而取得的财产和收益,归入基金财产。

基金管理人、基金托管人因依法解散、被依法撤销或者被依法宣告破产等原因进行清算的,基金财产不属于其清算财产。

《中华人民共和国信托法》(全国人大常委会,中华人民共和国主席令第50号,2001年10月1日)

第十六条　信托财产与属于受托人所有的财产(以下简称固有财产)相区别,不得归入受托人的固有财产或者成为固有财产的一部分。

受托人死亡或者依法解散、被依法撤销、被宣告破产而终止,信托财产不属于其遗产或者清算财产。

第十八条　受托人管理运用、处分信托财产所产生的债权,不得与其固有财产产生的债务相抵销。

受托人管理运用、处分不同委托人的信托财产所产生的债权债务,不得相互抵销。

《中华人民共和国合伙企业法》(全国人大常委会,中华人民共和国主席令第55号,2007年6月1日)

第二条第二款 普通合伙企业由普通合伙人组成,合伙人对合伙企业债务承担无限连带责任。本法对普通合伙人承担责任的形式有特别规定的,从其规定。

第二条第三款 有限合伙企业由普通合伙人和有限合伙人组成,普通合伙人对合伙企业债务承担无限连带责任,有限合伙人以其认缴的出资额为限对合伙企业债务承担责任。

第三十八条 合伙企业对其债务,应先以其全部财产进行清偿。

《中华人民共和国公司法》(全国人大常委会,中华人民共和国主席令第15号,2024年7月1日)

第三条 公司是企业法人,有独立的法人财产,享有法人财产权。公司以其全部财产对公司的债务承担责任。

公司的合法权益受法律保护,不受侵犯。

第四条第一款 有限责任公司的股东以其认缴的出资额为限对公司承担责任;股份有限公司的股东以其认购的股份为限对公司承担责任。

《私募基金管理人登记指引第1号——基本经营要求》(中国证券投资基金业协会,中基协发〔2023〕6号,2023年5月1日)

第七条第二款 私募基金管理人存在大额长期股权投资的,应当建立有效隔离制度,保证私募基金财产与私募基金管理人固有财产独立运作、分别核算。

2. 按约定分配收益、承担风险

《中华人民共和国证券投资基金法》(全国人大常委会,中华人民共和国主席令第23号,2015年4月24日)

第九十二条第一款 非公开募集基金,应当制定并签订基金合同。基金合同应当包括下列内容:

……

(五)基金收益分配原则、执行方式;

(六)基金承担的有关费用;

……

(十一)当事人约定的其他事项。

第九十三条 按照基金合同约定,非公开募集基金可以由部分基金份额持有人作为基金管理人负责基金的投资管理活动,并在基金财产不足以清偿其债务时对基金财产的债务承担无限连带责任。

前款规定的非公开募集基金,其基金合同还应载明:

(一)承担无限连带责任的基金份额持有人和其他基金份额持有人的姓名或者名称、住所;

(二)承担无限连带责任的基金份额持有人的除名条件和更换程序;

(三)基金份额持有人增加、退出的条件、程序以及相关责任;

(四)承担无限连带责任的基金份额持有人和其他基金份额持有人的转换程序。

《私募投资基金登记备案办法》(中国证券投资基金业协会,中基协发〔2023〕5号,2023年5月1日)

第二十九条 私募基金应当制定并签订基金合同、公司章程或者合伙协议(以下统称基金合同),明确约定各方当事人的权利义务。除《中华人民共和国证券投资基金法》第九十二条、第九十三条规定的内容外,基金合同还应当对下列事项进行约定:

(一)股东会、合伙人会议或者基金份额持有人大会的召集机制、议事内容和表决方式等;

(二)本办法第三十八条规定的关联交易识别认定、交易决策和信息披露等机制;

(三)信息披露的内容、方式、频率和投资者查询途径等相关事项;

(四)基金财产不进行托管时的相关安排;

(五)私募基金管理人因失联、注销私募基金管理人登记、破产等原因无法履行或者怠于履行管理职责等情况时，私募基金变更管理人、清算等相关决策机制、召集主体、表决方式、表决程序、表决比例等相关事项；

（六）法律、行政法规、中国证监会和协会规定的其他事项。

《私募投资基金合同指引1号——契约型私募基金合同内容与格式指引》（中国基金业协会，2016年7月15日）、**《私募投资基金合同指引2号——公司章程必备条款指引》**（中国基金业协会，2016年7月15日）、**《私募投资基金合同指引3号——合伙协议必备条款指引》**（中国基金业协会，2016年7月15日）和**《私募投资基金电子合同业务管理办法（试行）》**（中国证券投资基金业协会，中基协字〔2022〕204号，2022年6月2日）全文见补充三、补充四、补充五和补充六。

第五条　【监督管理机构】

私募基金业务活动的监督管理，应当贯彻党和国家路线方针政策、决策部署。国务院证券监督管理机构依照法律和本条例规定对私募基金业务活动实施监督管理，其派出机构依照授权履行职责。

国家对运用一定比例政府资金发起设立或者参股的私募基金的监督管理另有规定的，从其规定。

1. 监管机构

《中华人民共和国证券投资基金法》（全国人大常委会，中华人民共和国主席令第23号，2015年4月24日）

第一百一十二条　国务院证券监督管理机构依法履行下列职责：

（一）制定有关证券投资基金活动监督管理的规章、规则，并行使审批、核准或者注册权；

（二）办理基金备案；

（三）对基金管理人、基金托管人及其他机构从事证券投资基金活动进行监督管理，对违法行为进行查处，并予以公告；

（四）制定基金从业人员的资格标准和行为准则，并监督实施；

（五）监督检查基金信息的披露情况；

（六）指导和监督基金行业协会的活动；

（七）法律、行政法规规定的其他职责。

《私募投资基金监督管理暂行办法》（中国证券监督管理委员会，中国证券监督管理委员会令第105号，2014年8月21日）

第五条第一款　中国证监会及其派出机构依照《证券投资基金法》、本办法和中国证监会的其他有关规定，对私募基金业务活动实施监督管理。

第三十七条　中国证监会及其派出机构对创业投资基金在投资方向检查等环节，采取区别于其他私募基金的差异化监督管理；在账户开立、发行交易和投资退出等方面，为创业投资基金提供便利服务。

《关于私募股权基金管理职责分工的通知》（中央机构编制委员会，中央编办发〔2013〕22号）

证监会负责制订私募股权基金的政策、标准与规范，对设立私募股权基金实行事后备案管理，负责统计和风险监测，组织开展监督检查，依法查处违法违纪行为，承担保护投资者权益工作。

《中国人民银行、中国银行保险监督管理委员会、中国证券监督管理委员会、国家外汇管理局关于规范金融机构资产管理业务的指导意见》（中国人民银行等，银发〔2018〕106号，2018年4月27日）

二十七、对资产管理业务实施监管遵循以下原则：

（一）机构监管与功能监管相结合，按照产品类型而不是机构类型实施功能监管，同一类型的资产管理产品适用同一监管标准，减少监管真空和套利。

（二）实行穿透式监管，对于多层嵌套资产管理产品，向上识别产品的最终投资者，向下识别产品的底层资产（公募证券投资基金除外）。

（三）强化宏观审慎管理，建立资产管理业务的宏观审慎政策框架，完善政策工具，从宏观、逆周期、跨市场的角度加强监测、评估和调节。

（四）实现实时监管，对资产管理产品的发行销售、投资、兑付等各环节进行全面动态监管，建立综合统计制度。

2. 政府投资基金

《政府投资基金暂行管理办法》（财政部，财预〔2015〕210号，2015年11月12日）

第二条 本办法所称政府投资基金，是指由各级政府通过预算安排，以单独出资或与社会资本共同出资设立，采用股权投资等市场化方式，引导社会各类资本投资经济社会发展的重点领域和薄弱环节，支持相关产业和领域发展的资金。

第三条 本办法所称政府出资，是指财政部门通过一般公共预算、政府性基金预算、国有资本经营预算等安排的资金。

第五条 政府出资设立投资基金，应当由财政部门或财政部门会同有关行业主管部门报本级政府批准。

第六条 各级财政部门应当控制政府投资基金的设立数量，不得在同一行业或领域重复设立基金。

第七条 各级财政部门一般应在以下领域设立投资基金：

（一）支持创新创业。为了加快有利于创新发展的市场环境，增加创业投资资本的供给，鼓励创业投资企业投资处于种子期、起步期等创业早期的企业。

（二）支持中小企业发展。为了体现国家宏观政策、产业政策和区域发展规划意图，扶持中型、小型、微型企业发展，改善企业服务环境和融资环境，激发企业创业创新活力，增强经济持续发展内生动力。

（三）支持产业转型升级和发展。为了落实国家产业政策，扶持重大关键技术产业化，引导社会资本增加投入，有效解决产业发展投入大、风险大的问题，有效实现产业转型升级和重大发展，推动经济结构调整和资源优化配置。

（四）支持基础设施和公共服务领域。为改革公共服务供给机制，创新公共设施投融资模式，鼓励和引导社会资本进入基础设施和公共服务领域，加快推进重大基础设施建设，提高公共服务质量和水平。

第九条　政府投资基金出资方应当按照现行法律法规，根据不同的组织形式，制定投资基金公司章程、有限合伙协议、合同等（以下简称章程），明确投资基金设立的政策目标、基金规模、存续期限、出资方案、投资领域、决策机制、基金管理机构、风险防范、投资退出、管理费用和收益分配等。

第十一条　政府投资基金募资、投资、投后管理、清算、退出等通过市场化运作。财政部门应指导投资基金建立科学的决策机制，确保投资基金政策性目标实现，一般不参与基金日常管理事务。

第十二条　政府投资基金在运作过程中不得从事以下业务：

1. 从事融资担保以外的担保、抵押、委托贷款等业务；

2. 投资二级市场股票、期货、房地产、证券投资基金、评级 AAA 以下的企业债、信托产品、非保本型理财产品、保险计划及其他金融衍生品；

3. 向任何第三方提供赞助、捐赠（经批准的公益性捐赠除外）；

4. 吸收或变相吸收存款，或向第三方提供贷款和资金拆借；

5. 进行承担无限连带责任的对外投资；

6. 发行信托或集合理财产品募集资金；

7. 其他国家法律法规禁止从事的业务。

第十三条　投资基金各出资方应当按照"利益共享、风险共担"的原则，明确约定收益处理和亏损负担方式。对于归属政府的投资收益和利息等，除明确约定继续用于投资基金滚动使用外，应按照财政国库管理制度有关规定及时足额上缴国库。投资基金的亏损应由出资方共同承担，政府应以出资额为限承担有限责任。

为更好地发挥政府出资的引导作用，政府可适当让利，但不得向其他出资人承诺投资本金不受损失，不得承诺最低收益。国务院另有规定的除外。

第十七条 政府投资基金一般应当在存续期满后终止。确需延长存续期限的,应当报经同级政府批准后,与其他出资方按章程约定的程序办理。

第十九条 政府投资基金中的政府出资部分一般应在投资基金存续期满后退出,存续期未满如达到预期目标,可通过股权回购机制等方式适时退出。

第二十条 财政部门应与其他出资人在投资基金章程中约定,有下述情况之一的,政府出资可无需其他出资人同意,选择提前退出:

(一)投资基金方案确认后超过一年,未按规定程序和时间要求完成设立手续的;

(二)政府出资拨付投资基金账户一年以上,基金未开展投资业务的;

(三)基金投资领域和方向不符合政策目标的;

(四)基金未按章程约定投资的;

(五)其他不符合章程约定情形的。

第三十条 各级财政部门应建立政府投资基金绩效评价制度,按年度对基金政策目标实现程度、投资运营情况等开展评价,有效应用绩效评价结果。

第三十二条 各级财政部门应会同有关部门对政府投资基金运作情况进行年度检查。对于检查中发现的问题按照预算法和《财政违法行为处罚处分条例》等有关规定予以处理。涉嫌犯罪的,移送司法机关追究刑事责任。

《政府出资产业投资基金管理暂行办法》(国家发展和改革委员会,发改财金规〔2016〕2800号,2017年4月1日)

第二条 本办法所称政府出资产业投资基金,是指有政府出资,主要投资于非公开交易企业股权的股权投资基金和创业投资基金。

第三条 政府出资资金来源包括财政预算内投资、中央和地方各类专项建设基金及其它财政性资金。

第五条　政府出资产业投资基金由基金管理人管理基金资产，由基金托管人托管基金资产。

第六条　政府出资产业投资基金应坚持市场化运作、专业化管理原则，政府出资人不得参与基金日常管理事务。

第八条　国家发展改革委会同地方发展改革部门对政府出资产业投资基金业务活动实施事中事后管理，负责推动政府出资产业投资基金行业信用体系建设，定期发布行业发展报告，维护有利于行业持续健康发展的良好市场秩序。

第十条　政府出资产业投资基金社会资金部分应当采取私募方式募集，募集行为应符合相关法律法规及国家有关部门规定。

第十一条　除政府外的其他基金投资者为具备一定风险识别和承受能力的合格机构投资者。

第十二条　国家发展改革委建立全国政府出资产业投资基金信用信息登记系统，并指导地方发展改革部门建立本区域政府出资产业投资基金信用信息登记子系统。中央各部门及其直属机构出资设立的产业投资基金募集完毕后二十个工作日内，应在全国政府出资产业投资基金信用信息登记系统登记。地方政府或所属部门、直属机构出资设立的产业投资基金募集完毕后二十个工作日内，应在本区域政府出资产业投资基金信用信息登记子系统登记。发展改革部门应于报送材料齐备后五个工作日内予以登记。

第二十条　基金管理人应符合以下条件：

（一）在中国大陆依法设立的公司或合伙企业，实收资本不低于1000万元人民币；

（二）至少有3名具备3年以上资产管理工作经验的高级管理人员；

（三）产业投资基金管理人及其董事、监事、高级管理人员及其他从业人员在最近三年无重大违法行为；

（四）有符合要求的营业场所、安全防范设施和与基金管理业务

有关的其他设施;

(五)有良好的内部治理结构和风险控制制度。

第二十四条 政府出资产业投资基金应主要投资于以下领域:

(一)非基本公共服务领域。着力解决非基本公共服务结构性供需不匹配,因缺乏竞争激励机制而制约质量效率,体制机制创新不足等问题,切实提高非基本公共服务共建能力和共享水平。

(二)基础设施领域。着力解决经济社会发展中偏远地区基础设施建设滞后,结构性供需不匹配等问题,提高公共产品供给质量和效率,切实推进城乡、区域、人群基本服务均等化。

(三)住房保障领域。着力解决城镇住房困难家庭及新市民住房问题,完善住房保障供应方式,加快推进棚户区改造,完善保障性安居工程配套基础设施,有序推进旧住宅小区综合整治、危旧住房和非成套住房改造,切实增强政府住房保障可持续提供能力。

(四)生态环境领域。着力解决生态环境保护中存在的污染物排放量大面广,环境污染严重,山水林田湖缺乏保护,生态损害大,生态环境脆弱、风险高等问题,切实推进生态环境质量改善。

(五)区域发展领域。着力解决区域发展差距特别是东西差距拉大,城镇化仍滞后于工业化,区域产业结构趋同化等问题,落实区域合作的资金保障机制,切实推进区域协调协同发展。

(六)战略性新兴产业和先进制造业领域。着力解决战略性新兴产业和先进制造业在经济社会发展中的产业政策环境不完善,供给体系质量和效率偏低,供给和需求衔接不紧密等问题,切实推进看得准、有机遇的重点技术和产业领域实现突破。

(七)创业创新领域。着力解决创业创新在经济社会发展中的市场环境亟待改善,创投市场资金供给不足,企业创新动能较弱等问题,切实推进大众创业、万众创新。

投资于基金章程、合伙协议或基金协议中约定产业领域的比例不得低于基金募集规模或承诺出资额的60%。

国家发展改革委将根据区域规划、区域政策、产业政策、投资政策及其他国家宏观管理政策适时调整并不定期发布基金投资领域指导意见。

第二十五条 政府出资产业投资基金应投资于：

（一）未上市企业股权，包括以法人形式设立的基础设施项目、重大工程项目等未上市企业的股权；

（二）参与上市公司定向增发、并购重组和私有化等股权交易形成的股份；

（三）经基金章程、合伙协议或基金协议明确或约定的符合国家产业政策的其他投资形式。

基金闲置资金只能投资于银行存款、国债、地方政府债、政策性金融债和政府支持债券等安全性和流动性较好的固定收益类资产。

第二十六条 政府出资产业投资基金对单个企业的投资额不得超过基金资产总值的20%，且不得从事下列业务：

（一）名股实债等变相增加政府债务的行为；

（二）公开交易类股票投资，但以并购重组为目的的除外；

（三）直接或间接从事期货等衍生品交易；

（四）为企业提供担保，但为被投资企业提供担保的除外；

（五）承担无限责任的投资。

第二十九条 基金一般应在存续期满后终止，确需延长存续期的，应报经政府基金设立批准部门同意后，与其他投资方按约定办理。

第三十条 国家发展改革委建立并完善政府出资产业投资基金绩效评价指标体系。评价指标主要包括：

（一）基金实缴资本占认缴资本的比例；

（二）基金投向是否符合区域规划、区域政策、产业政策、投资政策及其他国家宏观管理政策，综合评估政府资金的引导作用和放大效应、资金使用效率及对所投产业的拉动效果等；

（三）基金投资是否存在名股实债等变相增加政府债务的行为；

（四）是否存在违反法律、行政法规等行为。

《有限合伙企业国有权益登记暂行规定》（国务院国有资产监督管理委员会，国资发产权规〔2020〕2 号，2020 年 1 月 3 日）

第二条 本规定所称有限合伙企业国有权益登记，是指国有资产监督管理机构对本级人民政府授权履行出资人职责的国家出资企业（不含国有资本参股公司，下同）及其拥有实际控制权的各级子企业（以下统称出资企业）对有限合伙企业出资所形成的权益及其分布状况进行登记的行为。

前款所称拥有实际控制权，是指国家出资企业直接或间接合计持股比例超过 50%，或者持股比例虽然未超过 50%，但为第一大股东，并通过股东协议、公司章程、董事会决议或者其他协议安排能够实际支配企业行为的情形。

第三条 有限合伙企业国有权益登记分为占有登记、变动登记和注销登记。

第四条 出资企业通过出资入伙、受让等方式首次取得有限合伙企业财产份额的，应当办理占有登记。

第十一条 国有资产监督管理机构定期对有限合伙企业国有权益登记情况进行核对，发现企业未按照本规定进行登记或登记信息与实际情形严重不符的，责令改正。

《私募投资基金登记备案办法》（中国证券投资基金业协会，中基协发〔2023〕5 号，2023 年 5 月 1 日）

第八十一条 国家有关部门对下列私募基金管理人、私募基金另有规定的，从其规定：

（一）政府及其授权机构通过直接出资、委托出资或者以注资企业方式出资设立的；

（二）国有企业、国有资本占控股地位或者主导地位的企业出资设立的；

（三）金融机构出资设立的；

（四）中国证监会规定的其他情形。

* 编者注：政府投资基金可视为私募基金中的一种特殊类别，国

家及地方层面都有较为明确的规范要求，如资金来源、设立程序、投资方向、运作方式、终止退出、风险控制和绩效评价机制等方面。

第六条　【分类监管】

国务院证券监督管理机构根据私募基金管理人业务类型、管理资产规模、持续合规情况、风险控制情况和服务投资者能力等，对私募基金管理人实施差异化监督管理，并对创业投资等股权投资、证券投资等不同类型的私募基金实施分类监督管理。

1. 差异化监管

《私募投资基金监督管理暂行办法》（中国证券监督管理委员会，中国证券监督管理委员会令第105号，2014年8月21日）

第三十六条　基金业协会在基金管理人登记、基金备案、投资情况报告要求和会员管理等环节，对创业投资基金采取区别于其他私募基金的差异化行业自律，并提供差异化会员服务。

第三十七条　中国证监会及其派出机构对创业投资基金在投资方向检查等环节，采取区别于其他私募基金的差异化监督管理；在账户开立、发行交易和投资退出等方面，为创业投资基金提供便利服务。

《私募投资基金登记备案办法》（中国证券投资基金业协会，中基协发〔2023〕5号，2023年5月1日）

第七条　协会按照分类管理、扶优限劣的原则，对私募基金管理人和私募基金实施差异化自律管理和行业服务。

协会支持治理结构健全、运营合规稳健、专业能力突出、诚信记录良好的私募基金管理人规范发展，对其办理登记备案业务提供便利。

第四十五条第一款　协会对创业投资基金在基金备案、投资运作、上市公司股票减持等方面提供差异化自律管理服务。

2. 创业投资基金

具体内容参见“第四章　关于创业投资基金的特别规定”的内容。

3. 私募证券投资基金

《中华人民共和国证券投资基金法》（全国人大常委会，中华人民共和国主席令第23号，2015年4月24日）

第七十二条　基金财产应当用于下列投资：

（一）上市交易的股票、债券；

（二）国务院证券监督管理机构规定的其他证券及其衍生品种。

《私募投资基金登记备案办法》（中国证券投资基金业协会，中基协发〔2023〕5号，2023年5月1日）

第三十三条　私募基金应当具有保障基本投资能力和抗风险能力的实缴募集资金规模。

私募基金初始实缴募集资金规模除另有规定外应当符合下列要求：

（一）私募证券基金不低于1000万元人民币；

……

《证券期货投资者适当性管理办法》（中国证券监督管理委员会，中国证券监督管理委员会令第202号，2022年8月12日）

第十九条　经营机构告知投资者不适合购买相关产品或者接受相关服务后，投资者主动要求购买风险等级高于其风险承受能力的产品或者接受相关服务的，经营机构在确认其不属于风险承受能力最低类别的投资者后，应当就产品或者服务风险高于其承受能力进行特别的书面风险警示，投资者仍坚持购买的，可以向其销售相关产品或者提供相关服务。

* 编者注：另可参见《私募证券投资基金运作指引（征求意见稿）》（中国证券投资基金业协会，2023年4月28日公布）

目前《私募证券投资基金运作指引（征求意见稿）》仅为征求意见稿，该指引是中基协出台的专门针对私募证券投资基金的行业规范文件，共计三十二条，新增强制锁定期、组合投资、限制多层嵌套等内容，对私募证券投资基金募集、投资、管理、退出环节提出进一步的规范要求。

第二章　私募基金管理人和私募基金托管人

第七条　【私募基金管理人】

私募基金管理人由依法设立的公司或者合伙企业担任。

以合伙企业形式设立的私募基金，资产由普通合伙人管理的，普通合伙人适用本条例关于私募基金管理人的规定。

私募基金管理人的股东、合伙人以及股东、合伙人的控股股东、实际控制人，控股或者实际控制其他私募基金管理人的，应当符合国务院证券监督管理机构的规定。

1. 公司设立条件

《中华人民共和国公司法》（全国人大常委会，中华人民共和国主席令第15号，2024年7月1日）

第四十二条　有限责任公司由一个以上五十个以下股东出资设立。

第四十五条　设立有限责任公司，应当由股东共同制定公司章程。

第四十六条　有限责任公司章程应当载明下列事项：

（一）公司名称和住所；

（二）公司经营范围；

（三）公司注册资本；

（四）股东的姓名或者名称；

（五）股东的出资额、出资方式和出资日期；

（六）公司的机构及其产生办法、职权、议事规则；

（七）公司法定代表人的产生、变更办法；

（八）股东会认为需要规定的其他事项。

股东应当在公司章程上签名或者盖章。

第九十一条 设立股份有限公司，可以采取发起设立或者募集设立的方式。

发起设立，是指由发起人认购设立公司时应发行的全部股份而设立公司。

募集设立，是指由发起人认购设立公司时应发行股份的一部分，其余股份向特定对象募集或者向社会公开募集而设立公司。

第九十二条 设立股份有限公司，应当有一人以上二百人以下为发起人，其中应当有半数以上的发起人在中华人民共和国境内有住所。

第九十四条 设立股份有限公司，应当由发起人共同制订公司章程。

第九十五条 股份有限公司章程应当载明下列事项：

（一）公司名称和住所；

（二）公司经营范围；

（三）公司设立方式；

（四）公司注册资本，已发行的股份数和设立时发行的股份数，面额股的每股金额；

（五）发行类别股的，每一类别股的股份数及其权利和义务；

（六）发起人的姓名或者名称、认购的股份数、出资方式；

（七）董事会的组成、职权和议事规则；

（八）公司法定代表人的产生、变更办法；

（九）监事会的组成、职权和议事规则；

（十）公司利润分配办法；

（十一）公司的解散事由与清算办法；

（十二）公司的通知和公告办法；

（十三）股东会认为需要规定的其他事项。

2. 合伙企业设立条件

《中华人民共和国合伙企业法》(全国人大常委会,中华人民共和国主席令第55号,2007年6月1日)

第二条　本法所称合伙企业,是指自然人、法人和其他组织依照本法在中国境内设立的普通合伙企业和有限合伙企业。

普通合伙企业由普通合伙人组成,合伙人对合伙企业债务承担无限连带责任。本法对普通合伙人承担责任的形式有特别规定的,从其规定。

有限合伙企业由普通合伙人和有限合伙人组成,普通合伙人对合伙企业债务承担无限连带责任,有限合伙人以其认缴的出资额为限对合伙企业债务承担责任。

第三条　国有独资公司、国有企业、上市公司以及公益性的事业单位、社会团体不得成为普通合伙人。

第十四条　设立合伙企业,应当具备下列条件:

(一)有二个以上合伙人。合伙人为自然人的,应当具有完全民事行为能力;

(二)有书面合伙协议;

(三)有合伙人认缴或者实际缴付的出资;

(四)有合伙企业的名称和生产经营场所;

(五)法律、行政法规规定的其他条件。

第十五条　合伙企业名称中应当标明"普通合伙"字样。

第十六条　合伙人可以用货币、实物、知识产权、土地使用权或者其他财产权利出资,也可以用劳务出资。

合伙人以实物、知识产权、土地使用权或者其他财产权利出资,需要评估作价的,可以由全体合伙人协商确定,也可以由全体合伙人委托法定评估机构评估。

合伙人以劳务出资的,其评估办法由全体合伙人协商确定,并在合伙协议中载明。

第十七条　合伙人应当按照合伙协议约定的出资方式、数额和缴付期限,履行出资义务。

以非货币财产出资的,依照法律、行政法规的规定,需要办理财产权转移手续的,应当依法办理。

3. 通道业务相关

《全国法院民商事审判工作会议纪要》(最高人民法院,法〔2019〕254号,2019年11月8日)

93.【通道业务的效力】当事人在信托文件中约定,委托人自主决定信托设立、信托财产运用对象、信托财产管理运用处分方式等事宜,自行承担信托资产的风险管理责任和相应风险损失,受托人仅提供必要的事务协助或者服务,不承担主动管理职责的,应当认定为通道业务。《中国人民银行、中国银行保险监督管理委员会、中国证券监督管理委员会、国家外汇管理局关于规范金融机构资产管理业务的指导意见》第22条在规定"金融机构不得为其他金融机构的资产管理产品提供规避投资范围、杠杆约束等监管要求的通道服务"的同时,也在第29条明确按照"新老划断"原则,将过渡期设置为截止2020年底,确保平稳过渡。在过渡期内,对通道业务中存在的利用信托通道掩盖风险,规避资金投向、资产分类、拨备计提和资本占用等监管规定,或者通过信托通道将表内资产虚假出表等信托业务,如果不存在其他无效事由,一方以信托目的违法违规为由请求确认无效的,人民法院不予支持。至于委托人和受托人之间的权利义务关系,应当依据信托文件的约定加以确定。

《商业银行并表管理与监管指引》[中国银行业监督管理委员会(已撤销),银监发〔2014〕54号,2015年7月1日]

第八十七条第二款 本指引所称跨业通道业务,是指商业银行或银行集团内各附属机构作为委托人,以理财、委托贷款等代理资金或者利用自有资金,借助证券公司、信托公司、保险公司等银行集团内部或者外部第三方受托人作为通道,设立一层或多层资产管理计划、信托产品等投资产品,从而为委托人的目标客户进行融资或对其他资产进行投资的交易安排。在上述交易中,委托人实质性承担上述活动中所产生的信用风险、流动性风险和市场风险等。

《私募投资基金备案指引第1号——私募证券投资基金》（中国证券投资基金业协会，2023年9月28日）

第十八条　私募基金管理人应当根据私募证券基金的投资范围、投资策略、产品结构等因素设置合理的管理费。私募基金管理人以外的其他主体不得收取管理费。私募基金管理人不得通过约定管理费返还等方式，变相向投资者提供保本保收益安排。

《私募投资基金备案指引第2号——私募股权、创业投资基金》（中国证券投资基金业协会，2023年9月28日）

第十九条　私募基金管理人应当设置合理的管理费。私募基金管理人不收取管理费或者管理费明显低于管理基金成本的，应当具有合理性，并在提请办理备案时提供相关说明。私募基金管理人以外的其他主体不得收取管理费。私募基金管理人不得通过约定管理费返还等方式，变相向投资者提供保本保收益安排。

《关于清理规范保险资产管理公司通道类业务有关事项的通知》（中国保监会，保监资金〔2016〕98号）

一、清理范围

本通知规定需要清理规范的银行存款通道等业务（简称通道类业务），是指在本通知发布之日前开展的资金来源与投资标的均由商业银行等机构确定，保险资产管理公司通过设立资产管理计划等形式接受商业银行等机构的委托，按照其意愿开展银行协议存款等投资，且在其委托合同中明确保险资产管理公司不承担主动管理职责，投资风险由委托人承担的各类业务。

《中国银监会关于规范银信类业务的通知》［中国银行业监督管理委员会（已撤销），银监发〔2017〕55号，2017年11月22日］

一、……

本通知所指银信通道业务，是指在银信类业务中，商业银行作为委托人设立资金信托或财产权信托，信托公司仅作为通道，信托资金或信托资产的管理、运用和处分均由委托人决定，风险管理责任和因管理不当导致的风险损失全部由委托人承担的行为。

《中国人民银行、中国银行保险监督管理委员会、中国证券监督管理委员会、国家外汇管理局关于规范金融机构资产管理业务的指导意见》（中国人民银行等，银发〔2018〕106号，2018年4月27日）

二十二、金融机构不得为其他金融机构的资产管理产品提供规避投资范围、杠杆约束等监管要求的通道服务。

……

编者注：此部分还可参见《私募证券投资基金运作指引（征求意见稿）》（中国证券投资基金业协会，2023年4月28日公布）

第四条 【禁止通道业务】私募基金管理人应当对投资者资金来源的合规性进行审查，不得由投资者或其指定第三方下达投资指令或者自行负责投资运作，不得为金融机构、其他私募基金管理人，金融机构资产管理产品以及其他私募基金提供规避投资范围、杠杆约束、投资者门槛等监管要求的通道服务。

提示：在私募基金领域，通道业务的模式包括以下几种：一是私募基金管理人出让投资决策权成为通道，管理人将应当履行的受托责任转委托给未登记机构，从而展开私募业务，“实质”管理基金；二是私募基金出于“保壳”目的，将自身作为通道出借给其他私募基金或有开展私募业务需求的机构，以自身名义发行产品，从而符合持续性经营的要求；三是券商“借道”私募基金进行监管套利，通过私募基金管理人备案受限产品以成为其项目的通道。目前私募基金虽然不是严格意义上的持牌金融机构，难以适用上述禁止金融机构从事通道业务的系列规定，但根据条例第七条、第二十七条的规定，以及中国证券投资基金业协会对通道业务的指引、处罚公示，对私募领域的通道业务已经严加监管，故可参考前述系列规定。

4. 集团化管理

《中国证券监督管理委员会关于加强私募投资基金监管的若干规定》（中国证券监督管理委员会，中国证券监督管理委员会公告〔2020〕71号，2020年12月30日）

第五条 私募基金管理人的出资人不得有代持、循环出资、交叉出资、层级过多、结构复杂等情形，不得隐瞒关联关系或者将关联关系非关联化。同一单位、个人控股或者实际控制两家及以上私募基金管理人的，应当具有设立多个私募基金管理人的合理性与必要性，全面、及时、准确披露各私募基金管理人业务分工，建立完善的合规风控制度。

《私募投资基金登记备案办法》（中国证券投资基金业协会，中基协发〔2023〕5号，2023年5月1日）

第八条　私募基金管理人应当是在中华人民共和国境内依法设立的公司或者合伙企业，并持续符合下列要求：

……

（四）高级管理人员具有良好的信用记录，具备与所任职务相适应的专业胜任能力和符合要求的相关工作经验；专职员工不少于5人，对本办法第十七条规定的私募基金管理人另有规定的，从其规定；

……

第十一条第三款　合规风控负责人应当独立履行对私募基金管理人经营管理合规性进行审查、监督、检查等职责，不得从事投资管理业务，不得兼任与合规风控职责相冲突的职务；不得在其他营利性机构兼职，但对本办法第十七条规定的私募基金管理人另有规定的，从其规定。

第十七条　同一控股股东、实际控制人控制两家以上私募基金管理人的，应当符合中国证监会和协会的规定，具备充分的合理性与必要性，其控制的私募基金管理人应当持续、合规、有效展业。

控股股东、实际控制人应当合理区分各私募基金管理人的业务范围，并就业务风险隔离、避免同业化竞争、关联交易管理和防范利益冲突等内控制度作出合理有效安排。

第十八条　同一控股股东、实际控制人控制两家以上私募基金管理人的，应当建立与所控制的私募基金管理人的管理规模、业务情况相适应的持续合规和风险管理体系，在保障私募基金管理人自主经营的前提下，加强对私募基金管理人的合规监督、检查。

协会根据私募基金管理人的业务开展情况、投资管理能力、内部治理情况和合规风控水平，对私募基金管理人实施分类管理和差异化自律管理。

《私募基金管理人登记指引第1号——基本经营要求》（中国证券投资基金业协会，中基协发〔2023〕6号，2023年5月1日）

第九条 《登记备案办法》第八条第一款第四项规定的“专职员工”是指与私募基金管理人签订劳动合同并缴纳社保的正式员工，签订劳动合同或者劳务合同的外籍员工、退休返聘员工，以及国家机关、事业单位、政府及其授权机构控制的企业委派的高级管理人员。

《私募基金管理人登记指引第2号——股东、合伙人、实际控制人》（中国证券投资基金业协会，中基协发〔2023〕7号，2023年5月1日）

第五条 私募基金管理人的实际控制人不得为资产管理产品。

资产管理产品不得作为私募基金管理人主要出资人，对私募基金管理人直接或者间接出资比例合计不得高于25%。但省级以上政府及其授权机构出资设立的私募基金管理人除外。

5. 经营者集中申报

《中华人民共和国反垄断法》（全国人大常委会，中华人民共和国主席令第116号，2022年8月1日）

第二十五条 经营者集中是指下列情形：

（一）经营者合并；

（二）经营者通过取得股权或者资产的方式取得对其他经营者的控制权；

（三）经营者通过合同等方式取得对其他经营者的控制权或者能够对其他经营者施加决定性影响。

第二十六条 经营者集中达到国务院规定的申报标准的，经营者应当事先向国务院反垄断执法机构申报，未申报的不得实施集中。

经营者集中未达到国务院规定的申报标准，但有证据证明该经营者集中具有或者可能具有排除、限制竞争效果的，国务院反垄断执法机构可以要求经营者申报。

经营者未依照前两款规定进行申报的，国务院反垄断执法机构应当依法进行调查。

《经营者集中审查规定》（国家市场监督管理总局，国家市场监督管理总局令第67号，2023年4月15日）

第八条　经营者集中达到国务院规定的申报标准（以下简称申报标准）的，经营者应当事先向市场监管总局申报，未申报或者申报后获得批准前不得实施集中。

经营者集中未达到申报标准，但有证据证明该经营者集中具有或者可能具有排除、限制竞争效果的，市场监管总局可以要求经营者申报并书面通知经营者。集中尚未实施的，经营者未申报或者申报后获得批准前不得实施集中；集中已经实施的，经营者应当自收到书面通知之日起一百二十日内申报，并采取暂停实施集中等必要措施减少集中对竞争的不利影响。

是否实施集中的判断因素包括但不限于是否完成市场主体登记或者权利变更登记、委派高级管理人员、实际参与经营决策和管理、与其他经营者交换敏感信息、实质性整合业务等。

《经营者集中反垄断合规指引》（国家市场监督管理总局，国市监反执二发〔2023〕74号，2023年9月5日公布）

第四条　**【经营者集中】**经营者集中是指下列情形：经营者合并、经营者通过取得股权或者资产的方式取得对其他经营者的控制权、经营者通过合同等方式取得对其他经营者的控制权或者能够对其他经营者施加决定性影响。

对于新设合营企业，如果至少有两个经营者共同控制该合营企业，则构成经营者集中；如果仅有一个经营者单独控制该合营企业，其他经营者没有控制权，则不构成经营者集中。

第五条　**【经营者集中申报】**经营者集中达到申报标准的，经营者应当事先向国家市场监督管理总局（以下简称市场监管总局）申报，未申报或者申报后获得批准前不得实施集中。未达到申报标准，但有证据证明该经营者集中具有或者可能具有排除、限制竞争效果的，市场监管总局可以要求经营者申报并书面通知经营者，经营者应当依法申报。

经营者集中有下列情形之一的，可以不向市场监管总局申报：

（一）参与集中的一个经营者拥有其他每个经营者50%以上有表决权的股份或者资产的；

（二）参与集中的每个经营者50%以上有表决权的股份或者资产被同一个未参与集中的经营者拥有的。

第八条　【管理人，控股股东、实际控制人、普通合伙人消极条件】

有下列情形之一的，不得担任私募基金管理人，不得成为私募基金管理人的控股股东、实际控制人或者普通合伙人：

（一）本条例第九条规定的情形；

（二）因本条例第十四条第一款第三项所列情形被注销登记，自被注销登记之日起未逾3年的私募基金管理人，或者为该私募基金管理人的控股股东、实际控制人、普通合伙人；

（三）从事的业务与私募基金管理存在利益冲突；

（四）有严重不良信用记录尚未修复。

《私募投资基金登记备案办法》（中国证券投资基金业协会，中基协发〔2023〕5号，2023年5月1日）

第九条　有下列情形之一的，不得担任私募基金管理人的股东、合伙人、实际控制人：

（一）未以合法自有资金出资，以委托资金、债务资金等非自有资金出资，违规通过委托他人或者接受他人委托方式持有股权、财产份额，存在循环出资、交叉持股、结构复杂等情形，隐瞒关联关系；

（二）治理结构不健全，运作不规范、不稳定，不具备良好的财务状况，资产负债和杠杆比例不适当，不具有与私募基金管理人经营状

况相匹配的持续资本补充能力;

(三)控股股东、实际控制人、普通合伙人没有经营、管理或者从事资产管理、投资、相关产业等相关经验,或者相关经验不足5年;

(四)控股股东、实际控制人、普通合伙人、主要出资人在非关联私募基金管理人任职,或者最近5年从事过冲突业务;

(五)法律、行政法规、中国证监会和协会规定的其他情形。

私募基金管理人的实际控制人为自然人的,除另有规定外应当担任私募基金管理人的董事、监事、高级管理人员,或者执行事务合伙人或其委派代表。

第十五条　有下列情形之一的,不得担任私募基金管理人,不得成为私募基金管理人的控股股东、实际控制人、普通合伙人或者主要出资人:

(一)有本办法第十六条规定情形;

(二)被协会采取撤销私募基金管理人登记的纪律处分措施,自被撤销之日起未逾3年;

(三)因本办法第二十五条第一款第六项、第八项所列情形被终止办理私募基金管理人登记的机构及其控股股东、实际控制人、普通合伙人,自被终止登记之日起未逾3年;

(四)因本办法第七十七条所列情形被注销登记的私募基金管理人及其控股股东、实际控制人、普通合伙人,自被注销登记之日起未逾3年;

(五)存在重大经营风险或者出现重大风险事件;

(六)从事的业务与私募基金管理存在利益冲突;

(七)有重大不良信用记录尚未修复;

(八)法律、行政法规、中国证监会和协会规定的其他情形。

第十六条　有下列情形之一的,不得担任私募基金管理人的董事、监事、高级管理人员、执行事务合伙人或其委派代表:

(一)因犯有贪污贿赂、渎职、侵犯财产罪或者破坏社会主义市场经济秩序罪,被判处刑罚;

(二)最近3年因重大违法违规行为被金融管理部门处以行政处罚;

(三)被中国证监会采取市场禁入措施,执行期尚未届满;

(四)最近3年被中国证监会采取行政监管措施或者被协会采取纪律处分措施,情节严重;

(五)对所任职的公司、企业因经营不善破产清算或者因违法被吊销营业执照负有个人责任的董事、监事、高级管理人员、执行事务合伙人或其委派代表,自该公司、企业破产清算终结或者被吊销营业执照之日起未逾5年;

(六)因违法行为或者违纪行为被开除的基金管理人、基金托管人、证券期货交易场所、证券公司、证券登记结算机构、期货公司等机构的从业人员和国家机关工作人员,自被开除之日起未逾5年;

(七)因违法行为被吊销执业证书或者被取消资格的律师、注册会计师和资产评估等机构的从业人员、投资咨询从业人员,自被吊销执业证书或者被取消资格之日起未逾5年;

(八)因违反诚实信用、公序良俗等职业道德或者存在重大违法违规行为,引发社会重大质疑或者产生严重社会负面影响且尚未消除;对所任职企业的重大违规行为或者重大风险负有主要责任未逾3年;

(九)因本办法第二十五条第一款第六项、第八项所列情形被终止私募基金管理人登记的机构的控股股东、实际控制人、普通合伙人、法定代表人、执行事务合伙人或其委派代表、负有责任的高级管理人员和直接责任人员,自该机构被终止私募基金管理人登记之日起未逾3年;

(十)因本办法第七十七条所列情形被注销登记的私募基金管理人的控股股东、实际控制人、普通合伙人、法定代表人、执行事务合伙人或其委派代表、负有责任的高级管理人员和直接责任人员,自该私募基金管理人被注销登记之日起未逾3年;

(十一)所负债务数额较大且到期未清偿,或者被列为严重失信

人或者被纳入失信被执行人名单;

(十二)法律、行政法规、中国证监会和协会规定的其他情形。

第二十五条　有下列情形之一的,协会终止办理私募基金管理人登记,退回登记材料并说明理由:

……

(六)提供有虚假记载、误导性陈述或者重大遗漏的信息、材料,通过欺骗、贿赂或者以规避监管、自律管理为目的与中介机构违规合作等不正当手段办理相关业务;

……

(八)未经登记开展基金募集、投资管理等私募基金业务活动,法律、行政法规另有规定的除外;

……

第四十九条　私募基金管理人的股东、合伙人、实际控制人拟转让其所持有的股权、财产份额或者实际控制权的,应当充分了解受让方财务状况、专业能力和诚信信息等,并向其告知担任股东、合伙人、实际控制人的相关监管和自律要求。

私募基金管理人的股东、合伙人、实际控制人拟发生变更导致实际控制权发生变更的,应当及时将相关情况告知私募基金管理人,私募基金管理人应当及时向投资者履行信息披露义务,并按照基金合同约定履行相关内部决策程序。

第六十七条　私募基金管理人及其股东、合伙人、实际控制人,有下列情形之一的,协会可以采取书面警示、要求限期改正等自律管理或者纪律处分措施;情节严重的,可以采取公开谴责、暂停办理备案、限制相关业务活动等自律管理或者纪律处分措施:

(一)股东、合伙人、实际控制人以非自有资金或者非法取得的资金向私募基金管理人出资,或者违规通过委托他人或者接受他人委托方式持有私募基金管理人股权、财产份额,或者存在循环出资、交叉持股、结构复杂等情形,隐瞒关联关系;

(二)股东、合伙人、实际控制人抽逃出资或者违规转让股权、财产份额或者实际控制权；

（三）私募基金管理人违反专业化运营原则，违规兼营多种类型的私募基金管理业务；

（四）私募基金管理人违规开展投资顾问业务，开展或者变相开展冲突业务或者无关业务；

（五）私募基金管理人未按规定保持人员充足稳定，高级管理人员长期缺位，或者在首支私募基金完成备案手续之前，违规更换法定代表人、执行事务合伙人或其委派代表、经营管理主要负责人、负责投资管理的高级管理人员和合规风控负责人；

（六）违规聘用不符合要求的法定代表人、高级管理人员、执行事务合伙人或其委派代表、从业人员，或者前述人员存在违规兼职的情形；

（七）违反关于同一控股股东、实际控制人控制两家以上私募基金管理人的有关规定；

（八）中国证监会、协会规定的其他行为。

对直接负责的主管人员和其他责任人员，协会可以采取书面警示、警告、公开谴责、不得从事相关业务、加入黑名单、取消基金从业资格等自律管理或者纪律处分措施。

第六十八条　私募基金管理人有下列行为之一的，协会可以采取书面警示、要求限期改正、公开谴责、暂停办理备案、限制相关业务活动等自律管理或者纪律处分措施；情节严重的，可以撤销私募基金管理人登记：

（一）募集完毕未按照要求履行备案手续；

（二）违规委托他人行使职责、不按照规定办理投资确权，以及未按照规定开展私募基金投资运作的其他情形；

（三）未建立关联交易管理制度，或者违规开展关联交易；

（四）未按规定及时履行私募基金清算义务；

（五）中国证监会、协会规定的其他行为。

对直接负责的主管人员和其他责任人员，协会可以采取书面警示、警告、公开谴责、不得从事相关业务、加入黑名单、取消基金从业资格等自律管理或者纪律处分措施。

第六十九条　私募基金管理人未按照要求履行信息披露、信息报送、信息变更和重大事项报告义务的，协会可以采取书面警示、要求限期改正、公开谴责、暂停办理备案、限制相关业务活动等自律管理或者纪律处分措施；对直接负责的主管人员和其他责任人员采取书面警示、警告、公开谴责等自律管理或者纪律处分措施。

私募基金管理人披露、报送的信息存在虚假记载、误导性陈述或者重大遗漏的，协会可以采取书面警示、要求限期改正、公开谴责、暂停办理备案、限制相关业务活动、撤销私募基金管理人登记等自律管理或者纪律处分措施；对直接负责的主管人员和其他责任人员采取公开谴责、不得从事相关业务、加入黑名单、取消基金从业资格等自律管理或者纪律处分措施。

第七十条　私募基金管理人有下列行为之一的，协会可以采取书面警示、要求限期改正、公开谴责、暂停办理备案、限制相关业务活动、撤销私募基金管理人登记等自律管理或者纪律处分措施：

（一）向合格投资者之外的单位和个人募集资金或者转让基金份额；

（二）通过报刊、电台、电视、互联网等公众传播媒体，讲座、报告会、分析会等方式，布告、传单、短信、即时通讯工具、博客和电子邮件等载体，向不特定对象宣传推介；

（三）通过“阴阳合同”“抽屉协议”等方式，承诺投资本金不受损失或者承诺最低收益；

（四）将其固有财产、他人财产混同于私募基金财产，或者将不同私募基金财产混同运作；

（五）开展或者参与具有滚动发行、集合运作、期限错配、分离定价等特征的资金池业务；

（六）以套取私募基金财产为目的，使用私募基金财产直接或者间接投资于私募基金管理人、控股股东、实际控制人及其实际控制的企业或者项目等自融行为；

（七）不公平对待私募基金投资者，损害投资者合法权益；

（八）侵占、挪用私募基金财产；

（九）利用私募基金财产或者职务之便，为自身或者投资者以外的单位或个人牟取非法利益、进行利益输送；

（十）泄露因职务便利获取的未公开信息，利用该信息从事或者明示、暗示他人从事相关的交易活动；

（十一）从事内幕交易、操纵证券期货市场及其他不正当交易活动；

（十二）玩忽职守，不按照监管规定或者合同约定履行职责；

（十三）通过直接或者间接参与结构化债券发行或者交易、返费等方式，扰乱市场秩序，侵害投资者利益；

（十四）法律、行政法规、中国证监会和协会禁止的其他行为。

对直接负责的主管人员和其他责任人员，协会可以采取书面警示、警告、公开谴责、不得从事相关业务、加入黑名单、取消基金从业资格等自律管理或者纪律处分措施。从业人员个人有前款规定行为的，协会可以对其采取前述自律管理或者纪律处分措施。

私募基金管理人的股东、合伙人和实际控制人，私募基金托管人、私募基金销售机构及其他私募基金服务机构以及前述机构的工作人员，有本条第一款规定的行为或者为该行为提供便利的，适用前两款的规定。

第七十七条 私募基金管理人有下列情形之一的，协会注销其私募基金管理人登记：

（一）因非法集资、非法经营等重大违法犯罪行为被追究法律责任；

（二）存在本办法第二十五条第一款第六项规定的情形；

（三）金融管理部门要求协会注销登记；

（四）因失联状态被协会公示，公示期限届满未与协会取得有效联系；

（五）采取拒绝、阻碍中国证监会及其派出机构、协会及其工作人员依法行使检查、调查职权等方式，不配合行政监管或者自律管理，情节严重；

（六）未按照本办法第七十三条、第七十四条的规定提交专项法律意见书，或者提交的法律意见书不符合要求或者出具否定性结论；

（七）中国证监会、协会规定的其他情形。

《私募基金管理人登记指引第1号——基本经营要求》（中国证券投资基金业协会，中基协发〔2023〕6号，2023年5月1日）

第十七条　法律、行政法规、国家有关部门对相关人员出资或者执业有限制的，相关人员在限制期限内不得成为私募基金管理人的股东、合伙人、实际控制人，或者担任私募基金管理人的董事、监事、高级管理人员及从业人员。

《私募基金管理人登记指引第2号——股东、合伙人、实际控制人》（中国证券投资基金业协会，中基协发〔2023〕7号，2023年5月1日）

第七条　私募基金管理人的控股股东、实际控制人、普通合伙人、主要出资人不得有《登记备案办法》第十五条第一项规定的“本办法第十六条规定情形”。其中第十六条第四项规定的“最近3年被中国证监会采取行政监管措施或者被协会采取纪律处分措施，情节严重”，是指有下列情形之一：

（一）被中国证监会及其派出机构认定为不适当人选或者被协会采取加入黑名单的纪律处分措施，期限尚未届满；

（二）被中国证监会撤销基金从业资格或者被协会取消基金从业资格；

（三）其他社会危害性大，严重损害投资者合法权益和社会公共利益的情形。

第八条　私募基金管理人及其控股股东、实际控制人、普通合伙人、主要出资人最近3年有下列情形之一的，协会加强核查，并可以视情况征询相关部门意见：

（一）被中国证监会及其派出机构采取公开谴责、限制业务活动、责令处分有关人员等行政监管措施；

（二）被协会采取公开谴责、限制相关业务活动、不得从事相关业务等纪律处分措施；

（三）在因《登记备案办法》第二十五条第一款第六项、第八项所列情形被终止登记的私募基金管理人担任主要出资人、未明确负有责任的高级管理人员；

（四）在因《登记备案办法》第七十七条所列情形被注销登记的私募基金管理人担任主要出资人、未明确负有责任的高级管理人员；

（五）在存在重大风险或者严重负面舆情的机构、被协会注销登记的机构任职；

（六）需要加强核查的其他情形。

第九条 私募证券基金管理人的实际控制人为自然人的，《登记备案办法》第九条第一款第三项规定的相关经验包括：

（一）在商业银行、证券公司、基金管理公司、期货公司、信托公司、保险公司及相关资产管理子公司等金融机构从事证券资产管理、自有资金证券期货投资等相关业务，或者担任部门负责人以上职务或者具有相当职位管理经验；

（二）在地市级以上政府及其授权机构控制的企业、上市公司从事证券期货投资管理相关工作，或者担任高级管理人员或者具有相当职位管理经验；

（三）在私募证券基金管理人从事证券期货投资或者担任高级管理人员，其任职的私募基金管理人应当运作正常、合规稳健，任职期间无重大违法违规记录；

（四）在受境外金融监管部门监管的资产管理机构从事证券资产管理等相关业务，其任职的资产管理机构应当具备良好的国际声誉和经营业绩；

（五）在政府部门、事业单位从事经济管理等相关工作，并具有相应的管理经验；

（六）在经中国证监会备案的律师事务所、会计师事务所从事证券、基金、期货相关的法律、审计等工作，并担任合伙人以上职务不少于5年；

（七）中国证监会、协会规定的其他相关工作经验。

前款规定的投资管理工作经验不包括个人证券或者期货等投资经验。

第十条　私募股权基金管理人的实际控制人为自然人的，《登记备案办法》第九条第一款第三项规定的相关经验包括：

（一）在商业银行、证券公司、基金管理公司、期货公司、信托公司、保险公司及相关资产管理子公司等金融机构从事资产管理、自有资金股权投资、发行保荐等相关业务，或者担任部门负责人以上职务或者具有相当职位管理经验；

（二）在地市级以上政府及其授权机构控制的企业、上市公司从事股权投资管理相关工作，或者担任高级管理人员或者具有相当职位管理经验；

（三）在私募股权基金管理人从事股权投资或者担任高级管理人员，其任职的私募基金管理人应当运作正常、合规稳健，任职期间无重大违法违规记录；

（四）在受境外金融监管部门监管的资产管理机构从事股权投资等相关业务，其任职的资产管理机构应当具备良好的国际声誉和经营业绩；

（五）在运作良好、合规稳健并具有一定经营规模的企业担任股权投资管理部门负责人，或者担任高级管理人员或者具有相当职位管理经验，或者在具备一定技术门槛的大中型企业担任相关专业技术职务，或者是科研院校相关领域的专家教授、研究人员；

（六）在政府部门、事业单位从事经济管理等相关工作，并具有相应的管理经验；

（七）在经中国证监会备案的律师事务所、会计师事务所从事证券、基金、期货相关的法律、审计等工作，并担任合伙人以上职务不少于5年；

（八）中国证监会、协会规定的其他相关工作经验。

1.实际控制人的认定

《中华人民共和国公司法》（全国人大常委会，中华人民共和国主席令第15号，2024年7月1日）

第二百六十五条 本法下列用语的含义：

……

（三）实际控制人，是指通过投资关系、协议或者其他安排，能够实际支配公司行为的人。

《私募投资基金登记备案办法》（中国证券投资基金业协会，中基协发〔2023〕5号，2023年5月1日）

第八十条 本办法下列用语的含义：

……

（二）控股股东：是指出资额占有限责任公司资本总额50%以上或者其持有的股份占股份有限公司股本总额50%以上的股东；出资额或者持有股份的比例虽然不足50%，但依其出资额或者持有的股份所享有的表决权已足以对股东会、股东大会的决议产生重大影响的股东。

（三）实际控制人：是指通过投资关系、协议或者其他安排，能够实际支配私募基金管理人运营的自然人、法人或者其他组织。

实际控制人的具体认定标准由协会另行规定。

（四）主要出资人：是指持有私募基金管理人25%以上股权或者财产份额的股东、合伙人。

……

《私募基金管理人登记指引第2号——股东、合伙人、实际控制人》（中国证券投资基金业协会，中基协发〔2023〕7号，2023年5月1日）

第二条 私募基金管理人的出资架构应当简明、清晰、稳定，不存在层级过多、结构复杂等情形，无合理理由不得通过特殊目的载体设立两层以上的嵌套架构，不得通过设立特殊目的载体等方式规避对股东、合伙人、实际控制人的财务、诚信和专业能力等相关要求。

第十一条　私募基金管理人为公司的，按照下列路径依次认定实际控制人：

（一）持股50%以上的；

（二）通过一致行动协议实际行使半数以上股东表决权的；

（三）通过行使表决权能够决定董事会半数以上成员当选的或者能够决定执行董事当选的。

实际控制人应当追溯至自然人、国有企业、上市公司、金融管理部门批准设立的金融机构、大学及研究院所等事业单位、社会团体法人、受境外金融监管部门监管的机构等。

通过一致行动协议安排认定实际控制人的，协议不得存在期限安排。

不得通过任何方式隐瞒实际控制人身份，规避相关要求。不得滥用一致行动协议、股权架构设计等方式规避实际控制人认定，不得通过表决权委托等方式认定实际控制人。

第十二条　私募基金管理人为合伙企业的，认定其执行事务合伙人或者最终控制该合伙企业的单位或者自然人为实际控制人；执行事务合伙人无法控制私募基金管理人的，结合合伙协议约定的对合伙事务的表决办法、决策机制，按照能够实际支配私募基金管理人行为的合伙人路径进行认定。

第十三条　政府及其授权机构控制的私募基金管理人的实际控制人应当追溯至有效履行相关职责的相关主体，包括追溯至财政部、各地财政厅（局）或者国务院国资委、各地方政府、各地国资委等直接控股企业主体。

因层级过多或者股权结构复杂，导致前款主体无法履行实际控制人职责的，应当充分说明合理性和必要性，追溯至能够实际有效履行实际控制人责任的主体；因行政管理需要导致实际控制人认定的股权层级与行政管理层级不一致的，应当提供相关说明。

第十四条 私募证券基金管理人的实际控制人为境外机构的，应当追溯至与中国证监会签署合作备忘录的境外金融监管部门监管的机构。

私募股权基金管理人的实际控制人为境外机构或者自然人的，应当追溯至与中国证监会签署合作备忘录的境外金融监管部门监管的机构、境外上市公司或者自然人。

第十五条 通过公司章程或者合伙协议、一致行动协议以及其他协议或者安排共同控制的，共同控制人签署方应当按照本指引第十一条和第十二条的规定，同时穿透认定私募基金管理人的共同实际控制人。

无合理理由不得通过直接认定单一实际控制人的方式规避实际控制人的相关要求。

第十六条 私募基金管理人应当根据本指引相关规定和内部决策实际情况，客观、审慎、真实地认定实际控制人，无合理理由不得认定为无实际控制人。

私募基金管理人出资分散无法按照本指引第十一条认定实际控制人的，应当由占出资比例最大的出资人按照本指引第十一条、第十二条穿透认定并承担实际控制人责任，或者由所有出资人共同指定一名或者多名出资人，按照本指引规定穿透认定并承担实际控制人责任，且满足实际控制人相关要求。

私募基金管理人存在前款规定情形的，应当建立健全内部决策机制和内部治理制度，保证控制权结构不影响私募基金管理人的良好运行。

2. 利冲相关内容

《中国证券监督管理委员会关于加强私募投资基金监管的若干规定》（中国证券监督管理委员会，中国证券监督管理委员会公告〔2020〕71号，2020年12月30日）

第十一条 私募基金管理人不得从事损害私募基金财产或者投资者利益的关联交易等投资活动。私募基金管理人应当建立健全关联交易管理制度，对关联交易定价方法、交易审批程序等进行规范。使用私募基金财产与关联方进行交易的，私募基金管理人应当遵守法律、行政法规、中国证监会的规定和私募基金合同约定，防范利益冲突，投资前应当取得全体投资者或者投资者认可的决策机制决策同意，投资后应当及时向投资者充分披露信息。

《私募投资基金监督管理暂行办法》（中国证券监督管理委员会，中国证券监督管理委员会令第105号，2014年8月21日）

第二十二条　同一私募基金管理人管理不同类别私募基金的，应当坚持专业化管理原则；管理可能导致利益输送或者利益冲突的不同私募基金的，应当建立防范利益输送和利益冲突的机制。

《私募投资基金登记备案办法》（中国证券投资基金业协会，中基协发〔2023〕5号，2023年5月1日）

第三条第二款　私募基金管理人、私募基金托管人和私募基金服务机构从事私募基金业务活动，应当遵循投资者利益优先原则，恪尽职守，履行诚实信用、谨慎勤勉的义务，防范利益输送和利益冲突。

第十一条第二款　私募基金管理人的法定代表人、高级管理人员、执行事务合伙人或其委派代表不得在非关联私募基金管理人、冲突业务机构等与所在机构存在利益冲突的机构兼职，或者成为其控股股东、实际控制人、普通合伙人。

第十三条　私募基金管理人应当建立健全内部控制、风险控制和合规管理等制度，保持经营运作合法、合规，保证内部控制健全、有效。

私募基金管理人应当完善防火墙等隔离机制，有效隔离自有资金投资与私募基金业务，与从事冲突业务的关联方采取办公场所、人员、财务、业务等方面的隔离措施，切实防范内幕交易、利用未公开信息交易、利益冲突和利益输送。

第十五条　有下列情形之一的，不得担任私募基金管理人，不得成为私募基金管理人的控股股东、实际控制人、普通合伙人或者主要出资人：

……

（六）从事的业务与私募基金管理存在利益冲突；

……

（八）法律、行政法规、中国证监会和协会规定的其他情形。

《私募基金管理人登记指引第1号——基本经营要求》（中国证券投资基金业协会，中基协发〔2023〕6号，2023年5月1日）

第十三条 私募基金管理人不得直接或者间接从事《登记备案办法》第八十条规定的冲突业务，不得通过设立子公司、合伙企业或者担任投资顾问等形式，变相开展冲突业务。

《私募基金管理人登记指引第2号——股东、合伙人、实际控制人》（中国证券投资基金业协会，中基协发〔2023〕7号，2023年5月1日）

第三条 私募基金管理人的控股股东、实际控制人为上市公司或者上市公司实际控制人的，该上市公司应当具有良好的财务状况，并按照规定履行内部决策和信息披露程序，建立业务隔离制度，防范利益冲突。

私募基金管理人的控股股东、实际控制人、普通合伙人和法定代表人、高级管理人员、执行事务合伙人或其委派代表担任上市公司高级管理人员的，应当出具该上市公司知悉相关情况的说明材料。

第四条 私募基金管理人出资行为涉及金融管理部门、国有资产管理部门等其他主管部门职责的，应当符合相关部门的规定。

私募基金管理人的股东、合伙人、实际控制人在金融机构任职的，应当出具该金融机构知悉相关情况的说明材料，并符合相关竞业禁止要求。

私募基金管理人的高级管理人员及其他从业人员在金融机构任职的，应当符合金融机构相关规定。

《私募基金管理人登记法律意见书指引》（中国证券投资基金业协会，2019年12月22日）

四、……

（三）申请机构是否符合《私募投资基金监督管理暂行办法》第22条专业化经营原则，说明申请机构主营业务是否为私募基金管理业务；申请机构的工商经营范围或实际经营业务中，是否兼营可能与私募投资基金业务存在冲突的业务、是否兼营与“投资管理”的买方业务存在冲突的业务、是否兼营其他非金融业务。

……

《私募投资基金管理人内部控制指引》（中国证券投资基金业协会，2016 年 2 月 1 日）

第八条 私募基金管理人应当遵循专业化运营原则，主营业务清晰，不得兼营与私募基金管理无关或存在利益冲突的其他业务。

3. 不良信用记录

《私募基金管理人登记法律意见书指引》（中国证券投资基金业协会，2019 年 12 月 22 日）

四、经办执业律师及律师事务所应在充分尽职调查的基础上，就下述内容逐项发表法律意见，并就对私募基金管理人登记申请是否符合中国基金业协会的相关要求发表整体结论性意见。不存在下列事项的，也应明确说明。若引用或使用其他中介机构结论性意见的应当独立对其真实性进行核查。

……

（十一）申请机构是否受到刑事处罚、金融监管部门行政处罚或者被采取行政监管措施；申请机构及其高管人员是否受到行业协会的纪律处分；是否在资本市场诚信数据库中存在负面信息；是否被列入失信被执行人名单；是否被列入全国企业信用信息公示系统的经营异常名录或严重违法企业名录；是否在“信用中国”网站上存在不良信用记录等。

……

第九条 【董监高、执行事务合伙人消极条件】

有下列情形之一的，不得担任私募基金管理人的董事、监事、高级管理人员、执行事务合伙人或者委派代表：

（一）因犯有贪污贿赂、渎职、侵犯财产罪或者破坏社会主义市场经济秩序罪，被判处刑罚；

（二）最近3年因重大违法违规行为被金融管理部门处以行政处罚；

（三）对所任职的公司、企业因经营不善破产清算或者因违法被吊销营业执照负有个人责任的董事、监事、厂长、高级管理人员、执行事务合伙人或者委派代表，自该公司、企业破产清算终结或者被吊销营业执照之日起未逾5年；

（四）所负债务数额较大，到期未清偿或者被纳入失信被执行人名单；

（五）因违法行为被开除的基金管理人、基金托管人、证券期货交易场所、证券公司、证券登记结算机构、期货公司以及其他机构的从业人员和国家机关工作人员；

（六）因违法行为被吊销执业证书或者被取消资格的律师、注册会计师和资产评估机构、验证机构的从业人员、投资咨询从业人员，自被吊销执业证书或者被取消资格之日起未逾5年；

（七）担任因本条例第十四条第一款第三项所列情形被注销登记的私募基金管理人的法定代表人、执行事务合伙人或者委派代表，或者负有责任的高级管理人员，自该私募基金管理人被注销登记之日起未逾3年。

《私募投资基金登记备案办法》（中国证券投资基金业协会，中基协发〔2023〕5号，2023年5月1日）

第十条 有下列情形之一的，不得担任私募基金管理人的法定代表人、高级管理人员、执行事务合伙人或其委派代表：

（一）最近5年从事过冲突业务；

（二）不符合中国证监会和协会规定的基金从业资格、执业条件；

（三）没有与拟任职务相适应的经营管理能力，或者没有符合要求的相关工作经验；

（四）法律、行政法规、中国证监会和协会规定的其他情形。

私募证券基金管理人法定代表人、执行事务合伙人或其委派代表、经营管理主要负责人以及负责投资管理的高级管理人员应当具有5年以上证券、基金、期货投资管理等相关工作经验。

私募股权基金管理人法定代表人、执行事务合伙人或其委派代表、经营管理主要负责人以及负责投资管理的高级管理人员应当具有5年以上股权投资管理或者相关产业管理等工作经验。

私募基金管理人合规风控负责人应当具有3年以上投资相关的法律、会计、审计、监察、稽核,或者资产管理行业合规、风控、监管和自律管理等相关工作经验。

私募基金管理人负责投资管理的高级管理人员还应当具有符合要求的投资管理业绩。

第十六条 有下列情形之一的,不得担任私募基金管理人的董事、监事、高级管理人员、执行事务合伙人或其委派代表:

(一)因犯有贪污贿赂、渎职、侵犯财产罪或者破坏社会主义市场经济秩序罪,被判处刑罚;

(二)最近3年因重大违法违规行为被金融管理部门处以行政处罚;

(三)被中国证监会采取市场禁入措施,执行期尚未届满;

(四)最近3年被中国证监会采取行政监管措施或者被协会采取纪律处分措施,情节严重;

(五)对所任职的公司、企业因经营不善破产清算或者因违法被吊销营业执照负有个人责任的董事、监事、高级管理人员、执行事务合伙人或其委派代表,自该公司、企业破产清算终结或者被吊销营业执照之日起未逾5年;

(六)因违法行为或者违纪行为被开除的基金管理人、基金托管人、证券期货交易场所、证券公司、证券登记结算机构、期货公司等机构的从业人员和国家机关工作人员,自被开除之日起未逾5年;

(七)因违法行为被吊销执业证书或者被取消资格的律师、注册会计师和资产评估等机构的从业人员、投资咨询从业人员,自被吊销执业证书或者被取消资格之日起未逾5年;

（八）因违反诚实信用、公序良俗等职业道德或者存在重大违法违规行为，引发社会重大质疑或者产生严重社会负面影响且尚未消除；对所任职企业的重大违规行为或者重大风险负有主要责任未逾3年；

（九）因本办法第二十五条第一款第六项、第八项所列情形被终止私募基金管理人登记的机构的控股股东、实际控制人、普通合伙人、法定代表人、执行事务合伙人或其委派代表、负有责任的高级管理人员和直接责任人员，自该机构被终止私募基金管理人登记之日起未逾3年；

（十）因本办法第七十七条所列情形被注销登记的私募基金管理人的控股股东、实际控制人、普通合伙人、法定代表人、执行事务合伙人或其委派代表、负有责任的高级管理人员和直接责任人员，自该私募基金管理人被注销登记之日起未逾3年；

（十一）所负债务数额较大且到期未清偿，或者被列为严重失信人或者被纳入失信被执行人名单；

（十二）法律、行政法规、中国证监会和协会规定的其他情形。

第二十五条 有下列情形之一的，协会终止办理私募基金管理人登记，退回登记材料并说明理由：

……

（六）提供有虚假记载、误导性陈述或者重大遗漏的信息、材料，通过欺骗、贿赂或者以规避监管、自律管理为目的与中介机构违规合作等不正当手段办理相关业务；

……

（八）未经登记开展基金募集、投资管理等私募基金业务活动，法律、行政法规另有规定的除外；

……

第七十七条 私募基金管理人有下列情形之一的，协会注销其私募基金管理人登记：

（一）因非法集资、非法经营等重大违法犯罪行为被追究法律责任；

（二）存在本办法第二十五条第一款第六项规定的情形；

（三）金融管理部门要求协会注销登记；

（四）因失联状态被协会公示，公示期限届满未与协会取得有效联系；

（五）采取拒绝、阻碍中国证监会及其派出机构、协会及其工作人员依法行使检查、调查职权等方式，不配合行政监管或者自律管理，情节严重；

（六）未按照本办法第七十三条、第七十四条的规定提交专项法律意见书，或者提交的法律意见书不符合要求或者出具否定性结论；

（七）中国证监会、协会规定的其他情形。

《私募基金管理人登记指引第1号——基本经营要求》（中国证券投资基金业协会，中基协发〔2023〕6号，2023年5月1日）

第十七条　法律、行政法规、国家有关部门对相关人员出资或者执业有限制的，相关人员在限制期限内不得成为私募基金管理人的股东、合伙人、实际控制人，或者担任私募基金管理人的董事、监事、高级管理人员及从业人员。

《私募基金管理人登记指引第3号——法定代表人、高级管理人员、执行事务合伙人或其委派代表》（中国证券投资基金业协会，中基协发〔2023〕8号，2023年5月1日）

第二条　私募基金管理人的董事、监事、高级管理人员、执行事务合伙人或其委派代表不得存在《登记备案办法》第十六条规定的情形，其中第四项规定的"最近3年被中国证监会采取行政监管措施或者被协会采取纪律处分措施，情节严重"，是指有下列情形之一：

（一）被中国证监会及其派出机构认定为不适当人选或者被协会采取加入黑名单的纪律处分措施，期限尚未届满；

（二）被中国证监会撤销基金从业资格或者被协会取消基金从业资格；

（三）其他社会危害性大，严重损害投资者合法权益和社会公共利益的情形。

第三条 私募基金管理人的法定代表人、高级管理人员、执行事务合伙人或其委派代表最近3年有下列情形之一的，协会加强核查，并可以视情况征询相关部门意见：

（一）被中国证监会及其派出机构采取公开谴责、责令处分有关人员等行政监管措施；

（二）被协会采取公开谴责、不得从事相关业务等纪律处分措施；

（三）在因《登记备案办法》第二十五条第一款第六项、第八项所列情形被终止登记的私募基金管理人担任主要出资人、未明确负有责任的高级管理人员；

（四）在因《登记备案办法》第七十七条所列情形被注销登记的私募基金管理人担任主要出资人、未明确负有责任的高级管理人员；

（五）在存在重大风险或者严重负面舆情的机构、被协会注销登记的机构任职；

（六）需要加强核查的其他情形。

1. 董事、监事、高管任职资格

《中华人民共和国公司法》（全国人大常委会，中华人民共和国主席令第15号，2024年7月1日）

第一百七十八条 有下列情形之一的，不得担任公司的董事、监事、高级管理人员：

（一）无民事行为能力或者限制民事行为能力；

（二）因贪污、贿赂、侵占财产、挪用财产或者破坏社会主义市场经济秩序，被判处刑罚，或者因犯罪被剥夺政治权利，执行期满未逾五年，被宣告缓刑的，自缓刑考验期满之日起未逾二年；

（三）担任破产清算的公司、企业的董事或者厂长、经理，对该公司、企业的破产负有个人责任的，自该公司、企业破产清算完结之日起未逾三年；

（四）担任因违法被吊销营业执照、责令关闭的公司、企业的法定代表人，并负有个人责任的，自该公司、企业被吊销营业执照、责令关闭之日起未逾三年；

（五）个人因所负数额较大债务到期未清偿被人民法院列为失信被执行人。

违反前款规定选举、委派董事、监事或者聘任高级管理人员的，该选举、委派或者聘任无效。

董事、监事、高级管理人员在任职期间出现本条第一款所列情形的，公司应当解除其职务。

第二百六十五条　本法下列用语的含义：

（一）高级管理人员，是指公司的经理、副经理、财务负责人，上市公司董事会秘书和公司章程规定的其他人员。

……

《私募投资基金登记备案办法》（中国证券投资基金业协会，中基协发〔2023〕5号，2023年5月1日）

第八十条　本办法下列用语的含义：

（一）高级管理人员：是指公司的总经理、副总经理、合规风控负责人和公司章程规定的其他人员，以及合伙企业中履行前述经营管理和风控合规等职务的相关人员；虽不使用前述名称，但实际履行前述职务的其他人员，视为高级管理人员。

……

2. 执行事务合伙人及其委派代表的禁止性规定

《中华人民共和国合伙企业法》（全国人大常委会，中华人民共和国主席令第55号，2007年6月1日）

第三条　国有独资公司、国有企业、上市公司以及公益性的事业单位、社会团体不得成为普通合伙人。

第二十六条第二款　按照合伙协议的约定或者经全体合伙人决定，可以委托一个或者数个合伙人对外代表合伙企业，执行合伙事务。

第二十六条第三款　作为合伙人的法人、其他组织执行合伙事务的，由其委派的代表执行。

第二十七条第一款 依照本法第二十六条第二款规定委托一个或者数个合伙人执行合伙事务的，其他合伙人不再执行合伙事务。

第六十七条 有限合伙企业由普通合伙人执行合伙事务。执行事务合伙人可以要求在合伙协议中确定执行事务的报酬及报酬提取方式。

《私募投资基金登记备案办法》（中国证券投资基金业协会，中基协发〔2023〕5号，2023年5月1日）

第十一条 私募基金管理人的法定代表人、高级管理人员、执行事务合伙人或其委派代表应当保证有足够的时间和精力履行职责，对外兼职的应当具有合理性。

私募基金管理人的法定代表人、高级管理人员、执行事务合伙人或其委派代表不得在非关联私募基金管理人、冲突业务机构等与所在机构存在利益冲突的机构兼职，或者成为其控股股东、实际控制人、普通合伙人。

合规风控负责人应当独立履行对私募基金管理人经营管理合规性进行审查、监督、检查等职责，不得从事投资管理业务，不得兼任与合规风控职责相冲突的职务；不得在其他营利性机构兼职，但对本办法第十七条规定的私募基金管理人另有规定的，从其规定。

第十二条 私募基金管理人的法定代表人、高级管理人员、执行事务合伙人或其委派代表以外的其他从业人员应当以所在机构的名义从事私募基金业务活动，不得在其他营利性机构兼职，但对本办法第十七条规定的私募基金管理人另有规定的，从其规定。

《私募基金管理人登记指引第3号——法定代表人、高级管理人员、执行事务合伙人或其委派代表》（中国证券投资基金业协会，中基协发〔2023〕8号，2023年5月1日）

第十条 私募基金管理人的法定代表人、高级管理人员、执行事务合伙人或其委派代表、其他从业人员的下列情形，不属于《登记备案办法》第十一条、第十二条规定的兼职范围：

（一）在高等院校、科研院所、社会团体、社会服务机构等非营利

性机构任职;

(二)在其他企业担任董事、监事;

(三)在所管理的私募基金任职;

(四)协会认定的其他情形。

3. 相关罪名

《中华人民共和国刑法》(全国人大常委会,中华人民共和国主席令第18号,2024年3月1日)

第三章　破坏社会主义市场经济秩序罪

第一节　生产、销售伪劣商品罪

第二节　走私罪

第三节　妨害对公司、企业的管理秩序罪

第四节　破坏金融管理秩序罪

第五节　金融诈骗罪

第六节　危害税收征管罪

第七节　侵犯知识产权罪

第八节　扰乱市场秩序罪

第五章　侵犯财产罪

第八章　贪污贿赂罪

第九章　渎职罪

4. 金融管理部门的行政处罚

《中华人民共和国行政处罚法》(全国人大常委会,中华人民共和国主席令第70号,2021年7月15日)

第九条　行政处罚的种类:

(一)警告、通报批评;

(二)罚款、没收违法所得、没收非法财物;

(三)暂扣许可证件、降低资质等级、吊销许可证件;

(四)限制开展生产经营活动、责令停产停业、责令关闭、限制从业;

(五)行政拘留;

（六）法律、行政法规规定的其他行政处罚。

第十条 法律可以设定各种行政处罚。

限制人身自由的行政处罚，只能由法律设定。

《中国银保监会行政处罚办法》［中国银行保险监督管理委员会（已撤销），中国银行保险监督管理委员会令2020年第8号，2020年8月1日］

第三条 本办法所指的行政处罚包括：

（一）警告；

（二）罚款；

（三）没收违法所得；

（四）责令停业整顿；

（五）吊销金融、业务许可证；

（六）取消、撤销任职资格；

（七）限制保险业机构业务范围；

（八）责令保险业机构停止接受新业务；

（九）撤销外国银行代表处、撤销外国保险机构驻华代表机构；

（十）要求撤换外国银行首席代表、责令撤换外国保险机构驻华代表机构的首席代表；

（十一）禁止从事银行业工作或者禁止进入保险业；

（十二）法律、行政法规规定的其他行政处罚。

《证券期货违法行为行政处罚办法》（中国证券监督管理委员会，中国证券监督管理委员会令第186号，2021年7月14日）

第二十七条 案件调查终结，中国证监会及其派出机构根据案件不同情况，依法报单位负责人批准后，分别作出如下决定：

（一）确有应受行政处罚的违法行为的，根据情节轻重及具体情况，作出行政处罚决定；

（二）违法行为轻微，依法可以不予行政处罚的，不予行政处罚；

（三）违法事实不能成立的，不予行政处罚；

（四）违法行为涉嫌犯罪的，依法移送司法机关。

对情节复杂或者重大违法行为给予行政处罚，中国证监会及其派出机构负责人应当集体讨论决定。

《中国证券监督管理委员会行政处罚听证规则》（中国证券监督管理委员会，中国证券监督管理委员会令第119号，2015年12月4日）

第五条　中国证监会或其派出机构拟对当事人作出以下一项或者一项以上行政处罚的，应当在向当事人送达的《行政处罚事先告知书》中载明当事人享有要求听证的权利：

（一）责令停止发行证券；

（二）责令停业整顿；

（三）暂停、撤销或者吊销证券、期货、基金相关业务许可；

（四）暂停或者撤销任职资格、从业资格；

（五）对个人没收业务收入、没收违法所得、罚款，单独或者合计5万元以上；

（六）对单位没收业务收入、没收违法所得、罚款，单独或者合计30万元以上；

（七）法律、行政法规和规章规定或者中国证监会及其派出机构认为可以听证的其他情形。

《中国人民银行行政处罚程序规定》（中国人民银行，中国人民银行令〔2022〕第3号，2022年6月1日）

第七条　中国人民银行负责对下列违法违规行为实施行政处罚：

（一）法律、行政法规、中国人民银行规章规定由中国人民银行实施行政处罚的违法违规行为；

（二）以中国人民银行名义开展执法检查发现的违法违规行为；

（三）全国范围内有重大影响的违法违规行为；

（四）中国人民银行认为应当由其直接实施行政处罚的其他违法违规行为。

第八条第一款　中国人民银行分支机构负责对下列违法违规行

为实施行政处罚：

（一）所监管的法人、非法人组织和自然人的违法违规行为；

（二）发生在辖区内的违法违规行为；

（三）以本单位名义开展执法检查发现的违法违规行为；

（四）中国人民银行授权其开展执法检查发现的违法违规行为；

（五）中国人民银行指定其管辖的其他违法违规行为。

第十二条 除法律、行政法规另有规定外，《中华人民共和国行政处罚法》第九条第三项、第四项所规定的行政处罚，以及其他涉及许可证件、资质等级、生产经营等行政处罚，由颁发该许可证件、授予该资质等级、准许生产经营的中国人民银行或其分支机构实施。

5. 证券公司及公募基金管理人董监高任职资格

《中华人民共和国证券法》（全国人大常委会，中华人民共和国主席令第37号，2020年3月1日）

第一百二十四条 证券公司的董事、监事、高级管理人员，应当正直诚实、品行良好，熟悉证券法律、行政法规，具有履行职责所需的经营管理能力。证券公司任免董事、监事、高级管理人员，应当报国务院证券监督管理机构备案。

有《中华人民共和国公司法》第一百四十六条规定的情形或者下列情形之一的，不得担任证券公司的董事、监事、高级管理人员：

（一）因违法行为或者违纪行为被解除职务的证券交易场所、证券登记结算机构的负责人或者证券公司的董事、监事、高级管理人员，自被解除职务之日起未逾五年；

（二）因违法行为或者违纪行为被吊销执业证书或者被取消资格的律师、注册会计师或者其他证券服务机构的专业人员，自被吊销执业证书或者被取消资格之日起未逾五年。

《中华人民共和国证券投资基金法》（全国人大常委会，中华人民共和国主席令第23号，2015年4月24日）

第十五条 有下列情形之一的，不得担任公开募集基金的基金管理人的董事、监事、高级管理人员和其他从业人员：

（一）因犯有贪污贿赂、渎职、侵犯财产罪或者破坏社会主义市场经济秩序罪，被判处刑罚的；

（二）对所任职的公司、企业因经营不善破产清算或者因违法被吊销营业执照负有个人责任的董事、监事、厂长、高级管理人员，自该公司、企业破产清算终结或者被吊销营业执照之日起未逾五年的；

（三）个人所负债务数额较大，到期未清偿的；

（四）因违法行为被开除的基金管理人、基金托管人、证券交易所、证券公司、证券登记结算机构、期货交易所、期货公司及其他机构的从业人员和国家机关工作人员；

（五）因违法行为被吊销执业证书或者被取消资格的律师、注册会计师和资产评估机构、验证机构的从业人员、投资咨询从业人员；

（六）法律、行政法规规定不得从事基金业务的其他人员。

编者注：目前针对公募、私募基金管理人的董监高等人员都有相应特定要求，且部分消极任职条件类似，相比之下虽然对公募基金有更高的要求，但二者趋同性也体现了对私募基金的类金融监管趋势。

6. 不能清偿到期债务

《最高人民法院关于审理企业破产案件若干问题的规定》（最高人民法院，法释〔2002〕23号，2002年9月1日）

第三十一条　企业破产法第三条第一款规定的“不能清偿到期债务”是指：

（一）债务的履行期限已届满；

（二）债务人明显缺乏清偿债务的能力。

债务人停止清偿到期债务并呈连续状态，如无相反证据，可推定为“不能清偿到期债务”。

7. 失信被执行人名单

《最高人民法院关于公布失信被执行人名单信息的若干规定》（最高人民法院，法释〔2017〕7号，2017年5月1日）

第一条　被执行人未履行生效法律文书确定的义务，并具有下列情形之一的，人民法院应当将其纳入失信被执行人名单，依法对其进行信用惩戒：

（一）有履行能力而拒不履行生效法律文书确定义务的；

（二）以伪造证据、暴力、威胁等方法妨碍、抗拒执行的；

（三）以虚假诉讼、虚假仲裁或者以隐匿、转移财产等方法规避执行的；

（四）违反财产报告制度的；

（五）违反限制消费令的；

（六）无正当理由拒不履行执行和解协议的。

第十条 【登记程序】

私募基金管理人应当依法向国务院证券监督管理机构委托的机构（以下称登记备案机构）报送下列材料，履行登记手续：

（一）统一社会信用代码；

（二）公司章程或者合伙协议；

（三）股东、实际控制人、董事、监事、高级管理人员，普通合伙人、执行事务合伙人或者委派代表的基本信息，股东、实际控制人、合伙人相关受益所有人信息；

（四）保证报送材料真实、准确、完整和遵守监督管理规定的信用承诺书；

（五）国务院证券监督管理机构规定的其他材料。

私募基金管理人的控股股东、实际控制人、普通合伙人、执行事务合伙人或者委派代表等重大事项发生变更的，应当按照规定向登记备案机构履行变更登记手续。

登记备案机构应当公示已办理登记的私募基金管理人相关信息。

未经登记，任何单位或者个人不得使用“基金”或者“基金管理”字样或者近似名称进行投资活动，但法律、行政法规和国家另有规定的除外。

1. 登记程序与文件

《中华人民共和国证券投资基金法》（全国人大常委会，中华人民共和国主席令第23号，2015年4月24日）

第八十九条　担任非公开募集基金的基金管理人，应当按照规定向基金行业协会履行登记手续，报送基本情况。

第九十条　未经登记，任何单位或者个人不得使用"基金"或者"基金管理"字样或者近似名称进行证券投资活动；但是，法律、行政法规另有规定的除外。

《私募投资基金监督管理暂行办法》（中国证券监督管理委员会，中国证券监督管理委员会令第105号，2014年8月21日）

第七条　各类私募基金管理人应当根据基金业协会的规定，向基金业协会申请登记，报送以下基本信息：

（一）工商登记和营业执照正副本复印件；

（二）公司章程或者合伙协议；

（三）主要股东或者合伙人名单；

（四）高级管理人员的基本信息；

（五）基金业协会规定的其他信息。

基金业协会应当在私募基金管理人登记材料齐备后的20个工作日内，通过网站公告私募基金管理人名单及其基本情况的方式，为私募基金管理人办结登记手续。

《中国证券监督管理委员会关于加强私募投资基金监管的若干规定》（中国证券监督管理委员会，中国证券监督管理委员会公告〔2020〕71号，2020年12月30日）

第三条　未经登记，任何单位或者个人不得使用"基金"或者"基金管理"字样或者近似名称进行私募基金业务活动，法律、行政法规另有规定的除外。

私募基金管理人应当在名称中标明"私募基金"、"私募基金管理"、"创业投资"字样，并在经营范围中标明"私募投资基金管理"、"私募证券投资基金管理"、"私募股权投资基金管理"、"创业投资基金管理”等体现受托管理私募基金特点的字样。

《私募投资基金登记备案办法》（中国证券投资基金业协会，中基协发〔2023〕5号，2023年5月1日）

第四条 私募基金管理人应当按照规定，向中国证券投资基金业协会（以下简称协会）履行登记备案手续，持续报送相关信息。

私募基金管理人应当诚实守信，保证提交的信息及材料真实、准确、完整，不得有虚假记载、误导性陈述或者重大遗漏。

协会按照依法合规、公开透明、便捷高效的原则办理登记备案，对私募基金管理人及其管理的私募基金进行穿透核查。

第二十二条 私募基金管理人应当在开展基金募集、投资管理等私募基金业务活动前，向协会报送以下基本信息和材料，履行登记手续：

（一）统一社会信用代码等主体资格证明材料；

（二）公司章程或者合伙协议；

（三）实缴资本、财务状况的文件材料；

（四）股东、合伙人、实际控制人、法定代表人、高级管理人员、执行事务合伙人或其委派代表的基本信息、诚信信息和相关投资能力、经验等材料；

（五）股东、合伙人、实际控制人相关受益所有人信息；

（六）分支机构、子公司以及其他关联方的基本信息；

（七）资金募集、宣传推介、运营风控和信息披露等业务规范和制度文件；

（八）经中国证监会备案的会计师事务所审计的财务报告和经中国证监会备案的律师事务所出具的法律意见书；

（九）保证提交材料真实、准确、完整和遵守监督管理、自律管理规定，以及对规定事项的合法性、真实性、有效性负责的信用承诺书；

（十）中国证监会、协会规定的其他信息和材料。

私募基金管理人应当确保在登记备案电子系统中填报的邮寄地址、传真地址、电话号码、电子邮箱等联系方式和送达地址真实、有效和及时更新，并承担中国证监会及其派出机构、协会按照上述联系方式无法取得有效联系的相应后果。

律师事务所、会计师事务所接受委托为私募基金管理人履行登记手续出具法律意见书、审计报告等文件，应当恪尽职守、勤勉尽责，审慎履行核查和验证义务，保证其出具文件的真实性、准确性、完整性。

第二十三条　协会自私募基金管理人登记材料齐备之日起20个工作日内办结登记手续。拟登记机构提交的登记信息、材料不完备或者不符合要求的，应当根据协会的要求及时补正，或者作出解释说明或者补充、修改。

协会可以采取要求书面解释说明、当面约谈、现场检查、向中国证监会及其派出机构或者其他相关单位征询意见、公开问询等方式对登记信息、材料进行核查；对存在复杂、新型或者涉及政策、规则理解和适用等重大疑难问题的，协会可以采取商请有关部门指导、组织专家会商等方式进行研判。

拟登记机构对登记信息、材料进行解释说明或者补充、修改的时间和协会采取前述方式核查、研判的时间，不计入办理时限。

协会通过官方网站对私募基金管理人的基本信息、办理进度和办理结果等信息进行公示。私募基金管理人应当于登记完成之日起10个工作日内向中国证监会派出机构报告。

第四十六条　私募基金管理人及其备案的私募基金相关事项发生变更的，应当按规定及时向协会履行变更手续。相关变更事项应当符合规定的登记、备案要求；不符合要求的，应当按照规定及时改正。

第四十七条　下列登记信息发生变更的，私募基金管理人应当自变更之日起10个工作日内向协会履行变更手续：

（一）名称、经营范围、资本金、注册地址、办公地址等基本信息；

（二）股东、合伙人、关联方；

（三）法定代表人、高级管理人员、执行事务合伙人或其委派代表；

(四)中国证监会、协会规定的其他信息。

第四十八条 私募基金管理人的控股股东、实际控制人、普通合伙人等发生变更的，私募基金管理人应当自变更之日起30个工作日内向协会履行变更手续，提交专项法律意见书，就变更事项出具法律意见。

私募基金管理人实际控制权发生变更的，应当就变更后是否全面符合私募基金管理人登记的要求提交法律意见书，协会按照新提交私募基金管理人登记的要求对其进行全面核查。股权、财产份额按照规定进行行政划转或者变更，或者在同一实际控制人控制的不同主体之间进行转让等情形，不视为实际控制权变更。

私募基金管理人的实际控制权发生变更的，变更之日前12个月的管理规模应当持续不低于3000万元人民币。

第五十条 协会在私募基金管理人变更登记材料齐备之日起20个工作日内办结变更手续，并就私募基金管理人变更后是否符合本办法规定的登记要求进行核查。协会对私募基金管理人变更登记材料的核查和办理时限，适用本办法第二十三条第一款至第三款的规定。

协会通过官方网站对私募基金管理人变更的相关事项和办理结果等信息进行公示。

第五十六条 私募基金的管理人拟发生变更的，应当按照相关规定和合同约定履行变更程序，或者按照合同约定的决策机制达成有效处理方案。

就变更私募基金管理人无法按照前款规定达成有效决议、协议或者处理方案的，应当向协会提交司法机关或者仲裁机构就私募基金管理人变更作出的发生法律效力的判决、裁定或者仲裁裁决，协会根据相关法律文书办理变更手续。

第六十六条 私募基金管理人提交的登记备案和相关信息变更材料存在虚假记载、误导性陈述或者重大遗漏的，协会可以采取公开谴责、暂停办理备案、限制相关业务活动、撤销相关私募基金管理人登记和私募基金备案等自律管理或者纪律处分措施。

私募基金管理人通过欺骗、贿赂或者以规避监管、自律管理为目的与中介机构违规合作等不正当手段办理登记备案相关业务的，协会撤销相关私募基金管理人登记、私募基金备案。

对直接负责的主管人员和其他责任人员，协会可以采取公开谴责、不得从事相关业务、加入黑名单、取消基金从业资格等自律管理或者纪律处分措施。

《私募投资基金备案指引第1号——私募证券投资基金》（中国证券投资基金业协会，2023年9月28日）

第九条　私募证券基金的名称应当标明私募基金管理人名称简称以及“私募证券投资基金”字样，不得包含“理财”“资管产品”“资管计划”等字样，法律、行政法规、中国证监会和协会另有规定的除外。

未经批准或者授权，不得在基金名称中使用与国家重大发展战略、金融机构、知名私募基金管理人相同或者近似等可能误导投资者的字样。不得在基金名称中使用违背公序良俗或者造成不良社会影响的字样。

第二十五条　私募基金管理人有《登记备案办法》第六十六条规定情形的，协会可以撤销相关私募证券基金备案，并对私募基金管理人后续提请办理备案的私募证券基金采取要求其出具内部合规意见等措施。

《私募投资基金备案指引第2号——私募股权、创业投资基金》（中国证券投资基金业协会，2023年9月28日）

第九条　私募股权基金的名称应当标明“股权基金”“股权投资”等字样，私募股权基金组织形式为契约型的，名称应当标明“私募股权基金”字样。创业投资基金的名称应当标明“创业投资基金”字样，但公司型或者合伙型创业投资基金的经营范围中标明“从事创业投资活动”字样等已体现创业投资策略的除外。私募股权基金的名称中不得包含“理财”“资管产品”“资管计划”等字样，法律、行政法规、中国证监会和协会另有规定的除外。未经批准或者授权，不得在基金名称中使用与国家重大发展战略、金融机构、知名私募基金管理人相同或者近似等可能误导投资者的字样。不得在基金名称中使用违背公序良俗或者造成不良社会影响的字样。

第三十一条 私募基金管理人有《登记备案办法》第六十六条规定情形的，协会可以撤销相关私募股权基金备案，并对私募基金管理人后续提请办理备案的私募股权基金采取要求其出具内部合规意见等措施。

《私募基金管理人登记指引第1号——基本经营要求》（中国证券投资基金业协会，中基协发〔2023〕6号，2023年5月1日）

第二条 提请办理私募基金管理人登记的公司、合伙企业应当以开展私募基金管理业务为目的而设立，自市场主体工商登记之日起12个月内提请办理私募基金管理人登记，但因国家有关部门政策变化等情形需要暂缓办理登记的除外。

第三条 私募基金管理人应当在名称中标明“私募基金”“私募基金管理”“创业投资”字样，不得包含“金融”“理财”“财富管理”等字样，法律、行政法规和中国证监会另有规定的除外。未经批准，不得在名称中使用“金融控股”“金融集团”“中证”等字样，不得在名称中使用与国家重大发展战略、金融机构、知名私募基金管理人相同或者近似等可能误导投资者的字样，不得在名称中使用违背公序良俗或者造成不良社会影响的字样。

第四条 私募基金管理人应当在经营范围中标明“私募投资基金管理”“私募证券投资基金管理”“私募股权投资基金管理”“创业投资基金管理”等体现受托管理私募基金特点的字样，不得包含与私募基金管理业务相冲突或者无关的业务。

私募基金管理人应当遵循专业化运营原则，其经营范围应当与管理业务类型一致。

提请登记为私募证券基金管理人的，其经营范围不得包含“投资咨询”等咨询类字样。

第十五条 《登记备案办法》第四十七条和第四十八条第一款规定的“自变更之日起”,按照下列方式计算:

(一)变更事项需要办理市场主体变更登记的,自市场主体变更登记之日起计算;

(二)变更事项无需办理市场主体变更登记的,自相关协议或决议生效之日起计算;

(三)其他事项发生变更的,自实际发生变更之日起计算。

第十六条 《登记备案办法》第四十八条第三款规定的管理规模,是指变更之日前12个月的月均管理规模。协会可以视情况要求私募基金管理人就前述管理规模提交经中国证监会备案的会计师事务所出具的专项审计报告。

《中国基金业协会关于进一步规范私募基金管理人登记若干事项的公告》(中国基金业协会,中基协发〔2016〕4号,2016年2月5日)

一、关于取消私募基金管理人登记证明

……

私募基金管理人登记备案最新情况,以中国基金业协会网站“私募基金管理人公示平台(http://gs.amac.org.cn)”和“私募汇手机”APP客户端公示的私募基金管理人登记的实时基本情况为准。社会公众和投资者可通过上述两个官方渠道查询相关信息。

……

二、……

(三)私募基金管理人应当按时提交经审计的年度财务报告

根据《私募投资基金管理人登记和基金备案办法(试行)》第21条规定,私募基金管理人应当于每年度四月底之前,通过私募基金登记备案系统填报经会计师事务所审计的年度财务报告。

……

三、关于提交法律意见书的相关要求

自本公告发布之日起,新申请私募基金管理人登记、已登记的私募基金管理人发生部分重大事项变更，需通过私募基金登记备案系统提交中国律师事务所出具的法律意见书。法律意见书对申请机构的登记申请材料、工商登记情况、专业化经营情况、股权结构、实际控制人、关联方及分支机构情况、运营基本设施和条件、风险管理制度和内部控制制度、外包情况、合法合规情况、高管人员资质情况等逐项发表结论性意见。

……

编者注：关于私募基金管理人登记申请材料，具体详见 http://www.amac.org.cn/xwfb/xhyw/202304/t20230414－15618.html。

2. 中止/终止私募基金管理人登记

《私募投资基金登记备案办法》（中国证券投资基金业协会，中基协发〔2023〕5号，2023年5月1日）

第二十四条 有下列情形之一的，协会中止办理私募基金管理人登记，并说明理由：

（一）拟登记机构及其控股股东、实际控制人、普通合伙人、主要出资人因涉嫌违法违规被公安、检察、监察机关立案调查，或者正在接受金融管理部门、自律组织的调查、检查，尚未结案；

（二）拟登记机构及其控股股东、实际控制人、普通合伙人、主要出资人出现可能影响正常经营的重大诉讼、仲裁等法律风险，或者可能影响办理私募基金管理人登记的重大内部纠纷，尚未消除或者解决；

（三）拟登记机构及其控股股东、实际控制人、普通合伙人、主要出资人、关联私募基金管理人出现重大负面舆情，尚未消除；

（四）中国证监会及其派出机构要求协会中止办理；

（五）涉嫌提供有虚假记载、误导性陈述或者重大遗漏的信息、材料，通过欺骗、贿赂或者以规避监管、自律管理为目的与中介机构违规合作等不正当手段办理相关业务，相关情况尚在核实；

（六）法律、行政法规、中国证监会和协会规定的其他情形。

前款所列情形消失后，拟登记机构可以提请恢复办理私募基金管理人登记,办理时限自恢复之日起继续计算。

第二十五条　有下列情形之一的,协会终止办理私募基金管理人登记,退回登记材料并说明理由:

(一)主动申请撤回登记;

(二)依法解散、注销,依法被撤销、吊销营业执照、责令关闭或者被依法宣告破产;

(三)自协会退回之日起超过6个月未对登记材料进行补正,或者未根据协会的反馈意见作出解释说明或者补充、修改;

(四)被中止办理超过12个月仍未恢复;

(五)中国证监会及其派出机构要求协会终止办理;

(六)提供有虚假记载、误导性陈述或者重大遗漏的信息、材料,通过欺骗、贿赂或者以规避监管、自律管理为目的与中介机构违规合作等不正当手段办理相关业务;

(七)拟登记机构及其控股股东、实际控制人、普通合伙人、主要出资人、关联私募基金管理人出现重大经营风险;

(八)未经登记开展基金募集、投资管理等私募基金业务活动,法律、行政法规另有规定的除外;

(九)不符合本办法第八条至第二十一条规定的登记要求;

(十)法律、行政法规、中国证监会和协会规定的其他情形。

拟登记机构因前款第九项规定的情形被终止办理私募基金管理人登记,再次提请办理登记又因前款第九项规定的情形被终止办理的,自被再次终止办理之日起6个月内不得再提请办理私募基金管理人登记。

第五十一条　有本办法第二十四条规定情形的,除另有规定外,协会中止办理私募基金管理人登记信息变更,并说明理由。

相关情形消失后,私募基金管理人可以提请恢复办理变更,办理时限自恢复之日起继续计算。

第五十二条　有下列情形之一的,协会终止办理私募基金管理人登记信息变更,退回变更登记材料,并说明理由:

（一）不符合本办法规定的登记要求和变更要求；

（二）本办法第二十五条第一款第三项至第六项规定的情形；

（三）私募基金管理人及其控股股东、实际控制人、普通合伙人、主要出资人、关联私募基金管理人出现重大经营风险，但按照金融管理部门认可的风险处置方案变更的除外；

（四）中国证监会、协会规定的其他情形。

第五十三条 私募基金管理人的控股股东、实际控制人、普通合伙人发生变更，未按本办法第四十八条的规定向协会履行变更手续，或者虽履行变更手续但不符合要求的，协会采取暂停办理其私募基金备案的自律管理措施。

《私募基金管理人登记指引第1号——基本经营要求》（中国证券投资基金业协会，中基协发〔2023〕6号，2023年5月1日）

第十八条 私募基金管理人通过登记备案电子系统办理登记备案和信息变更等相关业务。私募基金管理人因《登记备案办法》第二十五条第二款规定被终止办理私募基金管理人登记，或者被协会按照规定暂停办理私募基金备案的，协会在相关期限届满前关闭其登记备案电子系统登记备案相关业务报送端口，并说明理由，对其提请办理的登记备案相关材料不予接收。

3. 法律意见书问题

《中国证券投资基金业协会关于加强经营异常机构自律管理相关事项的通知》（中国证券投资基金业协会，中基协字〔2022〕37号，2022年1月30日）

二、经营异常机构自律管理措施

一是针对第（一）类经营异常机构，按《公告》及相关规定处理。

二是针对第（二）类经营异常机构，协会将要求其出具专项法律意见书。此类私募基金管理人在AMBERS系统提交历年未提交的年度财务报告时需同时上传经中国证监会备案的会计师事务所出具的鉴证意见函（鉴证意见函模板详见附件1）。自本通知发布之日起，针对符合此类情形的存量私募基金管理人设置3个月过渡期，若私募基金管理人在3个月内仍未完成整改,协会将要求其出具专项法律意见书。

三是针对第(三)类经营异常机构,鉴于其长期消极应对协会自律规则,展业状态不明,协会将要求其出具专项法律意见书。此类私募基金管理人提交专项法律意见书时,亦应同时提交经中国证监会备案的会计师事务所出具的经审计无保留意见的历年未提交年度财务报告。

四是针对第(四)类经营异常机构,根据证监会《若干规定》,相关私募基金管理人已不得新增展业,协会将要求其出具专项法律意见书。

五是针对第(五)类经营异常机构,协会将要求其出具专项法律意见书。此类私募基金管理人提交专项法律意见书时,应完成新设私募基金产品备案。其中,此类私募基金管理人在收到出具专项法律意见书通知后申请备案的首只私募基金产品应当托管,且需在AMBERS系统同时上传托管人关于私募基金管理人的尽职调查底稿或托管人出具的已按尽职调查审核要点完成尽职调查的书面说明文件(托管人相关尽职调查审核要点详见附件2)。此外,该私募基金风险揭示书中应明确包含私募基金管理人超过12个月无在管私募基金的相关运营情况说明并由投资者签字确认。自本通知发布之日起,针对符合此类情形的存量私募基金管理人设置3个月过渡期,若私募基金管理人在3个月内仍未按照上述要求完成新设私募基金产品备案,协会将要求其出具专项法律意见书。

六是针对第(六)类经营异常机构,根据协会于2018年3月27日发布的《关于进一步加强私募基金行业自律管理的决定》,若金融监管部门、司法机关、其他行政机关认定其不能持续符合登记备案条件,协会将根据调查认定结果注销该私募基金管理人登记;若相关部门认定其为经营异常机构,且建议协会采取自律措施的,协会将要求私募基金管理人出具专项法律意见书。私募基金管理人提交专项法律意见书时应同时附上上述部门出具的关于该私募基金管理人经营异常事项已整改的无异议函。

七是对于第(七)类经营异常机构,协会将要求其出具专项法律意见书。

……

《中国证券投资基金业协会关于进一步规范异常经营专项法律意见书出具行为的通知》(中国证券投资基金业协会,中基协字〔2020〕27号,2020年3月23日)

四、律师事务所及签字律师公示通报制度

为督促律师事务所勤勉尽责,真正发挥法律意见书制度的市场专业化制衡作用,提高私募基金行业自律管理透明度,若律师事务所及签字律师出具存在虚假记载、误导性陈述或者重大遗漏且结论为肯定性结论的法律意见书的,协会将按照《公告》相关要求,“不再接受相关律师事务所的法律意见书,依法移送中国证监会和相关司法行政部门及律师协会查处,并在协会网站公示”。

附件:《异常经营专项法律意见书出具指引》

一、出具异常经营情形下专项法律意见书的律所及签字律师应当符合《私募基金登记备案相关问题解答(八)》和《关于私募基金管理人在异常经营情形下提交专项法律意见书的公告》第三项相关规定,并详细列明签字律师在证券基金领域从业经验。

五、法律意见书应当对核查内容逐一发表明确的结论性意见,对查验事项是否合法合规、是否真实有效给予明确说明,对结论性意见进行充分论证、分析并说明查验过程,不得使用“基本符合”、“未发现”等含糊措辞。

《私募基金管理人登记法律意见书指引》(中国证券投资基金业协会,2019年12月22日)

申请机构向中国证券投资基金业协会(以下简称中国基金业协会)申请私募基金管理人登记,应当根据《中华人民共和国律师法》等相关法律法规,聘请中国律师事务所依照本指引出具《私募基金管理人登记法律意见书》(以下简称《法律意见书》)。中国基金业协会将在私募基金管理人登记公示信息中列明出具《法律意见书》的经办执业律师信息及律师事务所名称。

一、按照本指引,经办执业律师及律师事务所应当勤勉尽责,根据相关法律法规、《律师事务所从事证券法律业务管理办法》、《律师事务所证券法律业务执业规则(试行)》及中国基金业协会的相关规定,在尽职调查的基础上对本指引规定的内容发表明确的法律意见,制作工作底稿并留存,独立、客观、公正地出具《法律意见书》,保证《法律意见书》不存在虚假记载、误导性陈述及重大遗漏。

二、《法律意见书》应当由两名执业律师签名,加盖律师事务所印章,并签署日期。用于私募基金管理人登记的《法律意见书》的签署日期应在私募基金管理人提交私募基金管理人登记申请之日前的一个月内。《法律意见书》报送后,私募基金管理人不得修改其提交的私募登记申请材料;若确需补充或更正,经中国基金业协会同意,应由原经办执业律师及律师事务所另行出具《补充法律意见书》。

三、《法律意见书》的结论应当明晰,不得使用"基本符合条件"等含糊措辞。对不符合相关法律法规和中国证监会、中国基金业协会规定的事项,或已勤勉尽责仍不能对其法律性质或其合法性作出准确判断的事项,律师事务所及经办律师应发表保留意见,并说明相应的理由。

四、经办执业律师及律师事务所应在充分尽职调查的基础上,就下述内容逐项发表法律意见,并就对私募基金管理人登记申请是否符合中国基金业协会的相关要求发表整体结论性意见。不存在下列事项的,也应明确说明。若引用或使用其他中介机构结论性意见的应当独立对其真实性进行核查。

(一)申请机构是否依法在中国境内设立并有效存续。

(二)申请机构的工商登记文件所记载的经营范围是否符合国家相关法律法规的规定。申请机构的名称和经营范围中是否含有"基金管理"、"投资管理"、"资产管理"、"股权投资"、"创业投资"等与私募基金管理人业务属性密切相关字样;以及私募基金管理人名称中是否含有“私募”相关字样。

（三）申请机构是否符合《私募投资基金监督管理暂行办法》第22条专业化经营原则，说明申请机构主营业务是否为私募基金管理业务；申请机构的工商经营范围或实际经营业务中，是否兼营可能与私募投资基金业务存在冲突的业务、是否兼营与“投资管理”的买方业务存在冲突的业务、是否兼营其他非金融业务。

（四）申请机构股东的股权结构情况。申请机构是否有直接或间接控股或参股的境外股东，若有，请说明穿透后其境外股东是否符合现行法律法规的要求和中国基金业协会的规定。

（五）申请机构是否具有实际控制人；若有，请说明实际控制人的身份或工商注册信息，以及实际控制人与申请机构的控制关系，并说明实际控制人能够对机构起到的实际支配作用。

（六）申请机构是否存在子公司（持股5%以上的金融企业、上市公司及持股20%以上的其他企业）、分支机构和其他关联方（受同一控股股东/实际控制人控制的金融企业、资产管理机构或相关服务机构）。若有，请说明情况及其子公司、关联方是否已登记为私募基金管理人。

（七）申请机构是否按规定具有开展私募基金管理业务所需的从业人员、营业场所、资本金等企业运营基本设施和条件。

（八）申请机构是否已制定风险管理和内部控制制度。

是否已经根据其拟申请的私募基金管理业务类型建立了与之相适应的制度，包括（视具体业务类型而定）运营风险控制制度、信息披露制度、机构内部交易记录制度、防范内幕交易、利益冲突的投资交易制度、合格投资者风险揭示制度、合格投资者内部审核流程及相关制度、私募基金宣传推介、募集相关规范制度以及（适用于私募证券投资基金业务）的公平交易制度、从业人员买卖证券申报制度等配套管理制度。

（九）申请机构是否与其他机构签署基金外包服务协议，并说明其外包服务协议情况，是否存在潜在风险。

（十）申请机构的高管人员是否具备基金从业资格，高管岗位设置是否符合中国基金业协会的要求。高管人员包括法定代表人执行事务合伙人委派代表、总经理、副总经理（如有）和合规风控负责人等。

（十一）申请机构是否受到刑事处罚、金融监管部门行政处罚或者被采取行政监管措施；申请机构及其高管人员是否受到行业协会的纪律处分；是否在资本市场诚信数据库中存在负面信息；是否被列入失信被执行人名单；是否被列入全国企业信用信息公示系统的经营异常名录或严重违法企业名录；是否在"信用中国"网站上存在不良信用记录等。

（十二）申请机构最近三年涉诉或仲裁的情况。

（十三）申请机构向中国基金业协会提交的登记申请材料是否真实、准确、完整。

（十四）经办执业律师及律师事务所认为需要说明的其他事项。

五、已登记的私募基金管理人若申请变更控股股东、变更实际控制人、变更法定代表人\执行事务合伙人等重大事项或中国基金业协会审慎认定的其他重大事项，需向中国基金业协会提交《私募基金管理人重大事项变更专项法律意见书》，对私募基金管理人重大事项变更的相关事项逐项明确发表结论性意见。《私募基金管理人重大事项变更专项法律意见书》的要求参见上述《法律意见书》的相关要求。

《中国证券投资基金业协会关于私募基金管理人在异常经营情形下提交专项法律意见书的公告》（中国证券投资基金业协会，2018年3月27日）

为了加强私募基金行业自律管理，建立健全行业诚信约束机制，维护投资者合法权益，促进行业健康发展，充分发挥律师事务所的法律专业服务作用，根据《证券投资基金法》、《私募投资基金监督管理暂行办法》、《私募基金管理人登记和基金备案办法（试行）》、《中国证券投资基金业协会纪律处分实施办法（试行）》等法律法规和自律

规则,现将私募基金管理人在异常经营情形下提交专项法律意见书的有关制度安排进一步明确如下:

一、提交专项法律意见书的异常经营情形

私募基金管理人及其法定代表人、高级管理人员、实际控制人或主要出资人出现以下情形,可能影响私募基金管理人持续符合登记规定时,应当向中国证券投资基金业协会(以下简称协会)提交专项法律意见书:

(一)被公安、检察、监察机关立案调查的;

(二)被行政机关列为严重失信人,以及被人民法院列为失信被执行人的;

(三)被证券监管部门给予行政处罚或被交易所等自律组织给予自律处分,情节严重的;

(四)拒绝、阻碍监管人员或者自律管理人员依法行使监督检查、调查职权或者自律检查权的;

(五)因严重违法违规行为,证券监管部门向协会建议采取自律管理措施的;

(六)多次受到投资者实名投诉,涉嫌违反法律法规、自律规则,侵害投资者合法权益,未能向协会和投资者合理解释被投诉事项的;

(七)经营过程中出现《私募基金登记备案问答十四》规定的不予登记情形的;

(八)其他严重违反法律法规和《私募基金管理人内部控制指引》等自律规则的相关规定,经营管理失控,出现重大风险,损害投资者利益的。

二、提交专项法律意见书的程序和要求

(一)私募基金管理人及其法定代表人、高级管理人员、实际控制人或主要出资人出现上述规定的异常经营情形的,协会将书面通知私募基金管理人委托律师事务所对有关事项进行查验,并在 3 个月内提交专项法律意见书。

(二)协会的书面通知无法送达私募基金管理人的,私募基金管理人将被认定为失联机构,并按照相关程序办理,直至注销。

(三)私募基金管理人的异常经营情形影响到潜在投资者的判断,或者涉及社会公众利益时,协会的书面通知、私募基金管理人的说明和提交的专项法律意见书将在协会网站公示。

私募基金管理人应当向所在地证券监管部门派出机构报告其异常经营情形,并报备其委托律师事务所出具专项法律意见书的情况。

出现被公安机关、检察、监察机关立案侦查,以及被责令停止相关展业资质、强制措施等严重情形的,协会将自书面通知发出之日起暂停受理该私募基金管理人的基金备案申请、该私募基金管理人相关重大事项变更申请,以及相关关联方新设私募基金管理人的登记申请。

三、对出具专项法律意见书的律师事务所和签字律师的要求

出具专项法律意见书的律师事务所和签字律师应当具备相应的执业能力,符合如下条件:

(一)未曾为该私募基金管理人出具登记、备案法律意见书;

(二)内部管理规范,合规风控健全,执业水准高,恪守职业道德和执业纪律;

(三)签字律师证券基金法律业务执业经验丰富;

(四)律师事务所和签字律师最近三年未受到证券监管部门的行政处罚或者被采取行政监管措施,也未被协会列入不予接受法律意见书的限制性名单。

四、关于专项法律意见书的要求

(一)法律意见书声明事项应当载明:“本所及经办律师依据《证券法》、《证券投资基金法》以及中国证券监督管理委员会和中国证券投资基金业协会的要求,严格履行了法定职责,遵循了勤勉尽责和诚实信用原则,进行了充分的核查验证,保证本法律意见所认定的事实真实、准确、完整,所发表的结论性意见合法、准确,不存在虚假记载、误导性陈述或者重大遗漏,并承担《证券法》和《证券投资基金

法》及其他相应的法律责任。”

（二）法律意见书正文应当载明相关事实材料、查验原则、查验方式、查验内容、查验过程、查验结果、所依据的法律法规和自律规则、结论性意见以及所涉及的必要文件资料等。

（三）法律意见书正文应当载明，如其出具的法律意见书存在虚假记载、误导性陈述或者重大遗漏，给他人财产造成损失的，是否与私募基金管理人承担连带赔偿责任。

（四）法律意见书应当说明私募基金管理人是否配合律师事务所的专项核查工作。律师事务所应当将发现的私募基金管理人隐匿、阻碍、故意遗漏等不配合情形如实描述。

（五）法律意见书应当对协会要求的查验事项逐一发表明确的结论性意见，对查验事项是否合法合规、是否真实有效给予明确说明，对结论性意见进行充分论证、分析并说明查验过程，不得使用“基本符合”、“未发现”等含糊措辞。

（六）法律意见书按照《关于进一步规范私募基金管理人登记若干事项的公告》的有关规定对私募基金管理人在发生异常经营情形后是否符合登记要求进行重新核查。

五、协会对专项法律意见书的处理

（一）私募基金管理人未能在书面通知发出后的3个月内提交符合规定的专项法律意见书的，协会将按照《关于进一步规范私募基金管理人登记若干事项的公告》的有关规定予以注销，注销后不得重新登记。私募基金管理人的法定代表人、高级管理人员及其他从业人员按照不配合自律管理予以纪律处分，情节严重的取消基金从业资格，加入黑名单。私募基金管理人被注销后，有关机构不得募集设立私募基金，已备案的私募基金应当按照法律法规和合同约定妥善处置，维护好投资者的合法权益。

（二）对于会员律师事务所出具的专项法律意见书，认定私募基金管理人符合登记规定的，协会将恢复私募基金管理人的正常业务办理。认定不再符合登记规定的，予以注销。

（三）对于非会员律师事务所出具的专项法律意见书，情况复杂的，协会可提交协会自律监察委员会参照《纪律处分实施办法（试行）》进行审核。协会自律监察委员会审核认为私募基金管理人出现的异常经营情形不影响其符合登记规定的，恢复私募基金管理人的正常业务办理，否则予以注销。

（四）为私募基金管理人出具专项法律意见书的律师事务所未能勤勉尽责，法律意见书存在虚假记载、误导性陈述或者重大遗漏的，协会将不再接受相关律师事务所的法律意见书，依法移送中国证监会和相关司法行政部门及律师协会查处，并在协会网站公示。

《私募基金登记备案相关问题解答（十）》（中国证券投资基金业协会，2016年6月30日）

问：外商独资和合资私募证券基金管理机构如何进行私募证券基金管理人登记？

答：外商独资和合资私募证券基金管理机构申请私募基金管理人登记，应当通过私募基金登记备案系统（https://pf.amac.org.cn），如实填报以下信息：

……

（三）中国律师事务所及其经办律师出具的《私募基金管理人登记法律意见书》。除《私募基金管理人登记法律意见书指引》的要求以外，相关律师事务所及其经办律师在法律意见书中，还应对该申请机构是否符合前述问答中所列登记条件和要求发表结论性意见。

……

《私募基金登记备案相关问题解答（八）》（中国证券投资基金业协会，2016年3月18日）

问：《私募基金管理人登记法律意见书》和《私募基金管理人重大事项变更专项法律意见书》的基本要求有哪些？

答：……

一、参照《律师事务所从事证券法律业务管理办法》和《律师事务所证券法律业务执业规则（试行）》的相关要求，律师事务所及其经办律师出具的《法律意见书》内容应当包含完整的尽职调查过程描述，对有关事实、法律问题作出认定和判断的适当证据和理由。

二、律师事务所及其经办律师应当按照《私募基金管理人登记法律意见书指引》，就各具体事项逐项发表明确意见，并就私募基金管理人登记申请是否符合中国基金业协会的相关要求发表整体结论性意见。

三、《法律意见书》的陈述文字应当逻辑严密，论证充分，所涉指代主体名称、出具的专业法律意见内容具体明确。《法律意见书》所涉内容应当与申请机构在私募基金登记备案系统填报的信息保持一致，若系统填报信息与尽职调查情况不一致的，应当做出特别说明。律师事务所及其经办律师在《法律意见书》中不得瞒报信息，应当确保《法律意见书》不存在虚假记载、误导性陈述及重大遗漏。

四、律师事务所及其经办律师应当参照《律师事务所证券法律业务执业规则（试行）》，根据实际需要采取合理的方式和手段，获取适当的证据材料。律师事务所及其经办律师可采取的尽职调查查验方式包括但不限于审阅书面材料、实地核查、人员访谈、互联网及数据库搜索、外部访谈及向行政司法机关、具有公共事务职能的组织、会计师事务所询证等。律师事务所及其经办律师应当制作并保存相关尽职调查的工作记录及工作底稿。

五、《法律意见书》应当包含律师事务所及其经办律师的承诺信息。示例：本所及经办律师依据《证券投资基金法》、《律师事务所从事证券法律业务管理办法》和《律师事务所证券法律业务执业规则（试行）》等规定及本《法律意见书》出具日以前已经发生或者存在的事实，严格履行了法定职责，遵循了勤勉尽责和诚实信用原则，进行了充分的核查验证，保证本《法律意见书》所认定的事实真实、准确、完整，所发表的结论性意见合法、准确，不存在虚假记载、误导性陈述或者重大遗漏。本所及其经办律帅同意将本《法律意见书》作为相关机构申请私募基金管理人登记或重大事项变更必备的法定文件，随其他在私募基金登记备案系统填报的信息一同上报，并愿意承担相应的法律责任。

六、律师事务所及其经办律师在《法律意见书》上的签字签章齐全，出具日期清晰明确。《法律意见书》及私募基金登记备案系统中律师事务所就“私募基金管理人重要情况说明”出具的确认函，均需加盖律师事务所公章及骑缝章，列明经办律师的姓名及其执业证件号码并由经办律师签署。

七、律师事务所及其经办律师应当恪尽职守，勤勉尽责地对私募基金管理人或申请机构相关情况进行尽职调查，根据《私募基金管理人登记法律意见书指引》，独立、客观、公正地出具《法律意见书》。私募基金管理人应当按照《关于进一步规范私募基金管理人登记若干事项的公告》相关要求，充分配合律师事务所及其经办律师工作，如实提供律师事务所开展尽职调查所需的全部信息和材料。

问：出具《法律意见书》的律师事务所及其经办律师应当符合哪些资质要求？

答：《中国基金业协会负责人就落实〈公告〉相关问题答记者问》已明确，凡在中国境内依法设立、可就中国法律事项发表专业意见的律师事务所及其中国执业律师，均可受聘按照《私募基金管理人登记法律意见书指引》的要求出具《法律意见书》。

中国基金业协会鼓励私募基金管理人选择符合《律师事务所从事证券法律业务管理办法》相关资质要求的律师事务所及其执业律师出具《法律意见书》。

根据《中国证券投资基金业协会章程》，作为基金服务机构的律师事务所可以申请成为中国基金业协会会员，但中国基金业协会未就律师事务所入会作出强制性要求。

问：律师事务所及其经办律师如何对私募基金管理人风险管理和内部控制制度进行尽职调查？

答：律师事务所及其经办律师在对申请机构的风险管理和内部控制制度开展尽职调查时，应当核查和验证包括但不限于以下内容：

一、申请机构是否已制定《私募基金管理人登记法律意见书指

引》第四条第(八)项所提及的完整的涉及机构运营关键环节的风险管理和内部控制制度;

二、判断相关风险管理和内部控制制度是否符合中国基金业协会《私募投资基金管理人内部控制指引》的规定;

三、评估上述制度是否具备有效执行的现实基础和条件。例如,相关制度的建立是否与机构现有组织架构和人员配置相匹配,是否满足机构运营的实际需求等。

……

第十一条 【管理人职责】

私募基金管理人应当履行下列职责:

(一)依法募集资金,办理私募基金备案;

(二)对所管理的不同私募基金财产分别管理、分别记账,进行投资;

(三)按照基金合同约定管理私募基金并进行投资,建立有效的风险控制制度;

(四)按照基金合同约定确定私募基金收益分配方案,向投资者分配收益;

(五)按照基金合同约定向投资者提供与私募基金管理业务活动相关的信息;

(六)保存私募基金财产管理业务活动的记录、账册、报表和其他有关资料;

(七)国务院证券监督管理机构规定和基金合同约定的其他职责。

以非公开方式募集资金设立投资基金的,私募基金管理人还应当以自己的名义,为私募基金财产利益行使诉讼权利或者实施其他法律行为。

1. 依法募集

具体内容参见“第二十条　【募集六不得】”相关内容。

2. 基金备案

《中华人民共和国证券投资基金法》（全国人大常委会，中华人民共和国主席令第23号，2015年4月24日）

第九十四条第一款　非公开募集基金募集完毕，基金管理人应当向基金行业协会备案。对募集的资金总额或者基金份额持有人的人数达到规定标准的基金，基金行业协会应当向国务院证券监督管理机构报告。

《私募投资基金监督管理暂行办法》（中国证券监督管理委员会，中国证券监督管理委员会令第105号，2014年8月21日）

第八条　各类私募基金募集完毕，私募基金管理人应当根据基金业协会的规定，办理基金备案手续，报送以下基本信息：

（一）主要投资方向及根据主要投资方向注明的基金类别；

（二）基金合同、公司章程或者合伙协议。资金募集过程中向投资者提供基金招募说明书的，应当报送基金招募说明书。以公司、合伙等企业形式设立的私募基金，还应当报送工商登记和营业执照正副本复印件；

（三）采取委托管理方式的，应当报送委托管理协议。委托托管机构托管基金财产的，还应当报送托管协议；

（四）基金业协会规定的其他信息。

基金业协会应当在私募基金备案材料齐备后的20个工作日内，通过网站公告私募基金名单及其基本情况的方式，为私募基金办结备案手续。

第九条　基金业协会为私募基金管理人和私募基金办理登记备案不构成对私募基金管理人投资能力、持续合规情况的认可；不作为对基金财产安全的保证。

《私募投资基金登记备案办法》（中国证券投资基金业协会，中基协发〔2023〕5号，2023年5月1日）

第三十九条　私募基金管理人应当自私募基金募集完毕之日起

20个工作日内,向协会报送下列材料,办理备案手续:

(一)基金合同;

(二)托管协议或者保障基金财产安全的制度措施相关文件;

(三)募集账户监督协议;

(四)基金招募说明书;

(五)风险揭示书以及投资者适当性相关文件;

(六)募集资金实缴证明文件;

(七)投资者基本信息、认购金额、持有基金份额的数量及其受益所有人相关信息;

(八)中国证监会、协会规定的其他材料。

募集完毕是指私募基金的已认缴投资者已签署基金合同,且首期实缴募集资金已进入托管账户等基金财产账户。单个投资者首期实缴出资除另有规定外,不得低于合格投资者的最低出资要求。

第四十条 协会自备案材料齐备之日起20个工作日内为私募基金办结备案手续。私募基金备案信息、材料不完备或者不符合要求的,私募基金管理人应当根据协会的要求及时补正,或者进行解释说明或者补充、修改。协会对备案信息、材料的核查以及办理时限,适用本办法第二十三条第二款、第三款的规定。

协会通过官方网站对已办理备案的私募基金相关信息进行公示。

私募基金完成备案前,可以以现金管理为目的,投资于银行活期存款、国债、中央银行票据、货币市场基金等中国证监会认可的现金管理工具。

3. 分别管理、分别记账

《中华人民共和国证券投资基金法》(全国人大常委会,中华人民共和国主席令第23号,2015年4月24日)

第十九条 公开募集基金的基金管理人应当履行下列职责:

……

(三)对所管理的不同基金财产分别管理、分别记账,进行证券投资；

……

编者注:《证券投资基金法》上述条文系针对公募基金管理人的职责规定,仅供参考,关于私募基金管理人的职责也有相应的条文规定。

《私募投资基金监督管理暂行办法》(中国证券监督管理委员会,中国证券监督管理委员会令第105号,2014年8月21日)

第二十二条 同一私募基金管理人管理不同类别私募基金的,应当坚持专业化管理原则;管理可能导致利益输送或者利益冲突的不同私募基金的,应当建立防范利益输送和利益冲突的机制。

《私募投资基金合同指引1号(契约型私募基金合同内容与格式指引)》(中国基金业协会,2016年7月15日)

第二十一条 根据《私募办法》及其他有关规定订明私募基金管理人的义务,包括但不限于:

……

(六)建立健全内部制度,保证所管理的私募基金财产与其管理的其他基金财产和私募基金管理人的固有财产相互独立,对所管理的不同财产分别管理,分别记账、分别投资;

……

4.风险控制制度

《私募投资基金登记备案办法》(中国证券投资基金业协会,中基协发〔2023〕5号,2023年5月1日)

第十三条 私募基金管理人应当建立健全内部控制、风险控制和合规管理等制度,保持经营运作合法、合规,保证内部控制健全、有效。

私募基金管理人应当完善防火墙等隔离机制,有效隔离自有资金投资与私募基金业务,与从事冲突业务的关联方采取办公场所、人员、财务、业务等方面的隔离措施,切实防范内幕交易、利用未公开信息交易、利益冲突和利益输送。

《中国人民银行、中国银行保险监督管理委员会、中国证券监督管理委员会、国家外汇管理局关于规范金融机构资产管理业务的指导意见》(中国人民银行等,银发〔2018〕106号,2018年4月27日)

七、金融机构开展资产管理业务,应当具备与资产管理业务发展相适应的管理体系和管理制度,公司治理良好,风险管理、内部控制和问责机制健全。

金融机构应当建立健全资产管理业务人员的资格认定、培训、考核评价和问责制度,确保从事资产管理业务的人员具备必要的专业知识、行业经验和管理能力,充分了解相关法律法规、监管规定以及资产管理产品的法律关系、交易结构、主要风险和风险管控方式,遵守行为准则和职业道德标准。

对于违反相关法律法规以及本意见规定的金融机构资产管理业务从业人员,依法采取处罚措施直至取消从业资格,禁止其在其他类型金融机构从事资产管理业务。

八、金融机构运用受托资金进行投资,应当遵守审慎经营规则,制定科学合理的投资策略和风险管理制度,有效防范和控制风险。

……

《私募基金管理人登记指引第1号——基本经营要求》(中国证券投资基金业协会,中基协发〔2023〕6号,2023年5月1日)

第十条 私募基金管理人应当按照中国证监会和协会相关要求,建立健全风险控制机制,完善风险控制措施,保持经营运作合法、合规,保证内部控制健全、有效。

私募基金管理人应当建立科学合理、运转有效的内部控制、风险控制和合规管理制度,包括运营风险控制、信息披露、机构内部交易记录、关联交易管理、防范内幕交易及利益输送、业务隔离和从业人员买卖证券申报等制度,以及私募基金宣传推介及募集、合格投资者适当性、保障资金安全、投资业务控制、公平交易、外包控制等制度。

第十一条 私募基金管理人应当建立突发事件处理预案,对严重损害投资者利益、影响正常经营或者可能引发系统性风险的突发事件的处理机制作出明确安排。发生前述突发事件时，私募基金管理人应当按照预案妥善处理，并及时向注册地所在的中国证监会派出机构和协会报告。

第十二条　私募基金管理人的商业计划书应当清晰合理、具有可行性，与私募基金管理人的业务方向、发展规划、人员配备等相匹配。

《私募投资基金管理人内部控制指引》（中国基金业协会，2016年2月1日）

第一章　总　　则

第一条　为了引导私募基金管理人加强内部控制，促进合法合规、诚信经营，提高风险防范能力，推动私募基金行业规范发展，根据《证券投资基金法》、《私募投资基金监督管理暂行办法》、《私募投资基金管理人登记和基金备案办法（试行）》，制定本指引。

第二条　私募基金管理人内部控制是指私募基金管理人为防范和化解风险，保证各项业务的合法合规运作，实现经营目标，在充分考虑内外部环境的基础上，对经营过程中的风险进行识别、评价和管理的制度安排、组织体系和控制措施。

第三条　私募基金管理人应当按照本指引的要求，结合自身的具体情况，建立健全内部控制机制，明确内部控制职责，完善内部控制措施，强化内部控制保障，持续开展内部控制评价和监督。

私募基金管理人最高权力机构对建立内部控制制度和维持其有效性承担最终责任，经营层对内部控制制度的有效执行承担责任。

第二章　目标和原则

第四条　私募基金管理人内部控制总体目标是：

（一）保证遵守私募基金相关法律法规和自律规则。

（二）防范经营风险，确保经营业务的稳健运行。

（三）保障私募基金财产的安全、完整。

（四）确保私募基金、私募基金管理人财务和其他信息真实、准确、完整、及时。

第五条 私募基金管理人内部控制应当遵循以下原则：

（一）全面性原则。内部控制应当覆盖包括各项业务、各个部门和各级人员，并涵盖资金募集、投资研究、投资运作、运营保障和信息披露等主要环节。

（二）相互制约原则。组织结构应当权责分明、相互制约。

（三）执行有效原则。通过科学的内控手段和方法，建立合理的内控程序，维护内控制度的有效执行。

（四）独立性原则。各部门和岗位职责应当保持相对独立，基金财产、管理人固有财产、其他财产的运作应当分离。

（五）成本效益原则。以合理的成本控制达到最佳的内部控制效果，内部控制与私募基金管理人的管理规模和员工人数等方面相匹配，契合自身实际情况。

（六）适时性原则。私募基金管理人应当定期评价内部控制的有效性，并随着有关法律法规的调整和经营战略、方针、理念等内外部环境的变化同步适时修改或完善。

第三章 基本要求

第六条 私募基金管理人建立与实施有效的内部控制，应当包括下列要素：

（一）内部环境：包括经营理念和内控文化、治理结构、组织结构、人力资源政策和员工道德素质等，内部环境是实施内部控制的基础。

（二）风险评估：及时识别、系统分析经营活动中与内部控制目标相关的风险，合理确定风险应对策略。

（三）控制活动：根据风险评估结果，采用相应的控制措施，将风险控制在可承受范围之内。

（四）信息与沟通：及时、准确地收集、传递与内部控制相关的信息，确保信息在内部、企业与外部之间进行有效沟通。

（五）内部监督：对内部控制建设与实施情况进行周期性监督检查，评价内部控制的有效性，发现内部控制缺陷或因业务变化导致内控需求有变化的，应当及时加以改进、更新。

第七条　私募基金管理人应当牢固树立合法合规经营的理念和风险控制优先的意识，培养从业人员的合规与风险意识，营造合规经营的制度文化环境，保证管理人及其从业人员诚实信用、勤勉尽责、恪尽职守。

第八条　私募基金管理人应当遵循专业化运营原则，主营业务清晰，不得兼营与私募基金管理无关或存在利益冲突的其他业务。

第九条　私募基金管理人应当健全治理结构，防范不正当关联交易、利益输送和内部人控制风险，保护投资者利益和自身合法权益。

第十条　私募基金管理人组织结构应当体现职责明确、相互制约的原则，建立必要的防火墙制度与业务隔离制度，各部门有合理及明确的授权分工，操作相互独立。

第十一条　私募基金管理人应当建立有效的人力资源管理制度，健全激励约束机制，确保工作人员具备与岗位要求相适应的职业操守和专业胜任能力。

私募基金管理人应具备至少 2 名高级管理人员。

第十二条　私募基金管理人应当设置负责合规风控的高级管理人员。负责合规风控的高级管理人员，应当独立地履行对内部控制监督、检查、评价、报告和建议的职能，对因失职渎职导致内部控制失效造成重大损失的，应承担相关责任。

第十三条　私募基金管理人应当建立科学的风险评估体系，对内外部风险进行识别、评估和分析，及时防范和化解风险。

第十四条　私募基金管理人应当建立科学严谨的业务操作流程，利用部门分设、岗位分设、外包、托管等方式实现业务流程的控制。

第十五条　授权控制应当贯穿于私募基金管理人资金募集、投资研究、投资运作、运营保障和信息披露等主要环节的始终。私募基金管理人应当建立健全授权标准和程序，确保授权制度的贯彻执行。

第十六条 私募基金管理人自行募集私募基金的，应设置有效机制，切实保障募集结算资金安全；私募基金管理人应当建立合格投资者适当性制度。

第十七条 私募基金管理人委托募集的，应当委托获得中国证监会基金销售业务资格且成为中国证券投资基金业协会（以下简称“中国基金业协会”）会员的机构募集私募基金，并制定募集机构遴选制度，切实保障募集结算资金安全；确保私募基金向合格投资者募集以及不变相进行公募。

第十八条 私募基金管理人应当建立完善的财产分离制度，私募基金财产与私募基金管理人固有财产之间、不同私募基金财产之间、私募基金财产和其他财产之间要实行独立运作，分别核算。

第十九条 私募基金管理人应建立健全相关机制，防范管理的各私募基金之间的利益输送和利益冲突，公平对待管理的各私募基金，保护投资者利益。

第二十条 私募基金管理人应当建立健全投资业务控制，保证投资决策严格按照法律法规规定，符合基金合同所规定的投资目标、投资范围、投资策略、投资组合和投资限制等要求。

第二十一条 除基金合同另有约定外，私募基金应当由基金托管人托管，私募基金管理人应建立健全私募基金托管人遴选制度，切实保障资金安全。

基金合同约定私募基金不进行托管的，私募基金管理人应建立保障私募基金财产安全的制度措施和纠纷解决机制。

第二十二条 私募基金管理人开展业务外包应制定相应的风险管理框架及制度。私募基金管理人根据审慎经营原则制定其业务外包实施规划，确定与其经营水平相适宜的外包活动范围。

第二十三条 私募基金管理人应建立健全外包业务控制，并至少每年开展一次全面的外包业务风险评估。在开展业务外包的各个阶段，关注外包机构是否存在与外包服务相冲突的业务，以及外包机构是否采取有效的隔离措施。

第二十四条　私募基金管理人自行承担信息技术和会计核算等职能的，应建立相应的信息系统和会计系统，保证信息技术和会计核算等的顺利运行。

第二十五条　私募基金管理人应当建立健全信息披露控制，维护信息沟通渠道的畅通，保证向投资者、监管机构及中国基金业协会所披露信息的真实性、准确性、完整性和及时性，不存在虚假记载、误导性陈述或重大遗漏。

第二十六条　私募基金管理人应当保存私募基金内部控制活动等方面的信息及相关资料，确保信息的完整、连续、准确和可追溯，保存期限自私募基金清算终止之日起不得少于10年。

第二十七条　私募基金管理人应对内部控制制度的执行情况进行定期和不定期的检查、监督及评价，排查内部控制制度是否存在缺陷及实施中是否存在问题，并及时予以改进，确保内部控制制度的有效执行。

第四章　检查和监督

第二十八条　中国基金业协会对私募基金管理人内部控制的建立及执行情况进行监督。

第二十九条　私募基金管理人应当按照本指引要求制定相关内部控制制度，并在中国基金业协会私募基金登记备案系统填报及上传相关内部控制制度。

第三十条　中国基金业协会按照相关自律规则，对私募基金管理人的人员、内部控制、业务活动及信息披露等合规情况进行业务检查，业务检查可通过现场或非现场方式进行，私募基金管理人及相关人员应予以配合。

第三十一条　私募基金管理人未按本指引建立健全内部控制，或内部控制存在重大缺陷，导致违反相关法律法规及自律规则的，中国基金业协会可以视情节轻重对私募基金管理人及主要负责人采取书面警示、行业内通报批评、公开谴责等措施。

第五章 附 则

第三十二条 本指引由中国基金业协会负责解释。

第三十三条 本指引自2016年2月1日起施行。

5. 收益分配

《中华人民共和国公司法》(全国人大常委会,中华人民共和国主席令第15号,2024年7月1日)

第五十九条 股东会行使下列职权:

……

(四)审议批准公司的利润分配方案和弥补亏损方案;

……

第六十七条 有限责任公司设董事会,本法第七十五条另有规定的除外。

董事会行使下列职权:

……

(四)制订公司的利润分配方案和弥补亏损方案;

……

第九十五条 股份有限公司章程应当载明下列事项:

……

(十)公司利润分配办法;

《中华人民共和国合伙企业法》(全国人大常委会,中华人民共和国主席令第55号,2007年6月1日)

第十八条 合伙协议应当载明下列事项:

……

(五)利润分配、亏损分担方式;

……

第三十三条 合伙企业的利润分配、亏损分担,按照合伙协议的约定办理；合伙协议未约定或者约定不明确的，由合伙人协商决定；协商不成的，由合伙人按照实缴出资比例分配、分担；无法确定出资比例的，由合伙人平均分配、分担。

合伙协议不得约定将全部利润分配给部分合伙人或者由部分合伙人承担全部亏损。

第六十九条　有限合伙企业不得将全部利润分配给部分合伙人；但是，合伙协议另有约定的除外。

《中国人民银行、中国银行保险监督管理委员会、中国证券监督管理委员会、国家外汇管理局关于规范金融机构资产管理业务的指导意见》（中国人民银行等，银发〔2018〕106号，2018年4月27日）

二、……

资产管理业务是金融机构的表外业务，金融机构开展资产管理业务时不得承诺保本保收益。出现兑付困难时，金融机构不得以任何形式垫资兑付。金融机构不得在表内开展资产管理业务。

……

八、金融机构运用受托资金进行投资，应当遵守审慎经营规则，制定科学合理的投资策略和风险管理制度，有效防范和控制风险。

……

（四）按照产品合同的约定确定收益分配方案，及时向投资者分配收益。

……

《私募投资基金备案指引第1号——私募证券投资基金》（中国证券投资基金业协会，2023年9月28日）

第十九条　业绩报酬计提应当与私募证券基金的存续期限、收益分配和投资运作特征相匹配，单只私募证券基金只能采取一种业绩报酬计提方法，保证公平对待投资者。业绩报酬计提比例不得超过业绩报酬计提基准以上投资收益的60%。

私募证券基金连续两次计提业绩报酬的间隔期不应短于6个月。在投资者赎回基金份额时或者在私募证券基金清算时计提业绩报酬的，可以不受前述间隔期的限制。鼓励私募基金管理人在投资者持有基金份额期间不计提业绩报酬，以投资者赎回份额或者基金清算时的净值为基准计提业绩报酬。

私募基金管理人按照基金合同约定的计提比例、计提时点、计提频率和计提方法对基金业绩超出计提基准的部分计提业绩报酬的，应当以投资者取得正收益为前提，但同时符合下列条件的除外：

（一）以获取基于指数的超额收益为目标，将业绩报酬计提基准设置为某个指数，并采用紧盯该指数的投资策略；

（二）仅在投资者赎回或者基金清算时计提业绩报酬；

（三）在募集推介材料及基金合同的醒目位置明确提示投资者可能会在亏损的情况下计提业绩报酬。

《私募投资基金募集行为管理办法》（中国基金业协会，2016 年 7 月 15 日）

第十二条第一款 募集机构或相关合同约定的责任主体应当开立私募基金募集结算资金专用账户，用于统一归集私募基金募集结算资金、向投资者分配收益、给付赎回款项以及分配基金清算后的剩余基金财产等，确保资金原路返还。

6. 信息披露

具体内容参见第三章“第三十一条 【管理人信息披露】”的内容。

7. 资料保存

《私募投资基金监督管理暂行办法》（中国证券监督管理委员会，中国证券监督管理委员会令第 105 号，2014 年 8 月 21 日）

第二十六条 私募基金管理人、私募基金托管人及私募基金销售机构应当妥善保存私募基金投资决策、交易和投资者适当性管理等方面的记录及其他相关资料，保存期限自基金清算终止之日起不得少于 10 年。

《证券投资基金销售机构内部控制指导意见》（中国证券监督管理委员会，证监基金字〔2007〕277 号，2008 年 1 月 1 日）

第三十二条 基金销售机构应建立完善的档案管理制度，妥善保管相关业务资料。客户身份资料，自业务关系结束当年计起至少保存15年，交易记录自交易记账当年记起至少保存15年。

《中国人民银行、中国银行保险监督管理委员会、中国证券监督管理委员会、国家外汇管理局关于规范金融机构资产管理业务的指导意见》（中国人民银行等，银发〔2018〕106号，2018年4月27日）

八、金融机构运用受托资金进行投资，应当遵守审慎经营规则，制定科学合理的投资策略和风险管理制度，有效防范和控制风险。

金融机构应当履行以下管理人职责：

……

（八）保存受托财产管理业务活动的记录、账册、报表和其他相关资料。

……

《基金募集机构投资者适当性管理实施指引（试行）》（中国证券投资基金业协会，中基协发〔2017〕4号，2017年6月28日）

第十七条　基金募集机构要建立完善的档案管理制度，妥善保存投资者适当性管理业务资料。投资者适当性管理制度、投资者信息资料、告知警示投资者资料、录音录像资料、自查报告等至少保存20年。

《私募投资基金募集行为管理办法》（中国基金业协会，2016年7月15日）

第十一条　募集机构应当妥善保存投资者适当性管理以及其他与私募基金募集业务相关的记录及其他相关资料，保存期限自基金清算终止之日起不得少于10年。

《私募投资基金信息披露管理办法》（中国基金业协会，2016年2月4日）

第十九条　信息披露义务人应当建立健全信息披露管理制度，指定专人负责管理信息披露事务，并按要求在私募基金登记备案系统中上传信息披露相关制度文件。

第二十条　信息披露事务管理制度应当至少包括以下事项：

（一）信息披露义务人向投资者进行信息披露的内容、披露频度、披露方式、披露责任以及信息披露渠道等事项；

（二）信息披露相关文件、资料的档案管理；

（三）信息披露管理部门、流程、渠道、应急预案及责任；

（四）未按规定披露信息的责任追究机制，对违反规定人员的处理措施。

第二十一条 信息披露义务人应当妥善保管私募基金信息披露的相关文件资料，保存期限自基金清算终止之日起不得少于10年。

8. 诉讼权利

《中华人民共和国民法典》（全国人大常委会，中华人民共和国主席令第45号，2021年1月1日）

第五十七条 法人是具有民事权利能力和民事行为能力，依法独立享有民事权利和承担民事义务的组织。

第一百零二条 非法人组织是不具有法人资格，但是能够依法以自己的名义从事民事活动的组织。

非法人组织包括个人独资企业、合伙企业、不具有法人资格的专业服务机构等。

第一百七十一条第一款 行为人没有代理权、超越代理权或者代理权终止后，仍然实施代理行为，未经被代理人追认的，对被代理人不发生效力。

第九百二十五条 受托人以自己的名义，在委托人的授权范围内与第三人订立的合同，第三人在订立合同时知道受托人与委托人之间的代理关系的，该合同直接约束委托人和第三人；但是，有确切证据证明该合同只约束受托人和第三人的除外。

第九百二十六条 受托人以自己的名义与第三人订立合同时，第三人不知道受托人与委托人之间的代理关系的，受托人因第三人的原因对委托人不履行义务，受托人应当向委托人披露第三人，委托人因此可以行使受托人对第三人的权利。但是，第三人与受托人订立合同时如果知道该委托人就不会订立合同的除外。

受托人因委托人的原因对第三人不履行义务，受托人应当向第三人披露委托人，第三人因此可以选择受托人或者委托人作为相对人主张其权利，但是第三人不得变更选定的相对人。

委托人行使受托人对第三人的权利的，第三人可以向委托人主张其对受托人的抗辩。第三人选定委托人作为其相对人的，委托人可以向第三人主张其对受托人的抗辩以及受托人对第三人的抗辩。

《中华人民共和国民事诉讼法》（全国人大常委会，中华人民共和国主席令第11号，2024年1月1日）

第五十一条　公民、法人和其他组织可以作为民事诉讼的当事人。

法人由其法定代表人进行诉讼。其他组织由其主要负责人进行诉讼。

《中华人民共和国公司法》（全国人大常委会，中华人民共和国主席令第15号，2024年7月1日）

第一百八十九条　董事、高级管理人员有前条规定的情形的，有限责任公司的股东、股份有限公司连续一百八十日以上单独或者合计持有公司百分之一以上股份的股东，可以书面请求监事会向人民法院提起诉讼；监事有前条规定的情形的，前述股东可以书面请求董事会向人民法院提起诉讼。

监事会或者董事会收到前款规定的股东书面请求后拒绝提起诉讼，或者自收到请求之日起三十日内未提起诉讼，或者情况紧急、不立即提起诉讼将会使公司利益受到难以弥补的损害的，前款规定的股东有权为公司利益以自己的名义直接向人民法院提起诉讼。

他人侵犯公司合法权益，给公司造成损失的，本条第一款规定的股东可以依照前两款的规定向人民法院提起诉讼。

公司全资子公司的董事、监事、高级管理人员有前条规定情形，或者他人侵犯公司全资子公司合法权益造成损失的，有限责任公司的股东、股份有限公司连续一百八十日以上单独或者合计持有公司百分之一以上股份的股东，可以依照前三款规定书面请求全资子公司的监事会、董事会向人民法院提起诉讼或者以自己的名义直接向人民法院提起诉讼。

第一百九十条 董事、高级管理人员违反法律、行政法规或者公司章程的规定,损害股东利益的,股东可以向人民法院提起诉讼。

《最高人民法院关于适用〈中华人民共和国公司法〉若干问题的规定(四)》(最高人民法院,法释〔2020〕18号,2021年1月1日)

第二十四条 符合公司法第一百五十一条第一款规定条件的股东,依据公司法第一百五十一条第二款、第三款规定,直接对董事、监事、高级管理人员或者他人提起诉讼的,应当列公司为第三人参加诉讼。

一审法庭辩论终结前,符合公司法第一百五十一条第一款规定条件的其他股东,以相同的诉讼请求申请参加诉讼的,应当列为共同原告。

《中华人民共和国合伙企业法》(全国人大常委会,中华人民共和国主席令第55号,2007年6月1日)

第六十八条第二款 有限合伙人的下列行为,不视为执行合伙事务:

……

(六)在有限合伙企业中的利益受到侵害时,向有责任的合伙人主张权利或者提起诉讼;

(七)执行事务合伙人怠于行使权利时,督促其行使权利或者为了本企业的利益以自己的名义提起诉讼;

……

第八十七条 清算人在清算期间执行下列事务:

……

(六)代表合伙企业参加诉讼或者仲裁活动。

《中华人民共和国信托法》(全国人大常委会,中华人民共和国主席令第50号,2001年10月1日)

第二十二条 受托人违反信托目的处分信托财产或者因违背管理职责、处理信托事务不当致使信托财产受到损失的,委托人有权申请人民法院撤销该处分行为,并有权要求受托人恢复信托财产的原状或者予以赔偿；该信托财产的受让人明知是违反信托目的而接受该财产的，应当予以返还或者予以赔偿。

前款规定的申请权，自委托人知道或者应当知道撤销原因之日起一年内不行使的，归于消灭。

《中国人民银行、中国银行保险监督管理委员会、中国证券监督管理委员会、国家外汇管理局关于规范金融机构资产管理业务的指导意见》（中国人民银行等，银发〔2018〕106号，2018年4月27日）

八、金融机构运用受托资金进行投资，应当遵守审慎经营规则，制定科学合理的投资策略和风险管理制度，有效防范和控制风险。

金融机构应当履行以下管理人职责：

……

（九）以管理人名义，代表投资者利益行使诉讼权利或者实施其他法律行为。

……

＊编者注：对于契约型私募基金，投资者和管理人之间是信托关系抑或委托代理关系存在争议，因此请求权基础的选择上对应不同的法条，以供参考。

第十二条　【合规治理】

私募基金管理人的股东、实际控制人、合伙人不得有下列行为：

（一）虚假出资、抽逃出资、委托他人或者接受他人委托出资；

（二）未经股东会或者董事会决议等法定程序擅自干预私募基金管理人的业务活动；

（三）要求私募基金管理人利用私募基金财产为自己或者他人牟取利益，损害投资者利益；

（四）法律、行政法规和国务院证券监督管理机构规定禁止的其他行为。

1. 虚假出资、抽逃出资、股权代持等

(1)虚假出资、抽逃出资

《中华人民共和国公司法》(全国人大常委会,中华人民共和国主席令第15号,2024年7月1日)

第四十七条 有限责任公司的注册资本为在公司登记机关登记的全体股东认缴的出资额。全体股东认缴的出资额由股东按照公司章程的规定自公司成立之日起五年内缴足。

法律、行政法规以及国务院决定对有限责任公司注册资本实缴、注册资本最低限额、股东出资期限另有规定的,从其规定。

第四十八条 股东可以用货币出资,也可以用实物、知识产权、土地使用权、股权、债权等可以用货币估价并可以依法转让的非货币财产作价出资;但是,法律、行政法规规定不得作为出资的财产除外。

对作为出资的非货币财产应当评估作价,核实财产,不得高估或者低估作价。法律、行政法规对评估作价有规定的,从其规定。

第四十九条 股东应当按期足额缴纳公司章程规定的各自所认缴的出资额。

股东以货币出资的,应当将货币出资足额存入有限责任公司在银行开设的账户;以非货币财产出资的,应当依法办理其财产权的转移手续。

股东未按期足额缴纳出资的,除应当向公司足额缴纳外,还应当对给公司造成的损失承担赔偿责任。

第五十条 有限责任公司设立时,股东未按照公司章程规定实际缴纳出资,或者实际出资的非货币财产的实际价额显著低于所认缴的出资额的,设立时的其他股东与该股东在出资不足的范围内承担连带责任。

第五十三条 公司成立后,股东不得抽逃出资。

违反前款规定的,股东应当返还抽逃的出资;给公司造成损失的,负有责任的董事、监事、高级管理人员应当与该股东承担连带赔偿责任。

《最高人民法院关于适用〈中华人民共和国公司法〉若干问题的规定(三)》(最高人民法院,法释〔2020〕18号,2021年1月1日)

第十二条　公司成立后,公司、股东或者公司债权人以相关股东的行为符合下列情形之一且损害公司权益为由,请求认定该股东抽逃出资的,人民法院应予支持:

(一)制作虚假财务会计报表虚增利润进行分配;

(二)通过虚构债权债务关系将其出资转出;

(三)利用关联交易将出资转出;

(四)其他未经法定程序将出资抽回的行为。

《中华人民共和国合伙企业法》(全国人大常委会,中华人民共和国主席令第55号,2007年6月1日)

第十七条　合伙人应当按照合伙协议约定的出资方式、数额和缴付期限,履行出资义务。

以非货币财产出资的,依照法律、行政法规的规定,需要办理财产权转移手续的,应当依法办理。

第六十五条　有限合伙人应当按照合伙协议的约定按期足额缴纳出资;未按期足额缴纳的,应当承担补缴义务,并对其他合伙人承担违约责任。

《私募投资基金登记备案办法》(中国证券投资基金业协会,中基协发〔2023〕5号,2023年5月1日)

第二十条第一款　私募基金管理人应当保持资本充足,满足持续运营、业务发展和风险防范需要,私募基金管理人的股东、合伙人不得虚假出资或者抽逃出资。

(2)股权代持

《最高人民法院关于适用〈中华人民共和国公司法〉若干问题的规定(三)》(最高人民法院,法释〔2020〕18号,2021年1月1日)

第二十四条　有限责任公司的实际出资人与名义出资人订立合同,约定由实际出资人出资并享有投资权益,以名义出资人为名义股东，实际出资人与名义股东对该合同效力发生争议的，如无法律规定的无效情形，人民法院应当认定该合同有效。

前款规定的实际出资人与名义股东因投资权益的归属发生争议，实际出资人以其实际履行了出资义务为由向名义股东主张权利的，人民法院应予支持。名义股东以公司股东名册记载、公司登记机关登记为由否认实际出资人权利的，人民法院不予支持。

实际出资人未经公司其他股东半数以上同意，请求公司变更股东、签发出资证明书、记载于股东名册、记载于公司章程并办理公司登记机关登记的，人民法院不予支持。

《私募投资基金登记备案办法》（中国证券投资基金业协会，中基协发〔2023〕5号，2023年5月1日）

第九条第一款 有下列情形之一的，不得担任私募基金管理人的股东、合伙人、实际控制人：

（一）未以合法自有资金出资，以委托资金、债务资金等非自有资金出资，违规通过委托他人或者接受他人委托方式持有股权、财产份额，存在循环出资、交叉持股、结构复杂等情形，隐瞒关联关系；

……

（五）法律、行政法规、中国证监会和协会规定的其他情形。

第四十一条 有下列情形之一的，协会不予办理私募基金备案，并说明理由：

……

（八）以员工激励为目的设立的员工持股计划和私募基金管理人的员工跟投平台；

……

2. 擅自干预业务活动

《中华人民共和国公司法》（全国人大常委会，中华人民共和国主席令第15号，2024年7月1日）

第五十九条 股东会行使下列职权：

（一）选举和更换董事、监事，决定有关董事、监事的报酬事项；

（二）审议批准董事会的报告；

（三）审议批准监事会的报告；

（四）审议批准公司的利润分配方案和弥补亏损方案；

（五）对公司增加或者减少注册资本作出决议；

（六）对发行公司债券作出决议；

（七）对公司合并、分立、解散、清算或者变更公司形式作出决议；

（八）修改公司章程；

（九）公司章程规定的其他职权。

股东会可以授权董事会对发行公司债券作出决议。

对本条第一款所列事项股东以书面形式一致表示同意的，可以不召开股东会会议，直接作出决定，并由全体股东在决定文件上签名或者盖章。

第六十六条 股东会的议事方式和表决程序，除本法有规定的外，由公司章程规定。

股东会作出决议，应当经代表过半数表决权的股东通过。

股东会作出修改公司章程、增加或者减少注册资本的决议，以及公司合并、分立、解散或者变更公司形式的决议，应当经代表三分之二以上表决权的股东通过。

第六十七条 有限责任公司设董事会，本法第七十五条另有规定的除外。

董事会行使下列职权：

（一）召集股东会会议，并向股东会报告工作；

（二）执行股东会的决议；

（三）决定公司的经营计划和投资方案；

（四）制订公司的利润分配方案和弥补亏损方案；

（五）制订公司增加或者减少注册资本以及发行公司债券的方案；

（六）制订公司合并、分立、解散或者变更公司形式的方案；

（七）决定公司内部管理机构的设置；

（八）决定聘任或者解聘公司经理及其报酬事项，并根据经理的提名决定聘任或者解聘公司副经理、财务负责人及其报酬事项；

（九）制定公司的基本管理制度；

（十）公司章程规定或者股东会授予的其他职权。

公司章程对董事会职权的限制不得对抗善意相对人。

第七十三条 董事会的议事方式和表决程序，除本法有规定的外，由公司章程规定。

董事会会议应当有过半数的董事出席方可举行。董事会作出决议，应当经全体董事的过半数通过。

董事会决议的表决，应当一人一票。

董事会应当对所议事项的决定作成会议记录，出席会议的董事应当在会议记录上签名。

第一百一十六条 股东出席股东会会议，所持每一股份有一表决权，类别股股东除外。公司持有的本公司股份没有表决权。

股东会作出决议，应当经出席会议的股东所持表决权过半数通过。

股东会作出修改公司章程、增加或者减少注册资本的决议，以及公司合并、分立、解散或者变更公司形式的决议，应当经出席会议的股东所持表决权的三分之二以上通过。

第一百二十条 股份有限公司设董事会，本法第一百二十八条另有规定的除外。

本法第六十七条、第六十八条第一款、第七十条、第七十一条的规定，适用于股份有限公司。

3. 为自己/他人谋取利益，损害投资者利益

《中华人民共和国公司法》（全国人大常委会，中华人民共和国主席令第15号，2024年7月1日）

第一百七十九条 董事、监事、高级管理人员应当遵守法律、行政法规和公司章程。

第一百八十条 董事、监事、高级管理人员对公司负有忠实义务,应当采取措施避免自身利益与公司利益冲突,不得利用职权牟取不正当利益。

董事、监事、高级管理人员对公司负有勤勉义务,执行职务应当为公司的最大利益尽到管理者通常应有的合理注意。

公司的控股股东、实际控制人不担任公司董事但实际执行公司事务的,适用前两款规定。

第一百八十一条 董事、监事、高级管理人员不得有下列行为:

(一)侵占公司财产、挪用公司资金;

(二)将公司资金以其个人名义或者以其他个人名义开立账户存储;

(三)利用职权贿赂或者收受其他非法收入;

(四)接受他人与公司交易的佣金归为己有;

(五)擅自披露公司秘密;

(六)违反对公司忠实义务的其他行为。

《中华人民共和国合伙企业法》(全国人大常委会,中华人民共和国主席令第55号,2007年6月1日)

第九十六条 合伙人执行合伙事务,或者合伙企业从业人员利用职务上的便利,将应当归合伙企业的利益据为己有的,或者采取其他手段侵占合伙企业财产的,应当将该利益和财产退还合伙企业;给合伙企业或者其他合伙人造成损失的,依法承担赔偿责任。

《中华人民共和国信托法》(全国人大常委会,中华人民共和国主席令第50号,2001年10月1日)

第二十六条 受托人除依照本法规定取得报酬外,不得利用信托财产为自己谋取利益。

受托人违反前款规定,利用信托财产为自己谋取利益的,所得利益归入信托财产。

4.股东、实控人、合伙人的禁止行为

《中华人民共和国公司法》（全国人大常委会，中华人民共和国主席令第15号，2024年7月1日）

第二十一条 公司股东应当遵守法律、行政法规和公司章程，依法行使股东权利，不得滥用股东权利损害公司或者其他股东的利益。

公司股东滥用股东权利给公司或者其他股东造成损失的，应当承担赔偿责任。

第二十二条 公司的控股股东、实际控制人、董事、监事、高级管理人员不得利用关联关系损害公司利益。

违反前款规定，给公司造成损失的，应当承担赔偿责任。

第二十三条 公司股东滥用公司法人独立地位和股东有限责任，逃避债务，严重损害公司债权人利益的，应当对公司债务承担连带责任。

股东利用其控制的两个以上公司实施前款规定行为的，各公司应当对任一公司的债务承担连带责任。

只有一个股东的公司，股东不能证明公司财产独立于股东自己的财产的，应当对公司债务承担连带责任。

第二百六十五条 本法下列用语的含义：

……

（三）实际控制人，是指通过投资关系、协议或者其他安排，能够实际支配公司行为的人。

……

《最高人民法院关于适用〈中华人民共和国公司法〉若干问题的规定（三）》（最高人民法院，法释〔2020〕18号，2021年1月1日）

第十四条 股东抽逃出资，公司或者其他股东请求其向公司返还出资本息、协助抽逃出资的其他股东、董事、高级管理人员或者实际控制人对此承担连带责任的，人民法院应予支持。

公司债权人请求抽逃出资的股东在抽逃出资本息范围内对公司

债务不能清偿的部分承担补充赔偿责任、协助抽逃出资的其他股东、董事、高级管理人员或者实际控制人对此承担连带责任的，人民法院应予支持；抽逃出资的股东已经承担上述责任，其他债权人提出相同请求的，人民法院不予支持。

《中华人民共和国合伙企业法》（全国人大常委会，中华人民共和国主席令第55号，2007年6月1日）

第三十二条　合伙人不得自营或者同他人合作经营与本合伙企业相竞争的业务。

除合伙协议另有约定或者经全体合伙人一致同意外，合伙人不得同本合伙企业进行交易。

合伙人不得从事损害本合伙企业利益的活动。

《私募投资基金登记备案办法》（中国证券投资基金业协会，中基协发〔2023〕5号，2023年5月1日）

第十二条　私募基金管理人的法定代表人、高级管理人员、执行事务合伙人或其委派代表以外的其他从业人员应当以所在机构的名义从事私募基金业务活动，不得在其他营利性机构兼职，但对本办法第十七条规定的私募基金管理人另有规定的，从其规定。

《私募基金管理人登记指引第2号——股东、合伙人、实际控制人》（中国证券投资基金业协会，中基协发〔2023〕7号，2023年5月1日）

第四条第二款　私募基金管理人的股东、合伙人、实际控制人在金融机构任职的，应当出具该金融机构知悉相关情况的说明材料，并符合相关竞业禁止要求。

第十七条　私募基金管理人的股东、合伙人、实际控制人不得通过股权或者出资份额质押、委托第三方行使表决权等方式变相转移对私募基金管理人的实际控制权。

第十三条 【管理人持续性要求】

私募基金管理人应当持续符合下列要求：

（一）财务状况良好，具有与业务类型和管理资产规模相适应的运营资金；

（二）法定代表人、执行事务合伙人或者委派代表、负责投资管理的高级管理人员按照国务院证券监督管理机构规定持有一定比例的私募基金管理人的股权或者财产份额，但国家另有规定的除外；

（三）国务院证券监督管理机构规定的其他要求。

《私募投资基金登记备案办法》（中国证券投资基金业协会，中基协发〔2023〕5号，2023年5月1日）

第八条 私募基金管理人应当是在中华人民共和国境内依法设立的公司或者合伙企业，并持续符合下列要求：

（一）财务状况良好，实缴货币资本不低于1000万元人民币或者等值可自由兑换货币，对专门管理创业投资基金的私募基金管理人另有规定的，从其规定；

（二）出资架构清晰、稳定，股东、合伙人和实际控制人具有良好的信用记录，控股股东、实际控制人、普通合伙人具有符合要求的相关经验；

（三）法定代表人、执行事务合伙人或其委派代表、负责投资管理的高级管理人员直接或者间接合计持有私募基金管理人一定比例的股权或者财产份额；

（四）高级管理人员具有良好的信用记录，具备与所任职务相适应的专业胜任能力和符合要求的相关工作经验；专职员工不少于5人，对本办法第十七条规定的私募基金管理人另有规定的，从其规定；

（五）内部治理结构健全、风控合规制度和利益冲突防范机制等完善；

（六）有符合要求的名称、经营范围、经营场所和基金管理业务相关设施；

（七）法律、行政法规、中国证监会和协会规定的其他情形。

商业银行、证券公司、基金管理公司、期货公司、信托公司、保险公司等金融机构控制的私募基金管理人，政府及其授权机构控制的私募基金管理人，受境外金融监管部门监管的机构控制的私募基金管理人以及其他符合规定的私募基金管理人，不适用前款第三项的规定。

第十四条　在境内开展私募证券基金业务且外资持股比例合计不低于25%的私募基金管理人，还应当持续符合下列要求：

（一）私募证券基金管理人为在中国境内设立的公司；

（二）境外股东为所在国家或者地区金融监管部门批准或者许可的金融机构，且所在国家或者地区的证券监管机构已与中国证监会或者中国证监会认可的其他机构签订证券监管合作谅解备忘录；

（三）私募证券基金管理人及其境外股东最近3年没有受到监管机构和司法机关的重大处罚；

（四）资本金及其结汇所得人民币资金的使用，应当符合国家外汇管理部门的相关规定；

（五）在境内从事证券及期货交易，应当独立进行投资决策，不得通过境外机构或者境外系统下达交易指令，中国证监会另有规定的除外；

（六）法律、行政法规、中国证监会和协会规定的其他要求。

有境外实际控制人的私募证券基金管理人，该境外实际控制人应当符合前款第二项、第三项的要求。

第二十条　私募基金管理人应当保持资本充足，满足持续运营、业务发展和风险防范需要，私募基金管理人的股东、合伙人不得虚假出资或者抽逃出资。

私募基金管理人的控股股东、实际控制人、普通合伙人所持有的股权、财产份额或者实际控制权，自登记或者变更登记之日起3年内不得转让，但有下列情形之一的除外：

（一）股权、财产份额按照规定进行行政划转或者变更；

（二）股权、财产份额在同一实际控制人控制的不同主体之间进行转让；

（三）私募基金管理人实施员工股权激励，但未改变实际控制人地位；

（四）因继承等法定原因取得股权或者财产份额；

（五）法律、行政法规、中国证监会和协会规定的其他情形。

第二十一条 私募基金管理人应当保持管理团队和相关人员的充足、稳定。高级管理人员应当持续符合本办法的相关任职要求，原高级管理人员离职后，私募基金管理人应当按照公司章程规定或者合伙协议约定，由符合任职要求的人员代为履职，并在6个月内聘任符合岗位要求的高级管理人员，不得因长期缺位影响内部治理和经营业务的有效运转。

私募基金管理人在首支私募基金完成备案手续之前，不得更换法定代表人、执行事务合伙人或其委派代表、经营管理主要负责人、负责投资管理的高级管理人员和合规风控负责人。

第七十三条 私募基金管理人应当持续符合法律、行政法规、中国证监会和协会规定的相关要求。不符合要求的，协会予以公示并要求其限期改正；情节严重的，协会采取暂停办理私募基金备案的自律管理措施；逾期未改正或者经改正后仍不符合要求，情节特别严重的，协会注销私募基金管理人登记。

协会可以要求私募基金管理人按照相关规定，委托律师事务所出具专项法律意见书就整改情况进行核验，并就其是否符合相关要求出具法律意见。

《私募基金管理人登记指引第1号——基本经营要求》（中国证券投资基金业协会，中基协发〔2023〕6号，2023年5月1日）

第五条 私募基金管理人注册资本及实缴资本均应当符合《登记备案办法》相关规定，确保有足够的资本金保证机构有效运转。

私募基金管理人的资本金应当以货币出资，不得以实物、知识产权、土地使用权等非货币财产出资。境外出资人应当以可自由兑换的货币出资。

第六条　《登记备案办法》第八条第一款第三项规定的“直接或者间接合计持有私募基金管理人一定比例的股权或者财产份额”，是指法定代表人、执行事务合伙人或其委派代表、负责投资管理的高级管理人员均直接或者间接持有私募基金管理人一定比例的股权或者财产份额，且合计实缴出资不低于私募基金管理人实缴资本的20%，或者不低于《登记备案办法》第八条第一款第一项规定的私募基金管理人最低实缴资本的20%。

第七条第一款　私募基金管理人应当具有良好的财务状况，不存在大额应收应付、大额未清偿负债或者不能清偿到期债务等可能影响正常经营的情形。

第八条　私募基金管理人应当具有独立、稳定的经营场所，不得使用共享空间等稳定性不足的场地作为经营场所，不得存在与其股东、合伙人、实际控制人、关联方等混同办公的情形。经营场所系租赁所得的，自提请办理登记之日起，剩余租赁期应当不少于12个月，但有合理理由的除外。

私募基金管理人注册地与经营地分离的，应当具有合理性并说明理由。

《私募基金管理人登记指引第2号——股东、合伙人、实际控制人》（中国证券投资基金业协会，中基协发〔2023〕7号，2023年5月1日）

第六条　私募基金管理人的出资人从事冲突业务的，其直接或者间接持有的私募基金管理人的股权或者财产份额合计不得高于25%。

第十四条 【注销及清算】

私募基金管理人有下列情形之一的，登记备案机构应当及时注销私募基金管理人登记并予以公示：

（一）自行申请注销登记；

（二）依法解散、被依法撤销或者被依法宣告破产；

（三）因非法集资、非法经营等重大违法行为被追究法律责任；

（四）登记之日起12个月内未备案首只私募基金；

（五）所管理的私募基金全部清算后，自清算完毕之日起12个月内未备案新的私募基金；

（六）国务院证券监督管理机构规定的其他情形。

登记备案机构注销私募基金管理人登记前，应当通知私募基金管理人清算私募基金财产或者依法将私募基金管理职责转移给其他经登记的私募基金管理人。

1. 申请注销

《私募投资基金监督管理暂行办法》（中国证券监督管理委员会，中国证券监督管理委员会令第105号，2014年8月21日）

第十条 私募基金管理人依法解散、被依法撤销、或者被依法宣告破产的，其法定代表人或者普通合伙人应当在20个工作日内向基金业协会报告，基金业协会应当及时注销基金管理人登记并通过网站公告。

《私募投资基金登记备案办法》（中国证券投资基金业协会，中基协发〔2023〕5号，2023年5月1日）

第七十三条 私募基金管理人应当持续符合法律、行政法规、中国证监会和协会规定的相关要求。不符合要求的，协会予以公示并要求其限期改正；情节严重的，协会采取暂停办理私募基金备案的自律管理措施；逾期未改正或者经改正后仍不符合要求，情节特别严重的，协会注销私募基金管理人登记。

第七十六条 私募基金管理人有下列情形之一的，协会注销其

私募基金管理人登记并予以公示:

(一)主动申请注销登记,理由正当;

(二)登记后12个月内未备案自主发行的私募基金,或者备案的私募基金全部清算后12个月内未备案新的私募基金,另有规定的除外;

(三)依法解散、注销,依法被撤销、吊销营业执照、责令关闭或者被依法宣告破产;

(四)中国证监会、协会规定的其他情形。

因前款第一项规定的情形注销的,如管理的私募基金尚未清算,私募基金管理人应当取得投资者的一致同意,或者按照合同约定的决策机制达成处理意见。

第七十七条　私募基金管理人有下列情形之一的,协会注销其私募基金管理人登记:

(一)因非法集资、非法经营等重大违法犯罪行为被追究法律责任;

(二)存在本办法第二十五条第一款第六项规定的情形;

(三)金融管理部门要求协会注销登记;

(四)因失联状态被协会公示,公示期限届满未与协会取得有效联系;

(五)采取拒绝、阻碍中国证监会及其派出机构、协会及其工作人员依法行使检查、调查职权等方式,不配合行政监管或者自律管理,情节严重;

(六)未按照本办法第七十三条、第七十四条的规定提交专项法律意见书,或者提交的法律意见书不符合要求或者出具否定性结论;

(七)中国证监会、协会规定的其他情形。

第七十八条　私募基金管理人被注销或者撤销登记后,应当符合下列要求:

(一)不得新增投资者和基金规模,不得新增投资;

(二)不得继续使用“基金”“基金管理”字样或者近似名称进行

私募基金业务活动,但处置存续私募基金有关事项的除外;

(三)采取适当措施,按照规定和合同约定妥善处置基金财产,维护投资者的合法权益;

(四)基金财产处置完毕的,应当及时向市场主体登记机关办理变更名称、经营范围或者注销市场主体登记。

被注销或者撤销登记的私募基金管理人对未清算的私募基金的受托管理职责和依法承担的相关责任,不因私募基金管理人被注销或者撤销登记而免除;不得通过注销市场主体登记、变更注册地等方式逃避相关责任。

2. 解散、被依法撤销或者被依法宣告破产

《中华人民共和国公司法》(全国人大常委会,中华人民共和国主席令第15号,2024年7月1日)

第二百二十九条 公司因下列原因解散:

(一)公司章程规定的营业期限届满或者公司章程规定的其他解散事由出现;

(二)股东会决议解散;

(三)因公司合并或者分立需要解散;

(四)依法被吊销营业执照、责令关闭或者被撤销;

(五)人民法院依照本法第二百三十一条的规定予以解散。

公司出现前款规定的解散事由,应当在十日内将解散事由通过国家企业信用信息公示系统予以公示。

第二百三十条 公司有前条第一款第一项、第二项情形,且尚未向股东分配财产的,可以通过修改公司章程或者经股东会决议而存续。

依照前款规定修改公司章程或者经股东会决议,有限责任公司须经持有三分之二以上表决权的股东通过,股份有限公司须经出席股东会会议的股东所持表决权的三分之二以上通过。

第二百三十一条 公司经营管理发生严重困难,继续存续会使股东利益受到重大损失,通过其他途径不能解决的,持有公司百分之十以上表决权的股东,可以请求人民法院解散公司。

《中华人民共和国合伙企业法》(全国人大常委会,中华人民共和国主席令第55号,2007年6月1日)

第八十五条 合伙企业有下列情形之一的,应当解散:

(一)合伙期限届满,合伙人决定不再经营;

(二)合伙协议约定的解散事由出现;

(三)全体合伙人决定解散;

(四)合伙人已不具备法定人数满三十天;

(五)合伙协议约定的合伙目的已经实现或者无法实现;

(六)依法被吊销营业执照、责令关闭或者被撤销;

(七)法律、行政法规规定的其他原因。

《中华人民共和国企业破产法》(全国人大常委会,中华人民共和国主席令第54号,2007年6月1日)

第二条 企业法人不能清偿到期债务,并且资产不足以清偿全部债务或者明显缺乏清偿能力的,依照本法规定清理债务。

企业法人有前款规定情形,或者有明显丧失清偿能力可能的,可以依照本法规定进行重整。

第七条 债务人有本法第二条规定的情形,可以向人民法院提出重整、和解或者破产清算申请。

债务人不能清偿到期债务,债权人可以向人民法院提出对债务人进行重整或者破产清算的申请。

企业法人已解散但未清算或者未清算完毕,资产不足以清偿债务的,依法负有清算责任的人应当向人民法院申请破产清算。

第八条 向人民法院提出破产申请,应当提交破产申请书和有关证据。

破产申请书应当载明下列事项:

(一)申请人、被申请人的基本情况;

(二)申请目的;

(三)申请的事实和理由;

（四）人民法院认为应当载明的其他事项。

……

第一百二十条 破产人无财产可供分配的，管理人应当请求人民法院裁定终结破产程序。

管理人在最后分配完结后，应当及时向人民法院提交破产财产分配报告，并提请人民法院裁定终结破产程序。

人民法院应当自收到管理人终结破产程序的请求之日起十五日内作出是否终结破产程序的裁定。裁定终结的，应当予以公告。

《私募投资基金登记备案办法》（中国证券投资基金业协会，中基协发〔2023〕5号，2023年5月1日）

第七十六条 私募基金管理人有下列情形之一的，协会注销其私募基金管理人登记并予以公示：

……

（三）依法解散、注销，依法被撤销、吊销营业执照、责令关闭或者被依法宣告破产；

……

3. 因重大违法被追责

（1）非法集资

《中华人民共和国刑法》（全国人大常委会，中华人民共和国主席令第18号，2024年3月1日）

第一百七十六条 【非法吸收公众存款罪】非法吸收公众存款或者变相吸收公众存款，扰乱金融秩序的，处三年以下有期徒刑或者拘役，并处或者单处罚金；数额巨大或者有其他严重情节的，处三年以上十年以下有期徒刑，并处罚金；数额特别巨大或者有其他特别严重情节的，处十年以上有期徒刑，并处罚金。

单位犯前款罪的，对单位判处罚金，并对其直接负责的主管人员和其他直接责任人员，依照前款的规定处罚。

有前两款行为，在提起公诉前积极退赃退赔，减少损害结果发生的，可以从轻或者减轻处罚。

第一百九十二条　【集资诈骗罪】以非法占有为目的，使用诈骗方法非法集资，数额较大的，处三年以上七年以下有期徒刑，并处罚金；数额巨大或者有其他严重情节的，处七年以上有期徒刑或者无期徒刑，并处罚金或者没收财产。

单位犯前款罪的，对单位判处罚金，并对其直接负责的主管人员和其他直接责任人员，依照前款的规定处罚。

第二百二十四条　【合同诈骗罪】有下列情形之一，以非法占有为目的，在签订、履行合同过程中，骗取对方当事人财物，数额较大的，处三年以下有期徒刑或者拘役，并处或者单处罚金；数额巨大或者有其他严重情节的，处三年以上十年以下有期徒刑，并处罚金；数额特别巨大或者有其他特别严重情节的，处十年以上有期徒刑或者无期徒刑，并处罚金或者没收财产：

（一）以虚构的单位或者冒用他人名义签订合同的；

（二）以伪造、变造、作废的票据或者其他虚假的产权证明作担保的；

（三）没有实际履行能力，以先履行小额合同或者部分履行合同的方法，诱骗对方当事人继续签订和履行合同的；

（四）收受对方当事人给付的货物、货款、预付款或者担保财产后逃匿的；

（五）以其他方法骗取对方当事人财物的。

第二百二十四条之一　【组织、领导传销活动罪】组织、领导以推销商品、提供服务等经营活动为名，要求参加者以缴纳费用或者购买商品、服务等方式获得加入资格，并按照一定顺序组成层级，直接或者间接以发展人员的数量作为计酬或者返利依据，引诱、胁迫参加者继续发展他人参加，骗取财物，扰乱经济社会秩序的传销活动的，处五年以下有期徒刑或者拘役，并处罚金；情节严重的，处五年以上有期徒刑，并处罚金。

《最高人民检察院、公安部关于公安机关管辖的刑事案件立案追诉标准的规定（二）》（最高人民检察院等，公通字〔2022〕12号，2022年5月15日）

第二十三条　〔非法吸收公众存款案（刑法第一百七十六条）〕

非法吸收公众存款或者变相吸收公众存款，扰乱金融秩序，涉嫌下列情形之一的，应予立案追诉：

（一）非法吸收或者变相吸收公众存款数额在一百万元以上的；

（二）非法吸收或者变相吸收公众存款对象一百五十人以上的；

（三）非法吸收或者变相吸收公众存款，给集资参与人造成直接经济损失数额在五十万元以上的；

非法吸收或者变相吸收公众存款数额在五十万元以上或者给集资参与人造成直接经济损失数额在二十五万元以上，同时涉嫌下列情形之一的，应予立案追诉：

（一）因非法集资受过刑事追究的；

（二）二年内因非法集资受过行政处罚的；

（三）造成恶劣社会影响或者其他严重后果的。

《最高人民法院、最高人民检察院、公安部关于办理非法集资刑事案件适用法律若干问题的意见》（最高人民法院等，公通字〔2014〕16号，2014年3月25日）

一、关于行政认定的问题

行政部门对于非法集资的性质认定，不是非法集资刑事案件进入刑事诉讼程序的必经程序。行政部门未对非法集资作出性质认定的，不影响非法集资刑事案件的侦查、起诉和审判。

公安机关、人民检察院、人民法院应当依法认定案件事实的性质，对于案情复杂、性质认定疑难的案件，可参考有关部门的认定意见，根据案件事实和法律规定作出性质认定。

二、关于"向社会公开宣传"的认定问题

《最高人民法院关于审理非法集资刑事案件具体应用法律若干问题的解释》第一条第一款第二项中的"向社会公开宣传"，包括以各种途径向社会公众传播吸收资金的信息，以及明知吸收资金的信息向社会公众扩散而予以放任等情形。

三、关于"社会公众"的认定问题

下列情形不属于《最高人民法院关于审理非法集资刑事案件具

体应用法律若干问题的解释》第一条第二款规定的“针对特定对象吸收资金”的行为，应当认定为向社会公众吸收资金：

（一）在向亲友或者单位内部人员吸收资金的过程中，明知亲友或者单位内部人员向不特定对象吸收资金而予以放任的；

（二）以吸收资金为目的，将社会人员吸收为单位内部人员，并向其吸收资金的。

四、关于共同犯罪的处理问题

为他人向社会公众非法吸收资金提供帮助，从中收取代理费、好处费、返点费、佣金、提成等费用，构成非法集资共同犯罪的，应当依法追究刑事责任。能够及时退缴上述费用的，可依法从轻处罚；其中情节轻微的，可以免除处罚；情节显著轻微、危害不大的，不作为犯罪处理。

《最高人民法院关于审理非法集资刑事案件具体应用法律若干问题的解释》（最高人民法院，法释〔2022〕5号，2022年3月1日）

第十一条　违反国家规定，未经依法核准擅自发行基金份额募集基金，情节严重的，依照刑法第二百二十五条的规定，以非法经营罪定罪处罚。

《全国法院审理金融犯罪案件工作座谈会纪要》（最高人民法院，法〔2001〕8号，2001年1月21日）

二、……

（二）关于破坏金融管理秩序罪

……

4. 破坏金融管理秩序相关犯罪数额和情节的认定

……

根据司法实践，具有下列情形之一的，可以按非法吸收公众存款罪定罪处罚：

（1）个人非法吸收或者变相吸收公众存款20万元以上的，单位非法吸收或者变相吸收公众存款100万元以上的；

（2）个人非法吸收或者变相吸收公众存款30户以上的，单位非法吸收或者变相吸收公众存款150户以上的；

(3)个人非法吸收或者变相吸收公众存款给存款人造成损失10万元以上的，单位非法吸收或者变相吸收公众存款给存款人造成损失50万元以上的，或者造成其他严重后果的：个人非法吸收或者变相吸收公众存款100万元以上，单位非法吸收或者变相吸收公众存款500万元以上的，可以认定为“数额巨大”。

……

《中华人民共和国证券投资基金法》（全国人大常委会，中华人民共和国主席令第23号，2015年4月24日）

第一百二十五条 未经核准，擅自从事基金托管业务的，责令停止，没收违法所得，并处违法所得一倍以上五倍以下罚款；没有违法所得或者违法所得不足一百万元的，并处十万元以上一百万元以下罚款；对直接负责的主管人员和其他直接责任人员给予警告，并处三万元以上三十万元以下罚款。

第一百二十七条 违反本法规定，擅自公开或者变相公开募集基金的，责令停止，返还所募资金和加计的银行同期存款利息，没收违法所得，并处所募资金金额百分之一以上百分之五以下罚款。对直接负责的主管人员和其他直接责任人员给予警告，并处五万元以上五十万元以下罚款。

《中华人民共和国商业银行法》（全国人大常委会，中华人民共和国主席令第34号，2015年10月1日）

第八十一条 未经国务院银行业监督管理机构批准，擅自设立商业银行，或者非法吸收公众存款、变相吸收公众存款，构成犯罪的，依法追究刑事责任；并由国务院银行业监督管理机构予以取缔。

伪造、变造、转让商业银行经营许可证，构成犯罪的，依法追究刑事责任。

《中华人民共和国银行业监督管理法》（全国人大常委会，中华人民共和国主席令第58号，2007年1月1日）

第四十四条 擅自设立银行业金融机构或者非法从事银行业金融机构的业务活动的，由国务院银行业监督管理机构予以取缔；构成犯罪的，依法追究刑事责任；尚不构成犯罪的，由国务院银行业监督管理机构没收违法所得，违法所得五十万元以上的，并处违法所得一倍以上五倍以下罚款；没有违法所得或者违法所得不足五十万元的，处五十万元以上二百万元以下罚款。

《防范和处置非法集资条例》（国务院，中华人民共和国国务院令第737号，2021年5月1日）

第二条 本条例所称非法集资，是指未经国务院金融管理部门依法许可或者违反国家金融管理规定，以许诺还本付息或者给予其他投资回报等方式，向不特定对象吸收资金的行为。

非法集资的防范以及行政机关对非法集资的处置，适用本条例。法律、行政法规对非法从事银行、证券、保险、外汇等金融业务活动另有规定的，适用其规定。

本条例所称国务院金融管理部门，是指中国人民银行、国务院金融监督管理机构和国务院外汇管理部门。

（2）非法经营

《中华人民共和国刑法》（全国人大常委会，中华人民共和国主席令第18号，2024年3月1日）

第二百二十五条 【非法经营罪】违反国家规定，有下列非法经营行为之一，扰乱市场秩序，情节严重的，处五年以下有期徒刑或者拘役，并处或者单处违法所得一倍以上五倍以下罚金；情节特别严重的，处五年以上有期徒刑，并处违法所得一倍以上五倍以下罚金或者没收财产：

（一）未经许可经营法律、行政法规规定的专营、专卖物品或者其他限制买卖的物品的；

（二）买卖进出口许可证、进出口原产地证明以及其他法律、行政法规规定的经营许可证或者批准文件的；

（三）未经国家有关主管部门批准非法经营证券、期货、保险业务的，或者非法从事资金支付结算业务的；

（四）其他严重扰乱市场秩序的非法经营行为。

《最高人民检察院、公安部关于公安机关管辖的刑事案件立案追诉标准的规定（二）》（最高人民检察院等，公通字〔2022〕12号，2022年5月15日）

第七十一条　〔非法经营案（刑法第二百二十五条）〕违反国家规定，进行非法经营活动，扰乱市场秩序，涉嫌下列情形之一的，应予立案追诉：

……

（二）未经国家有关主管部门批准，非法经营证券、期货、保险业务，或者非法从事资金支付结算业务，具有下列情形之一的：

1. 非法经营证券、期货、保险业务，数额在一百万元以上，或者违法所得数额在十万元以上的；

2. 非法从事资金支付结算业务，数额在五百万元以上，或者违法所得数额在十万元以上的；

3. 非法从事资金支付结算业务，数额在二百五十万元以上不满五百万元，或者违法所得数额在五万元以上不满十万元，且具有下列情形之一的：

（1）因非法从事资金支付结算业务犯罪行为受过刑事追究的；

（2）二年内因非法从事资金支付结算业务违法行为受过行政处罚的；

（3）拒不交代涉案资金去向或者拒不配合追缴工作，致使赃款无法追缴的；

（4）造成其他严重后果的。

……

《证券经营机构参与打击非法证券活动工作指引》（中国证券业协会，中证协发〔2016〕156号，2016年8月11日）

第二条　本指引所称非法证券活动，是指违反《证券法》等法律行政法规的规定，未经有权机关批准，擅自公开发行证券，设立证券交易场所或者证券公司，或者从事证券经纪、证券承销、证券投资咨询等证券业务的行为。

《最高人民法院、最高人民检察院、公安部、中国证券监督管理委员会关于整治非法证券活动有关问题的通知》（最高人民法院等，证监发〔2008〕1号，2008年1月2日）

……

一、统一思想，高度重视非法证券类案件办理工作

非法证券活动是一种典型的涉众型的违法犯罪活动，严重干扰正常的经济金融秩序，破坏社会和谐与稳定。从近期办理的一些案件看，非法证券活动具有以下特征：一是按照最高人民检察院、公安部《关于经济犯罪案件追诉标准的规定》（公发〔2001〕11号），绝大多数非法证券活动都涉嫌犯罪。二是花样不断翻新，隐蔽性强，欺骗性大，仿效性高。三是案件涉及地域广，涉案金额大，涉及人员多，同时资产易被转移，证据易被销毁，人员易潜逃，案件办理难度大。四是不少案件涉及到境外资本市场，办理该类案件政策性强，专业水平要求高。五是投资者多为离退休人员、下岗职工等困难群众，承受能力差，极易引发群体事件。各有关部门要进一步统一思想，高度重视，充分认识此类违法犯罪活动的严重性、危害性，增强政治责任感，密切分工协作，提高工作效率，及时查处一批大案要案，维护法律法规权威，维护社会公平正义，维护投资者的合法权益。

二、明确法律政策界限，依法打击非法证券活动

（一）关于公司及其股东向社会公众擅自转让股票行为的性质认定。《证券法》第十条第三款规定："非公开发行证券，不得采用广告、公开劝诱和变相公开方式。"国办发99号文规定："严禁任何公司股东自行或委托他人以公开方式向社会公众转让股票。向特定对象转让股票，未依法报经证监会核准的，转让后，公司股东累计不得超过200人。"公司、公司股东违反上述规定，擅自向社会公众转让股票，应当追究其擅自发行股票的责任。公司与其股东合谋，实施上述

行为的，公司与其股东共同承担责任。

（二）关于擅自发行证券的责任追究。未经依法核准，擅自发行证券，涉嫌犯罪的，依照《刑法》第一百七十九条之规定，以擅自发行股票、公司、企业债券罪追究刑事责任。未经依法核准，以发行证券为幌子，实施非法证券活动，涉嫌犯罪的，依照《刑法》第一百七十六条、第一百九十二条等规定，以非法吸收公众存款罪、集资诈骗罪等罪名追究刑事责任。未构成犯罪的，依照《证券法》和有关法律的规定给予行政处罚。

（三）关于非法经营证券业务的责任追究。任何单位和个人经营证券业务，必须经证监会批准。未经批准的，属于非法经营证券业务，应予以取缔；涉嫌犯罪的，依照《刑法》第二百二十五条之规定，以非法经营罪追究刑事责任。对于中介机构非法代理买卖非上市公司股票，涉嫌犯罪的，应当依照《刑法》第二百二十五条之规定，以非法经营罪追究刑事责任；所代理的非上市公司涉嫌擅自发行股票，构成犯罪的，应当依照《刑法》第一百七十九条之规定，以擅自发行股票罪追究刑事责任。非上市公司和中介机构共谋擅自发行股票，构成犯罪的，以擅自发行股票罪的共犯论处。未构成犯罪的，依照《证券法》和有关法律的规定给予行政处罚。

（四）关于非法证券活动性质的认定。非法证券活动是否涉嫌犯罪，由公安机关、司法机关认定。公安机关、司法机关认为需要有关行政主管机关进行性质认定的，行政主管机关应当出具认定意见。对因案情复杂、意见分歧，需要进行协调的，协调小组应当根据办案部门的要求，组织有关单位进行研究解决。

（五）关于修订后的《证券法》与修订前的《证券法》中针对擅自发行股票和非法经营证券业务规定的衔接。修订后的《证券法》与修订前的《证券法》针对擅自发行股票和非法经营证券业务的规定是一致的，是相互衔接的，因此在修订后的《证券法》实施之前发生的擅自发行股票和非法经营证券业务行为，也应予以追究。

（六）关于非法证券活动受害人的救济途径。根据1998年3月

25日《国务院办公厅转发证监会关于清理整顿场外非法股票交易方案的通知》(国办发〔1998〕10号)的规定,最高人民法院于1998年12月4日发布了《关于中止审理、中止执行涉及场外非法股票交易经济纠纷案件的通知》(法〔1998〕145号),目的是为配合国家当时解决STAQ、NET交易系统发生的问题,而非针对目前非法证券活动所产生的纠纷。如果非法证券活动构成犯罪,被害人应当通过公安、司法机关刑事追赃程序追偿;如果非法证券活动仅是一般违法行为而没有构成犯罪,当事人符合民事诉讼法规定的起诉条件的,可以通过民事诉讼程序请求赔偿。

《中国证券监督管理委员会关于清理整顿违法从事证券业务活动的意见》(中国证券监督管理委员会,中国证券监督管理委员会公告〔2015〕19号,2015年7月12日)

一段时期以来,部分机构和个人借助信息系统为客户开立虚拟证券账户,借用他人证券账户、出借本人证券账户等,代理客户买卖证券,违反了《证券法》、《证券公司监督管理条例》关于证券账户实名制、未经许可从事证券业务的规定,损害了投资者合法权益,严重扰乱了股票市场秩序。近日随着市场回稳,这些违法现象又出现了卷土重来的势头,可能再次危及股票市场平稳运行,必须予以清理整顿。现就有关事项提出如下意见:

一、各证监局应当按照中国证监会《关于加强证券公司信息系统外部接入管理的通知》(证监办发〔2015〕35号)要求,督促证券公司规范信息系统外部接入行为,并于2015年7月底前后完成对证券公司自查情况的核实工作。

中国证券业协会从2015年8月份开始,依据其《证券公司外部接入信息系统评估认证规范》,认真开展相关评估认证工作。

二、中国证券登记结算公司应当按照《证券法》第一百六十六条的规定,严格落实证券账户实名制,进一步加强证券账户管理,强化对特殊机构账户开立和使用情况的检查,严禁账户持有人通过证券账户下设子账户、分账户、虚拟账户等方式违规进行证券交易。

三、各证券公司应当按照《证券公司监督管理条例》第二十八条的规定以及证券账户管理规则，在为客户开立证券账户时，对客户申报的姓名或者名称、身份的真实性进行审查，保证同一客户开立的资金账户和证券账户的姓名或者名称一致。证券公司不得将客户的资金账户、证券账户提供给他人使用。

对通过外部接入信息系统买卖证券情形，证券公司应当严格审查客户身份的真实性、交易账户及交易操作的合规性，防范任何机构或者个人借用本公司证券交易通道违法从事交易活动。

四、信息技术服务机构等相关方，直接或者间接违法从事证券活动的，应当清理整顿。中国证监会《关于加强证券公司信息系统外部接入管理的通知》发布前的存量可以持续运行，按照有关规定逐步规范，但不得新增客户、账户和资产。

五、证券投资者应当按照法律法规和中国证监会的有关规定，严格遵守证券账户实名制要求开立证券账户。任何机构和个人不得出借自己的证券账户，不得借用他人证券账户买卖证券。

六、对违法从事证券活动的行为，中国证监会将依法查处；涉嫌犯罪的，依法移送公安机关。

七、本意见自公布之日起施行。

4. 持续备案发行

《私募投资基金登记备案办法》（中国证券投资基金业协会，中基协发〔2023〕5号，2023年5月1日）

第七十六条 私募基金管理人有下列情形之一的，协会注销其私募基金管理人登记并予以公示：

……

（二）登记后12个月内未备案自主发行的私募基金，或者备案的私募基金全部清算后12个月内未备案新的私募基金，另有规定的除外；

……

5. 私募基金财产清算

关于清算的相关内容详见“第三十四条 2. 私募基金清算”。

第十五条 【私募基金托管】

除基金合同另有约定外，私募基金财产应当由私募基金托管人托管。私募基金财产不进行托管的，应当明确保障私募基金财产安全的制度措施和纠纷解决机制。

1. 托管要求

《中华人民共和国证券投资基金法》（全国人大常委会，中华人民共和国主席令第23号，2015年4月24日）

第八十八条 除基金合同另有约定外，非公开募集基金应当由基金托管人托管。

《私募投资基金监督管理暂行办法》（中国证券监督管理委员会，中国证券监督管理委员会令第105号，2014年8月21日）

第二十一条 除基金合同另有约定外，私募基金应当由基金托管人托管。

基金合同约定私募基金不进行托管的，应当在基金合同中明确保障私募基金财产安全的制度措施和纠纷解决机制。

《私募投资基金备案指引第1号——私募证券投资基金》（中国证券投资基金业协会，2023年9月28日）

第二十一条 私募证券基金应当由私募基金托管人托管，但按照基金合同约定设置能够切实履行安全保管基金财产职责的基金份额持有人大会日常机构等制度措施的除外。

《私募投资基金备案指引第2号——私募股权、创业投资基金》（中国证券投资基金业协会，2023年9月28日）

第二十一条 私募股权基金存在下列情形之一的，应当由私募基金托管人托管：

（一）私募股权基金的组织形式为契约型，但按照基金合同约定设置能够切实履行安全保管基金财产职责的基金份额持有人大会日常机构等制度措施的除外；

（二）通过特殊目的载体开展投资的；

（三）法律、行政法规、中国证监会和协会规定的其他情形。

私募股权基金通过特殊目的载体开展投资的，托管人应当持续监督私募股权基金与特殊目的载体的资金流向，事前掌握资金划转路径，事后获取并保管资金划转及投资凭证。私募基金管理人应当及时将投资凭证交付托管人。

《政府投资基金暂行管理办法》（财政部，财预〔2015〕210号，2015年11月12日）

第十五条 政府投资基金应选择在中国境内设立的商业银行进行托管。托管银行依据托管协议负责账户管理、资金清算、资产保管等事务，对投资活动实施动态监管。

编者注：对于私募基金托管，当前仍采取非强制托管制度，但以“基金合同另有约定”为例外。此外，根据相关文件规定，契约型私募基金、私募资产配置基金、通过SPV间投资底层资产的私募基金以及增加认缴出资额的私募股权基金、不动产私募基金、政府投资基金等，即使基金合同中未约定托管事项，仍应遵循自律规则中的托管要求。

2. 托管人资质

《中华人民共和国证券投资基金法》（全国人大常委会，中华人民共和国主席令第23号，2015年4月24日）

第三十二条 基金托管人由依法设立的商业银行或者其他金融机构担任。

商业银行担任基金托管人的，由国务院证券监督管理机构会同国务院银行业监督管理机构核准；其他金融机构担任基金托管人的，由国务院证券监督管理机构核准。

第三十三条 担任基金托管人，应当具备下列条件：

（一）净资产和风险控制指标符合有关规定；

（二）设有专门的基金托管部门；

（三）取得基金从业资格的专职人员达到法定人数；

（四）有安全保管基金财产的条件；

（五）有安全高效的清算、交割系统；

（六）有符合要求的营业场所、安全防范设施和与基金托管业务有关的其他设施；

（七）有完善的内部稽核监控制度和风险控制制度；

（八）法律、行政法规规定的和经国务院批准的国务院证券监督管理机构、国务院银行业监督管理机构规定的其他条件。

第三十四条　本法第十五条、第十七条、第十八条的规定，适用于基金托管人的专门基金托管部门的高级管理人员和其他从业人员。

本法第十六条的规定，适用于基金托管人的专门基金托管部门的高级管理人员。

第三十五条　基金托管人与基金管理人不得为同一机构，不得相互出资或者持有股份。

《证券投资基金托管业务管理办法》（中国证券监督管理委员会等，中国证券监督管理委员会、中国银行保险监督管理委员会令第172号，2020年7月10日）

第二条　本办法所称证券投资基金（以下简称基金）托管，是指由依法设立并取得基金托管资格的商业银行或者其他金融机构担任托管人，按照法律法规的规定及基金合同的约定，对基金履行安全保管基金财产、办理清算交割、复核审查净值信息、开展投资监督、召集基金份额持有人大会等职责的行为。

第八条第一款　申请基金托管资格的商业银行及其他金融机构（以下简称申请人），应当具备下列条件：

（一）净资产不低于200亿元人民币，风险控制指标符合监管部门的有关规定；

（二）设有专门的基金托管部门，部门设置能够保证托管业务运营的完整与独立；

（三）基金托管部门拟任高级管理人员符合法定条件，取得基金从业资格的人员不低于该部门员工人数的1/2；拟从事基金清算、核算、投资监督、信息披露、内部稽核监控等业务的执业人员不少于8人，并具有基金从业资格，其中，核算、监督等核心业务岗位人员应当具备2年以上托管业务从业经验；

（四）有安全保管基金财产、确保基金财产完整与独立的条件；

（五）有安全高效的清算、交割系统；

（六）基金托管部门有满足营业需要的固定场所、配备独立的安全监控系统；

（七）基金托管部门配备独立的托管业务技术系统，包括网络系统、应用系统、安全防护系统、数据备份系统；

（八）有完善的内部稽核监控制度和风险控制制度；

（九）最近3年无重大违法违规记录；

（十）法律、行政法规规定的和经国务院批准的中国证监会规定的其他条件。

第九条 申请人应当具有健全的清算、交割业务制度，清算、交割系统应当符合下列规定：

（一）系统内证券交易结算资金及时汇划到账；

（二）从交易所、证券登记结算机构等相关机构安全接收交易结算数据；

（三）与基金管理人、基金注册登记机构、证券登记结算机构等相关业务机构的系统安全对接；

（四）依法执行基金管理人的投资指令，及时办理清算、交割事宜。

第十条 申请人的基金托管营业场所、安全防范设施、与基金托管业务有关的其他设施和相关制度，应当符合下列规定：

（一）基金托管部门的营业场所相对独立，配备门禁系统；

（二）能够接触基金交易数据的业务岗位有单独的办公场所，无关人员不得随意进入；

（三）有完善的基金交易数据保密制度；

（四）有安全的基金托管业务数据备份系统；

（五）有基金托管业务的应急处理方案，具备应急处理能力。

第十一条第一款　申请人应当向中国证监会报送下列申请材料：

（一）申请书；

（二）符合《证券法》规定的会计师事务所出具的审计报告，风险控制指标最近1年持续符合监管部门有关规定的说明；

（三）设立专门基金托管部门的证明文件，确保部门业务运营完整与独立的说明和承诺；

（四）内部机构设置和岗位职责规定；

（五）基金托管部门拟任高级管理人员任职材料；

（六）关于安全保管基金财产有关条件的报告；

（七）相关业务规章制度，包括业务管理、操作规程、基金会计核算、基金清算、信息披露、内部稽核监控、内控与风险管理、信息系统管理、从业人员管理、保密与档案管理、重大可疑情况报告、应急处理及其他履行基金托管人职责所需的规章制度；

（八）开办基金托管业务的商业计划书；

（九）中国证监会规定的其他材料。

第十四条第一款　取得基金托管资格的商业银行及其他金融机构为基金托管人。基金托管人应当及时办理基金托管部门高级管理人员的任职手续。

3. 证券投资基金托管人机构公示

参见 https://www.amac.org.cn//informationpublicity/instituti onal-publicity/jjintggs/jjyxh_xxgs_jggs_people/。

第十六条 【托管人职责】

私募基金财产进行托管的，私募基金托管人应当依法履行职责。

私募基金托管人应当依法建立托管业务和其他业务的隔离机制，保证私募基金财产的独立和安全。

1. 依法履行职责

《中华人民共和国证券投资基金法》（全国人大常委会，中华人民共和国主席令第23号，2015年4月24日）

第二十条 公开募集基金的基金管理人及其董事、监事、高级管理人员和其他从业人员不得有下列行为：

（一）将其固有财产或者他人财产混同于基金财产从事证券投资；

（二）不公平地对待其管理的不同基金财产；

（三）利用基金财产或者职务之便为基金份额持有人以外的人牟取利益；

（四）向基金份额持有人违规承诺收益或者承担损失；

（五）侵占、挪用基金财产；

（六）泄露因职务便利获取的未公开信息、利用该信息从事或者明示、暗示他人从事相关的交易活动；

（七）玩忽职守，不按照规定履行职责；

（八）法律、行政法规和国务院证券监督管理机构规定禁止的其他行为。

第二十二条 公开募集基金的基金管理人应当从管理基金的报酬中计提风险准备金。

公开募集基金的基金管理人因违法违规、违反基金合同等原因给基金财产或者基金份额持有人合法权益造成损失，应当承担赔偿责任的，可以优先使用风险准备金予以赔偿。

第三十六条　基金托管人应当履行下列职责：

（一）安全保管基金财产；

（二）按照规定开设基金财产的资金账户和证券账户；

（三）对所托管的不同基金财产分别设置账户，确保基金财产的完整与独立；

（四）保存基金托管业务活动的记录、账册、报表和其他相关资料；

（五）按照基金合同的约定，根据基金管理人的投资指令，及时办理清算、交割事宜；

（六）办理与基金托管业务活动有关的信息披露事项；

（七）对基金财务会计报告、中期和年度基金报告出具意见；

（八）复核、审查基金管理人计算的基金资产净值和基金份额申购、赎回价格；

（九）按照规定召集基金份额持有人大会；

（十）按照规定监督基金管理人的投资运作；

（十一）国务院证券监督管理机构规定的其他职责。

第三十七条　基金托管人发现基金管理人的投资指令违反法律、行政法规和其他有关规定，或者违反基金合同约定的，应当拒绝执行，立即通知基金管理人，并及时向国务院证券监督管理机构报告。

基金托管人发现基金管理人依据交易程序已经生效的投资指令违反法律、行政法规和其他有关规定，或者违反基金合同约定的，应当立即通知基金管理人，并及时向国务院证券监督管理机构报告。

第三十八条　本法第二十条、第二十二条的规定，适用于基金托管人。

第四十二条　基金托管人职责终止的，基金份额持有人大会应当在六个月内选任新基金托管人；新基金托管人产生前，由国务院证券监督管理机构指定临时基金托管人。

基金托管人职责终止的，应当妥善保管基金财产和基金托管业务资料,及时办理基金财产和基金托管业务的移交手续,新基金托管人或者临时基金托管人应当及时接收。

第四十三条 基金托管人职责终止的,应当按照规定聘请会计师事务所对基金财产进行审计,并将审计结果予以公告,同时报国务院证券监督管理机构备案。

《证券投资基金托管业务管理办法》(中国证券监督管理委员会等,中国证券监督管理委员会、中国银行保险监督管理委员会令第172号,2020年7月10日)

第十五条 基金托管人在与基金管理人订立基金合同、基金招募说明书、基金托管协议等法律文件前,应当从保护基金份额持有人角度,对涉及投资范围与投资限制、基金费用、收益分配、会计估值、信息披露等方面的条款进行评估,确保相关约定合规清晰、风险揭示充分、会计估值科学公允。在基金托管协议中,还应当对基金托管人与基金管理人之间的业务监督与协作等职责进行详细约定。

第十七条 基金托管人应当安全保管基金财产,按照相关规定和基金托管协议约定履行下列职责:

(一)为所托管的不同基金财产分别设置资金账户、证券账户等投资交易必需的相关账户,确保基金财产的独立与完整;

(二)建立与基金管理人的对账机制,定期核对资金头寸、证券账目、净值信息等数据,及时核查认购与申购资金的到账、赎回资金的支付以及投资资金的支付与到账情况,并对基金的会计凭证、交易记录、合同协议等重要文件档案保存20年以上;

(三)对基金财产投资信息和相关资料负保密义务,除法律、行政法规和其他有关规定、监管机构及审计要求外,不得向任何机构或者个人泄露相关信息和资料。

非银行金融机构开展基金托管业务,应当为其托管的基金选定具有基金托管资格的商业银行作为资金存管银行,并开立托管资金专门账户,用于托管基金现金资产的归集、存放与支付,该账户不得存放其他性质资金。

第十八条第二款　基金托管人与基金管理人应当签订结算协议或者在基金托管协议中约定结算条款,明确双方在基金清算交收及相关风险控制方面的职责。基金清算交收过程中,出现基金财产中资金或证券不足以交收的,基金托管人应当及时通知基金管理人,督促基金管理人积极采取措施、最大程度控制违约交收风险与相关损失,并报告中国证监会。

第十九条　基金托管人与基金管理人应当按照《企业会计准则》及中国证监会的有关规定进行估值核算,对各类金融工具的估值方法予以定期评估。基金托管人发现基金份额净值计价出现错误的,应当提示基金管理人立即纠正,并采取合理措施防止损失进一步扩大。基金托管人发现基金份额净值计价出现重大错误或者估值出现重大偏离的,应当提示基金管理人依法履行披露和报告义务。

第二十条　基金托管人应当按照法律法规的规定以及基金合同的约定办理与基金托管业务有关的信息披露事项,包括但不限于:披露基金托管协议,对基金定期报告等信息披露文件中有关基金财务报告等信息及时进行复核审查并出具意见,在基金年度报告和中期报告中出具托管人报告,就基金托管部门负责人变动等重大事项发布临时公告。

第二十一条　基金托管人应当根据基金合同及托管协议约定,制定基金投资监督标准与监督流程,对基金合同生效之后所托管基金的投资范围、投资比例、投资风格、投资限制、关联方交易等进行严格监督,及时提示基金管理人违规风险。

当发现基金管理人发出但未执行的投资指令或者已经生效的投资指令违反法律、行政法规和其他有关规定,或者基金合同约定,应当依法履行通知基金管理人等程序,并及时报告中国证监会,持续跟进基金管理人的后续处理,督促基金管理人依法履行披露义务。基金管理人的上述违规失信行为给基金财产或者基金份额持有人造成损害的,基金托管人应当督促基金管理人及时予以赔偿。

第二十二条　基金托管人应当对所托管基金履行法律法规、基金合同有关收益分配约定情况进行定期复核,发现基金收益分配有违规失信行为的,应当及时通知基金管理人,并报告中国证监会。

第二十三条 对于转换基金运作方式、更换基金管理人等需召开基金份额持有人大会审议的事项,基金托管人应当积极配合基金管理人召集基金份额持有人大会;基金管理人未按规定召集或者不能召集的,基金托管人应当按照规定召集基金份额持有人大会,并依法履行对外披露与报告义务。

第二十四条 基金托管人在取得基金托管资格后,不得长期不开展基金托管业务;在从事基金托管业务过程中,不得进行不正当竞争,不得利用非法手段垄断市场,不得违反基金托管协议约定将部分或者全部托管的基金财产委托他人托管。

《私募投资基金登记备案办法》(中国投资基金业协会,中基协发〔2023〕5号,2023年5月1日)

第三十二条 私募基金托管人应当按照法律、行政法规、金融管理部门规定以及合同约定履行基金托管人应当承担的职责,维护投资者合法权益。

私募基金的托管人不得超过一家。

《私募投资基金合同指引1号(契约型私募基金合同内容与格式指引)》(中国基金业协会,2016年7月15日)

第二十五条 根据《私募办法》及其他有关规定订明私募基金托管人的义务,包括但不限于:

(一)安全保管基金财产;

(二)具有符合要求的营业场所,配备足够的、合格专职人员,负责基金财产托管事宜;

(三)对所托管的不同基金财产分别设置账户,确保基金财产的完整与独立;

(四)除依据法律法规规定和基金合同的约定外,不得为私募基金托管人及任何第三人谋取利益,不得委托第三人托管基金财产;

(五)按规定开立和注销私募基金财产的托管资金账户、证券账户、期货账户等投资所需账户（私募基金管理人和私募基金托管人另有约定的，可以按照约定履行本项义务；如果基金合同约定不托管的，由私募基金管理人履行本项义务）；

（六）复核私募基金份额净值；

（七）办理与基金托管业务有关的信息披露事项；

（八）根据相关法律法规和基金合同约定复核私募基金管理人编制的私募基金定期报告，并定期出具书面意见；

（九）按照基金合同约定，根据私募基金管理人或其授权人的资金划拨指令，及时办理清算、交割事宜；

（十）根据法律法规规定，妥善保存私募基金管理业务活动有关合同、协议、凭证等文件资料；

（十一）公平对待所托管的不同基金财产，不得从事任何有损基金财产及其他当事人利益的活动；

（十二）保守商业秘密，除法律法规规定和基金合同约定外，不得向他人泄露本基金的有关信息；

（十三）根据相关法律法规要求的保存期限，保存私募基金投资业务活动的全部会计资料，并妥善保存有关的合同、交易记录及其他相关资料；

（十四）监督私募基金管理人的投资运作，发现私募基金管理人的投资指令违反法律法规的规定及基金合同约定的，应当拒绝执行，立即通知私募基金管理人；发现私募基金管理人依据交易程序已经生效的投资指令违反法律法规的规定及基金合同约定的，应当立即通知私募基金管理人；

（十五）按照私募基金合同约定制作相关账册并与基金管理人核对。

《基金经营机构及其工作人员廉洁从业实施细则》（中国证券投资基金业协会，2020 年 3 月 12 日）

第十五条 基金托管人及其工作人员在开展基金托管业务过程中，不得以下列方式输送或者谋取不正当利益：

（一）侵占或者挪用托管资产；

（二）出具虚假证明材料；

（三）直接或间接为基金管理人违规行为提供便利或者纵容基金管理人违法违规、违反合同条款的行为，如违规划款、违规支付，协助客户进行超限投资，允许基金管理人借用基金托管人名义增信等；

（四）其他输送或者谋取不正当利益的行为。

2. 托管业务隔离机制

《证券投资基金托管业务管理办法》（中国证券监督管理委员会等，中国证券监督管理委员会、中国银行保险监督管理委员会令第172号，2020年7月10日）

第二十六条 基金托管人应当按照相关法律法规，针对基金托管业务建立科学合理、控制严密、运行高效的内部控制体系，保持托管业务内部控制制度健全、执行有效。

基金托管人应当加强对基金托管相关准入管理、业务活动、信息系统和人员考核等方面的集中统一管理，不得以承包、转委托等方式开展基金托管业务。

基金托管人应当每年聘请符合《证券法》规定的会计师事务所，或者由托管人内部审计部门组织，针对基金托管法定业务和增值业务的内部控制制度建设与实施情况，开展相关审查与评估，出具评估报告。

第二十七条 基金托管人应当将所托管的基金财产与其固有财产及其受托管理的各类财产严格分开保管，不得将所托管的基金财产归入其固有财产或其受托管理的各类财产，切实保障基金财产的完整和独立。

基金托管人应当建立严格的隔离墙制度，确保托管业务与本机构其他业务保持独立，隔离业务风险，切实防范利益冲突和利益输送。

第三十三条 基金托管人在法定托管职责之外依法开展基金服务外包等增值业务的，应当设立专门的团队与业务系统，与原有基金托管业务团队之间建立必要的业务隔离，有效防范潜在的利益冲突。

《私募投资基金服务业务管理办法(试行)》(中国证券投资基金业协会,中基协字〔2017〕21号,2017年3月1日)

第十四条　【基金财产和投资者财产安全】服务机构应当对提供服务业务所涉及的基金财产和投资者财产实行严格的分账管理,确保基金财产和投资者财产的安全,任何单位或者个人不得以任何形式挪用基金财产和投资者财产。

第十五条　【风险防范】服务机构应当具备开展服务业务的营运能力和风险承受能力,审慎评估私募基金服务的潜在风险与利益冲突,建立严格的防火墙制度与业务隔离制度,有效执行信息隔离等内部控制制度,切实防范利益输送。

第十六条　【基金服务与托管隔离】私募基金托管人不得被委托担任同一私募基金的服务机构,除该托管人能够将其托管职能和基金服务职能进行分离,恰当的识别、管理、监控潜在的利益冲突,并披露给投资者。

《私募投资基金募集行为管理办法》(中国基金业协会,2016年7月15日)

第十二条　募集机构或相关合同约定的责任主体应当开立私募基金募集结算资金专用账户,用于统一归集私募基金募集结算资金、向投资者分配收益、给付赎回款项以及分配基金清算后的剩余基金财产等,确保资金原路返还。

本办法所称私募基金募集结算资金是指由募集机构归集的,在投资者资金账户与私募基金财产账户或托管资金账户之间划转的往来资金。募集结算资金从投资者资金账户划出,到达私募基金财产账户或托管资金账户之前,属于投资者的合法财产。

第十三条　募集机构应当与监督机构签署账户监督协议,明确对私募基金募集结算资金专用账户的控制权、责任划分及保障资金划转安全的条款。监督机构应当按照法律法规和账户监督协议的约定,对募集结算资金专用账户实施有效监督,承担保障私募基金募集结算资金划转安全的连带责任。

取得基金销售业务资格的商业银行、证券公司等金融机构，可以在同一私募基金的募集过程中同时作为募集机构与监督机构。符合前述情形的机构应当建立完备的防火墙制度，防范利益冲突。

本办法所称监督机构指中国证券登记结算有限责任公司、取得基金销售业务资格的商业银行、证券公司以及中国基金业协会规定的其他机构。监督机构应当成为中国基金业协会的会员。

私募基金管理人应当向中国基金业协会报送私募基金募集结算资金专用账户及其监督机构信息。

第十四条 涉及私募基金募集结算资金专用账户开立、使用的机构不得将私募基金募集结算资金归入其自有财产。禁止任何单位或者个人以任何形式挪用私募基金募集结算资金。私募基金管理人、基金销售机构、基金销售支付机构或者基金份额登记机构破产或者清算时，私募基金募集结算资金不属于其破产财产或者清算财产。

3. 托管人履职不当的责任

《中华人民共和国证券投资基金法》（全国人大常委会，中华人民共和国主席令第23号，2015年4月24日）

第一百四十五条 违反本法规定，给基金财产、基金份额持有人或者投资人造成损害的，依法承担赔偿责任。

基金管理人、基金托管人在履行各自职责的过程中，违反本法规定或者基金合同约定，给基金财产或者基金份额持有人造成损害的，应当分别对各自的行为依法承担赔偿责任；因共同行为给基金财产或者基金份额持有人造成损害的，应当承担连带赔偿责任。

《中华人民共和国民法典》（全国人大常委会，中华人民共和国主席令第45号，2021年1月1日）

第一百七十七条 二人以上依法承担按份责任，能够确定责任大小的，各自承担相应的责任；难以确定责任大小的，平均承担责任。

第一百七十八条 二人以上依法承担连带责任的，权利人有权请求部分或者全部连带责任人承担责任。

连带责任人的责任份额根据各自责任大小确定；难以确定责任

大小的,平均承担责任。实际承担责任超过自己责任份额的连带责任人,有权向其他连带责任人追偿。

连带责任,由法律规定或者当事人约定。

第九百三十二条　两个以上的受托人共同处理委托事务的,对委托人承担连带责任。

第一千一百六十八条　二人以上共同实施侵权行为,造成他人损害的,应当承担连带责任。

第一千一百六十九条第一款　教唆、帮助他人实施侵权行为的,应当与行为人承担连带责任。

第一千一百七十一条　二人以上分别实施侵权行为造成同一损害,每个人的侵权行为都足以造成全部损害的,行为人承担连带责任。

第一千一百七十二条　二人以上分别实施侵权行为造成同一损害,能够确定责任大小的,各自承担相应的责任;难以确定责任大小的,平均承担责任。

《中华人民共和国信托法》(全国人大常委会,中华人民共和国主席令第50号,2001年10月1日)

第三十一条　同一信托的受托人有两个以上的,为共同受托人。

共同受托人应当共同处理信托事务,但信托文件规定对某些具体事务由受托人分别处理的,从其规定。

共同受托人共同处理信托事务,意见不一致时,按信托文件规定处理;信托文件未规定的,由委托人、受益人或者其利害关系人决定。

第三十二条第二款　共同受托人之一违反信托目的处分信托财产或者因违背管理职责、处理信托事务不当致使信托财产受到损失的,其他受托人应当承担连带赔偿责任。

*编者注:在当前私募基金业务中,基金托管人的共同受托人地位认定路径尚不清晰,司法实践中有不认定托管人为共同受托人的做法,而要求托管人对投资人承担部分责任;但有学者认为管理人及托管人应当视为信托法层面的共同受托人,由托管人承担连带责任后,继而向管理人进行内部求偿。

第三章　资金募集和投资运作

第十七条　【自行募集】

私募基金管理人应当自行募集资金，不得委托他人募集资金，但国务院证券监督管理机构另有规定的除外。

《私募投资基金监督管理暂行办法》（中国证券监督管理委员会，中国证券监督管理委员会令第105号，2014年8月21日）

第十七条　私募基金管理人自行销售或者委托销售机构销售私募基金，应当自行或者委托第三方机构对私募基金进行风险评级，向风险识别能力和风险承担能力相匹配的投资者推介私募基金。

《中国证券监督管理委员会关于加强私募投资基金监管的若干规定》（中国证券监督管理委员会，中国证券监督管理委员会公告〔2020〕71号，2020年12月30日）

第六条　私募基金管理人、私募基金销售机构及其从业人员在私募基金募集过程中不得直接或者间接存在下列行为：

……

（八）委托不具有基金销售业务资格的单位或者个人从事资金募集活动；

……

《私募投资基金登记备案办法》（中国证券投资基金业协会，中基协发〔2023〕5号，2023年5月1日）

第二十六条　私募基金管理人应当自行募集资金，或者按照中国证监会的相关规定，委托具有基金销售业务资格的机构（以下简称基金销售机构）募集资金。

《私募投资基金备案指引第1号——私募证券投资基金》（中国证券投资基金业协会，2023年9月28日）

第八条 私募基金管理人或者基金销售机构应当按照中国证监会和协会的规定，与募集监督机构签署募集监督协议，明确约定私募证券基金募集结算资金专用账户的控制权、责任划分以及保障资金划转安全等事项。

《私募投资基金备案指引第2号——私募股权、创业投资基金》（中国证券投资基金业协会，2023年9月28日）

第八条 私募基金管理人或者基金销售机构应当按照中国证监会和协会的规定，与募集监督机构签署募集监督协议，明确约定私募股权基金募集结算资金专用账户的控制权、责任划分以及保障资金划转安全等事项。

《私募投资基金募集行为管理办法》（中国基金业协会，2016年7月15日）

第二条 私募基金管理人、在中国证监会注册取得基金销售业务资格并已成为中国证券投资基金业协会会员的机构（以下统称募集机构）及其从业人员以非公开方式向投资者募集资金的行为适用本办法。

在中国证券投资基金业协会（以下简称中国基金业协会）办理私募基金管理人登记的机构可以自行募集其设立的私募基金，在中国证监会注册取得基金销售业务资格并已成为中国基金业协会会员的机构（以下简称基金销售机构）可以受私募基金管理人的委托募集私募基金。其他任何机构和个人不得从事私募基金的募集活动。

本办法所称募集行为包含推介私募基金，发售基金份额（权益），办理基金份额（权益）认/申购（认缴）、赎回（退出）等活动。

第七条 私募基金管理人应当履行受托人义务，承担基金合同、公司章程或者合伙协议（以下统称基金合同）的受托责任。委托基金销售机构募集私募基金的，不得因委托募集免除私募基金管理人依法承担的责任。

第八条 私募基金管理人委托基金销售机构募集私募基金的，应当以书面形式签订基金销售协议，并将协议中关于私募基金管理人与基金销售机构权利义务划分以及其他涉及投资者利益的部分作为基金合同的附件。基金销售机构负责向投资者说明相关内容。

基金销售协议与作为基金合同附件的关于基金销售的内容不一致的，以基金合同附件为准。

第十三条 募集机构应当与监督机构签署账户监督协议，明确对私募基金募集结算资金专用账户的控制权、责任划分及保障资金划转安全的条款。监督机构应当按照法律法规和账户监督协议的约定，对募集结算资金专用账户实施有效监督，承担保障私募基金募集结算资金划转安全的连带责任。

取得基金销售业务资格的商业银行、证券公司等金融机构，可以在同一私募基金的募集过程中同时作为募集机构与监督机构。符合前述情形的机构应当建立完备的防火墙制度，防范利益冲突。

本办法所称监督机构指中国证券登记结算有限责任公司、取得基金销售业务资格的商业银行、证券公司以及中国基金业协会规定的其他机构。监督机构应当成为中国基金业协会的会员。

私募基金管理人应当向中国基金业协会报送私募基金募集结算资金专用账户及其监督机构信息。

《公开募集证券投资基金销售机构监督管理办法》（中国证券监督管理委员会，中国证券监督管理委员会令第175号，2020年10月1日实施）

第四十四条 基金销售机构除开展公募基金销售业务外，依法从事私募基金销售业务的，参照适用本办法第三章、第四章的规定，法律法规及中国证监会另有规定的除外。

*编者注：本条在私募投资基金监督管理条例（征求意见稿）基础上发生重大调整，严格规范了私募基金的代销。

第十八条　【合规募集】

私募基金应当向合格投资者募集或者转让，单只私募基金的投资者累计不得超过法律规定的人数。私募基金管理人不得采取为单一融资项目设立多只私募基金等方式，突破法律规定的人数限制；不得采取将私募基金份额或者收益权进行拆分转让等方式，降低合格投资者标准。

前款所称合格投资者，是指达到规定的资产规模或者收入水平，并且具备相应的风险识别能力和风险承担能力，其认购金额不低于规定限额的单位和个人。

合格投资者的具体标准由国务院证券监督管理机构规定。

1. 合格投资者

《私募投资基金监督管理暂行办法》（中国证券监督管理委员会，中国证券监督管理委员会令第105号，2014年8月21日）

第十二条　私募基金的合格投资者是指具备相应风险识别能力和风险承担能力，投资于单只私募基金的金额不低于100万元且符合下列相关标准的单位和个人：

（一）净资产不低于1000万元的单位；

（二）金融资产不低于300万元或者最近三年个人年均收入不低于50万元的个人。

前款所称金融资产包括银行存款、股票、债券、基金份额、资产管理计划、银行理财产品、信托计划、保险产品、期货权益等。

第十三条　下列投资者视为合格投资者：

（一）社会保障基金、企业年金等养老基金，慈善基金等社会公益基金；

（二）依法设立并在基金业协会备案的投资计划；

（三）投资于所管理私募基金的私募基金管理人及其从业人员；

（四）中国证监会规定的其他投资者。

以合伙企业、契约等非法人形式，通过汇集多数投资者的资金直接或者间接投资于私募基金的，私募基金管理人或者私募基金销售机构应当穿透核查最终投资者是否为合格投资者，并合并计算投资者人数。但是，符合本条第（一）、（二）、（四）项规定的投资者投资私募基金的，不再穿透核查最终投资者是否为合格投资者和合并计算投资者人数。

《私募投资基金登记备案办法》（中国证券投资基金业协会，中基协发〔2023〕5号，2023年5月1日）

第二十七条 私募基金应当面向合格投资者通过非公开方式募集资金。私募基金管理人、基金销售机构应当履行投资者适当性义务，将适当的私募基金提供给风险识别能力和风险承担能力相匹配的投资者，并向投资者充分揭示风险。

……

私募基金管理人、基金销售机构应当按照规定核实投资者对基金的出资金额与其出资能力相匹配。投资者应当以真实身份和自有资金购买私募基金，确保投资资金来源合法，不得非法汇集他人资金进行投资。

以合伙企业、契约等非法人形式投资私募基金的，除另有规定外私募基金管理人、基金销售机构应当穿透核查最终投资者是否为合格投资者，并合并计算投资者人数。

《私募投资基金备案指引第1号——私募证券投资基金》（中国证券投资基金业协会，2023年9月28日）

第四条 以合伙企业、契约等非法人形式，通过汇集多数投资者的资金直接或者间接投资于私募证券基金的，私募基金管理人、基金销售机构应当穿透核查每一层的投资者是否为合格投资者，并合并计算投资者人数。

下列投资者视为合格投资者，不再穿透核查和合并计算投资者人数：

（一）社会保障基金、企业年金等养老基金，慈善基金等社会公益基金；

（二）国务院金融监督管理机构监管的机构依法发行的资产管理产品、私募基金；

（三）合格境外机构投资者、人民币合格境外机构投资者；

（四）投资于所管理私募证券基金的私募基金管理人及其员工；

（五）中国证监会规定的其他投资者。

本条第二款第四项所称私募基金管理人员工，是指与私募基金管理人签订劳动合同并缴纳社保的正式员工，签订劳动合同或者劳务合同的外籍员工、退休返聘员工，国家机关、事业单位、政府及其授权机构控制的企业委派的高级管理人员，以及中国证监会和协会规定的其他从业人员。

第七条 单个投资者对私募证券基金的首次出资金额不得低于合格投资者最低出资要求，但下列投资者除外：

（一）社会保障基金、企业年金等养老基金，慈善基金等社会公益基金；

（二）投资于所管理私募证券基金的私募基金管理人及其员工；

（三）中国证监会、协会规定的其他投资者。

《私募投资基金备案指引第2号——私募股权、创业投资基金》（中国证券投资基金业协会，2023年9月28日）

第四条 以合伙企业、契约等非法人形式，通过汇集多数投资者的资金直接或者间接投资于私募股权基金的，私募基金管理人、基金销售机构应当穿透核查每一层的投资者是否为合格投资者，并合并计算投资者人数。

下列投资者视为合格投资者，不再穿透核查和合并计算投资者人数：

（一）社会保障基金、企业年金等养老基金，慈善基金等社会公益基金；

（二）国务院金融监督管理机构监管的机构依法发行的资产管理产品、私募基金；

（三）合格境外机构投资者、人民币合格境外机构投资者；

（四）投资于所管理私募股权基金的私募基金管理人及其员工；

（五）中国证监会规定的其他投资者。

第七条 单个投资者对私募股权基金的首期实缴出资不得低于合格投资者最低出资要求，但下列投资者除外：

（一）社会保障基金、企业年金等养老基金，慈善基金等社会公益基金；

（二）保险资金；

（三）地市级以上政府出资产业投资基金；

（四）投资于所管理私募股权基金的私募基金管理人及其员工；

（五）中国证监会、协会规定的其他投资者。

私募股权基金备案后，私募基金管理人不得允许投资者以抽逃出资或者虚假出资为目的，通过向私募股权基金借款等方式规避最低出资要求。

第三十五条 本指引下列用语的含义：

……

（二）私募基金管理人员工：是指与私募基金管理人签订劳动合同并缴纳社保的正式员工，签订劳动合同或者劳务合同的外籍员工、退休返聘员工，国家机关、事业单位、政府及其授权机构控制的企业委派的高级管理人员，以及中国证监会和协会规定的其他从业人员。

……

《中国人民银行、中国银行保险监督管理委员会、中国证券监督管理委员会、国家外汇管理局关于规范金融机构资产管理业务的指导意见》（中国人民银行等，银发〔2018〕106号，2018年4月27日）

五、资产管理产品的投资者分为不特定社会公众和合格投资者两大类。合格投资者是指具备相应风险识别能力和风险承担能力，投资于单只资产管理产品不低于一定金额且符合下列条件的自然人和法人或者其他组织：

（一）具有2年以上投资经历，且满足以下条件之一：家庭金融净资产不低于300万元,家庭金融资产不低于500万元,或者近3年本人年均收入不低于40万元。

(二)最近1年末净资产不低于1000万元的法人单位。

(三)金融管理部门视为合格投资者的其他情形。

合格投资者投资于单只固定收益类产品的金额不低于30万元,投资于单只混合类产品的金额不低于40万元,投资于单只权益类产品、单只商品及金融衍生品类产品的金额不低于100万元。

投资者不得使用贷款、发行债券等筹集的非自有资金投资资产管理产品。

2. 累计人数限制

《中华人民共和国证券法》(全国人大常委会,中华人民共和国主席令第37号,2020年3月1日)

第九条　公开发行证券,必须符合法律、行政法规规定的条件,并依法报经国务院证券监督管理机构或者国务院授权的部门注册。未经依法注册,任何单位和个人不得公开发行证券。证券发行注册制的具体范围、实施步骤,由国务院规定。

有下列情形之一的,为公开发行:

……

(二)向特定对象发行证券累计超过二百人,但依法实施员工持股计划的员工人数不计算在内;

……

《中华人民共和国证券投资基金法》(全国人大常委会,中华人民共和国主席令第23号,2015年4月24日)

第五十条第二款　前款所称公开募集基金,包括向不特定对象募集资金、向特定对象募集资金累计超过二百人,以及法律、行政法规规定的其他情形。

第八十七条第一款　非公开募集基金应当向合格投资者募集,合格投资者累计不得超过二百人。

《中华人民共和国公司法》(全国人大常委会,中华人民共和国主席令第15号,2024年7月1日)

第四十二条 有限责任公司由一个以上五十个以下股东出资设立。

第九十二条 设立股份有限公司,应当有一人以上二百人以下为发起人,其中应当有半数以上的发起人在中华人民共和国境内有住所。

《中华人民共和国合伙企业法》(全国人大常委会,中华人民共和国主席令第55号,2007年6月1日)

第六十一条第一款 有限合伙企业由二个以上五十个以下合伙人设立;但是,法律另有规定的除外。

《私募投资基金监督管理暂行办法》(中国证券监督管理委员会,中国证券监督管理委员会令第105号,2014年8月21日)

第十一条 私募基金应当向合格投资者募集,单只私募基金的投资者人数累计不得超过《证券投资基金法》、《公司法》、《合伙企业法》等法律规定的特定数量。

投资者转让基金份额的,受让人应当为合格投资者且基金份额受让后投资者人数应当符合前款规定。

《中国证券监督管理委员会关于加强私募投资基金监管的若干规定》(中国证券监督管理委员会,中国证券监督管理委员会公告〔2020〕71号,2020年12月30日)

第七条第一款 私募基金的投资者人数累计不得超过《证券投资基金法》《公司法》《合伙企业法》等法律规定的特定数量。投资者转让基金份额的,受让人应当为合格投资者且基金份额受让后投资者人数应当符合本条规定。国务院金融监督管理部门监管的机构依法发行的资产管理产品、合格境外机构投资者、人民币合格境外机构投资者,视为《私募办法》第十三条规定的合格投资者,不再穿透核查最终投资者。

《证券期货经营机构私募资产管理业务运作管理暂行规定》（中国证券监督管理委员会，中国证券监督管理委员会公告〔2016〕13号，2016年7月18日）

第三条　证券期货经营机构及相关销售机构不得违规销售资产管理计划，不得存在不适当宣传、误导欺诈投资者以及以任何方式向投资者承诺本金不受损失或者承诺最低收益等行为，包括但不限于以下情形：

……

（六）单一资产管理计划的投资者人数超过200人，或者同一资产管理人为单一融资项目设立多个资产管理计划，变相突破投资者人数限制；

……

3. 收益权拆分

《中国证券监督管理委员会关于加强私募投资基金监管的若干规定》（中国证券监督管理委员会，中国证券监督管理委员会公告〔2020〕71号，2020年12月30日）

第七条第二款　任何单位和个人不得通过将私募基金份额或者其收（受）益权进行拆分转让，或者通过为单一融资项目设立多只私募基金等方式，以变相突破合格投资者标准或投资者人数限制。

《中国证券监督管理委员会关于禁止违规开展私募产品拆分转让业务问题的答复》（中国证券监督管理委员会，2016年3月18日）

1、问：现在存在一些互联网平台开展私募投资基金、证券公司及基金子公司资产管理计划等私募产品或私募产品收益权的拆分转让业务，请问这是否合法？对此有何评价？

答：开展私募投资基金、证券公司及基金子公司资产管理计划等私募产品或私募产品收益权的拆分转让业务，应严格遵守《证券投资基金法》、《私募投资基金监督管理暂行办法》、《基金管理公司特定客户资产管理业务试点办法》、《证券公司集合资产管理业务实施细则》等相关法律法规，任何机构或个人不得向非合格投资者募集、销售、转让私募产品或者私募产品收益权，且单一私募产品投资者数量不得超过法定上限。

近期，我会在监管中发现一家交易平台违规开展私募产品收益权的拆分转让业务。具体模式是，先设立关联公司以合格投资者身份购买私募产品，然后通过交易平台将私募产品收益权拆分转让给平台注册用户。此类业务主要涉及三方面违规事项：一是通过拆分转让收益权，突破私募产品100万的投资门槛要求，并向非合格投资者开展私募业务。二是通过拆分转让收益权，将私募产品转让给数量不定的个人投资者，导致单只私募产品投资者数量超过200个。三是违反我会关于通过证券交易所等证监会认可的交易平台，转让证券公司及基金子公司资管计划份额的规定。我会及时对这种违规开展私募业务的行为进行了查处，并责令该机构停止开展相关业务。目前，该机构已停止开展私募产品拆分转让业务，并对存量业务进行整改。

我会重申，从事私募基金销售、转让、管理等业务的相关主体，以及开展资产管理业务的证券公司、基金公司、期货公司及其子公司等机构，应提高合规意识，规范展业，不得以金融创新的名义变相突破合规底线。我会将加强对私募业务的日常监管，加大对违规开展私募产品拆分转让业务的查处力度，一经发现，将依法严肃处理。

《私募投资基金募集行为管理办法》（中国基金业协会，2016年7月15日）

第九条 任何机构和个人不得为规避合格投资者标准，募集以私募基金份额或其收益权为投资标的的金融产品，或者将私募基金份额或其收益权进行非法拆分转让，变相突破合格投资者标准。募集机构应当确保投资者已知悉私募基金转让的条件。

投资者应当以书面方式承诺其为自己购买私募基金，任何机构和个人不得以非法拆分转让为目的购买私募基金。

4. 法律责任

(1)具体内容参见“第十四条 【注销及清算】中的3. 因重大违法被追责中的(1)非法集资、(2)非法经营”的相关内容

(2)效力性强制性规定或管理性强制性规定的认定

《全国法院民商事审判工作会议纪要》(最高人民法院,法〔2019〕254号,2019年11月8日)

30.【强制性规定的识别】合同法施行后,针对一些人民法院动辄以违反法律、行政法规的强制性规定为由认定合同无效,不当扩大无效合同范围的情形,合同法司法解释(二)第14条将《合同法》第52条第5项规定的“强制性规定”明确限于“效力性强制性规定”。此后,《最高人民法院关于当前形势下审理民商事合同纠纷案件若干问题的指导意见》进一步提出了“管理性强制性规定”的概念,指出违反管理性强制性规定的,人民法院应当根据具体情形认定合同效力。随着这一概念的提出,审判实践中又出现了另一种倾向,有的人民法院认为凡是行政管理性质的强制性规定都属于“管理性强制性规定”,不影响合同效力。这种望文生义的认定方法,应予纠正。

人民法院在审理合同纠纷案件时,要依据《民法总则》第153条第1款和合同法司法解释(二)第14条的规定慎重判断“强制性规定”的性质,特别是要在考量强制性规定所保护的法益类型、违法行为的法律后果以及交易安全保护等因素的基础上认定其性质,并在裁判文书中充分说明理由。下列强制性规定,应当认定为“效力性强制性规定”:强制性规定涉及金融安全、市场秩序、国家宏观政策等公序良俗的;交易标的禁止买卖的,如禁止人体器官、毒品、枪支等买卖;违反特许经营规定的,如场外配资合同;交易方式严重违法的,如违反招投标等竞争性缔约方式订立的合同;交易场所违法的,如在批准的交易场所之外进行期货交易。关于经营范围、交易时间、交易数量等行政管理性质的强制性规定,一般应当认定为“管理性强制性规定”。

《最高人民法院关于当前形势下审理民商事合同纠纷案件若干问题的指导意见》（最高人民法院，法发〔2009〕40号，2009年7月7日）

五、正确适用强制性规定，稳妥认定民商事合同效力

15、正确理解、识别和适用合同法第五十二条第（五）项中的“违反法律、行政法规的强制性规定”，关系到民商事合同的效力维护以及市场交易的安全和稳定。人民法院应当注意根据《合同法解释（二）》第十四条之规定，注意区分效力性强制规定和管理性强制规定。违反效力性强制规定的，人民法院应当认定合同无效；违反管理性强制规定的，人民法院应当根据具体情形认定其效力。

16、人民法院应当综合法律法规的意旨，权衡相互冲突的权益，诸如权益的种类、交易安全以及其所规制的对象等，综合认定强制性规定的类型。如果强制性规范规制的是合同行为本身即只要该合同行为发生即绝对地损害国家利益或者社会公共利益的，人民法院应当认定合同无效。如果强制性规定规制的是当事人的“市场准入”资格而非某种类型的合同行为，或者规制的是某种合同的履行行为而非某类合同行为，人民法院对于此类合同效力的认定，应当慎重把握，必要时应当征求相关立法部门的意见或者请示上级人民法院。

（3）合同无效及可撤销

《中华人民共和国民法典》（全国人大常委会，中华人民共和国主席令第45号，2021年1月1日）

第一百四十七条 基于重大误解实施的民事法律行为，行为人有权请求人民法院或者仲裁机构予以撤销。

第一百四十八条 一方以欺诈手段，使对方在违背真实意思的情况下实施的民事法律行为，受欺诈方有权请求人民法院或者仲裁机构予以撤销。

第一百四十九条 第三人实施欺诈行为，使一方在违背真实意思的情况下实施的民事法律行为，对方知道或者应当知道该欺诈行为的，受欺诈方有权请求人民法院或者仲裁机构予以撤销。

第一百五十二条　有下列情形之一的,撤销权消灭:

(一)当事人自知道或者应当知道撤销事由之日起一年内、重大误解的当事人自知道或者应当知道撤销事由之日起九十日内没有行使撤销权;

(二)当事人受胁迫,自胁迫行为终止之日起一年内没有行使撤销权;

(三)当事人知道撤销事由后明确表示或者以自己的行为表明放弃撤销权。

当事人自民事法律行为发生之日起五年内没有行使撤销权的,撤销权消灭。

第一百五十三条　违反法律、行政法规的强制性规定的民事法律行为无效。但是,该强制性规定不导致该民事法律行为无效的除外。

违背公序良俗的民事法律行为无效。

第一百五十五条　无效的或者被撤销的民事法律行为自始没有法律约束力。

第一百五十六条　民事法律行为部分无效,不影响其他部分效力的,其他部分仍然有效。

第一百五十七条　民事法律行为无效、被撤销或者确定不发生效力后,行为人因该行为取得的财产,应当予以返还;不能返还或者没有必要返还的,应当折价补偿。有过错的一方应当赔偿对方由此所受到的损失;各方都有过错的,应当各自承担相应的责任。法律另有规定的,依照其规定。

第五百零五条　当事人超越经营范围订立的合同的效力,应当依照本法第一编第六章第三节和本编的有关规定确定,不得仅以超越经营范围确认合同无效。

第五百零六条　合同中的下列免责条款无效:

(一)造成对方人身损害的;

(二)因故意或者重大过失造成对方财产损失的。

第五百零七条 合同不生效、无效、被撤销或者终止的,不影响合同中有关解决争议方法的条款的效力。

《关于适用〈中华人民共和国民法典〉合同编通则若干问题的解释》(最高人民法院,法释〔2023〕13号,2023年12月5日)

第二十四条 合同不成立、无效、被撤销或者确定不发生效力,当事人请求返还财产,经审查财产能够返还的,人民法院应当根据案件具体情况,单独或者合并适用返还占有的标的物、更正登记簿册记载等方式;经审查财产不能返还或者没有必要返还的,人民法院应当以认定合同不成立、无效、被撤销或者确定不发生效力之日该财产的市场价值或者以其他合理方式计算的价值为基准判决折价补偿。

除前款规定的情形外,当事人还请求赔偿损失的,人民法院应当结合财产返还或者折价补偿的情况,综合考虑财产增值收益和贬值损失、交易成本的支出等事实,按照双方当事人的过错程度及原因力大小,根据诚信原则和公平原则,合理确定损失赔偿额。

合同不成立、无效、被撤销或者确定不发生效力,当事人的行为涉嫌违法且未经处理,可能导致一方或者双方通过违法行为获得不当利益的,人民法院应当向有关行政管理部门提出司法建议。当事人的行为涉嫌犯罪的,应当将案件线索移送刑事侦查机关;属于刑事自诉案件的,应当告知当事人可以向有管辖权的人民法院另行提起诉讼。

第二十五条 合同不成立、无效、被撤销或者确定不发生效力,有权请求返还价款或者报酬的当事人一方请求对方支付资金占用费的,人民法院应当在当事人请求的范围内按照中国人民银行授权全国银行间同业拆借中心公布的一年期贷款市场报价利率(LPR)计算。但是,占用资金的当事人对于合同不成立、无效、被撤销或者确定不发生效力没有过错的,应当以中国人民银行公布的同期同类存款基准利率计算。

双方互负返还义务,当事人主张同时履行的,人民法院应予支持;占有标的物的一方对标的物存在使用或者依法可以使用的情形,对方请求将其应支付的资金占用费与应收取的标的物使用费相互抵销的，人民法院应予支持，但是法律另有规定的除外。

《全国法院民商事审判工作会议纪要》（最高人民法院，法〔2019〕254号，2019年11月8日）

三、关于合同纠纷案件的处理

……

（一）关于合同效力

人民法院在审理合同纠纷案件过程中，要依职权审查合同是否存在无效的情形，注意无效与可撤销、未生效、效力待定等合同效力形态之间的区别，准确认定合同效力，并根据效力的不同情形，结合当事人的诉讼请求，确定相应的民事责任。

……

第十九条　【适当性匹配】

私募基金管理人应当向投资者充分揭示投资风险，根据投资者的风险识别能力和风险承担能力匹配不同风险等级的私募基金产品。

1. 基金产品等级划分

《私募投资基金登记备案办法》（中国证券投资基金业协会，中基协发〔2023〕5号，2023年5月1日）

第二十七条第一款　私募基金应当面向合格投资者通过非公开方式募集资金。私募基金管理人、基金销售机构应当履行投资者适当性义务，将适当的私募基金提供给风险识别能力和风险承担能力相匹配的投资者，并向投资者充分揭示风险。

第二十七条第三款　私募基金管理人、基金销售机构应当按照规定核实投资者对基金的出资金额与其出资能力相匹配。投资者应当以真实身份和自有资金购买私募基金，确保投资资金来源合法，不得非法汇集他人资金进行投资。

《中国人民银行、中国银行保险监督管理委员会、中国证券监督管理委员会、国家外汇管理局关于规范金融机构资产管理业务的指导意见》（中国人民银行等，银发〔2018〕106号，2018年4月27日）

六、金融机构发行和销售资产管理产品，应当坚持“了解产品”和“了解客户”的经营理念，加强投资者适当性管理，向投资者销售与其风险识别能力和风险承担能力相适应的资产管理产品。禁止欺诈或者误导投资者购买与其风险承担能力不匹配的资产管理产品。金融机构不得通过拆分资产管理产品的方式，向风险识别能力和风险承担能力低于产品风险等级的投资者销售资产管理产品。

金融机构应当加强投资者教育，不断提高投资者的金融知识水平和风险意识，向投资者传递“卖者尽责、买者自负”的理念，打破刚性兑付。

《私募投资基金监督管理暂行办法》（中国证券监督管理委员会，中国证券监督管理委员会令第105号，2014年8月21日）

第十七条 私募基金管理人自行销售或者委托销售机构销售私募基金，应当自行或者委托第三方机构对私募基金进行风险评级，向风险识别能力和风险承担能力相匹配的投资者推介私募基金。

《基金募集机构投资者适当性管理实施指引（试行）》（中国证券投资基金业协会，中基协发〔2017〕4号，2017年6月28日）

第三十六条 基金募集机构对基金产品或者服务的风险等级划分，可以由基金募集机构完成，也可以委托第三方机构提供。

委托第三方机构提供基金产品或者服务风险等级划分的，基金募集机构应当要求其提供基金产品或者服务风险等级划分方法及其说明。

基金募集机构落实适当性义务不因委托第三方而免除。

第三十七条 基金募集机构所使用的基金产品或者服务风险等级划分方法及其说明，通过适当途径向投资者告知。

第三十八条 基金产品或者服务的风险等级要按照风险由低到

高顺序，至少划分为：R1、R2、R3、R4、R5 五个等级。

基金募集机构可以根据实际情况在前款所列等级的基础上进一步进行风险细分。

第三十九条　基金募集机构对基金产品或者服务进行风险等级划分，要了解以下信息：

（一）基金管理人的诚信状况、经营管理能力、投资管理能力、内部控制情况、合法合规情况；

（二）基金产品或者服务的合法合规情况，发行方式，类型及组织形式，托管情况，投资范围、投资策略和投资限制概况，业绩比较基准，收益与风险的匹配情况，投资者承担的主要费用及费率。

第四十条　基金产品或者服务风险等级划分要综合考虑以下因素：

（一）基金管理人成立时间，治理结构，资本金规模，管理基金规模，投研团队稳定性，资产配置能力、内部控制制度健全性及执行度，风险控制完备性，是否有风险准备金制度安排，从业人员合规性，股东、高级管理人员及基金经理的稳定性等；

（二）基金产品或者服务的结构（母子基金、平行基金），投资方向、投资范围和投资比例，募集方式及最低认缴金额，运作方式，存续期限，过往业绩及净值的历史波动程度，成立以来有无违规行为发生，基金估值政策、程序和定价模式，申购和赎回安排，杠杆运用情况等。

第四十一条　基金产品或者服务存在下列因素的，要审慎评估其风险等级：

（一）基金产品或者服务合同存在特殊免责条款、结构性安排、投资标的具有衍生品性质等导致普通投资者难以理解的；

（二）基金产品或者服务不存在公开交易市场，或因参与投资者少等因素导致难以在短期内以合理价格顺利变现的；

（三）基金产品或者服务的投资标的流动性差、存在非标准资产投资导致不易估值的；

（四）基金产品或者服务投资杠杆达到相关要求上限、投资单一标的的集中度过高的；

（五）基金管理人、实际控制人、高管人员涉嫌重大违法违规行为或正在接受监管部门或自律管理部门调查的；

（六）影响投资者利益的其他重大事项；

（七）协会认定的高风险基金产品或者服务。

第四十二条 基金募集机构可以通过定量和定性相结合的方法对基金产品或者服务进行风险分级。

基金募集机构可以根据基金产品或者服务风险因素与风险等级的相关性，确定各项评估因素的分值和权重，建立评估分值与基金产品风险等级的对应关系。

基金募集机构通过定量分析对基金产品进行风险分级时，可以运用贝塔系数、标准差、风险在险值等风险指标体系，划分基金的期限风险、流动性风险、波动性风险等。

《私募投资基金募集行为管理办法》（中国基金业协会，2016年7月15日）

第二十一条 募集机构应当自行或者委托第三方机构对私募基金进行风险评级，建立科学有效的私募基金风险评级标准和方法。

募集机构应当根据私募基金的风险类型和评级结果，向投资者推介与其风险识别能力和风险承担能力相匹配的私募基金。

2. 投资者分类与转化

《基金募集机构投资者适当性管理实施指引（试行）》（中国证券投资基金业协会，中基协发〔2017〕4号，2017年6月28日）

第三条 投资者适当性是指基金募集机构在销售基金产品或者服务的过程中，根据投资者的风险承受能力销售不同风险等级的基金产品或者服务，把合适的基金产品或者服务卖给合适的投资者。

本指引所称的专业投资者，为符合本指引第二十二条规定的投资者；普通投资者，为符合本指引第二十六条规定的投资者；风险承受能力最低类别投资者，为符合本指引第二十九条规定的投资者。

第十八条 基金募集机构要根据自然人投资者、机构投资者、金融机构理财产品的各自特点,向投资者提供具有针对性的投资者信息表。

基金募集机构要设计风险测评问卷,并对普通投资者进行风险测评。

第十九条 投资者分为专业投资者和普通投资者。未对投资者进行分类的,要履行普通投资者适当性义务。

第二十条 了解投资者信息要包含但不限于《办法》第六条所规定的内容。

自然人投资者还要提供有效身份证件、出生日期、性别、国籍等信息。

《办法》第八条第一款所述机构作为投资者的,还要向基金募集机构提供营业执照、开展金融相关业务资格证明、机构负责人或者法定代表人信息、经办人身份信息等资料。《办法》第八条第二款所述产品作为投资者的,要向基金募集机构提供产品成立、备案证明文件等资料及参照金融机构要求提交该产品管理人的机构信息。基金募集机构要告知投资者对其所填资料的真实性、有效性、完整性负责。

第二十一条 基金募集机构在为投资者开立账户时,要以纸质或者电子文档的形式,向投资者提供信息表,要求其填写相关信息,并遵循以下程序:

(一)基金募集机构要执行对投资者的身份认证程序,核查投资者的投资资格,切实履行反洗钱等法律义务;

(二)基金募集机构要根据投资者的主体不同,提供相应的投资者信息表;

(三)基金募集机构核查自然人投资者本人或者代表金融机构及其产品的工作人员身份,并要求其如实填写投资者信息表;

(四)基金募集机构要对投资者身份信息进行核查,并在核查工作结束之日起5个工作日内,将结果以及投资者类型告知投资者。

第二十二条 符合《办法》第八条要求的投资者为专业投资者。

第二十三条 基金募集机构要根据《办法》第八条规定，结合投资者信息表内容，对专业投资者资格进行认定。

第二十四条 基金募集机构可以根据专业投资者的业务资格、投资实力、投资经历等因素，对专业投资者进行细化分类和管理。

第二十五条 基金募集机构对专业投资者进行细化分类的，要向投资者提供风险测评问卷，对专业投资者的投资知识、投资经验、风险偏好进行评估，并得出相对应的风险等级。

第二十六条 专业投资者之外的，符合法律、法规要求，可以从事基金交易活动的投资者为普通投资者。

基金募集机构要按照风险承受能力，将普通投资者由低到高至少分为C1（含风险承受能力最低类别）、C2、C3、C4、C5五种类型。

第二十七条 基金募集机构向普通投资者以纸质或者电子文档形式提供风险测评问卷，对其风险承受能力进行测试，并遵循以下程序：

（一）基金募集机构要核查参加风险测评的投资者或机构经办人员的身份信息；

（二）基金募集机构以及工作人员在测试过程中，不得有提示、暗示、诱导、误导等行为对测试人员进行干扰，影响测试结果；

（三）风险测评问卷要在填写完毕后5个工作日内，得出相应结果。

第二十八条 基金募集机构要根据投资者信息表、风险测评问卷以及其它相关材料，对普通投资者风险等级进行综合评估，并在评估工作结束之日起5个工作日内，告知投资者风险等级评估结果。

第二十九条 基金募集机构可以将C1中符合下列情形之一的自然人，作为风险承受能力最低类别投资者：

（一）不具有完全民事行为能力；

（二）没有风险容忍度或者不愿承受任何投资损失；

（三）法律、行政法规规定的其他情形。

第三十条 符合《办法》第十一条规定的专业投资者、普通投资者可以进行转化。

投资者转化效力范围仅适用于所告知、申请的基金募集机构。其它基金募集机构不得以此作为参考依据,将投资者自行转化。

第三十一条　专业投资者转化为普通投资者的,要遵循以下程序:

(一)符合转化条件的专业投资者,通过纸质或者电子文档形式告知基金募集机构其转化为普通投资者的决定;

(二)基金募集机构要在收到投资者转化决定5个工作日内,对投资者的转化资格进行核查;

(三)基金募集机构要在核查工作结束之日起5个工作日内,以纸质或者电子文档形式,告知投资者核查结果。

第三十二条　普通投资者转化为专业投资者的,要遵循以下程序:

(一)符合转化条件的普通投资者,要通过纸质或者电子文档形式向基金募集机构提出转化申请,同时还要向基金募集机构做出了解相应风险并自愿承担相应不利后果的意思表示;

(二)基金募集机构要在收到投资者转化申请之日起5个工作日内,对投资者的转化资格进行核查;

(三)对于符合转化条件的,基金募集机构要在5个工作日内,通知投资者以纸质或者电子文档形式补充提交相关信息、参加投资知识或者模拟交易等测试;

(四)基金募集机构要根据以上情况,结合投资者的风险承受能力、投资知识、投资经验、投资偏好等要素,对申请者进行谨慎评估,并以纸质或者电子文档形式,告知投资者是否同意其转化的决定以及理由。

第三十三条　基金募集机构要建立投资者评估数据库,为投资者建立信息档案,并对投资者风险等级进行动态管理。基金募集机构要充分使用已了解信息和已有评估结果,避免投资者信息重复采集,提高评估效率。

第三十四条 投资者评估数据库要包含但不限于以下内容：

（一）投资者填写信息表及历次变动的内容；

（二）普通投资者过往风险测评结果；

（三）投资者风险承受能力及对应风险等级变动情况；

（四）投资者历次申请转化为专业投资者或普通投资者情况及审核结果；

（五）基金募集机构风险评估标准、程序等内容信息及调整、修改情况；

（六）协会及基金募集机构认为必要的其它信息。

第三十五条 基金募集机构要告知投资者，其重要信息发生变更时要及时告知基金募集机构。基金募集机构还要通过明确的公开方式，提醒投资者及时告知重大信息变更事项。

3. 普通投资者与基金产品的风险匹配

《基金募集机构投资者适当性管理实施指引（试行）》（中国证券投资基金业协会，中基协发〔2017〕4号，2017年6月28日）

第四十三条 基金募集机构要制定普通投资者和基金产品或者服务匹配的方法、流程，明确各个岗位在执行投资者适当性管理过程中的职责。

匹配方法至少要在普通投资者的风险承受能力类型和基金产品或者服务的风险等级之间建立合理的对应关系，同时在建立对应关系的基础上将基金产品或者服务风险超越普通投资者风险承受能力的情况定义为风险不匹配。

第四十四条 基金募集机构要根据普通投资者风险承受能力和基金产品或者服务的风险等级建立以下适当性匹配原则：

（一）C1型（含最低风险承受能力类别）普通投资者可以购买R1级基金产品或者服务；

（二）C2型普通投资者可以购买R2级及以下风险等级的基金产品或者服务；

（三）C3型普通投资者可以购买R3级及以下风险等级的基金产

品或者服务；

（四）C4型普通投资者可以购买R4级及以下风险等级的基金产品或者服务；

（五）C5型普通投资者可以购买所有风险等级的基金产品或者服务。

第四十五条　基金募集机构向投资者销售基金产品或者服务时，禁止出现以下行为：

（一）向不符合准入要求的投资者销售基金产品或者服务；

（二）向投资者就不确定的事项提供确定性的判断，或者告知投资者有可能使其误认为具有确定性的判断；

（三）向普通投资者主动推介风险等级高于其风险承受能力的基金产品或者服务；

（四）向普通投资者主动推介不符合其投资目标的基金产品或者服务；

（五）向风险承受能力最低类别的普通投资者销售风险等级高于其风险承受能力的基金产品或者服务；

（六）其他违背适当性要求，损害投资者合法权益的行为。

第四十七条　基金募集机构在向普通投资者销售R5风险等级的基金产品或者服务时，应向其完整揭示以下事项：

（一）基金产品或者服务的详细信息、重点特性和风险；

（二）基金产品或者服务的主要费用、费率及重要权利、信息披露内容、方式及频率；

（三）普通投资者可能承担的损失；

（四）普通投资者投诉方式及纠纷解决安排。

第四十八条　普通投资者主动要求购买与之风险承受能力不匹配的基金产品或者服务的，基金销售要遵循以下程序：

（一）普通投资者主动向基金募集机构提出申请，明确表示要求购买具体的、高于其风险承受能力的基金产品或服务，并同时声明，基金募集机构及其工作人员没有在基金销售过程中主动推介该基金产品或服务的信息；

（二）基金募集机构对普通投资者资格进行审核，确认其不属于风险承受能力最低类别投资者，也没有违反投资者准入性规定；

（三）基金募集机构向普通投资者以纸质或电子文档的方式进行特别警示，告知其该产品或服务风险高于投资者承受能力；

（四）普通投资者对该警示进行确认，表示已充分知晓该基金产品或者服务风险高于其承受能力，并明确做出愿意自行承担相应不利结果的意思表示；

（五）基金募集机构履行特别警示义务后，普通投资者仍坚持购买该产品或者服务的，基金募集机构可以向其销售相关产品或者提供相关服务。

第四十九条 投资者信息发生重大变化的，基金募集机构要及时更新投资者信息，重新评估投资者风险承受能力，并将调整后的风险承受能力告知投资者。

第五十条 基金募集机构销售的基金产品或者服务信息发生变化的，要及时依据基金产品或者服务风险等级划分参考标准，重新评估其风险等级。……

第五十一条 由于投资者风险承受能力或基金产品或者服务风险等级发生变化，导致投资者所持有基金产品或者服务不匹配的，基金募集机构要将不匹配情况告知投资者，并给出新的匹配意见。

4. 适当性募集程序

《中华人民共和国证券投资基金法》（全国人大常委会，中华人民共和国主席令第23号，2015年4月24日）

第九十八条 基金销售机构应当向投资人充分揭示投资风险，并根据投资人的风险承担能力销售不同风险等级的基金产品。

《私募投资基金监督管理暂行办法》（中国证券监督管理委员会，中国证券监督管理委员会令第105号，2014年8月21日）

第十六条 私募基金管理人自行销售私募基金的，应当采取问卷调查等方式，对投资者的风险识别能力和风险承担能力进行评估，由投资者书面承诺符合合格投资者条件；应当制作风险揭示书，由投资者签字确认。

私募基金管理人委托销售机构销售私募基金的，私募基金销售机构应当采取前款规定的评估、确认等措施。

投资者风险识别能力和承担能力问卷及风险揭示书的内容与格式指引，由基金业协会按照不同类别私募基金的特点制定。

《私募投资基金备案指引第1号——私募证券投资基金》（中国证券投资基金业协会，2023年9月28日）

第六条　私募基金管理人应当按照中国证监会和协会的规定，向投资者进行书面风险揭示和问卷调查，国务院金融监督管理机构监管的机构、符合本指引第四条第二款的投资者可以豁免签署风险揭示书和风险调查问卷等材料。

《私募投资基金备案指引第2号——私募股权、创业投资基金》（中国证券投资基金业协会，2023年9月28日）

第六条　私募基金管理人应当按照中国证监会和协会的规定，向投资者进行书面风险揭示和问卷调查，国务院金融监督管理机构监管的机构、符合本指引第四条第二款的投资者可以豁免签署风险揭示书和风险调查问卷等材料。

《基金募集机构投资者适当性管理实施指引（试行）》（中国证券投资基金业协会，中基协发〔2017〕4号，2017年6月28日）

第十六条　基金募集机构通过营业网点等现场方式执行普通投资者申请成为专业投资者，向普通投资者销售高风险产品或者服务，调整投资者分类、基金产品或者服务分级以及适当性匹配意见，向普通投资者销售基金产品或者服务前对其进行风险提示的环节要录音或者录像；通过互联网等非现场方式执行的，基金募集机构及合作平台要完善信息管理平台留痕功能，记录投资者确认信息。

第四十九条　投资者信息发生重大变化的，基金募集机构要及时更新投资者信息，重新评估投资者风险承受能力，并将调整后的风险承受能力告知投资者。

第五十条 基金募集机构销售的基金产品或者服务信息发生变化的,要及时依据基金产品或者服务风险等级划分参考标准,重新评估其风险等级。基金募集机构还要建立长效机制,对基金产品或者服务的风险定期进行评价更新。

第五十一条 由于投资者风险承受能力或基金产品或者服务风险等级发生变化,导致投资者所持有基金产品或者服务不匹配的,基金募集机构要将不匹配情况告知投资者,并给出新的匹配意见。

《私募投资基金募集行为管理办法》(中国基金业协会,2016 年 7 月 15 日)

第十五条 私募基金募集应当履行下列程序:

(一)特定对象确定;

(二)投资者适当性匹配;

(三)基金风险揭示;

(四)合格投资者确认;

(五)投资冷静期;

(六)回访确认。

第十八条 在向投资者推介私募基金之前,募集机构应当采取问卷调查等方式履行特定对象确定程序,对投资者风险识别能力和风险承担能力进行评估。投资者应当以书面形式承诺其符合合格投资者标准。

投资者的评估结果有效期最长不得超过 3 年。募集机构逾期再次向投资者推介私募基金时,需重新进行投资者风险评估。同一私募基金产品的投资者持有期间超过 3 年的,无需再次进行投资者风险评估。

投资者风险承担能力发生重大变化时,可主动申请对自身风险承担能力进行重新评估。

第十九条 募集机构应建立科学有效的投资者问卷调查评估方法,确保问卷结果与投资者的风险识别能力和风险承担能力相匹配。募集机构应当在投资者自愿的前提下获取投资者问卷调查信息。问卷调查主要内容应包括但不限于以下方面：

（一）投资者基本信息，其中个人投资者基本信息包括身份信息、年龄、学历、职业、联系方式等信息；机构投资者基本信息包括工商登记中的必备信息、联系方式等信息；

（二）财务状况，其中个人投资者财务状况包括金融资产状况、最近三年个人年均收入、收入中可用于金融投资的比例等信息；机构投资者财务状况包括净资产状况等信息；

（三）投资知识，包括金融法律法规、投资市场和产品情况、对私募基金风险的了解程度、参加专业培训情况等信息；

（四）投资经验，包括投资期限、实际投资产品类型、投资金融产品的数量、参与投资的金融市场情况等；

（五）风险偏好，包括投资目的、风险厌恶程度、计划投资期限、投资出现波动时的焦虑状态等。

第二十条 募集机构通过互联网媒介在线向投资者推介私募基金之前，应当设置在线特定对象确定程序，投资者应承诺其符合合格投资者标准。前述在线特定对象确定程序包括但不限于：

（一）投资者如实填报真实身份信息及联系方式；

（二）募集机构应通过验证码等有效方式核实用户的注册信息；

（三）投资者阅读并同意募集机构的网络服务协议；

（四）投资者阅读并主动确认其自身符合《私募办法》第三章关于合格投资者的规定；

（五）投资者在线填报风险识别能力和风险承担能力的问卷调查；

（六）募集机构根据问卷调查及其评估方法在线确认投资者的风险识别能力和风险承担能力。

第二十六条 在投资者签署基金合同之前，募集机构应当向投资者说明有关法律法规，说明投资冷静期、回访确认等程序性安排以及投资者的相关权利，重点揭示私募基金风险，并与投资者签署风险揭示书。

风险揭示书的内容包括但不限于：

（一）私募基金的特殊风险，包括基金合同与中国基金业协会合同指引不一致所涉风险、基金未托管所涉风险、基金委托募集所涉风险、外包事项所涉风险、聘请投资顾问所涉风险、未在中国基金业协会登记备案的风险等；

（二）私募基金的一般风险，包括资金损失风险、基金运营风险、流动性风险、募集失败风险、投资标的的风险、税收风险等；

（三）投资者对基金合同中投资者权益相关重要条款的逐项确认，包括当事人权利义务、费用及税收、纠纷解决方式等。

第二十七条 在完成私募基金风险揭示后，募集机构应当要求投资者提供必要的资产证明文件或收入证明。

募集机构应当合理审慎地审查投资者是否符合私募基金合格投资者标准，依法履行反洗钱义务，并确保单只私募基金的投资者人数累计不得超过《证券投资基金法》、《公司法》、《合伙企业法》等法律规定的特定数量。

第二十九条 各方应当在完成合格投资者确认程序后签署私募基金合同。

基金合同应当约定给投资者设置不少于二十四小时的投资冷静期，募集机构在投资冷静期内不得主动联系投资者。

（一）私募证券投资基金合同应当约定，投资冷静期自基金合同签署完毕且投资者交纳认购基金的款项后起算；

（二）私募股权投资基金、创业投资基金等其他私募基金合同关于投资冷静期的约定可以参照前款对私募证券投资基金的相关要求，也可以自行约定。

第三十条 募集机构应当在投资冷静期满后，指令本机构从事基金销售推介业务以外的人员以录音电话、电邮、信函等适当方式进行投资回访。回访过程不得出现诱导性陈述。募集机构在投资冷静期内进行的回访确认无效。

回访应当包括但不限于以下内容：

（一）确认受访人是否为投资者本人或机构；

（二）确认投资者是否为自己购买了该基金产品以及投资者是否按照要求亲笔签名或盖章；

（三）确认投资者是否已经阅读并理解基金合同和风险揭示的内容；

（四）确认投资者的风险识别能力及风险承担能力是否与所投资的私募基金产品相匹配；

（五）确认投资者是否知悉投资者承担的主要费用及费率，投资者的重要权利、私募基金信息披露的内容、方式及频率；

（六）确认投资者是否知悉未来可能承担投资损失；

（七）确认投资者是否知悉投资冷静期的起算时间、期间以及享有的权利；

（八）确认投资者是否知悉纠纷解决安排。

第三十一条　基金合同应当约定，投资者在募集机构回访确认成功前有权解除基金合同。出现前述情形时，募集机构应当按合同约定及时退还投资者的全部认购款项。

未经回访确认成功，投资者交纳的认购基金款项不得由募集账户划转到基金财产账户或托管资金账户，私募基金管理人不得投资运作投资者交纳的认购基金款项。

第三十二条　私募基金投资者属于以下情形的，可以不适用本办法第十七条至第二十一条、第二十六条至第三十一条的规定：

（一）社会保障基金、企业年金等养老基金，慈善基金等社会公益基金；

（二）依法设立并在中国基金业协会备案的私募基金产品；

（三）受国务院金融监督管理机构监管的金融产品；

（四）投资于所管理私募基金的私募基金管理人及其从业人员；

（五）法律法规、中国证监会和中国基金业协会规定的其他投资者。

投资者为专业投资机构的，可不适用本办法第二十九条、第三十

条、第三十一条的规定。

关于适当性募集程序的流程、相关文件签署及要求详见补充七：募集环节的适当性程序。

5. 适当性管理制度

《基金募集机构投资者适当性管理实施指引（试行）》（中国证券投资基金业协会，中基协发〔2017〕4号，2017年6月28日）

第九条 基金募集机构要建立对销售人员的考核、监督问责、培训等机制规范销售人员履行投资者适当性工作职责的情况。

基金募集机构不得采取鼓励其向投资者销售不适当基金产品或者服务的考核、激励机制或措施。

第十条 基金募集机构要加强对销售人员的日常管理，建立管理档案，对销售人员行为、诚信、奖惩等方面进行记录。

第十一条 基金募集机构及其销售人员要对履行投资者适当性管理职责过程中获取的投资者信息、投资者风险承受能力评价结果等信息和资料严格保密，防止该等信息和资料泄露或被不当利用。

第十二条 基金募集机构要建立健全普通投资者回访制度，对购买基金产品或者服务的普通投资者定期抽取一定比例进行回访，对持有R5等级基金产品或者服务的普通投资者增加回访比例和频次。

基金募集机构对回访时发现的异常情况进行持续跟踪，对异常情况进行核查，存在风险隐患的及时排查，并定期整理总结，以完善投资者适当性制度。

第十三条 回访内容包括但不限于以下信息：

（一）受访人是否为投资者本人；

（二）受访人是否已知晓基金产品或者服务的风险以及相关风险警示；

（三）受访人是否已知晓自己的风险承受能力等级、购买的基金产品或者接受的服务的风险等级以及适当性匹配意见；

（四）受访人是否知晓承担的费用以及可能产生的投资损失；

(五)基金募集机构及其工作人员是否存在《办法》第二十二条规定的禁止行为。

第十五条　基金募集机构每半年开展一次投资者适当性管理自查。自查可以采取现场、非现场及暗访相结合的方式进行,并形成自查报告留存备查。

自查内容包括但不限于投资者适当性管理制度建设及落实情况,人员考核及培训情况,投资者投诉处理情况,发现业务风险及时整改情况,以及其他需要报告的事项。

6. 信息保存

《基金募集机构投资者适当性管理实施指引(试行)》(中国证券投资基金业协会,中基协发〔2017〕4号,2017年6月28日)

第十七条　基金募集机构要建立完善的档案管理制度,妥善保存投资者适当性管理业务资料。投资者适当性管理制度、投资者信息资料、告知警示投资者资料、录音录像资料、自查报告等至少保存20年。

《私募投资基金募集行为管理办法》(中国基金业协会,2016年7月15日)

第十一条　募集机构应当妥善保存投资者适当性管理以及其他与私募基金募集业务相关的记录及其他相关资料,保存期限自基金清算终止之日起不得少于10年。

7. 违反适当性义务的法律后果

《全国法院民商事审判工作会议纪要》(最高人民法院,法〔2019〕254号,2019年11月8日)

74.【责任主体】金融产品发行人、销售者未尽适当性义务,导致金融消费者在购买金融产品过程中遭受损失的,金融消费者既可以请求金融产品的发行人承担赔偿责任,也可以请求金融产品的销售者承担赔偿责任,还可以根据《民法总则》第167条的规定,请求金融产品的发行人、销售者共同承担连带赔偿责任。发行人、销售者请求人民法院明确各自的责任份额的,人民法院可以在判决发行人、销售者对金融消费者承担连带赔偿责任的同时，明确发行人、销售者在实际承担了赔偿责任后，有权向责任方追偿其应当承担的赔偿份额。

金融服务提供者未尽适当性义务，导致金融消费者在接受金融服务后参与高风险等级投资活动遭受损失的，金融消费者可以请求金融服务提供者承担赔偿责任。

75.【举证责任分配】在案件审理过程中，金融消费者应当对购买产品（或者接受服务）、遭受的损失等事实承担举证责任。卖方机构对其是否履行了适当性义务承担举证责任。卖方机构不能提供其已经建立了金融产品（或者服务）的风险评估及相应管理制度、对金融消费者的风险认知、风险偏好和风险承受能力进行了测试、向金融消费者告知产品（或者服务）的收益和主要风险因素等相关证据的，应当承担举证不能的法律后果。

77.【损失赔偿数额】卖方机构未尽适当性义务导致金融消费者损失的，应当赔偿金融消费者所受的实际损失。实际损失为损失的本金和利息，利息按照中国人民银行发布的同期同类存款基准利率计算。

……

78.【免责事由】因金融消费者故意提供虚假信息、拒绝听取卖方机构的建议等自身原因导致其购买产品或者接受服务不适当，卖方机构请求免除相应责任的，人民法院依法予以支持，但金融消费者能够证明该虚假信息的出具系卖方机构误导的除外。卖方机构能够举证证明根据金融消费者的既往投资经验、受教育程度等事实，适当性义务的违反并未影响金融消费者作出自主决定的，对其关于应当由金融消费者自负投资风险的抗辩理由，人民法院依法予以支持。

8. 法律责任

与效力性强制性规定或管理性规定的认定、合同效力相关的内容参见“第十八条　【合规募集】中的4. 法律责任中的(2)效力性强制性规定或管理性规定的认定、(3)合同无效及可撤销”的相关内容。

第二十条　【募集六不得】

私募基金不得向合格投资者以外的单位和个人募集或者转让;不得向为他人代持的投资者募集或者转让;不得通过报刊、电台、电视台、互联网等大众传播媒介,电话、短信、即时通讯工具、电子邮件、传单,或者讲座、报告会、分析会等方式向不特定对象宣传推介;不得以虚假、片面、夸大等方式宣传推介;不得以私募基金托管人名义宣传推介;不得向投资者承诺投资本金不受损失或者承诺最低收益。

1. 合格投资者

具体内容参见“第十八条　【合规募集】中的1. 合格投资者”的相关内容。

2. 资金来源合法

《中华人民共和国刑法》(全国人大常委会,中华人民共和国主席令第18号,2024年3月1日)

第一百九十一条　【洗钱罪】为掩饰、隐瞒毒品犯罪、黑社会性质的组织犯罪、恐怖活动犯罪、走私犯罪、贪污贿赂犯罪、破坏金融管理秩序犯罪、金融诈骗犯罪的所得及其产生的收益的来源和性质,有下列行为之一的,没收实施以上犯罪的所得及其产生的收益,处五年以下有期徒刑或者拘役,并处或者单处罚金;情节严重的,处五年以上十年以下有期徒刑,并处罚金:

(一)提供资金帐户的;

(二)将财产转换为现金、金融票据、有价证券的;

(三)通过转帐或者其他支付结算方式转移资金的;

(四)跨境转移资产的;

(五)以其他方法掩饰、隐瞒犯罪所得及其收益的来源和性质的。

单位犯前款罪的,对单位判处罚金,并对其直接负责的主管人员和其他直接责任人员,依照前款的规定处罚。

第三百一十二条　【掩饰、隐瞒犯罪所得、犯罪所得收益罪】明知是犯罪所得及其产生的收益而予以窝藏、转移、收购、代为销售或者以其他方法掩饰、隐瞒的，处三年以下有期徒刑、拘役或者管制，并处或者单处罚金；情节严重的，处三年以上七年以下有期徒刑，并处罚金。

单位犯前款罪的，对单位判处罚金，并对其直接负责的主管人员和其他直接责任人员，依照前款的规定处罚。

《最高人民检察院、公安部关于公安机关管辖的刑事案件立案追诉标准的规定(二)》(最高人民检察院等，公通字〔2022〕12号，2022年5月15日)

第四十三条　〔洗钱案(刑法第一百九十一条)〕为掩饰、隐瞒毒品犯罪、黑社会性质的组织犯罪、恐怖活动犯罪、走私犯罪、贪污贿赂犯罪、破坏金融管理秩序犯罪、金融诈骗犯罪的所得及其产生的收益的来源和性质，涉嫌下列情形之一的，应予立案追诉：

(一)提供资金帐户的；

(二)将财产转换为现金、金融票据、有价证券的；

(三)通过转帐或者其他支付结算方式转移资金的；

(四)跨境转移资产的；

(五)以其他方法掩饰、隐瞒犯罪所得及其收益的来源和性质的。

《中华人民共和国反洗钱法》(全国人大常委会，中华人民共和国主席令第56号，2007年1月1日)

第十五条　金融机构应当依照本法规定建立健全反洗钱内部控制制度，金融机构的负责人应当对反洗钱内部控制制度的有效实施负责。

金融机构应当设立反洗钱专门机构或者指定内设机构负责反洗钱工作。

第十六条　金融机构应当按照规定建立客户身份识别制度。

金融机构在与客户建立业务关系或者为客户提供规定金额以上的现金汇款、现钞兑换、票据兑付等一次性金融服务时，应当要求客户出示真实有效的身份证件或者其他身份证明文件，进行核对并登记。

客户由他人代理办理业务的，金融机构应当同时对代理人和被代理人的身份证件或者其他身份证明文件进行核对并登记。

与客户建立人身保险、信托等业务关系，合同的受益人不是客户本人的，金融机构还应当对受益人的身份证件或者其他身份证明文件进行核对并登记。

金融机构不得为身份不明的客户提供服务或者与其进行交易，不得为客户开立匿名账户或者假名账户。

金融机构对先前获得的客户身份资料的真实性、有效性或者完整性有疑问的，应当重新识别客户身份。

任何单位和个人在与金融机构建立业务关系或者要求金融机构为其提供一次性金融服务时，都应当提供真实有效的身份证件或者其他身份证明文件。

第十七条　金融机构通过第三方识别客户身份的，应当确保第三方已经采取符合本法要求的客户身份识别措施；第三方未采取符合本法要求的客户身份识别措施的，由该金融机构承担未履行客户身份识别义务的责任。

第十八条　金融机构进行客户身份识别，认为必要时，可以向公安、工商行政管理等部门核实客户的有关身份信息。

第十九条　金融机构应当按照规定建立客户身份资料和交易记录保存制度。

在业务关系存续期间，客户身份资料发生变更的，应当及时更新客户身份资料。

客户身份资料在业务关系结束后、客户交易信息在交易结束后，应当至少保存五年。

金融机构破产和解散时，应当将客户身份资料和客户交易信息移交国务院有关部门指定的机构。

第二十条　金融机构应当按照规定执行大额交易和可疑交易报告制度。

金融机构办理的单笔交易或者在规定期限内的累计交易超过规

定金额或者发现可疑交易的,应当及时向反洗钱信息中心报告。

第二十一条 金融机构建立客户身份识别制度、客户身份资料和交易记录保存制度的具体办法,由国务院反洗钱行政主管部门会同国务院有关金融监督管理机构制定。金融机构大额交易和可疑交易报告的具体办法,由国务院反洗钱行政主管部门制定。

第二十二条 金融机构应当按照反洗钱预防、监控制度的要求,开展反洗钱培训和宣传工作。

《私募投资基金监督管理暂行办法》(中国证券监督管理委员会,中国证券监督管理委员会令第105号,2014年8月21日)

第十九条 投资者应当确保投资资金来源合法,不得非法汇集他人资金投资私募基金。

《证券投资基金销售机构内部控制指导意见》(中国证券监督管理委员会,证监基金字〔2007〕277号,2008年1月1日)

第十二条 基金销售机构应切实履行反洗钱义务,建立和完善反洗钱内部控制制度,确保基金销售业务各环节符合反洗钱法律法规的要求。

《私募投资基金备案指引第1号——私募证券投资基金》(中国证券投资基金业协会,2023年9月28日)

第五条第一款 私募基金管理人、基金销售机构应当确保私募证券基金的投资者具备与其认(申)购基金相匹配的出资能力,投资者不得汇集他人资金认(申)购私募证券基金。

第五条第三款 协会办理私募证券基金备案时,可以视情况要求私募基金管理人提供投资者的出资能力证明等材料。

《私募投资基金备案指引第2号——私募股权、创业投资基金》(中国证券投资基金业协会,2023年9月28日)

第五条 私募基金管理人、基金销售机构应当确保私募股权基金的投资者具备与其认缴、认(申)购金额相匹配的出资能力,投资者不得汇集他人资金投资私募股权基金。

协会办理私募股权基金备案时,可以视情形要求私募基金管理人提供投资者的出资能力证明等材料。

《私募投资基金募集行为管理办法》(中国基金业协会,2016年7月15日)

第六条　募集机构应当恪尽职守、诚实信用、谨慎勤勉,防范利益冲突,履行说明义务、反洗钱义务等相关义务,承担特定对象确定、投资者适当性审查、私募基金推介及合格投资者确认等相关责任。

募集机构及其从业人员不得从事侵占基金财产和客户资金、利用私募基金相关的未公开信息进行交易等违法活动。

《基金募集机构投资者适当性管理实施指引(试行)》(中国证券投资基金业协会,中基协发〔2017〕4号,2017年6月28日)

第二十一条　基金募集机构在为投资者开立账户时,要以纸质或者电子文档的形式,向投资者提供信息表,要求其填写相关信息,并遵循以下程序:

(一)基金募集机构要执行对投资者的身份认证程序,核查投资者的投资资格,切实履行反洗钱等法律义务;

……

3. 非公开方式

《中华人民共和国证券投资基金法》(全国人大常委会,中华人民共和国主席令第23号,2015年4月24日)

第九十一条　非公开募集基金,不得向合格投资者之外的单位和个人募集资金,不得通过报刊、电台、电视台、互联网等公众传播媒体或者讲座、报告会、分析会等方式向不特定对象宣传推介。

《中国证券监督管理委员会关于加强私募投资基金监管的若干规定》(中国证券监督管理委员会,中国证券监督管理委员会公告〔2020〕71号,2020年12月30日)

第六条　私募基金管理人、私募基金销售机构及其从业人员在私募基金募集过程中不得直接或者间接存在下列行为:

……

(二)通过报刊、电台、电视、互联网等公众传播媒体,讲座、报告会、分析会等方式，布告、传单、短信、即时通讯工具、博客和电子邮件等载体，向不特定对象宣传推介，但是通过设置特定对象确定程序的官网、客户端等互联网媒介向合格投资者进行宣传推介的情形除外；

……

《私募投资基金监督管理暂行办法》（中国证券监督管理委员会，中国证券监督管理委员会令第105号，2014年8月21日）

第十四条 私募基金管理人、私募基金销售机构不得向合格投资者之外的单位和个人募集资金，不得通过报刊、电台、电视、互联网等公众传播媒体或者讲座、报告会、分析会和布告、传单、手机短信、微信、博客和电子邮件等方式，向不特定对象宣传推介。

《证券期货经营机构私募资产管理业务运作管理暂行规定》（中国证券监督管理委员会，中国证券监督管理委员会公告〔2016〕13号，2016年7月18日）

第三条 证券期货经营机构及相关销售机构不得违规销售资产管理计划，不得存在不适当宣传、误导欺诈投资者以及以任何方式向投资者承诺本金不受损失或者承诺最低收益等行为，包括但不限于以下情形：

……

（七）通过报刊、电台、电视、互联网等公众传播媒体，讲座、报告会、分析会等方式，布告、传单、短信、微信、博客和电子邮件等载体，向不特定对象宣传具体产品，但证券期货经营机构和销售机构通过设置特定对象确定程序的官网、客户端等互联网媒介向已注册特定对象进行宣传推介的除外；

……

4. 宣传推介

《中国证券监督管理委员会关于加强私募投资基金监管的若干规定》（中国证券监督管理委员会，中国证券监督管理委员会公告〔2020〕71号，2020年12月30日）

第六条 私募基金管理人、私募基金销售机构及其从业人员在私募基金募集过程中不得直接或者间接存在下列行为：

……

（五）向投资者宣传的私募基金投向与私募基金合同约定投向不符；

（六）宣传推介材料有虚假记载、误导性陈述或者重大遗漏，包括未真实、准确、完整披露私募基金交易结构、各方主要权利义务、收益分配、费用安排、关联交易、委托第三方机构以及私募基金管理人的出资人、实际控制人等情况；

……

《私募投资基金募集行为管理办法》（中国基金业协会，2016年7月15日）

第二十二条　私募基金推介材料应由私募基金管理人制作并使用。私募基金管理人应当对私募基金推介材料内容的真实性、完整性、准确性负责。

除私募基金管理人委托募集的基金销售机构可以使用推介材料向特定对象宣传推介外，其他任何机构或个人不得使用、更改、变相使用私募基金推介材料。

第二十三条　募集机构应当采取合理方式向投资者披露私募基金信息，揭示投资风险，确保推介材料中的相关内容清晰、醒目。私募基金推介材料内容应与基金合同主要内容一致，不得有任何虚假记载、误导性陈述或者重大遗漏。如有不一致的，应当向投资者特别说明。私募基金推介材料内容包括但不限于：

（一）私募基金的名称和基金类型；

（二）私募基金管理人名称、私募基金管理人登记编码、基金管理团队等基本信息；

（三）中国基金业协会私募基金管理人以及私募基金公示信息（含相关诚信信息）；

（四）私募基金托管情况（如无，应以显著字体特别标注）、其他服务提供商（如律师事务所、会计师事务所、保管机构等），是否聘用投资顾问等；

（五）私募基金的外包情况；

（六）私募基金的投资范围、投资策略和投资限制概况；

（七）私募基金收益与风险的匹配情况；

（八）私募基金的风险揭示；

（九）私募基金募集结算资金专用账户及其监督机构信息；

（十）投资者承担的主要费用及费率，投资者的重要权利（如认购、赎回、转让等限制、时间和要求等）；

（十一）私募基金承担的主要费用及费率；

（十二）私募基金信息披露的内容、方式及频率；

（十三）明确指出该文件不得转载或给第三方传阅；

（十四）私募基金采取合伙企业、有限责任公司组织形式的，应当明确说明入伙（股）协议不能替代合伙协议或公司章程。说明根据《合伙企业法》或《公司法》，合伙协议、公司章程依法应当由全体合伙人、股东协商一致，以书面形式订立。申请设立合伙企业、公司或变更合伙人、股东的，并应当向企业登记机关履行申请设立及变更登记手续；

（十五）中国基金业协会规定的其他内容。

第二十四条 募集机构及其从业人员推介私募基金时，禁止有以下行为：

（一）公开推介或者变相公开推介；

（二）推介材料虚假记载、误导性陈述或者重大遗漏；

（三）以任何方式承诺投资者资金不受损失，或者以任何方式承诺投资者最低收益，包括宣传“预期收益”、“预计收益”、“预测投资业绩”等相关内容；

（四）夸大或者片面推介基金，违规使用“安全”、“保证”、“承诺”、“保险”、“避险”、“有保障”、“高收益”、“无风险”等可能误导投资人进行风险判断的措辞；

（五）使用“欲购从速”、“申购良机”等片面强调集中营销时间限制的措辞；

（六）推介或片面节选少于6个月的过往整体业绩或过往基金产品业绩；

（七）登载个人、法人或者其他组织的祝贺性、恭维性或推荐性的文字；

（八）采用不具有可比性、公平性、准确性、权威性的数据来源和方法进行业绩比较，任意使用“业绩最佳”、“规模最大”等相关措辞；

（九）恶意贬低同行；

（十）允许非本机构雇佣的人员进行私募基金推介；

（十一）推介非本机构设立或负责募集的私募基金；

（十二）法律、行政法规、中国证监会和中国基金业协会禁止的其他行为。

第二十五条　募集机构不得通过下列媒介渠道推介私募基金：

（一）公开出版资料；

（二）面向社会公众的宣传单、布告、手册、信函、传真；

（三）海报、户外广告；

（四）电视、电影、电台及其他音像等公共传播媒体；

（五）公共、门户网站链接广告、博客等；

（六）未设置特定对象确定程序的募集机构官方网站、微信朋友圈等互联网媒介；

（七）未设置特定对象确定程序的讲座、报告会、分析会；

（八）未设置特定对象确定程序的电话、短信和电子邮件等通讯媒介；

（九）法律、行政法规、中国证监会规定和中国基金业协会自律规则禁止的其他行为。

5.不得以托管人名义宣传推介

《中国证券监督管理委员会关于加强私募投资基金监管的若干规定》（中国证券监督管理委员会，中国证券监督管理委员会公告〔2020〕71号，2020年12月30日）

第六条　私募基金管理人、私募基金销售机构及其从业人员在私募基金募集过程中不得直接或者间接存在下列行为：

……

（七）以登记备案、金融机构托管、政府出资等名义为增信手段进行误导性宣传推介；

……

《中国银行业协会商业银行资产托管业务指引》（中国银行业协会，2019年3月18日）

第二十九条 在资产托管业务中，托管银行应如实宣传托管职责。除必要的披露及监管要求外，托管银行应与管理人等合同签署方在合同中约定，其不得以托管银行的名义做营销宣传。

6. 不得保本保收益

《中国证券监督管理委员会关于加强私募投资基金监管的若干规定》（中国证券监督管理委员会，中国证券监督管理委员会公告〔2020〕71号，2020年12月30日）

第六条 私募基金管理人、私募基金销售机构及其从业人员在私募基金募集过程中不得直接或者间接存在下列行为：

……

（三）口头、书面或者通过短信、即时通讯工具等方式直接或者间接向投资者承诺保本保收益，包括投资本金不受损失、固定比例损失或者承诺最低收益等情形；

（四）夸大、片面宣传私募基金，包括使用安全、保本、零风险、收益有保障、高收益、本金无忧等可能导致投资者不能准确认识私募基金风险的表述，或者向投资者宣传预期收益率、目标收益率、基准收益率等类似表述；

……

《证券期货经营机构私募资产管理业务运作管理暂行规定》（中国证券监督管理委员会，中国证券监督管理委员会公告〔2016〕13号，2016年7月18日）

第三条 证券期货经营机构及相关销售机构不得违规销售资产

管理计划,不得存在不适当宣传、误导欺诈投资者以及以任何方式向投资者承诺本金不受损失或者承诺最低收益等行为,包括但不限于以下情形:

(一)资产管理合同及销售材料中存在包含保本保收益内涵的表述,如零风险、收益有保障、本金无忧等;

(二)资产管理计划名称中含有"保本"字样;

(三)与投资者私下签订回购协议或承诺函等文件,直接或间接承诺保本保收益;

(四)向投资者口头或者通过短信、微信等各种方式承诺保本保收益;

……

(十)向投资者宣传资产管理计划预期收益率;

……

第四条　证券期货经营机构设立结构化资产管理计划,不得违背利益共享、风险共担、风险与收益相匹配的原则,不得存在以下情形:

(一)直接或者间接对优先级份额认购者提供保本保收益安排,包括但不限于在结构化资产管理计划合同中约定计提优先级份额收益、提前终止罚息、劣后级或第三方机构差额补足优先级收益、计提风险保证金补足优先级收益等;

(二)未对结构化资产管理计划劣后级份额认购者的身份及风险承担能力进行充分适当的尽职调查;

(三)未在资产管理合同中充分披露和揭示结构化设计及相应风险情况、收益分配情况、风控措施等信息;

(四)股票类、混合类结构化资产管理计划的杠杆倍数超过1倍,固定收益类结构化资产管理计划的杠杆倍数超过3倍,其他类结构化资产管理计划的杠杆倍数超过2倍;

(五)通过穿透核查结构化资产管理计划投资标的,结构化资产管理计划嵌套投资其他结构化金融产品劣后级份额;

(六)结构化资产管理计划名称中未包含"结构化"或"分级"字样;

（七）结构化资产管理计划的总资产占净资产的比例超过140%，非结构化集合资产管理计划（即“一对多”）的总资产占净资产的比例超过200%。

《中国人民银行、中国银行保险监督管理委员会、中国证券监督管理委员会、国家外汇管理局关于规范金融机构资产管理业务的指导意见》（中国人民银行等，银发〔2018〕106号，2018年4月27日）

二、……

资产管理业务是金融机构的表外业务，金融机构开展资产管理业务时不得承诺保本保收益。出现兑付困难时，金融机构不得以任何形式垫资兑付。金融机构不得在表内开展资产管理业务。

……

《私募投资基金登记备案办法》（中国证券投资基金业协会，中基协发〔2023〕5号，2023年5月1日）

第二十七条第二款 私募基金管理人及其股东、合伙人、实际控制人、关联方和基金销售机构，以及前述机构的工作人员不得以任何方式明示或者暗示基金预期收益率，不得承诺或者误导投资者投资本金不受损失或者限定损失金额和比例，或者承诺最低收益。

《私募投资基金备案指引第1号——私募证券投资基金》（中国证券投资基金业协会，2023年9月28日）

第十六条 私募基金管理人及私募证券基金不得通过设置增强资金、费用返还等方式调节基金收益或者亏损，不得以自有资金认购的基金份额先行承担亏损的方式提供风险补偿。

第十八条 私募基金管理人应当根据私募证券基金的投资范围、投资策略、产品结构等因素设置合理的管理费。私募基金管理人以外的其他主体不得收取管理费。私募基金管理人不得通过约定管理费返还等方式，变相向投资者提供保本保收益安排。

《私募投资基金备案指引第2号——私募股权、创业投资基金》（中国证券投资基金业协会，2023年9月28日）

第十九条 私募基金管理人应当设置合理的管理费。私募基金管理人不收取管理费或者管理费明显低于管理基金成本的,应当具有合理性,并在提请办理备案时提供相关说明。私募基金管理人以外的其他主体不得收取管理费。私募基金管理人不得通过约定管理费返还等方式,变相向投资者提供保本保收益安排。

第二十条　私募股权基金的业绩报酬计提应当清晰、合理,与基金实际表现相挂钩,不得采取在特定基准线以上100%计提等类似存款计息的计提方式。

7. 法律责任

与效力性强制性规定或管理性规定的认定、合同效力相关的内容参见"第十八条　【合规募集】中的4. 法律责任中的(2)效力性强制性规定或管理性强制性规定的认定、(3)合同无效及可撤销"的相关内容。

第二十一条　【私募基金显名】

私募基金管理人运用私募基金财产进行投资的,在以私募基金管理人名义开立账户、列入所投资企业股东名册或者持有其他私募基金财产时,应当注明私募基金名称。

《中华人民共和国公司法》(全国人大常委会,中华人民共和国主席令第15号,2024年7月1日)

第五十五条　有限责任公司成立后,应当向股东签发出资证明书,记载下列事项:

(一)公司名称;

(二)公司成立日期;

(三)公司注册资本;

(四)股东的姓名或者名称、认缴和实缴的出资额、出资方式和出资日期;

(五)出资证明书的编号和核发日期。

出资证明书由法定代表人签名,并由公司盖章。

第一百零二条　股份有限公司应当制作股东名册并置备于公司。股东名册应当记载下列事项：

（一）股东的姓名或者名称及住所；

（二）各股东所认购的股份种类及股份数；

（三）发行纸面形式的股票的，股票的编号；

（四）各股东取得股份的日期。

《最高人民法院关于适用〈中华人民共和国公司法〉若干问题的规定（三）》（最高人民法院，法释〔2020〕18号，2021年1月1日）

第二十三条　当事人依法履行出资义务或者依法继受取得股权后，公司未根据公司法第三十一条、第三十二条的规定签发出资证明书、记载于股东名册并办理公司登记机关登记，当事人请求公司履行上述义务的，人民法院应予支持。

《中华人民共和国合伙企业法》（全国人大常委会，中华人民共和国主席令第55号，2007年6月1日）

第十八条　合伙协议应当载明下列事项：

（一）合伙企业的名称和主要经营场所的地点；

（二）合伙目的和合伙经营范围；

（三）合伙人的姓名或者名称、住所；

（四）合伙人的出资方式、数额和缴付期限；

（五）利润分配、亏损分担方式；

（六）合伙事务的执行；

（七）入伙与退伙；

（八）争议解决办法；

（九）合伙企业的解散与清算；

（十）违约责任。

《私募投资基金登记备案办法》（中国证券投资基金业协会，中基协发〔2023〕5号，2023年5月1日）

第三十七条　私募基金管理人运用基金财产进行股权投资，或者持有的被投企业股权、财产份额发生变更的，应当根据《中华人民共和国公司法》《中华人民共和国合伙企业法》等法律法规的规定，及时采取要求被投企业更新股东名册、向登记机关办理登记或者变更登记等合法合规方式进行投资确权。

基金托管人应当督促私募基金管理人及时办理前款规定的市场主体登记或者变更登记。私募基金管理人应当及时将相关情况告知基金托管人并按照基金合同约定向投资者披露。

《上海市人民政府办公厅关于进一步促进上海股权投资行业高质量发展的若干措施》（上海市人民政府办公厅，沪府办规〔2023〕29号，2024年2月1日）

（五）开展契约型私募基金登记试点。按照《条例》有关规定，开展契约型私募基金投资企业的市场主体登记试点，股权投资基金管理人运用契约型股权投资基金财产进行投资的，在以股权投资基金管理人名义开立账户、列入所投资企业股东名册或者持有其他股权投资基金财产时，注明该契约型股权投资基金名称。

*编者注：2022年3月29日，契约型私募基金商事登记在深圳进行试点推行，契约型私募基金完成登记后将作为公司股东或合伙企业合伙人在被投企业的商事公示信息中体现。具体登记方式为：契约型私募基金管理人以"私募基金管理人的名称"（代表"契约型私募基金产品名称"）的形式将该契约型私募基金登记为被投资公司股东或合伙企业合伙人。2024年1月10日，上海市人民政府办公厅发布文件，规定股权投资基金管理人运用契约型股权投资基金财产进行投资活动时，需在开立账户、企业股东名册列示等事项中注明契约型基金名称。

第二十二条　【基金备案】

私募基金管理人应当自私募基金募集完毕之日起20个工作日内，向登记备案机构报送下列材料，办理备案：

（一）基金合同；

（二）托管协议或者保障私募基金财产安全的制度措施；

（三）私募基金财产证明文件；

（四）投资者的基本信息、认购金额、持有基金份额的数量及其受益所有人相关信息；

（五）国务院证券监督管理机构规定的其他材料。

私募基金应当具有保障基本投资能力和抗风险能力的实缴募集资金规模。登记备案机构根据私募基金的募集资金规模等情况实施分类公示，对募集的资金总额或者投资者人数达到规定标准的，应当向国务院证券监督管理机构报告。

1. 备案信息

《私募投资基金监督管理暂行办法》（中国证券监督管理委员会，中国证券监督管理委员会令第105号，2014年8月21日）

第八条 各类私募基金募集完毕，私募基金管理人应当根据基金业协会的规定，办理基金备案手续，报送以下基本信息：

（一）主要投资方向及根据主要投资方向注明的基金类别；

（二）基金合同、公司章程或者合伙协议。资金募集过程中向投资者提供基金招募说明书的，应当报送基金招募说明书。以公司、合伙等企业形式设立的私募基金，还应当报送工商登记和营业执照正副本复印件；

（三）采取委托管理方式的，应当报送委托管理协议。委托托管机构托管基金财产的，还应当报送托管协议；

（四）基金业协会规定的其他信息。

基金业协会应当在私募基金备案材料齐备后的20个工作日内，通过网站公告私募基金名单及其基本情况的方式，为私募基金办结备案手续。

第九条 基金业协会为私募基金管理人和私募基金办理登记备案不构成对私募基金管理人投资能力、持续合规情况的认可；不作为对基金财产安全的保证。

第二十七条　基金业协会应当建立私募基金管理人登记、私募基金备案管理信息系统。

基金业协会应当对私募基金管理人和私募基金信息严格保密。除法律法规另有规定外，不得对外披露。

第三十六条　基金业协会在基金管理人登记、基金备案、投资情况报告要求和会员管理等环节，对创业投资基金采取区别于其他私募基金的差异化行业自律，并提供差异化会员服务。

《私募投资基金登记备案办法》（中国证券投资基金业协会，中基协发〔2023〕5号，2023年5月1日）

第五条　协会办理登记备案不表明对私募基金管理人的投资能力、风控合规和持续经营情况作出实质性判断，不作为对私募基金财产安全和投资者收益的保证，也不表明协会对登记备案材料的真实性、准确性、完整性作出保证。

投资者应当充分了解私募基金的投资范围、投资策略和风险收益等信息，根据自身风险承担能力审慎选择私募基金管理人和私募基金，自主判断投资价值，自行承担投资风险。

第三十六条　私募基金应当约定明确的存续期。私募股权基金约定的存续期除另有规定外，不得少于5年。鼓励私募基金管理人设立存续期不少于7年的私募股权基金。

第五十五条　私募基金下列信息发生变更的，私募基金管理人应当自变更之日起10个工作日内，向协会履行变更手续：

（一）基金合同约定的存续期限、投资范围、投资策略、投资限制、收益分配原则、基金费用等重要事项；

（二）私募基金类型；

（三）私募基金管理人、私募基金托管人；

（四）负责份额登记、估值、信息技术服务等业务的基金服务机构；

（五）影响基金运行和投资者利益的其他重大事项。

私募基金备案信息发生变更，有本办法第二十五条第一款第六项规定的情形，或者变更后不符合规定要求的，协会终止办理变更，退回变更材料并说明理由。

* 编者注：关于私募投资基金备案申请材料：《私募投资基金备案材料清单（证券类）（2023 年修订）》（中国证券投资基金业协会，2023 年 9 月 28 日）、《私募投资基金备案材料清单（非证券类）（2023 年修订）》（中国证券投资基金业协会，2023 年 9 月 28 日），详见 http://fg. amac. ory. cn//governmentrules – 3854/2cgz – zlgz/zlgz – smji/zlgz – smjj – cpba/20231130 – 24910. html。

《私募投资基金备案指引第 1 号——私募证券投资基金》（中国证券投资基金业协会，2023 年 9 月 28 日）

第三条第一款 私募基金管理人按照《登记备案办法》第三十九条的规定提请办理私募证券基金备案的，所提交的募集推介材料应当为私募基金管理人、基金销售机构在募集过程中真实使用的募集推介材料。

第十条 私募证券基金的基金合同应当约定明确、合理的存续期，不得约定无固定期限。

第二十二条 私募证券基金发生《登记备案办法》第五十五条规定的信息变更的，私募基金管理人应当自变更之日起 10 个工作日内，向协会报送变更决议文件、变更事项说明函以及下列变更材料，履行变更手续：

（一）基金合同约定的存续期限、投资范围、投资策略、投资限制、收益分配原则、基金费用等事项变更的，还应当提交补充协议或者履行基金合同中变更程序所涉及材料；

（二）私募基金托管人变更的，还应当提交托管人变更协议、重新签订的托管协议或者基金合同；

（三）基金服务机构变更的，还应当提交重新签订的基金服务协议；

（四）影响基金运行和投资者利益的其他重大事项发生变更的，

还应当提交相应变更事项所涉及材料；

（五）中国证监会、协会规定的其他材料。

私募证券基金发生上述信息变更的，私募基金管理人应当向投资者披露并采取设置临时开放日或者其他保障投资者赎回私募证券基金权利的措施，但变更内容有利于投资者的除外。

《私募投资基金备案指引第 2 号——私募股权、创业投资基金》（中国证券投资基金业协会，2023 年 9 月 28 日）

第二条　私募基金管理人办理私募股权基金的备案、备案信息变更和清算等业务，适用本指引。

第三条第一款　私募基金管理人按照《登记备案办法》第三十九条的规定提请办理私募股权基金备案的，所提交的募集推介材料应当为私募基金管理人、基金销售机构在募集过程中真实使用的募集推介材料。

第二十六条第一款　私募基金管理人超过《登记备案办法》第三十九条规定的时限提请办理私募股权基金备案手续的，私募股权基金应当符合下列要求：

（一）实缴规模不低于 1000 万元；

（二）由私募基金托管人进行托管；

（三）投资范围符合《登记备案办法》第三十一条和本指引第十三条的要求；

（四）《登记备案办法》和本指引关于私募股权基金备案的其他要求。

第二十七条　私募股权基金发生《登记备案办法》第五十五条规定的信息变更的，私募基金管理人应当自变更之日起 10 个工作日内，向协会报送变更决议文件、变更事项说明函以及下列变更材料，履行变更手续：

（一）基金合同约定的存续期限、投资范围、投资策略、投资限制、收益分配原则、基金费用等事项变更的，还应当提交补充协议或者履行基金合同中变更程序所涉及材料；

（二）私募基金托管人变更的，还应当提交托管人变更协议、重新签订的托管协议或者基金合同；

（三）基金服务机构变更的，还应当提交重新签订的基金服务协议；

（四）影响基金运行和投资者利益的其他重大事项变更的，还应当提交相应变更事项所涉及材料；

（五）中国证监会、协会规定的其他材料。

私募股权基金发生基金类型变更的，相关程序和材料等要求由协会另行制定。

第三十五条 本指引下列用语的含义：

……

（七）变更之日：变更事项需要办理市场主体变更登记的，是指市场主体变更登记之日；变更事项无需办理市场主体变更登记的，是指相关协议或者决议生效之日。

2. 备案程序

《中华人民共和国证券投资基金法》（全国人大常委会，中华人民共和国主席令第23号，2015年4月24日）

第九十四条第一款 非公开募集基金募集完毕，基金管理人应当向基金行业协会备案。对募集的资金总额或者基金份额持有人的人数达到规定标准的基金，基金行业协会应当向国务院证券监督管理机构报告。

《中国证券投资基金业协会关于改进私募基金管理人登记备案相关工作的通知》（中国证券投资基金业协会，2014年12月31日）

三、重申私募基金登记备案工作要求

根据《证券投资基金法》和《私募投资基金监督管理暂行办法》，各类私募基金管理人在开展私募投资基金业务前，应当在基金业协会完成私募基金管理人登记手续；各类私募基金募集完毕后应当向基金业协会履行备案手续。未履行登记备案义务的，按照《私募投资基金监督管理暂行办法》第三十八条处理。

……

《私募投资基金登记备案办法》（中国证券投资基金业协会，中基协发〔2023〕5号，2023年5月1日）

第三十九条　私募基金管理人应当自私募基金募集完毕之日起20个工作日内，向协会报送下列材料，办理备案手续：

（一）基金合同；

（二）托管协议或者保障基金财产安全的制度措施相关文件；

（三）募集账户监督协议；

（四）基金招募说明书；

（五）风险揭示书以及投资者适当性相关文件；

（六）募集资金实缴证明文件；

（七）投资者基本信息、认购金额、持有基金份额的数量及其受益所有人相关信息；

（八）中国证监会、协会规定的其他材料。

募集完毕是指私募基金的已认缴投资者已签署基金合同，且首期实缴募集资金已进入托管账户等基金财产账户。单个投资者首期实缴出资除另有规定外，不得低于合格投资者的最低出资要求。

第四十条第一款　协会自备案材料齐备之日起20个工作日内为私募基金办结备案手续。私募基金备案信息、材料不完备或者不符合要求的，私募基金管理人应当根据协会的要求及时补正，或者进行解释说明或者补充、修改。协会对备案信息、材料的核查以及办理时限，适用本办法第二十三条第二款、第三款的规定。

第七十五条　私募基金管理人有下列情形之一的，协会可以视情况要求其管理的私募基金不得新增投资者和基金规模，不得新增投资：

（一）因有本办法第四十二条规定的情形被协会暂停备案，情节严重；

（二）有本办法第四十四条第二款规定的情形，情节特别严重；

（三）被协会采取限制相关业务活动的措施；

（四）中国证监会及其派出机构要求限制相关业务活动；

（五）中国证监会、协会规定的其他情形。

《私募投资基金备案指引第1号——私募证券投资基金》（中国证券投资基金业协会，2023年9月28日）

第三条第一款 私募基金管理人按照《登记备案办法》第三十九条的规定提请办理私募证券基金备案的，所提交的募集推介材料应当为私募基金管理人、基金销售机构在募集过程中真实使用的募集推介材料。

《私募投资基金备案指引第2号——私募股权、创业投资基金》（中国证券投资基金业协会，2023年9月28日）

第三十条 已备案的公司型或者合伙型私募股权基金，经投资者和私募基金管理人协商一致解除委托管理关系，作为非基金形式的公司或者合伙企业继续运作的，应当及时变更名称和经营范围，不得保留"基金"或者其他误导性字样，私募基金管理人不得担任其股东或者合伙人。自变更之日起10个工作日内，私募基金管理人应当向协会提请办理基金注销。

作为非基金形式存续的公司或者合伙企业不得以基金形式继续运作，不得再次委托私募基金管理人管理，不得再次提请备案为私募基金。

《中国证券投资基金业协会关于发布私募基金登记备案相关常见问题解答的通知》（中国证券投资基金业协会，中基协字〔2015〕103号，2015年6月4日）

7. 私募基金登记备案的方式？

私募基金管理人通过中国证券投资基金业协会私募基金登记备案系统，在网上提交登记备案申请信息，网上办理登记备案相关手续。系统网址为：https://pf.amac.org.cn（建议使用IE浏览器）。

3. 变更管理人

《私募投资基金备案指引第3号——私募投资基金变更管理人》（中国证券投资基金业协会，2023年9月28日实施）

第一条 为了规范私募投资基金（以下简称私募基金）变更管理人业务，保护投资者合法权益，根据《中华人民共和国证券投资基金法》《私募投资基金监督管理条例》《私募投资基金监督管理暂行办法》《私募投资基金登记备案办法》(以下简称《登记备案办法》)等，制定本指引。

第二条 已在协会备案的私募基金，提请办理私募基金变更管理人业务的，适用本指引。

第三条 私募基金原管理人(以下简称原管理人)和变更后的私募基金新管理人(以下简称新管理人)应当遵循投资者利益优先原则，明确管理人变更程序、职责划分情况和权利义务转移等，妥善处置基金财产。

第四条 私募基金的管理人拟发生变更的，应当按照相关规定和基金合同、合伙协议或者公司章程(以下统称基金合同)约定履行变更程序。私募基金变更管理人须经持有基金份额三分之二以上的投资者同意。

基金合同未约定变更管理人程序的，应当按照合同约定的决策机制，通过召开基金份额持有人大会、合伙人会议或者股东会等方式决议，并符合下列要求：

(一)决议机构具有相应的决议权限；

(二)决议程序符合法律、行政法规、中国证监会的规定和基金合同的约定，除另有规定外，决议事项应当经所持表决权占基金份额三分之二以上的投资者同意；

(三)决议内容符合法律、行政法规、中国证监会的规定和基金合同的约定；

(四)决议内容未损害投资者合法权益。

第五条 新管理人应当符合下列要求：

(一)具备持续展业能力，且不存在《登记备案办法》第四十二条规定的情形；

(二)有正在管理的私募基金，但原管理人、新管理人受同一实际控制人控制的除外；

(三)符合专业化运营原则，新管理人业务类型与私募基金类型一致；

（四）中国证监会、协会规定的其他要求。

第六条 提请办理私募基金变更管理人业务的，应当向协会提交下列材料：

（一）变更私募基金管理人的原因和合理性说明；

（二）原管理人、新管理人、投资者、私募基金托管人（如有）共同签署的同意变更管理人的协议，或者基金份额持有人大会、合伙人会议或者股东会通过的同意变更管理人的决议；

（三）解除原基金合同或者委托管理协议的法律文件（如有）；

（四）新基金合同或者委托管理协议；

（五）私募基金托管人（如有）对新管理人是否符合本指引第五条规定发表的意见；

（六）合伙型或者公司型基金工商登记信息发生变更的，应当提交变更后的工商登记信息；

（七）信息变更承诺函；

（八）中国证监会、协会规定的其他材料。

第七条 私募基金管理人发生变更的，原管理人应当自变更之日起10个工作日内向协会履行变更手续，按照本指引第六条规定提交材料并经新管理人确认。

第八条 私募基金有下列情形之一，无法由原管理人向协会提请变更申请的，由新管理人向协会履行变更手续：

（一）原管理人依法解散、注销，依法被撤销、吊销营业执照、责令关闭或者被依法宣告破产；

（二）原管理人被协会注销、撤销登记；

（三）投资者、私募基金托管人或者其他基金合同当事人均无法与原管理人取得有效联系；

（四）其他特殊情形。

第九条 私募基金有本指引第八条第一项规定情形的，新管理人应当提交本指引第六条规定的材料。

第十条　私募基金有本指引第八条第二项规定情形的,新管理人应当提交本指引第六条规定的材料。原管理人因失联被协会注销登记的,还应当提交本指引第十一条第三款规定的材料。

第十一条　私募基金有本指引第八条第三项规定情形的,协会根据相关自律规则对原管理人进行失联处理。失联处理期间,协会中止办理管理人变更手续。

原管理人与协会取得有效联系并被终止失联程序,按照基金合同的约定与投资者达成有效决议、协议或者处理方案的,适用本指引第七条规定。

原管理人因失联被注销登记的,新管理人还应当按照下列要求履行变更手续:

(一)全体投资者一致同意变更管理人的,须由全体投资者、私募基金托管人(如有)签署同意变更管理人的协议;

(二)全体投资者未达成一致意见的,应当召开基金份额持有人大会、合伙人会议或股东会形成有效决议,经公证机关公证并由中国证监会备案的律师事务所发表法律意见。法律意见书应当由对基金份额持有人大会、合伙人会议或者股东会等召集及决议程序的合法性和有效性发表明确的结论性意见。

第十二条　原管理人不同意向协会履行管理人变更手续的,新管理人可以向协会提请变更申请,协会将通过登记备案电子系统通知原管理人。原管理人应当自收到通知后5个工作日内向协会提交不同意变更的说明材料,并在20个工作日内向协会提交人民法院受理通知书等提起诉讼的材料。协会自收到原管理人相关材料之日起中止办理管理人变更手续,逾期未提交的,协会恢复办理管理人变更手续。法律、行政法规和中国证监会另有规定的,从其规定。

司法机关就私募基金管理人变更作出发生法律效力的判决、裁定的,原管理人或者新管理人应当及时向协会提交相关法律文书,协会根据相关法律文书办理变更手续。

第十三条　投资者就变更私募基金管理人无法达成有效决议、

协议或者处理方案的，应当按照《登记备案办法》第五十六条的规定，由原管理人或者新管理人向协会提交下列材料：

（一）司法机关或者仲裁机构就私募基金管理人变更作出的发生法律效力的判决、裁定或者仲裁裁决；

（二）本指引第六条规定的材料。

第十四条 私募基金按照基金合同约定已完成管理人变更程序，但仍有少数投资者未与新管理人签署基金合同的，新管理人应当建立少数投资者权益保障机制，保证公平对待所有投资者，确保少数投资者的基金份额权益不因管理人变更受到影响。

新管理人应当恪尽职守、勤勉尽责，持续做好基金合同签署工作，并及时向协会提交新签署的基金合同。

第十五条 有下列情形之一的，协会不予办理私募基金变更管理人手续：

（一）有《登记备案办法》第四十一条第一款规定的不予备案情形；

（二）私募基金涉嫌非法集资、非法经营等重大违法违规行为；

（三）违反专业化运营原则，私募基金类型与私募基金管理人业务类型不一致；

（四）私募基金类型为其他类私募基金；

（五）私募基金已经进入清算程序；

（六）中国证监会及其派出机构、国务院金融监督管理机构要求协会不予办理的；

（七）法律、行政法规、中国证监会和协会规定的其他情形。

第十六条 协会办理完成私募基金管理人变更手续后，通过官方网站对变更后的私募基金基本信息进行公示。原管理人或者新管理人提交的变更信息、材料不完备或者不符合要求的，应当根据协会的要求及时补正，或者作出解释说明或者补充、修改。

有《登记备案办法》第二十五条第一款第六项规定的情形，或者变更后不符合要求的，协会终止办理变更，退回变更材料并说明理由。

原管理人及其控股股东、实际控制人、普通合伙人、主要出资人因涉嫌违法违规被公安、检察、监察机关立案调查，或者正在接受金融管理部门、自律组织的调查、检查，尚未结案的，协会可以采取向中国证监会及其派出机构或者其他相关单位征询意见、商请有关部门指导、组织专家会商等方式进行核查、研判。

第十七条　协会办理私募基金管理人变更不涉及私募基金管理人权利义务的设定、变更或者终止，不影响私募基金相关合同的效力或者相关合同当事人的权利义务，不作为确定私募基金管理人法定身份及其权利义务的依据。

第十八条　私募基金根据《私募投资基金监督管理条例》第三十四条、《登记备案办法》第五十八条的规定，按照合同约定成立专业机构或者清算组行使管理职责的，不属于私募基金管理人变更；专业机构或者清算组应当及时向协会报送其组成情况、相关会议决议、财产处置方案、基金清算报告和相关诉讼仲裁情况等。协会通过官方网站对私募基金由专业机构或者清算组行使相关职责的情况进行公示。

第十九条　本指引自发布之日起施行。

*编者注：关于私募投资基金变更管理人的材料清单：《私募投资基金变更管理人材料清单》，详见 http://fg.amac.org.cn//governmentrules－3854/zcgz－zlgz/zlgz－smjj/zlgz－smjj－cpba/20231130－24911.html。

4. 备案产品类别

《中国人民银行、中国银行保险监督管理委员会、中国证券监督管理委员会、国家外汇管理局关于规范金融机构资产管理业务的指导意见》（中国人民银行等，银发〔2018〕106号，2018年4月27日）

四、资产管理产品按照募集方式的不同，分为公募产品和私募产品。公募产品面向不特定社会公众公开发行。公开发行的认定标准依照《中华人民共和国证券法》执行。私募产品面向合格投资者通过非公开方式发行。

资产管理产品按照投资性质的不同，分为固定收益类产品、权益类产品、商品及金融衍生品类产品和混合类产品。固定收益类产品投资于存款、债券等债权类资产的比例不低于80%，权益类产品投资于股票、未上市企业股权等权益类资产的比例不低于80%，商品及金融衍生品类产品投资于商品及金融衍生品的比例不低于80%，混合类产品投资于债权类资产、权益类资产、商品及金融衍生品类资产且任一资产的投资比例未达到前三类产品标准。非因金融机构主观因素导致突破前述比例限制的，金融机构应当在流动性受限资产可出售、可转让或者恢复交易的15个交易日内调整至符合要求。

金融机构在发行资产管理产品时，应当按照上述分类标准向投资者明示资产管理产品的类型，并按照确定的产品性质进行投资。在产品成立后至到期日前，不得擅自改变产品类型。混合类产品投资债权类资产、权益类资产和商品及金融衍生品类资产的比例范围应当在发行产品时予以确定并向投资者明示，在产品成立后至到期日前不得擅自改变。产品的实际投向不得违反合同约定，如有改变，除高风险类型的产品超出比例范围投资较低风险资产外，应当先行取得投资者书面同意，并履行登记备案等法律法规以及金融监督管理部门规定的程序。

5. 不予备案情形

《私募投资基金登记备案办法》（中国证券投资基金业协会，中基协发〔2023〕5号，2023年5月1日）

第四十一条 有下列情形之一的，协会不予办理私募基金备案，并说明理由：

（一）从事或者变相从事信贷业务，或者直接投向信贷资产，中国证监会、协会另有规定的除外；

（二）通过委托贷款、信托贷款等方式从事经营性民间借贷活动；

（三）私募基金通过设置无条件刚性回购安排变相从事借贷活

动，基金收益不与投资标的的经营业绩或者收益挂钩；

（四）投向保理资产、融资租赁资产、典当资产等与私募基金相冲突业务的资产、资产收（受）益权，以及投向从事上述业务的公司的股权；

（五）投向国家禁止或者限制投资的项目，不符合国家产业政策、环境保护政策、土地管理政策的项目；

（六）通过投资公司、合伙企业、资产管理产品等方式间接从事或者变相从事本款第一项至第五项规定的活动；

（七）不属于本办法第二条第二款规定的私募基金，不以基金形式设立和运作的投资公司和合伙企业；

（八）以员工激励为目的设立的员工持股计划和私募基金管理人的员工跟投平台；

（九）中国证监会、协会规定的其他情形。

已备案的私募基金不得将基金财产用于经营或者变相经营前款第一项至第六项规定的相关业务。私募基金被协会不予备案的，私募基金管理人应当及时告知投资者，妥善处置相关财产，保护投资者的合法权益。

第八十条　本办法下列用语的含义：

……

（五）冲突业务：是指民间借贷、民间融资、小额理财、小额借贷、担保、保理、典当、融资租赁、网络借贷信息中介、众筹、场外配资、房地产开发、交易平台等与私募基金管理相冲突的业务，中国证监会、协会另有规定的除外。

……

《私募投资基金募集行为管理办法》（中国基金业协会，2016 年 7 月 15 日）

第三十四条　私募基金管理人委托未取得基金销售业务资格的机构募集私募基金的，中国基金业协会不予办理私募基金备案业务。

第三十六条　募集机构在开展私募基金募集业务过程中违反本

办法第二十九条至第三十一条的规定，中国基金业协会视情节轻重对私募基金管理人、募集机构采取暂停私募基金备案业务、不予办理私募基金备案业务等措施。

《私募投资基金备案指引第2号——私募股权、创业投资基金》（中国证券投资基金业协会，2023年9月28日）

第二十六条第二款 私募股权基金募集完成后3个月内，私募基金管理人未提请办理备案手续，或者自退回补正之日起3个月内未重新报送备案材料的，协会不予办理私募基金备案。所管理的私募股权基金被协会不予办理备案的，私募基金管理人应当及时告知投资者，解除或者终止基金合同和委托管理协议，妥善处置基金财产，及时清算并向投资者分配。

第二十六条第三款 私募基金管理人未按要求提请办理基金备案手续的，在未完成相关基金备案或者整改前，协会不予办理其他基金备案。

6. 暂停备案情形

《私募投资基金登记备案办法》（中国证券投资基金业协会，中基协发〔2023〕5号，2023年5月1日）

第四十二条 私募基金管理人有下列情形之一的，协会暂停办理其私募基金备案，并说明理由：

（一）本办法第二十四条第一款规定的情形；

（二）被列为严重失信人或者被纳入失信被执行人名单；

（三）私募基金管理人及其控股股东、实际控制人、普通合伙人、关联私募基金管理人出现可能危害市场秩序或者损害投资者利益的重大经营风险或者其他风险；

（四）因涉嫌违法违规、侵害投资者合法权益等多次受到投诉，未能向协会和投资者作出合理说明；

（五）未按规定向协会报送信息，或者报送的信息存在虚假记载、误导性陈述或者重大遗漏；

（六）登记备案信息发生变更，未按规定及时向协会履行变更手

续,存在未及时改正等严重情形;

（七）办理登记备案业务时的相关承诺事项未履行或者未完全履行;

（八）采取拒绝、阻碍中国证监会及其派出机构、协会及其工作人员依法行使检查、调查职权等方式,不配合行政监管或者自律管理,情节严重;

（九）中国证监会及其派出机构要求协会暂停备案;

（十）中国证监会、协会规定的其他情形。

7. 受益所有人的认定

《私募投资基金登记备案办法》(中国证券投资基金业协会,中基协发〔2023〕5号,2023年5月1日)

第二十二条　私募基金管理人应当在开展基金募集、投资管理等私募基金业务活动前,向协会报送以下基本信息和材料,履行登记手续:

……

（五）股东、合伙人、实际控制人相关受益所有人信息;

……

第三十九条　私募基金管理人应当自私募基金募集完毕之日起20个工作日内,向协会报送下列材料,办理备案手续:

……

（七）投资者基本信息、认购金额、持有基金份额的数量及其受益所有人相关信息;

……

《私募投资基金备案指引第1号——私募证券投资基金》(中国证券投资基金业协会,2023年9月28日)

第五条第二款　私募基金管理人应当确保提请办理备案手续的私募证券基金已完成真实募集,不得在基金备案完成后通过短期赎回基金份额等方式,规避最低出资、募集完毕等要求。

《中国人民银行关于加强反洗钱客户身份识别有关工作的通知》
（中国人民银行，银发〔2017〕235号，2017年10月20日）

一、加强对非自然人客户的身份识别

义务机构应当按照《金融机构客户身份识别和客户身份资料及交易记录保存管理办法》（中国人民银行中国银行业监督管理委员会中国证券监督管理委员会中国保险监督管理委员会令［2007］第2号发布）的规定，有效开展非自然人客户的身份识别，提高受益所有人信息透明度，加强风险评估和分类管理，防范复杂股权或者控制权结构导致的洗钱和恐怖融资风险。

……

（三）对非自然人客户受益所有人的追溯，义务机构应当逐层深入并最终明确为掌握控制权或者获取收益的自然人，判定标准如下：

1. 公司的受益所有人应当按照以下标准依次判定：直接或者间接拥有超过25%公司股权或者表决权的自然人；通过人事、财务等其他方式对公司进行控制的自然人；公司的高级管理人员。

2. 合伙企业的受益所有人是指拥有超过25%合伙权益的自然人。

3. 信托的受益所有人是指信托的委托人、受托人、受益人以及其他对信托实施最终有效控制的自然人。

4. 基金的受益所有人是指拥有超过25%权益份额或者其他对基金进行控制的自然人。

对风险较高的非自然人客户，义务机构应当采取更严格的标准判定其受益所有人。

……

（六）义务机构在充分评估下述非自然人客户风险状况基础上，可以将其法定代表人或者实际控制人视同为受益所有人：

1. 个体工商户、个人独资企业、不具备法人资格的专业服务机构。

2. 经营农林渔牧产业的非公司制农民专业合作组织。对于受政府控制的企事业单位,参照上述标准执行。

……

8. 实缴募集资金规模

《私募投资基金登记备案办法》(中国证券投资基金业协会,中基协发〔2023〕5号,2023年5月1日)

第三十三条 私募基金应当具有保障基本投资能力和抗风险能力的实缴募集资金规模。

私募基金初始实缴募集资金规模除另有规定外应当符合下列要求:

(一)私募证券基金不低于1000万元人民币;

(二)私募股权基金不低于1000万元人民币,其中创业投资基金备案时首期实缴资金不低于500万元人民币,但应当在基金合同中约定备案后6个月内完成符合前述初始募集规模最低要求的实缴出资;

(三)投向单一标的的私募基金不低于2000万元人民币。

契约型私募基金份额的初始募集面值应当为1元人民币,在基金成立后至到期日前不得擅自改变。

第三十五条 私募股权基金备案完成后,投资者不得赎回或者退出。有下列情形之一的,不属于前述赎回或者退出:

(一)基金封闭运作期间的分红;

(二)进行基金份额转让;

(三)投资者减少尚未实缴的认缴出资;

(四)对有违约或者法定情形的投资者除名、替换或者退出;

(五)退出投资项目减资;

(六)中国证监会、协会规定的其他情形。

私募股权基金开放认购、申购或者认缴,应当符合中国证监会和协会的相关要求。

《私募投资基金备案指引第1号——私募证券投资基金》(中国证券投资基金业协会,2023年9月28日)

第五条第二款 私募基金管理人应当确保提请办理备案手续的

私募证券基金已完成真实募集，不得在基金备案完成后通过短期赎回基金份额等方式，规避最低出资、募集完毕等要求。

第十一条 私募证券基金的基金合同应当明确约定封闭式、开放式等基金运作方式。开放式私募证券基金的基金合同应当设置固定开放日，明确投资者认（申）购、赎回时间、频率、程序以及限制事项。未按照基金合同约定征得投资者同意，私募基金管理人不得擅自更改投资者认（申）购、赎回时间、频率、程序以及限制事项。

私募证券基金设置临时开放日的，应当在基金合同中明确约定临时开放日的触发条件仅限于因法律、行政法规、监管政策调整、合同变更或解除等情形，不得利用临时开放日进行申购。私募基金管理人应当在临时开放日前2个交易日通知全体投资者。

《私募投资基金备案指引第2号——私募股权、创业投资基金》（中国证券投资基金业协会，2023年9月28日）

第二十二条第一款 私募股权基金开放申购或者认缴的，应当符合下列条件：

（一）由私募基金托管人进行托管；

（二）在基金合同约定的投资期内；

（三）开放申购或者认缴按照基金合同约定经全体投资者一致同意或者经全体投资者认可的决策机制决策通过；

（四）中国证监会、协会规定的其他条件。

第二十二条第二款 私募股权基金开放申购或者认缴，增加的基金认缴总规模不得超过备案时基金认缴总规模的3倍，但符合下列情形之一的除外：

（一）既存投资者或者新增投资者中存在社会保障基金、企业年金等养老基金；

（二）既存投资者或者新增投资者中存在慈善基金等社会公益基金、保险资金或者地市级以上政府出资产业投资基金，并且前述投资者之一的实缴出资不低于1000万元；

（三）既存投资者和新增投资者均为首期实缴出资不低于1000

万元的投资者,私募基金管理人、私募基金管理人员工直接或者间接通过合伙企业等非法人形式间接投资于本公司管理的私募股权基金,且实缴出资不低于100万的除外;

(四)在协会备案为创业投资基金,且开放申购或者认缴时,基金已完成不少于2个对早期企业、中小企业或者高新技术企业的投资;

(五)中国证监会、协会规定的其他情形。

第二十二条第三款　适用本条第二款第三项要求的投资者为在协会备案的私募基金以及合伙企业等非法人形式的,私募基金管理人应当穿透认定投资者是否符合本条第二款第三项要求。

《私募基金登记备案相关问题解答(十五)》(中国证券投资基金业协会,2018年8月29日)

问:私募资产配置基金申请备案应当符合哪些要求?

答:私募资产配置基金申请备案时,应当符合《证券投资基金法》《私募投资基金监督管理暂行办法》《私募投资基金管理人登记和基金备案办法(试行)》及相关法律法规和自律规则的规定。此外,申请备案的私募资产配置基金还应当符合下列要求:

一、初始规模要求。私募资产配置基金初始募集资产规模应不低于5000万元人民币。

……

八、单一投资者的基金要求。仅向单一的个人或机构投资者(依法设立的资产管理产品除外)募集设立的私募资产配置基金,除投资比例、托管安排或者其他基金财产安全保障措施等由基金合同约定外,其他安排参照上述要求执行。

第二十三条　【监管监测】

国务院证券监督管理机构应当建立健全私募基金监测机制,对私募基金及其投资者份额持有情况等进行集中监测,具体办法由国务院证券监督管理机构规定。

第二十四条 【投资范围】

私募基金财产的投资包括买卖股份有限公司股份、有限责任公司股权、债券、基金份额、其他证券及其衍生品种以及符合国务院证券监督管理机构规定的其他投资标的。

私募基金财产不得用于经营或者变相经营资金拆借、贷款等业务。私募基金管理人不得以要求地方人民政府承诺回购本金等方式变相增加政府隐性债务。

1. 私募基金的投资范围

《中华人民共和国证券投资基金法》（全国人大常委会，中华人民共和国主席令第23号，2015年4月24日）

第九十四条第二款 非公开募集基金财产的证券投资，包括买卖公开发行的股份有限公司股票、债券、基金份额，以及国务院证券监督管理机构规定的其他证券及其衍生品种。

《中国证券监督管理委员会关于加强私募投资基金监管的若干规定》（中国证券监督管理委员会，中国证券监督管理委员会公告〔2020〕71号，2020年12月30日）

第四条 私募基金管理人不得直接或者间接从事民间借贷、担保、保理、典当、融资租赁、网络借贷信息中介、众筹、场外配资等任何与私募基金管理相冲突或者无关的业务，中国证券监督管理委员会（以下简称中国证监会）另有规定的除外。

第八条 私募基金管理人不得直接或者间接将私募基金财产用于下列投资活动：

（一）借（存）贷、担保、明股实债等非私募基金投资活动，但是私募基金以股权投资为目的，按照合同约定为被投企业提供1年期限以内借款、担保除外；

（二）投向保理资产、融资租赁资产、典当资产等类信贷资产、股权或其收（受）益权；

（三）从事承担无限责任的投资；

（四）法律、行政法规和中国证监会禁止的其他投资活动。

私募基金有前款第（一）项规定行为的，借款或者担保到期日不得晚于股权投资退出日，且借款或者担保余额不得超过该私募基金实缴金额的20%；中国证监会另有规定的除外。

第十条　私募基金管理人管理的私募基金不得直接或者间接投资于国家禁止或者限制投资的项目，不符合国家产业政策、环境保护政策、土地管理政策的项目，但证券市场投资除外。

《私募投资基金登记备案办法》（中国证券投资基金业协会，中基协发〔2023〕5号，2023年5月1日）

第三十一条　私募证券基金的投资范围主要包括股票、债券、存托凭证、资产支持证券、期货合约、期权合约、互换合约、远期合约、证券投资基金份额，以及中国证监会认可的其他资产。

私募股权基金的投资范围包括未上市企业股权，非上市公众公司股票，上市公司向特定对象发行的股票，大宗交易、协议转让等方式交易的上市公司股票，非公开发行或者交易的可转换债券、可交换债券，市场化和法治化债转股，股权投资基金份额，以及中国证监会认可的其他资产。

《私募投资基金备案指引第1号——私募证券投资基金》（中国证券投资基金业协会，2023年9月28日）

第十二条　私募证券基金的投资范围应当符合《登记备案办法》第三十一条第一款的规定，并在基金合同中明确约定：

（一）投资策略与基金的风险收益特征；

（二）调整投资范围或者投资比例限制时应当履行的变更程序，并设置临时开放日允许投资者赎回；

（三）中国证监会、协会规定的其他内容。

《私募投资基金备案指引第2号——私募股权、创业投资基金》（中国证券投资基金业协会，2023年9月28日）

第十三条　基金合同、合伙协议或者公司章程（以下统称基金合同)应当约定主要投资行业、投资地域、投资阶段、投资集中度等,并符合私募股权基金投资范围要求。

私募股权基金投资《登记备案办法》第三十一条第二款规定的资产的,应当符合下列要求:

(一)投资未上市企业股权的,应当符合《登记备案办法》第四十一条的规定,不得变相从事信贷业务、经营性民间借贷活动,不得投向从事保理、融资租赁、典当等与私募基金相冲突业务的企业股权,不得投向国家禁止或者限制投资以及不符合国家产业政策、环境保护政策、土地管理政策的企业股权;

(二)投资首发企业股票、存托凭证(以下统称股票)的,应当通过战略配售、基石投资(港股等境外市场)等方式,不得参与网下申购和网上申购;

(三)投资上市公司股票的,应当通过定向增发、大宗交易和协议转让等方式,不得参与公开发行或者公开交易,但所投资公司上市后基金所持股份的未转让及其配售部分和所投资公司在北京证券交易所上市后基金增持部分除外;

(四)投资上市公司可转换债券和可交换债券的,应当通过非公开发行或者非公开交易的方式;

(五)投资公开募集基础设施证券投资基金份额的,应当通过战略配售、网下认购和非公开交易等方式,不得参与面向公众投资者的发售和竞价交易;

(六)投资资产支持证券的,限于不动产持有型资产支持证券;

(七)投资区域性股权市场可转债的,投资金额应当不超过基金实缴金额的20%。

鼓励创业投资基金投资早期企业、中小企业和高新技术企业。除中国证监会和协会另有规定外,创业投资基金不得直接或者间接投资下列资产:

(一)不动产(含基础设施);

(二)本条第二款第二项、第四项至第六项规定的资产;

（三）上市公司股票，但所投资公司上市后基金所持股份的未转让及其配售部分除外。

第十四条　除《关于加强私募投资基金监管的若干规定》规定的借款外，私募股权基金以股权投资为目的，对被投企业进行附转股权的债权投资的，约定的转股条件应当科学、合理、具有可实现性，与被投企业或者其关联方的股权结构、商业模式、经营业绩、上市进度、知识产权和核心人员等相挂钩。满足转股条件的，应当及时将债权转为股权，并办理对被投企业或者其关联方的股权确权手续。未选择转股的，应当按照基金合同约定征得投资者同意或者向投资者披露未转股原因。

私募股权基金不得利用附转股权的债权投资变相从事借贷活动。

第十七条　私募基金管理人应当合理确定私募股权基金所投资资产的期限，加强流动性风险管理。

私募股权基金投资资产管理产品、其他私募股权基金，或者接受其他私募股权基金投资的，私募股权基金的到期日应当不早于下层资产管理产品、私募股权基金的到期日6个月以上，不晚于上层私募股权基金的到期日6个月以上。但有下列情形之一的除外：

（一）上层基金全体投资者一致同意期限错配事项；

（二）本基金承担国家或者区域发展战略需要；

（三）上层基金为规范运作的母基金；

（四）上层基金投资者中有社会保障基金、企业年金等养老基金，保险资金或者地市级以上政府出资产业投资基金等；

（五）中国证监会、协会规定的其他情形。

第二十三条　鼓励私募股权基金进行组合投资。

投资于单一标的的私募股权基金，其募集推介材料、基金合同应当明确约定私募股权基金仅投资于单一标的，并披露单一标的的具体信息。

第三十五条　本指引下列用语的含义：

……

（三）早期企业：是指接受私募股权基金投资时，成立时间不满60个月的未上市企业。

（四）中小企业：是指接受私募股权基金投资时，职工人数不超过500人，同时根据会计事务所审计的年度合并会计报表，年销售额不超过2亿元、资产总额不超过2亿元的未上市企业。

（五）高新技术企业：是指接受私募股权基金投资时，依据《高新技术企业认定管理办法》（国科发火〔2016〕32号）已取得高新技术企业证书的未上市企业。

（六）母基金：是指主要基金财产组合投资于其他私募基金的私募基金。

……

《中国人民银行、中国银行保险监督管理委员会、中国证券监督管理委员会、国家外汇管理局关于规范金融机构资产管理业务的指导意见》（中国人民银行等，银发〔2018〕106号，2018年4月27日）

十、……

私募产品的投资范围由合同约定，可以投资债权类资产、上市或挂牌交易的股票、未上市企业股权（含债转股）和受（收）益权以及符合法律法规规定的其他资产，并严格遵守投资者适当性管理要求。鼓励充分运用私募产品支持市场化、法治化债转股。

*编者注：关于不动产私募投资基金的相关规定详见补充八《不动产私募投资基金试点备案指引（试行）》（中国证券投资基金业协会，中基协发〔2023〕4号，2023年3月1日）。

2.政府隐性债务相关规定

《中华人民共和国预算法》（全国人大常委会，中华人民共和国主席令第22号，2018年12月29日）

第三十五条　地方各级预算按照量入为出、收支平衡的原则编制，除本法另有规定外，不列赤字。

经国务院批准的省、自治区、直辖市的预算中必需的建设投资的部分资金，可以在国务院确定的限额内，通过发行地方政府债券举借债务的方式筹措。举借债务的规模，由国务院报全国人民代表大会或者全国人民代表大会常务委员会批准。省、自治区、直辖市依照国务院下达的限额举借的债务，列入本级预算调整方案，报本级人民代表大会常务委员会批准。举借的债务应当有偿还计划和稳定的偿还资金来源，只能用于公益性资本支出，不得用于经常性支出。

除前款规定外，地方政府及其所属部门不得以任何方式举借债务。

除法律另有规定外，地方政府及其所属部门不得为任何单位和个人的债务以任何方式提供担保。

国务院建立地方政府债务风险评估和预警机制、应急处置机制以及责任追究制度。国务院财政部门对地方政府债务实施监督。

《国务院关于加强地方政府性债务管理的意见》（国务院，国发〔2014〕43号，2014年9月21日）

二、加快建立规范的地方政府举债融资机制

……

（四）加强政府或有债务监管。剥离融资平台公司政府融资职能，融资平台公司不得新增政府债务。地方政府新发生或有债务，要严格限定在依法担保的范围内，并根据担保合同依法承担相关责任。地方政府要加强对或有债务的统计分析和风险防控，做好相关监管工作。

三、对地方政府债务实行规模控制和预算管理

……

（三）把地方政府债务分门别类纳入全口径预算管理。地方政府要将一般债务收支纳入一般公共预算管理，将专项债务收支纳入政府性基金预算管理，将政府与社会资本合作项目中的财政补贴等支出按性质纳入相应政府预算管理。地方政府各部门、各单位要将债务收支纳入部门和单位预算管理。或有债务确需地方政府或其部门、单位依法承担偿债责任的，偿债资金要纳入相应预算管理。

第二十五条 【投资层级豁免】

私募基金的投资层级应当遵守国务院金融管理部门的规定。但符合国务院证券监督管理机构规定条件，将主要基金财产投资于其他私募基金的私募基金不计入投资层级。

创业投资基金、本条例第五条第二款规定私募基金的投资层级，由国务院有关部门规定。

1. 投资嵌套规定

《中国人民银行、中国银行保险监督管理委员会、中国证券监督管理委员会、国家外汇管理局关于规范金融机构资产管理业务的指导意见》（中国人民银行等，银发〔2018〕106号，2018年4月27日）

二十二、金融机构不得为其他金融机构的资产管理产品提供规避投资范围、杠杆约束等监管要求的通道服务。

资产管理产品可以再投资一层资产管理产品，但所投资的资产管理产品不得再投资公募证券投资基金以外的资产管理产品。

金融机构将资产管理产品投资于其他机构发行的资产管理产品，从而将本机构的资产管理产品资金委托给其他机构进行投资的，该受托机构应当为具有专业投资能力和资质的受金融监督管理部门监管的机构。公募资产管理产品的受托机构应当为金融机构，私募资产管理产品的受托机构可以为私募基金管理人。受托机构应当切实履行主动管理职责，不得进行转委托，不得再投资公募证券投资基金以外的资产管理产品。委托机构应当对受托机构开展尽职调查，实行名单制管理，明确规定受托机构的准入标准和程序、责任和义务、存续期管理、利益冲突防范机制、信息披露义务以及退出机制。委托机构不得因委托其他机构投资而免除自身应当承担的责任。

金融机构可以聘请具有专业资质的受金融监督管理部门监管的机构作为投资顾问。投资顾问提供投资建议指导委托机构操作。

……

《私募投资基金登记备案办法》（中国证券投资基金业协会，中基协发〔2023〕5号，2023年5月1日）

第八十条　本办法下列用语的含义：

……

（六）资产管理产品：是指银行、信托、证券、基金、期货、保险资产管理机构、私募基金管理人等受国务院金融监督管理机构监管的机构依法发行的资产管理产品，包括银行非保本理财、证券期货经营机构资产管理计划、信托计划、保险资产管理产品和在协会备案的私募基金等。

……

2. 创投基金、政府出资产业基金投资嵌套限制豁免

《中国人民银行、中国银行保险监督管理委员会、中国证券监督管理委员会、国家外汇管理局关于规范金融机构资产管理业务的指导意见》（中国人民银行等，银发〔2018〕106号，2018年4月27日）

第二条第三款　私募投资基金适用私募投资基金专门法律、行政法规，私募投资基金专门法律、行政法规中没有明确规定的适用本意见，创业投资基金、政府出资产业投资基金的相关规定另行制定。

《国家发展改革委、中国人民银行、财政部、银保监会、证监会、外汇局关于进一步明确规范金融机构资产管理产品投资创业投资基金和政府出资产业投资基金有关事项的通知》（国家发展和改革委员会等，发改财金规〔2019〕1638号，2019年10月19日）

一、本通知所称创业投资基金，是指向处于创建或重建过程中的未上市成长性创业企业进行股权投资，以期所投资创业企业发育成熟或相对成熟后，主要通过股权转让获取资本增值收益的股权投资基金。适用本通知的创业投资基金应同时满足以下条件：

（一）符合《创业投资企业管理暂行办法》（发展改革委2005年第39号令）或者《私募投资基金监督管理暂行办法》（证监会2014年第105号令）关于创业投资基金的有关规定，并按要求完成备案；

（二）基金投向符合产业政策、投资政策等国家宏观管理政策；

（三）基金投资范围限于未上市企业，但所投资企业上市后基金所持股份的未转让及其配售部分除外；

（四）基金运作不涉及债权融资，但依法发行债券提高投资能力的除外；

（五）基金存续期限不短于7年；对基金份额不得进行结构化安排，但政府出资设立的创业投资引导基金作为优先级的除外；

（六）基金名称体现"创业投资"字样或基金合同和基金招募说明书中体现"创业投资"策略。

二、本通知所称政府出资产业投资基金，是指包含政府出资，主要投资于非公开交易企业股权的股权投资基金和创业投资基金。适用本通知的政府出资产业投资基金应同时满足以下条件：

（一）中央、省级或计划单列市人民政府（含所属部门、直属机构）批复设立，且批复文件或其他文件中明确了政府出资的；政府认缴出资比例不低于基金总规模的10%，其中，党中央、国务院批准设立的，政府认缴出资比例不低于基金总规模的5%；

（二）符合《政府出资产业投资基金管理暂行办法》（发改财金规〔2016〕2800号）和《政府投资基金暂行管理办法》（财预〔2015〕210号）有关规定；

（三）基金投向符合产业政策、投资政策等国家宏观管理政策；

（四）基金运作不涉及新增地方政府隐性债务。

六、符合本通知规定要求的两类基金接受资产管理产品及其他私募投资基金投资时，该两类基金不视为一层资产管理产品。

第二十六条　【专业化管理和防范利冲】

私募基金管理人应当遵循专业化管理原则，聘用具有相应从业经历的高级管理人员负责投资管理、风险控制、合规等工作。

私募基金管理人应当遵循投资者利益优先原则，建立从业人员投资申报、登记、审查、处置等管理制度，防范利益输送和利益冲突。

1. 专业化管理

《私募投资基金监督管理暂行办法》（中国证券监督管理委员会，中国证券监督管理委员会令第105号，2014年8月21日）

第二十二条　同一私募基金管理人管理不同类别私募基金的，应当坚持专业化管理原则；管理可能导致利益输送或者利益冲突的不同私募基金的，应当建立防范利益输送和利益冲突的机制。

《私募投资基金登记备案办法》（中国证券投资基金业协会，中基协发〔2023〕5号，2023年5月1日）

第十九条第一款　私募基金管理人应当遵循专业化运营原则，主营业务清晰，基金投资活动与私募基金管理人登记类型相一致，除另有规定外不得兼营或者变相兼营多种类型的私募基金管理业务。

第六十七条　私募基金管理人及其股东、合伙人、实际控制人，有下列情形之一的，协会可以采取书面警示、要求限期改正等自律管理或者纪律处分措施；情节严重的，可以采取公开谴责、暂停办理备案、限制相关业务活动等自律管理或者纪律处分措施：

……

（三）私募基金管理人违反专业化运营原则，违规兼营多种类型的私募基金管理业务；

……

（八）中国证监会、协会规定的其他行为。

对直接负责的主管人员和其他责任人员，协会可以采取书面警示、警告、公开谴责、不得从事相关业务、加入黑名单、取消基金从业资格等自律管理或者纪律处分措施。

《私募投资基金备案指引第2号——私募股权、创业投资基金》（中国证券投资基金业协会，2023年9月28日）

第十一条第二款　私募证券基金管理人或者其他类私募基金管理人不得通过担任合伙型私募股权基金的普通合伙人等方式，变相突破专业化运营要求。

2. 高级管理人员资格要求

《私募投资基金登记备案办法》（中国证券投资基金业协会，中基协发〔2023〕5号，2023年5月1日）

第十条 有下列情形之一的，不得担任私募基金管理人的法定代表人、高级管理人员、执行事务合伙人或其委派代表：

（一）最近5年从事过冲突业务；

（二）不符合中国证监会和协会规定的基金从业资格、执业条件；

（三）没有与拟任职务相适应的经营管理能力，或者没有符合要求的相关工作经验；

（四）法律、行政法规、中国证监会和协会规定的其他情形。

私募证券基金管理人法定代表人、执行事务合伙人或其委派代表、经营管理主要负责人以及负责投资管理的高级管理人员应当具有5年以上证券、基金、期货投资管理等相关工作经验。

私募股权基金管理人法定代表人、执行事务合伙人或其委派代表、经营管理主要负责人以及负责投资管理的高级管理人员应当具有5年以上股权投资管理或者相关产业管理等工作经验。

私募基金管理人合规风控负责人应当具有3年以上投资相关的法律、会计、审计、监察、稽核，或者资产管理行业合规、风控、监管和自律管理等相关工作经验。

私募基金管理人负责投资管理的高级管理人员还应当具有符合要求的投资管理业绩。

第十一条第三款 合规风控负责人应当独立履行对私募基金管理人经营管理合规性进行审查、监督、检查等职责，不得从事投资管理业务，不得兼任与合规风控职责相冲突的职务；不得在其他营利性机构兼职，但对本办法第十七条规定的私募基金管理人另有规定的，从其规定。

《私募基金管理人登记指引第3号——法定代表人、高级管理人员、执行事务合伙人或其委派代表》（中国证券投资基金业协会，中基协发〔2023〕8号，2023年5月1日）

第四条 《登记备案办法》第十条第二款规定的私募证券基金管

理人的法定代表人、执行事务合伙人或其委派代表、经营管理主要负责人以及负责投资管理的高级管理人员的相关工作经验，是指下列情形之一：

（一）在商业银行、证券公司、基金管理公司、期货公司、信托公司、保险公司及相关资产管理子公司等金融机构从事证券资产管理、自有资金证券期货投资等相关业务，并担任基金经理、投资经理、信托经理等以上职务，或者担任前述金融机构高级管理人员或者具有相当职位管理经验；

（二）在地市级以上政府及其授权机构控制的企业、上市公司从事证券期货投资管理相关工作并担任投资负责人，或者担任高级管理人员或者具有相当职位管理经验；

（三）在私募证券基金管理人从事证券期货投资并担任基金经理以上职务，或者担任高级管理人员，其任职的私募基金管理人应当运作正常、合规稳健，任职期间无重大违法违规记录；

（四）在受境外金融监管部门监管的资产管理机构从事证券资产管理等相关业务，其任职的资产管理机构应当具备良好的国际声誉和经营业绩；

（五）在政府部门、事业单位从事经济管理等相关工作，并具有相应的管理经验，或者在本条第一款第一项规定的金融机构担任其他业务部门负责人；

（六）在经中国证监会备案的律师事务所、会计师事务所从事证券、基金、期货相关的法律、审计等工作，并担任合伙人以上职务不少于5年；

（七）中国证监会、协会规定的其他情形。

负责投资管理的高级管理人员应当具备前款第一项至第四项规定的相关工作经验之一。

第五条　《登记备案办法》第十条第三款规定的私募股权基金管理人的法定代表人、执行事务合伙人或其委派代表、经营管理主要负责人以及负责投资管理的高级管理人员的相关工作经验，是指下列情形之一：

（一）在商业银行、证券公司、基金管理公司、期货公司、信托公司、保险公司及相关资产管理子公司等金融机构从事资产管理、自有资金股权投资、发行保荐等相关业务，并担任基金经理、投资经理、信托经理、保荐代表人等以上职务，或者担任前述金融机构高级管理人员或者具有相当职位管理经验；

（二）在地市级以上政府及其授权机构控制的企业、上市公司从事股权投资管理相关工作并担任投资负责人，或者担任高级管理人员或者具有相当职位管理经验；

（三）在私募股权基金管理人从事股权投资并担任基金经理以上职务，或者担任高级管理人员，其任职的私募基金管理人应当运作正常、合规稳健，任职期间无重大违法违规记录；

（四）在受境外金融监管部门监管的资产管理机构从事股权投资等相关业务，其任职的资产管理机构应当具备良好的国际声誉和经营业绩；

（五）在运作良好、合规稳健并具有一定经营规模的企业担任股权投资管理部门负责人，或者担任高级管理人员或者具有相当职位管理经验，或者在具备一定技术门槛的大中型企业担任相关专业技术职务，或者是科研院校相关领域的专家教授、研究人员；

（六）在政府部门、事业单位从事经济管理等相关工作，并具有相应的管理经验，或者在本条第一款第一项规定的金融机构担任其他业务部门负责人；

（七）在经中国证监会备案的律师事务所、会计师事务所从事证券、基金、期货相关的法律、审计等工作，并担任合伙人以上职务不少于5年；

（八）中国证监会、协会规定的其他情形。

负责投资管理的高级管理人员应当具备前款第一项至第五项规定的相关工作经验之一。

第六条 《登记备案办法》第十条第四款规定的合规风控负责人

的相关工作经验,是指下列情形之一:

(一)在商业银行、证券公司、基金管理公司、期货公司、信托公司、保险公司及相关资产管理子公司等金融机构从事投资相关的合规管理、风险控制、监察稽核、法律事务等相关工作;

(二)在私募基金管理人从事合规管理、风险控制、监察稽核、法律事务等相关工作,其任职的私募基金管理人应当运作正常、合规稳健,任职期间无重大违法违规记录;

(三)在律师事务所、会计师事务所从事证券、基金、期货相关的法律、审计等工作,或者在上市公司从事投资相关的法律事务、财务管理等相关工作;

(四)在金融管理部门及其派出机构从事金融监管工作,或者在资产管理行业自律组织从事自律管理工作;

(五)中国证监会、协会规定的其他情形。

合规风控负责人不得担任私募基金管理人的总经理、执行董事或者董事长、执行事务合伙人或其委派代表等职务。

第七条　《登记备案办法》第十条第五款规定的私募证券基金管理人负责投资管理的高级管理人员的投资管理业绩,是指在商业银行、证券公司、基金管理公司、期货公司、信托公司、保险公司及相关资产管理子公司等金融机构,作为基金经理或者投资决策负责人管理的证券基金期货产品业绩或者证券自营投资业绩,或者在私募基金管理人作为投资经理管理的私募证券基金业绩,或者其他符合要求的投资管理业绩。

前款规定的投资业绩应当为最近10年内连续2年以上的投资业绩,单只产品或者单个账户的管理规模不低于2000万元人民币。多人共同管理的,应提供具体材料说明其负责管理的产品规模;无法提供相关材料的,按平均规模计算。

本条第一款规定的投资业绩不包括个人或者其他企业自有资金证券期货投资、作为投资者投资基金产品、管理他人证券期货账户资产相关投资、模拟盘交易等其他无法体现投资管理能力或者不属于证券期货投资的投资业绩。

第八条 《登记备案办法》第十条第五款规定的私募股权基金管理人负责投资管理的高级管理人员的投资管理业绩，是指最近10年内至少2起主导投资于未上市企业股权的项目经验，投资金额合计不低于3000万元人民币，且至少应有1起项目通过首次公开发行股票并上市、股权并购或者股权转让等方式退出，或者其他符合要求的投资管理业绩。其中主导投资是指相关人员主持尽职调查、投资决策等工作。上述业绩要求应当提供尽职调查、投资决策、工商确权、项目退出等相关材料。

前款规定的项目经验不包括投向国家禁止或者限制行业的股权投资、投向与私募基金管理相冲突行业的股权投资、作为投资者参与的项目投资等其他无法体现投资管理能力或者不属于股权投资的相关项目经验。

第九条 私募基金管理人聘用从公募基金管理人、证券期货经营机构离职的负责投资管理的高级管理人员、基金经理或者投资经理，从事投资、研究、交易等相关业务，应当符合中国证监会的相关规定。

第十一条 私募基金管理人不得聘用挂靠人员，不得通过虚假聘用人员等方式办理私募基金管理人登记。

私募基金管理人聘用短期内频繁变更工作岗位的人员作为负责投资管理的高级管理人员的，应当对其诚信记录、从业操守、职业道德进行尽职调查。

私募基金管理人的高级管理人员24个月内在3家以上非关联单位任职的，或者24个月内为2家以上已登记私募基金管理人提供相同业绩材料的，前述工作经验和投资业绩不予认可。

《基金经营机构及其工作人员廉洁从业实施细则》（中国证券投资基金业协会，2020年3月12日）

第二条 本细则所称基金经营机构是指基金管理公司及其从事基金相关业务的境内子公司、其他公募基金管理人和私募基金管理人,工作人员是指以公司名义开展业务的人员,包括与公司建立劳动关系的正式员工、及建立劳务关系或劳务派遣至公司的其他人员等。

第十三条　基金经营机构及其工作人员在开展基金募集业务过程中,不得以下列方式输送或者谋取不正当利益:

(一)协助客户通过提供虚假个人信息、伪造资料、代持等方式,向不满足适当性要求或合格投资者要求的客户销售产品或提供服务;

(二)安排向特定客户销售显著偏离公允价格的结构化、高收益、保本理财产品等交易;

(三)以所在机构名义或者以所在机构员工身份,销售未经机构核准销售的金融产品;

(四)窃取或者泄露本机构及合作机构的内部信息、客户信息等未公开信息;

(五)其他输送或者谋取不正当利益的行为。

第十四条　基金经营机构及其工作人员在开展投资交易业务过程中,不得以下列方式输送或者谋取不正当利益:

(一)利用他人提供或主动获取的内幕信息、未公开信息、商业秘密和客户信息从事或者明示、暗示他人从事相关交易活动;

(二)侵占或者挪用受托资产;

(三)不公平对待不同投资组合,在不同账户之间输送利益;

(四)以明显偏离市场公允估值的价格进行交易;

(五)编造、传播虚假、不实信息,或者利用信息优势、资金优势、持股持券优势,单独或者通过合谋,影响证券、期货及其他衍生品交易价格、交易量;

(六)让渡资产管理账户实际投资决策权限;

(七)滥用交易佣金分配权利,向租用交易席位的证券、期货公司或者相关利害关系人输送利益;

(八)代表投资组合对外行使投票表决权的过程中,不按照客观独立的专业判断投票；

（九）直接或间接通过聘请第三方机构或者个人的方式输送利益；

（十）其他输送或者谋取不正当利益的行为。

第十六条 基金经营机构及其工作人员在开展份额登记、估值核算业务过程中，不得以下列方式输送或者谋取不正当利益：

（一）在基金份额的申购和赎回以及基金收益的分配过程中违规给予部分客户特殊优待；

（二）串通相关方进行明显偏离公允价值的估值核算，并从中输送或者谋取不正当利益；

（三）未经基金管理人授权，泄露或者使用所服务的基金产品数据、产品组合信息、交易信息、客户信息等；

（四）协助基金管理人制作虚假材料或者披露虚假信息；

（五）其他输送或者谋取不正当利益的行为。

第十七条 基金服务机构及其工作人员在开展其他基金服务业务过程中，不得以下列方式输送或者谋取不正当利益：

（一）协助基金管理人进行虚假、误导性评级、评价、评奖等；

（二）在不同投资者、不同产品间提供明显有违公平的信息技术系统服务；

（三）出具存在虚假记载、误导性陈述或重大遗漏的法律意见书、审计报告、内部控制评价报告等文件；

（四）提供基金业务核心应用系统的服务机构，从事与其所提供系统相对应的私募基金服务业务（提供信息系统运营维护及安全保障等服务除外）；

（五）未经严格论证，改变挂钩其他金融工具指数或者被用作市场业绩基准的市场重要指数的编制规则，串通相关方操纵指数计算价格、证券估值、债券收益率曲线、债券隐含评级等；

（六）其他输送或者谋取不正当利益的行为。

3. 从业人员买卖证券申报制度

《私募基金管理人登记指引第1号——基本经营要求》（中国证券投资基金业协会，中基协发〔2023〕6号，2023年5月1日）

第十条　……

私募基金管理人应当建立科学合理、运转有效的内部控制、风险控制和合规管理制度，包括运营风险控制、信息披露、机构内部交易记录、关联交易管理、防范内幕交易及利益输送、业务隔离和从业人员买卖证券申报等制度，以及私募基金宣传推介及募集、合格投资者适当性、保障资金安全、投资业务控制、公平交易、外包控制等制度。

＊编者注：目前没有针对私募基金从业人员买卖证券申报制度的明确指引，但在资产管理业务综合报送平台上，进行管理人登记时"从业人员买卖证券申报制度"为必填项，对此可参考公募基金从业人员买卖证券相关规定。

《中华人民共和国证券投资基金法》（全国人大常委会，中华人民共和国主席令第23号，2015年4月24日）

第十七条　公开募集基金的基金管理人的董事、监事、高级管理人员和其他从业人员，其本人、配偶、利害关系人进行证券投资，应当事先向基金管理人申报，并不得与基金份额持有人发生利益冲突。

公开募集基金的基金管理人应当建立前款规定人员进行证券投资的申报、登记、审查、处置等管理制度，并报国务院证券监督管理机构备案。

《基金从业人员证券投资管理指引（试行）》（中国证券投资基金业协会，中基协发〔2013〕32号，2013年12月30日）

第一条　为指导公开募集基金管理人（以下简称"基金管理人"）制定董事、监事、高级管理人员及其他从业人员（以下简称"基金从业人员"）本人、配偶、利害关系人的证券投资管理制度（以下简称"证券投资管理制度"），规范基金从业人员本人、配偶、利害关系人的证券投资行为，维护基金份额持有人的合法权益，根据《证券投资基金法》等相关规定,制定本指引。

第二条 中国证券投资基金业协会(以下简称“协会”)依据本指引对基金从业人员证券投资行为进行自律管理。

第三条 基金从业人员本人、配偶、利害关系人进行证券投资,应当遵循长期投资的理念,遵守相关法律法规、自律规则及基金管理人证券投资管理制度,在基金份额持有人利益与个人利益发生冲突时,严格遵循基金份额持有人利益优先的原则。

第五条 基金管理人证券投资管理制度应当包括申报、登记、审查、处置等内容,覆盖基金从业人员证券投资的各个环节。

第六条 基金管理人应当根据其业务范围和所管理资产的投资类别,明确纳入申报的证券、衍生品等投资品种。

第八条 基金管理人应当要求基金从业人员如实报告本人、配偶、利害关系人的身份、证券账户及交易账户信息。证券账户发生变更的,应当向基金管理人及时申报。

基金管理人应当建立新入职人员证券投资申报制度,要求基金从业人员在入职时如实报告本人、配偶、利害关系人的证券投资账户及持仓情况。

第九条 基金管理人应当要求基金从业人员本人、配偶、利害关系人在指定的证券经纪商处开立证券交易账户。

第十条 基金管理人应当在证券投资管理制度中明确基金从业人员本人、配偶、利害关系人的投资禁止行为,包括但不限于:

(一)利用内幕信息和未公开信息交易;

(二)非公平交易及任何形式的利益输送;

(三)利用职务便利牟取个人利益;

(四)与基金或基金份额持有人之间发生利益冲突的交易;

(五)欺诈、欺骗或市场操纵性交易;

(六)法律法规、基金管理人禁止的其他交易。

第十一条 基金管理人应当建立证券投资申报制度,包括对基金从业人员本人、配偶、利害关系人证券投资事前申报的要求,并明确申报的程序和内容。基金管理人可以根据基金从业人员接触未公开信息的情况及投资决策的权限，对其本人、配偶、利害关系人的证券投资申报实行差异化管理。

第十三条 基金管理人应当建立对证券投资申报的审查制度，明确审查的标准、审查的时限及审查程序。接触基金投资未公开信息及具有投资决策权限的基金从业人员及其配偶、利害关系人的证券投资，在获得基金管理人批准后方可实施。

第十四条 基金管理人应当明确基金从业人员及其配偶、利害关系人持有证券的最短期限，原则上不得低于3个月。基金从业人员本人、配偶、利害关系人不得在基金管理人规定的持有期限内卖出所持证券，特殊情况提前卖出须经基金管理人批准。

第十五条 基金管理人应当建立基金从业人员证券投资的定期报告制度，规定基金从业人员定期申报本人、配偶、利害关系人的证券投资交易记录和证券账户的证券资产持有情况，并提供证券经纪商出具的对账单或交易流水信息。基金管理人应当要求基金从业人员及时、完整、真实地提交定期报告并保证报告制度的有效实施。

第十六条 基金管理人应当对基金从业人员本人、配偶、利害关系人已实施的证券投资进行跟踪分析，发现异常交易行为，应当及时调查处理。涉嫌违法违规的，及时报告中国证监会和协会。

第十七条 基金管理人应当要求基金从业人员申报其未列入利害关系人的父母、子女的证券投资账户。

第二十七条 【自主运营】

私募基金管理人不得将投资管理职责委托他人行使。

私募基金管理人委托其他机构为私募基金提供证券投资建议服务的，接受委托的机构应当为《证券投资基金法》规定的基金投资顾问机构。

1. 投资管理职责不得转委托

《私募投资基金登记备案办法》（中国证券投资基金业协会，中基协发〔2023〕5号，2023年5月1日）

第三十条 私募基金管理人应当按照诚实信用、勤勉尽责的原则切实履行受托管理职责，不得将投资管理职责委托他人行使。私募基金管理人委托他人履行职责的，其依法应当承担的责任不因委托而减轻或者免除。

私募基金的管理人不得超过一家。

第三十四条 私募基金管理人设立合伙型基金，应当担任执行事务合伙人，或者与执行事务合伙人存在控制关系或者受同一控股股东、实际控制人控制，不得通过委托其他私募基金管理人等方式规避本办法关于私募基金管理人的相关规定。

《私募投资基金备案指引第2号——私募股权、创业投资基金》（中国证券投资基金业协会，2023年9月28日）

第十一条第一款 私募基金管理人不得将资金募集、投资管理等职责委托他人行使，变相开展多管理人或者通道业务。

第十二条 私募基金管理人设立合伙型私募股权基金且担任合伙人的，应当为执行事务合伙人。私募基金管理人不担任合伙人的，应当与其中一名执行事务合伙人存在控制关系或者受同一控股股东、实际控制人控制。

2. 通道业务相关

具体内容参见“第七条 【私募基金管理人】中的3.通道业务”的相关内容。

3. 投资顾问机构要求

《中华人民共和国证券投资基金法》（全国人大常委会，中华人民共和国主席令第23号，2015年4月24日）

第一百零一条 基金管理人可以委托基金服务机构代为办理基金的份额登记、核算、估值、投资顾问等事项，基金托管人可以委托基金服务机构代为办理基金的核算、估值、复核等事项，但基金管理人、基金托管人依法应当承担的责任不因委托而免除。

《证券期货经营机构私募资产管理业务运作管理暂行规定》(中国证券监督管理委员会,中国证券监督管理委员会公告〔2016〕13号,2016年7月18日)

第五条　证券期货经营机构开展私募资产管理业务,不得委托个人或不符合条件的第三方机构为其提供投资建议,管理人依法应当承担的职责不因委托而免除,不得存在以下情形:

(一)未建立或未有效执行第三方机构遴选机制,未按照规定流程选聘第三方机构;

(二)未签订相关委托协议,或未在资产管理合同及其它材料中明确披露第三方机构身份、未约定第三方机构职责以及未充分说明和揭示聘请第三方机构可能产生的特定风险;

(三)由第三方机构直接执行投资指令,未建立或有效执行风险管控机制,未能有效防范第三方机构利用资产管理计划从事内幕交易、市场操纵等违法违规行为;

(四)未建立利益冲突防范机制,资产管理计划与第三方机构本身、与第三方机构管理或服务的其他产品之间存在利益冲突或利益输送;

(五)向未提供实质服务的第三方机构支付费用或支付的费用与其提供的服务不相匹配;

(六)第三方机构及其关联方以其自有资金或募集资金投资于结构化资产管理计划劣后级份额。

第十四条　本规定涉及的相关术语释义如下:

……

(八)符合提供投资建议条件的第三方机构,是指依法可从事资产管理业务的证券期货经营机构,以及同时符合以下条件的私募证券投资基金管理人:

1. 在中国证券投资基金业协会登记满一年、无重大违法违规记录的会员;

2. 具备3年以上连续可追溯证券、期货投资管理业绩的投资管理人员不少于3人、无不良从业记录。

第十五条第一款 私募证券投资基金管理人参照本规定执行。

*编者注：该部门规章明确了私募证券投资基金管理人的参照适用，对于私募股权投资基金、创业投资基金等其他类别业务，暂无法参照适用此规章关于管理人在委托投资顾问过程中职责的规定。

关于证券期货经营机构担任投资顾问的规定，详见补充九《证券投资顾问业务暂行规定》（中国证券监督管理委员会，中国证券监督管理委员会公告〔2022〕66号，2022年10月30日）。

《私募投资基金登记备案办法》（中国证券投资基金业协会，中基协发〔2023〕5号，2023年5月1日）

第十九条第二款 私募基金管理人开展投资顾问业务，应当符合中国证监会和协会的要求。

第二十八条 【关联交易】

私募基金管理人应当建立健全关联交易管理制度，不得以私募基金财产与关联方进行不正当交易或者利益输送，不得通过多层嵌套或者其他方式进行隐瞒。

私募基金管理人运用私募基金财产与自己、投资者、所管理的其他私募基金、其实际控制人控制的其他私募基金管理人管理的私募基金，或者与其有重大利害关系的其他主体进行交易的，应当履行基金合同约定的决策程序，并及时向投资者和私募基金托管人提供相关信息。

1. 关联方的认定

《中华人民共和国公司法》（全国人大常委会，中华人民共和国主席令第15号，2024年7月1日）

第二百六十五条 本法下列用语的含义：

……

(四)关联关系,是指公司控股股东、实际控制人、董事、监事、高级管理人员与其直接或者间接控制的企业之间的关系,以及可能导致公司利益转移的其他关系。但是,国家控股的企业之间不仅因为同受国家控股而具有关联关系。

……

《企业会计准则第36号——关联方披露》(财政部,财会〔2006〕3号,2007年1月1日)

第三条 一方控制、共同控制另一方或对另一方施加重大影响,以及两方或两方以上同受一方控制、共同控制或重大影响的,构成关联方。

控制,是指有权决定一个企业的财务和经营政策,并能据以从该企业的经营活动中获取利益。

共同控制,是指按照合同约定对某项经济活动所共有的控制,仅在与该项经济活动相关的重要财务和经营决策需要分享控制权的投资方一致同意时存在。

重大影响,是指对一个企业的财务和经营政策有参与决策的权力,但并不能够控制或者与其他方一起共同控制这些政策的制定。

第四条 下列各方构成企业的关联方:

(一)该企业的母公司。

(二)该企业的子公司。

(三)与该企业受同一母公司控制的其他企业。

(四)对该企业实施共同控制的投资方。

(五)对该企业施加重大影响的投资方。

(六)该企业的合营企业。

(七)该企业的联营企业。

(八)该企业的主要投资者个人及与其关系密切的家庭成员。主要投资者个人,是指能够控制、共同控制一个企业或者对一个企业施加重大影响的个人投资者。

(九)该企业或其母公司的关键管理人员及与其关系密切的家庭

成员。关键管理人员，是指有权力并负责计划、指挥和控制企业活动的人员。与主要投资者个人或关键管理人员关系密切的家庭成员，是指在处理与企业的交易时可能影响该个人或受该个人影响的家庭成员。

（十）该企业主要投资者个人、关键管理人员或与其关系密切的家庭成员控制、共同控制或施加重大影响的其他企业。

第八条 关联方交易的类型通常包括下列各项：

（一）购买或销售商品。

（二）购买或销售商品以外的其他资产。

（三）提供或接受劳务。

（四）担保。

（五）提供资金（贷款或股权投资）。

（六）租赁。

（七）代理。

（八）研究与开发项目的转移。

（九）许可协议。

（十）代表企业或由企业代表另一方进行债务结算。

（十一）关键管理人员薪酬。

2. 关联交易管理制度

《中国证券监督管理委员会关于加强私募投资基金监管的若干规定》（中国证券监督管理委员会，中国证券监督管理委员会公告〔2020〕71号，2020年12月30日）

第十一条 私募基金管理人不得从事损害私募基金财产或者投资者利益的关联交易等投资活动。私募基金管理人应当建立健全关联交易管理制度，对关联交易定价方法、交易审批程序等进行规范。使用私募基金财产与关联方进行交易的，私募基金管理人应当遵守法律、行政法规、中国证监会的规定和私募基金合同约定，防范利益冲突，投资前应当取得全体投资者或者投资者认可的决策机制决策同意，投资后应当及时向投资者充分披露信息。

《私募投资基金登记备案办法》（中国证券投资基金业协会，中基协发〔2023〕5号，2023年5月1日）

第三十八条　私募基金管理人应当建立健全关联交易管理制度，在基金合同中明确约定关联交易的识别认定、交易决策、对价确定、信息披露和回避等机制。关联交易应当遵循投资者利益优先、平等自愿、等价有偿的原则，不得隐瞒关联关系，不得利用关联关系从事不正当交易和利益输送等违法违规活动。

私募股权基金管理人应当在经审计的私募股权基金年度财务报告中对关联交易进行披露。

《私募投资基金监督管理暂行办法》（中国证券监督管理委员会，中国证券监督管理委员会令第105号，2014年8月21日）

第二十四条　私募基金管理人、私募基金托管人应当按照合同约定，如实向投资者披露基金投资、资产负债、投资收益分配、基金承担的费用和业绩报酬、可能存在的利益冲突情况以及可能影响投资者合法权益的其他重大信息，不得隐瞒或者提供虚假信息。信息披露规则由基金业协会另行制定。

《私募基金登记备案相关问题解答（十五）》（中国证券投资基金业协会，2018年8月29日）

……

七、关联交易要求。私募资产配置基金管理人运用基金财产投资基金管理人、托管人及其控股股东、实际控制人、关联机构或者与其有重大利害关系的机构的权益性资产或者从事其他重大关联交易的，应当防范利益冲突，遵循持有人利益优先原则，建立健全内部审批机制和评估机制，符合基金的投资目标和投资策略，按照市场公允价值执行，并按照协会规定，履行信息披露义务。

《私募基金管理人登记指引第1号——基本经营要求》（中国证券投资基金业协会，中基协发〔2023〕6号，2023年5月1日）

第七条第三款　私募基金管理人与关联方存在资金往来的，应当就是否存在不正当关联交易进行说明。

《私募基金管理人登记指引第2号——股东、合伙人、实际控制人》（中国证券投资基金业协会，中基协发〔2023〕7号，2023年5月1日）

第十八条 私募基金管理人应当按照以下情形，如实向协会披露关联方工商登记信息、业务开展情况等基本信息：

（一）私募基金管理人的分支机构；

（二）私募基金管理人持股5%以上的金融机构、上市公司及持股30%以上或者担任普通合伙人的其他企业，已在协会备案的私募基金除外；

（三）受同一控股股东、实际控制人、普通合伙人直接控制的金融机构、私募基金管理人、上市公司、全国中小企业股份转让系统挂牌公司、投资类企业、冲突业务机构、投资咨询企业及金融服务企业等；

（四）其他与私募基金管理人有特殊关系，可能影响私募基金管理人利益的法人或者其他组织。

因人员、股权、协议安排、业务合作等实际可能存在关联关系的相关方，应当按照实质重于形式原则进行披露。

第十九条 私募基金管理人从事小额贷款、融资租赁、商业保理、融资担保、互联网金融、典当等冲突业务的关联方，应当提供相关主管部门批复文件。

3. 违反关联交易的法律责任

《最高人民法院关于适用〈中华人民共和国公司法〉若干问题的规定（五）》（最高人民法院，法释〔2020〕18号，2021年1月1日）

第一条 关联交易损害公司利益，原告公司依据民法典第八十四条、公司法第二十一条规定请求控股股东、实际控制人、董事、监事、高级管理人员赔偿所造成的损失，被告仅以该交易已经履行了信息披露、经股东会或者股东大会同意等法律、行政法规或者公司章程规定的程序为由抗辩的，人民法院不予支持。

公司没有提起诉讼的，符合公司法第一百五十一条第一款规定条件的股东，可以依据公司法第一百五十一条第二款、第三款规定向人民法院提起诉讼。

第二条 关联交易合同存在无效、可撤销或者对公司不发生效力的情形，公司没有起诉合同相对方的，符合公司法第一百五十一条第一款规定条件的股东，可以依据公司法第一百五十一条第二款、第三款规定向人民法院提起诉讼。

＊编者注：管理人通过关联交易以外的其他违法违规行为侵害投资人利益，涉及民事诉讼活动的，关于诉讼主体、诉讼地位列明等参见“第十一条 【管理人职责】中的8. 诉讼权利”的相关内容。

第二十九条 【审计要求】

私募基金管理人应当按照规定聘请会计师事务所对私募基金财产进行审计，向投资者提供审计结果，并报送登记备案机构。

《私募投资基金登记备案办法》（中国证券投资基金业协会，中基协发〔2023〕5号，2023年5月1日）

第六十一条 私募基金管理人应当按照规定报送下列信息：

（一）在每一会计年度结束之日起4个月内，报送私募基金管理人的相关财务、经营信息以及符合规定的会计师事务所审计的年度财务报告；管理规模超过一定金额以及本办法第十七条规定的私募基金管理人等，其年度财务报告应当经中国证监会备案的会计师事务所审计；

……

（三）在每一会计年度结束之日起6个月内，报送私募股权基金的相关财务信息以及符合规定的会计师事务所审计的年度财务报告；基金规模超过一定金额、投资者超过一定人数的私募基金等，其年度财务报告应当经中国证监会备案的会计师事务所审计；

……

编者注：此部分还可参见《私募证券投资基金运作指引（征求意

见稿)》(中国证券投资基金业协会,2023 年 4 月 28 日公布)

第二十七条 【信息报送要求】私募基金管理人应当按照下列要求向协会报送信息:

(一)每季度报送私募证券投资基金的募集情况、投资运作、投资者情况,以及私募基金管理人关联方情况等信息;其中同一实际控制人控制的私募证券基金管理人在最近一年度末合计基金管理规模 20 亿元以上的,应当自本年度起每月报送前述信息;

(二)私募证券投资基金发生本指引第二十六条第二款第(三)项情形的,应当及时向协会报告;

(三)年末基金净资产 1 亿元以上的私募证券投资基金,应在每一会计年度结束之日起 4 个月内向协会报送经符合规定的会计师事务所审计的财务报告,财务报告中应当对关联交易进行专项说明;其中年末基金净资产 10 亿元以上的私募证券投资基金,其年度财务报告应当经中国证监会备案的会计师事务所审计;

(四)按年度报送经审计的私募基金管理人财务报告,财务报告中应当对关联交易进行专项说明;其中同一实际控制人控制的私募证券基金管理人在最近一年度末合计基金管理规模 50 亿元以上的,其年度财务报告自本会计年度起,应当经中国证监会备案的会计师事务所审计;

(五)按协会要求报送投资安排、流动性、杠杆、预警线、止损线、压力测试等情况的临时报告。

第三十条 【禁止行为】

私募基金管理人、私募基金托管人及其从业人员不得有下列行为:

(一)将其固有财产或者他人财产混同于私募基金财产;

(二)利用私募基金财产或者职务便利,为投资者以外的人牟取利益;

（三）侵占、挪用私募基金财产；

（四）泄露因职务便利获取的未公开信息，利用该信息从事或者明示、暗示他人从事相关的证券、期货交易活动；

（五）法律、行政法规和国务院证券监督管理机构规定禁止的其他行为。

《私募投资基金监督管理暂行办法》（中国证券监督管理委员会，中国证券监督管理委员会令第105号，2014年8月21日）

第二十三条 私募基金管理人、私募基金托管人、私募基金销售机构及其他私募服务机构及其从业人员从事私募基金业务，不得有以下行为：

（一）将其固有财产或者他人财产混同于基金财产从事投资活动；

（二）不公平地对待其管理的不同基金财产；

（三）利用基金财产或者职务之便，为本人或者投资者以外的人牟取利益，进行利益输送；

（四）侵占、挪用基金财产；

（五）泄露因职务便利获取的未公开信息，利用该信息从事或者明示、暗示他人从事相关的交易活动；

（六）从事损害基金财产和投资者利益的投资活动；

（七）玩忽职守，不按照规定履行职责；

（八）从事内幕交易、操纵交易价格及其他不正当交易活动；

（九）法律、行政法规和中国证监会规定禁止的其他行为。

《中国证券监督管理委员会关于加强私募投资基金监管的若干规定》（中国证券监督管理委员会，中国证券监督管理委员会公告〔2020〕71号，2020年12月30日）

第九条 私募基金管理人及其从业人员从事私募基金业务，不得有下列行为：

（一）未对不同私募基金单独管理、单独建账、单独核算，将其固有财产、他人财产混同于私募基金财产，将不同私募基金财产混同运作，或者不公平对待不同私募基金财产；

（二）使用私募基金管理人及其关联方名义、账户代私募基金收付基金财产；

（三）开展或者参与具有滚动发行、集合运作、期限错配、分离定价等特征的资金池业务；

（四）以套取私募基金财产为目的，使用私募基金财产直接或者间接投资于私募基金管理人、控股股东、实际控制人及其实际控制的企业或项目等自融行为；

（五）不公平对待同一私募基金的不同投资者，损害投资者合法权益；

（六）私募基金收益不与投资项目的资产、收益、风险等情况挂钩，包括不按照投资标的实际经营业绩或者收益情况向投资者分红、支付收益等；

（七）直接或者间接侵占、挪用私募基金财产；

（八）不按照合同约定进行投资运作或者向投资者进行信息披露；

（九）利用私募基金财产或者职务之便，以向私募基金、私募基金投资标的及其关联方收取咨询费、手续费、财务顾问费等名义，为自身或者投资者以外的人牟取非法利益、进行利益输送；

（十）泄露因职务便利获取的未公开信息、利用该信息从事或者明示、暗示他人从事相关的交易活动；

（十一）从事内幕交易、操纵证券期货市场及其他不正当交易活动；

（十二）玩忽职守，不按照监管规定或者合同约定履行职责；

（十三）法律、行政法规和中国证监会禁止的其他行为。

私募基金管理人的出资人和实际控制人，私募基金托管人、私募基金销售机构及其他私募基金服务机构及其出资人、实际控制人，不得有前款所列行为或者为前款行为提供便利。

《私募投资基金备案指引第1号——私募证券投资基金》(中国证券投资基金业协会,2023年9月28日)

第十三条 私募证券基金设置不同基金份额类别的,应当公平对待各基金份额持有人。基金合同应当明确约定基金份额类别的划分标准等相关要素,对不同份额类别可以设置差异化的认(申)购费率、赎回费率、管理费率、销售服务费率及业绩报酬计提比例等,不得设置差异化的开放日、封闭期、份额锁定期、业绩报酬计提基准。

第十五条 私募基金管理人不得在私募证券基金内部设立由不同投资者参与并投向不同资产的投资单元或者基金子份额。

《私募投资基金备案指引第2号——私募股权、创业投资基金》(中国证券投资基金业协会,2023年9月28日)

第十条第二款 私募基金管理人不得在私募股权基金内部设立由不同投资者参与并投向不同资产的投资单元或者基金子份额,但因投资排除等机制导致前述情形的除外。

第十八条 基金合同应当约定私募股权基金各项费用的计费标准、计费时点、计提方式、计提频率等相关事项。从私募股权基金财产中支出的费用应当与基金运营、服务直接相关,不得支出与基金运作无关的费用。

第二十五条 私募基金管理人应当公平地对待其管理的不同私募股权基金财产,有效防范私募股权基金之间的利益输送和利益冲突,不得在不同私募股权基金之间转移收益或者亏损。

在已设立的私募股权基金尚未完成认缴规模70%的投资(含为支付基金税费的合理预留)之前,除经全体投资者一致同意或者经全体投资者认可的决策机制决策通过外,私募基金管理人不得设立与前述基金的投资策略、投资范围、投资阶段、投资地域等均实质相同的新基金。

1.财产混同

《中华人民共和国公司法》(全国人大常委会,中华人民共和国

主席令第15号,2024年7月1日)

第三条 公司是企业法人,有独立的法人财产,享有法人财产权。公司以其全部财产对公司的债务承担责任。

公司的合法权益受法律保护,不受侵犯。

第四条 有限责任公司的股东以其认缴的出资额为限对公司承担责任;股份有限公司的股东以其认购的股份为限对公司承担责任。

公司股东对公司依法享有资产收益、参与重大决策和选择管理者等权利。

第二十一条 公司股东应当遵守法律、行政法规和公司章程,依法行使股东权利,不得滥用股东权利损害公司或者其他股东的利益。

公司股东滥用股东权利给公司或者其他股东造成损失的,应当承担赔偿责任。

第二十三条 公司股东滥用公司法人独立地位和股东有限责任,逃避债务,严重损害公司债权人利益的,应当对公司债务承担连带责任。

股东利用其控制的两个以上公司实施前款规定行为的,各公司应当对任一公司的债务承担连带责任。

只有一个股东的公司,股东不能证明公司财产独立于股东自己的财产的,应当对公司债务承担连带责任。

《全国法院民商事审判工作会议纪要》(最高人民法院,法〔2019〕254号,2019年11月8日)

10.【人格混同】认定公司人格与股东人格是否存在混同,最根本的判断标准是公司是否具有独立意思和独立财产,最主要的表现是公司的财产与股东的财产是否混同且无法区分。在认定是否构成人格混同时,应当综合考虑以下因素:

(1)股东无偿使用公司资金或者财产,不作财务记载的;

(2)股东用公司的资金偿还股东的债务,或者将公司的资金供关联公司无偿使用,不作财务记载的;

(3)公司账簿与股东账簿不分,致使公司财产与股东财产无法区分的；

(4)股东自身收益与公司盈利不加区分，致使双方利益不清的；

(5)公司的财产记载于股东名下，由股东占有、使用的；

(6)人格混同的其他情形。

在出现人格混同的情况下，往往同时出现以下混同：公司业务和股东业务混同；公司员工与股东员工混同，特别是财务人员混同；公司住所与股东住所混同。人民法院在审理案件时，关键要审查是否构成人格混同，而不要求同时具备其他方面的混同，其他方面的混同往往只是人格混同的补强。

《私募投资基金备案指引第1号——私募证券投资基金》（中国证券投资基金业协会，2023年9月28日）

第十七条 基金合同应当约定私募证券基金各项费用的计费标准、计费时点、计提方式、计提频率等相关事项。从私募证券基金财产中支出的费用应当与基金运营、服务直接相关，不得支出与基金运作无关的费用。

《私募投资基金备案指引第2号——私募股权、创业投资基金》（中国证券投资基金业协会，2023年9月28日）

第三条第二款 《登记备案办法》第二十八条规定的私募股权基金募集推介材料中的"重要信息"，还包括下列内容：

（一）关键人士（如有）或者投资决策委员会成员（如有）；

（二）单一拟投项目或者首个拟投项目组合（如有）的主营业务、交易对手方（如有）、基金投资款用途、退出方式等；

（三）中国证监会、协会规定的其他内容。

第三条第三款 私募基金管理人、基金销售机构应当确保募集推介材料中的信息真实、准确、完整。

第十八条 基金合同应当约定私募股权基金各项费用的计费标准、计费时点、计提方式、计提频率等相关事项。从私募股权基金财产中支出的费用应当与基金运营、服务直接相关，不得支出与基金运作无关的费用。

第二十四条 私募股权基金的财产账户应当以基金名义开立，私募基金管理人不得使用自己或者他人名义为私募股权基金开立账户和接收出资，不得使用基金财产为自己或者他人垫付资金。

2. 利益输送

《中华人民共和国刑法》（全国人大常委会，中华人民共和国主席令第18号，2024年3月1日）

第一百六十四条 【对非国家工作人员行贿罪】为谋取不正当利益，给予公司、企业或者其他单位的工作人员以财物，数额较大的，处三年以下有期徒刑或者拘役，并处罚金；数额巨大的，处三年以上十年以下有期徒刑，并处罚金。

……

单位犯前两款罪的，对单位判处罚金，并对其直接负责的主管人员和其他直接责任人员，依照第一款的规定处罚。

行贿人在被追诉前主动交待行贿行为的，可以减轻处罚或者免除处罚。

第一百六十五条 【非法经营同类营业罪】国有公司、企业的董事、监事、高级管理人员，利用职务便利，自己经营或者为他人经营与其所任职公司、企业同类的营业，获取非法利益，数额巨大的，处三年以下有期徒刑或者拘役，并处或者单处罚金；数额特别巨大的，处三年以上七年以下有期徒刑，并处罚金。

其他公司、企业的董事、监事、高级管理人员违反法律、行政法规规定，实施前款行为，致使公司、企业利益遭受重大损失的，依照前款的规定处罚。

第一百六十六条 【为亲友非法牟利罪】国有公司、企业、事业单位的工作人员，利用职务便利，有下列情形之一，致使国家利益遭受重大损失的，处三年以下有期徒刑或者拘役，并处或者单处罚金；致使国家利益遭受特别重大损失的，处三年以上七年以下有期徒刑，并处罚金：

（一）将本单位的盈利业务交由自己的亲友进行经营的；

（二）以明显高于市场的价格从自己的亲友经营管理的单位采购商品、接受服务或者以明显低于市场的价格向自己的亲友经营管理的单位销售商品、提供服务的；

（三）从自己的亲友经营管理的单位采购、接受不合格商品、服务的。

其他公司、企业的工作人员违反法律、行政法规规定，实施前款行为，致使公司、企业利益遭受重大损失的，依照前款的规定处罚。

第一百六十九条 【徇私舞弊低价折股、出售国有资产罪】国有公司、企业或者其上级主管部门直接负责的主管人员，徇私舞弊，将国有资产低价折股或者低价出售，致使国家利益遭受重大损失的，处三年以下有期徒刑或者拘役；致使国家利益遭受特别重大损失的，处三年以上七年以下有期徒刑。

其他公司、企业直接负责的主管人员，徇私舞弊，将公司、企业资产低价折股或者低价出售，致使公司、企业利益遭受重大损失的，依照前款的规定处罚。

第三百八十七条 【单位受贿罪】国家机关、国有公司、企业、事业单位、人民团体，索取、非法收受他人财物，为他人谋取利益，情节严重的，对单位判处罚金，并对其直接负责的主管人员和其他直接责任人员，处三年以下有期徒刑或者拘役；情节特别严重的，处三年以上十年以下有期徒刑。

前款所列单位，在经济往来中，在帐外暗中收受各种名义的回扣、手续费的，以受贿论，依照前款的规定处罚。

第三百八十九条 【行贿罪】为谋取不正当利益，给予国家工作人员以财物的，是行贿罪。

在经济往来中，违反国家规定，给予国家工作人员以财物，数额较大的，或者违反国家规定，给予国家工作人员以各种名义的回扣、手续费的，以行贿论处。

因被勒索给予国家工作人员以财物，没有获得不正当利益的，不是行贿。

第三百九十条　【行贿罪的处罚规定】对犯行贿罪的，处三年以下有期徒刑或者拘役，并处罚金；因行贿谋取不正当利益，情节严重的，或者使国家利益遭受重大损失的，处三年以上十年以下有期徒刑，并处罚金；情节特别严重的，或者使国家利益遭受特别重大损失的，处十年以上有期徒刑或者无期徒刑，并处罚金或者没收财产。

有下列情形之一的，从重处罚：

（一）多次行贿或者向多人行贿的；

（二）国家工作人员行贿的；

（三）在国家重点工程、重大项目中行贿的；

（四）为谋取职务、职级晋升、调整行贿的；

（五）对监察、行政执法、司法工作人员行贿的；

（六）在生态环境、财政金融、安全生产、食品药品、防灾救灾、社会保障、教育、医疗等领域行贿，实施违法犯罪活动的；

（七）将违法所得用于行贿的。

行贿人在被追诉前主动交待行贿行为的，可以从轻或者减轻处罚。其中，犯罪较轻的，对调查突破、侦破重大案件起关键作用的，或者有重大立功表现的，可以减轻或者免除处罚。

第三百九十一条　【对单位行贿罪】为谋取不正当利益，给予国家机关、国有公司、企业、事业单位、人民团体以财物的，或者在经济往来中，违反国家规定，给予各种名义的回扣、手续费的，处三年以下有期徒刑或者拘役，并处罚金；情节严重的，处三年以上七年以下有期徒刑，并处罚金。

单位犯前款罪的，对单位判处罚金，并对其直接负责的主管人员和其他直接责任人员，依照前款的规定处罚。

第三百九十二条　【介绍贿赂罪】向国家工作人员介绍贿赂，情节严重的，处三年以下有期徒刑或者拘役，并处罚金。

介绍贿赂人在被追诉前主动交待介绍贿赂行为的，可以减轻处罚或者免除处罚。

第三百九十三条　【单位行贿罪】单位为谋取不正当利益而行

贿，或者违反国家规定，给予国家工作人员以回扣、手续费，情节严重的，对单位判处罚金，并对其直接负责的主管人员和其他直接责任人员，处三年以下有期徒刑或者拘役，并处罚金；情节特别严重的，处三年以上十年以下有期徒刑，并处罚金。因行贿取得的违法所得归个人所有的，依照本法第三百八十九条、第三百九十条的规定定罪处罚。

《中华人民共和国反不正当竞争法》（全国人大常委会，中华人民共和国主席令第29号，2019年4月23日）

第七条　经营者不得采用财物或者其他手段贿赂下列单位或者个人，以谋取交易机会或者竞争优势：

（一）交易相对方的工作人员；

（二）受交易相对方委托办理相关事务的单位或者个人；

（三）利用职权或者影响力影响交易的单位或者个人。

经营者在交易活动中，可以以明示方式向交易相对方支付折扣，或者向中间人支付佣金。经营者向交易相对方支付折扣、向中间人支付佣金的，应当如实入账。接受折扣、佣金的经营者也应当如实入账。

经营者的工作人员进行贿赂的，应当认定为经营者的行为；但是，经营者有证据证明该工作人员的行为与为经营者谋取交易机会或者竞争优势无关的除外。

3. 侵占、挪用基金财产

《中华人民共和国刑法》（全国人大常委会，中华人民共和国主席令第18号，2024年3月1日）

第二百七十条　【侵占罪】将代为保管的他人财物非法占为己有，数额较大，拒不退还的，处二年以下有期徒刑、拘役或者罚金；数额巨大或者有其他严重情节的，处二年以上五年以下有期徒刑，并处罚金。

将他人的遗忘物或者埋藏物非法占为己有，数额较大，拒不交出的，依照前款的规定处罚。

本条罪,告诉的才处理。

第二百七十一条 【职务侵占罪;贪污罪】公司、企业或者其他单位的人员,利用职务上的便利,将本单位财物非法占为己有,数额较大的,处五年以下有期徒刑或者拘役;数额巨大的,处五年以上有期徒刑,可以并处没收财产。

国有公司、企业或者其他国有单位中从事公务的人员和国有公司、企业或者其他国有单位委派到非国有公司、企业以及其他单位从事公务的人员有前款行为的,依照本法第三百八十二条、第三百八十三条的规定定罪处罚。

第二百七十二条 【挪用资金罪;挪用公款罪】公司、企业或者其他单位的工作人员,利用职务上的便利,挪用本单位资金归个人使用或者借贷给他人,数额较大、超过三个月未还的,或者虽未超过三个月,但数额较大、进行营利活动的,或者进行非法活动的,处三年以下有期徒刑或者拘役;挪用本单位资金数额巨大的,处三年以上七年以下有刑徒刑;数额特别巨大的,处七年以上有期徒刑。

国有公司、企业或者其他国有单位中从事公务的人员和国有公司、企业或者其他国有单位委派到非国有公司、企业以及其他单位从事公务的人员有前款行为的,依照本法第三百八十四条的规定定罪处罚。

有第一款行为,在提起公诉前将挪用的资金退还的,可以从轻或者减轻处罚。其中,犯罪较轻的,可以减轻或者免除处罚。

《最高人民检察院、公安部关于公安机关管辖的刑事案件立案追诉标准的规定(二)》(最高人民检察院等,公通字〔2022〕12号,2022年5月15日)

第七十六条 〔职务侵占案(刑法第二百七十一条第一款)〕公司、企业或者其他单位的人员,利用职务上的便利,将本单位财物非法占为己有,数额在三万元以上的,应予立案追诉。

第七十七条 〔挪用资金案(刑法第二百七十二条第一款)〕公司、企业或者其他单位的工作人员,利用职务上的便利,挪用本单位

资金归个人使用或者借贷给他人,涉嫌下列情形之一的,应予立案追诉:

(一)挪用本单位资金数额在五万元以上,超过三个月未还的;

(二)挪用本单位资金数额在五万元以上,进行营利活动的;

(三)挪用本单位资金数额在三万元以上,进行非法活动的。

具有下列情形之一的,属于本条规定的"归个人使用":

(一)将本单位资金供本人、亲友或者其他自然人使用的;

(二)以个人名义将本单位资金供其他单位使用的;

(三)个人决定以单位名义将本单位资金供其他单位使用,谋取个人利益的。

《中华人民共和国证券投资基金法》(全国人大常委会,中华人民共和国主席令第23号,2015年4月24日)

第二十条 公开募集基金的基金管理人及其董事、监事、高级管理人员和其他从业人员不得有下列行为:

……

(五)侵占、挪用基金财产;

……

(八)法律、行政法规和国务院证券监督管理机构规定禁止的其他行为。

第一百二十三条第一款 基金管理人、基金托管人及其董事、监事、高级管理人员和其他从业人员有本法第二十条所列行为之一的,责令改正,没收违法所得,并处违法所得一倍以上五倍以下罚款;没有违法所得或者违法所得不足一百万元的,并处十万元以上一百万元以下罚款;基金管理人、基金托管人有上述行为的,还应当对其直接负责的主管人员和其他直接责任人员给予警告,暂停或者撤销基金从业资格,并处三万元以上三十万元以下罚款。

《私募投资基金监督管理暂行办法》(中国证券监督管理委员会,中国证券监督管理委员会令第105号,2014年8月21日)

第二十三条 私募基金管理人、私募基金托管人、私募基金销售机构及其他私募服务机构及其从业人员从事私募基金业务，不得有以下行为：

……

（四）侵占、挪用基金财产；

……

（九）法律、行政法规和中国证监会规定禁止的其他行为。

4. 内幕交易

《中华人民共和国证券法》（全国人大常委会，中华人民共和国主席令第37号，2020年3月1日）

第五十条 禁止证券交易内幕信息的知情人和非法获取内幕信息的人利用内幕信息从事证券交易活动。

第五十一条 证券交易内幕信息的知情人包括：

（一）发行人及其董事、监事、高级管理人员；

（二）持有公司百分之五以上股份的股东及其董事、监事、高级管理人员，公司的实际控制人及其董事、监事、高级管理人员；

（三）发行人控股或者实际控制的公司及其董事、监事、高级管理人员；

（四）由于所任公司职务或者因与公司业务往来可以获取公司有关内幕信息的人员；

（五）上市公司收购人或者重大资产交易方及其控股股东、实际控制人、董事、监事和高级管理人员；

（六）因职务、工作可以获取内幕信息的证券交易场所、证券公司、证券登记结算机构、证券服务机构的有关人员；

（七）因职责、工作可以获取内幕信息的证券监督管理机构工作人员；

（八）因法定职责对证券的发行、交易或者对上市公司及其收购、重大资产交易进行管理可以获取内幕信息的有关主管部门、监管机构的工作人员；

（九）国务院证券监督管理机构规定的可以获取内幕信息的其他

人员。

第五十二条 证券交易活动中,涉及发行人的经营、财务或者对该发行人证券的市场价格有重大影响的尚未公开的信息,为内幕信息。

本法第八十条第二款、第八十一条第二款所列重大事件属于内幕信息。

第五十三条 证券交易内幕信息的知情人和非法获取内幕信息的人,在内幕信息公开前,不得买卖该公司的证券,或者泄露该信息,或者建议他人买卖该证券。

持有或者通过协议、其他安排与他人共同持有公司百分之五以上股份的自然人、法人、非法人组织收购上市公司的股份,本法另有规定的,适用其规定。

内幕交易行为给投资者造成损失的,应当依法承担赔偿责任。

第八十条第二款 前款所称重大事件包括:

(一)公司的经营方针和经营范围的重大变化;

(二)公司的重大投资行为,公司在一年内购买、出售重大资产超过公司资产总额百分之三十,或者公司营业用主要资产的抵押、质押、出售或者报废一次超过该资产的百分之三十;

(三)公司订立重要合同、提供重大担保或者从事关联交易,可能对公司的资产、负债、权益和经营成果产生重要影响;

(四)公司发生重大债务和未能清偿到期重大债务的违约情况;

(五)公司发生重大亏损或者重大损失;

(六)公司生产经营的外部条件发生的重大变化;

(七)公司的董事、三分之一以上监事或者经理发生变动,董事长或者经理无法履行职责;

(八)持有公司百分之五以上股份的股东或者实际控制人持有股份或者控制公司的情况发生较大变化,公司的实际控制人及其控制的其他企业从事与公司相同或者相似业务的情况发生较大变化;

(九)公司分配股利、增资的计划,公司股权结构的重要变化,公司减资、合并、分立、解散及申请破产的决定，或者依法进入破产程序、被责令关闭；

（十）涉及公司的重大诉讼、仲裁，股东大会、董事会决议被依法撤销或者宣告无效；

（十一）公司涉嫌犯罪被依法立案调查，公司的控股股东、实际控制人、董事、监事、高级管理人员涉嫌犯罪被依法采取强制措施；

（十二）国务院证券监督管理机构规定的其他事项。

第八十一条第二款 前款所称重大事件包括：

（一）公司股权结构或者生产经营状况发生重大变化；

（二）公司债券信用评级发生变化；

（三）公司重大资产抵押、质押、出售、转让、报废；

（四）公司发生未能清偿到期债务的情况；

（五）公司新增借款或者对外提供担保超过上年末净资产的百分之二十；

（六）公司放弃债权或者财产超过上年末净资产的百分之十；

（七）公司发生超过上年末净资产百分之十的重大损失；

（八）公司分配股利，作出减资、合并、分立、解散及申请破产的决定，或者依法进入破产程序、被责令关闭；

（九）涉及公司的重大诉讼、仲裁；

（十）公司涉嫌犯罪被依法立案调查，公司的控股股东、实际控制人、董事、监事、高级管理人员涉嫌犯罪被依法采取强制措施；

（十一）国务院证券监督管理机构规定的其他事项。

第一百八十七条 法律、行政法规规定禁止参与股票交易的人员，违反本法第四十条的规定，直接或者以化名、借他人名义持有、买卖股票或者其他具有股权性质的证券的，责令依法处理非法持有的股票、其他具有股权性质的证券，没收违法所得，并处以买卖证券等值以下的罚款；属于国家工作人员的，还应当依法给予处分。

第一百九十一条第一款 证券交易内幕信息的知情人或者非法获取内幕信息的人违反本法第五十三条的规定从事内幕交易的，责令依法处理非法持有的证券,没收违法所得,并处以违法所得一倍以上十倍以下的罚款;没有违法所得或者违法所得不足五十万元的,处以五十万元以上五百万元以下的罚款。单位从事内幕交易的,还应当对直接负责的主管人员和其他直接责任人员给予警告,并处以二十万元以上二百万元以下的罚款。国务院证券监督管理机构工作人员从事内幕交易的,从重处罚。

《中华人民共和国证券投资基金法》(全国人大常委会,中华人民共和国主席令第23号,2015年4月24日)

第七十三条第一款 基金财产不得用于下列投资或者活动:

……

(六)从事内幕交易、操纵证券交易价格及其他不正当的证券交易活动;

(七)法律、行政法规和国务院证券监督管理机构规定禁止的其他活动。

《私募投资基金监督管理暂行办法》(中国证券监督管理委员会,中国证券监督管理委员会令第105号,2014年8月21日)

第二十三条 私募基金管理人、私募基金托管人、私募基金销售机构及其他私募服务机构及其从业人员从事私募基金业务,不得有以下行为:

……

(五)泄露因职务便利获取的未公开信息,利用该信息从事或者明示、暗示他人从事相关的交易活动;

……

(八)从事内幕交易、操纵交易价格及其他不正当交易活动;

……

《中华人民共和国刑法》(全国人大常委会,中华人民共和国主席令第18号,2024年3月1日)

第一百八十条 【内幕交易、泄露内幕信息罪】证券、期货交易内幕信息的知情人员或者非法获取证券、期货交易内幕信息的人员,在涉及证券的发行，证券、期货交易或者其他对证券、期货交易价格有重大影响的信息尚未公开前，买入或者卖出该证券，或者从事与该内幕信息有关的期货交易，或者泄露该信息，或者明示、暗示他人从事上述交易活动，情节严重的，处五年以下有期徒刑或者拘役，并处或者单处违法所得一倍以上五倍以下罚金；情节特别严重的，处五年以上十年以下有期徒刑，并处违法所得一倍以上五倍以下罚金。

单位犯前款罪的，对单位判处罚金，并对其直接负责的主管人员和其他直接责任人员，处五年以下有期徒刑或者拘役。

内幕信息、知情人员的范围，依照法律、行政法规的规定确定。

【利用未公开信息交易罪】证券交易所、期货交易所、证券公司、期货经纪公司、基金管理公司、商业银行、保险公司等金融机构的从业人员以及有关监管部门或者行业协会的工作人员，利用因职务便利获取的内幕信息以外的其他未公开的信息，违反规定，从事与该信息相关的证券、期货交易活动，或者明示、暗示他人从事相关交易活动，情节严重的，依照第一款的规定处罚。

《最高人民检察院、公安部关于公安机关管辖的刑事案件立案追诉标准的规定(二)》（最高人民检察院等，公通字〔2022〕12 号，2022 年 5 月 15 日）

第三十条 〔内幕交易、泄露内幕信息案(刑法第一百八十条第一款)〕证券、期货交易内幕信息的知情人员、单位或者非法获取证券、期货交易内幕信息的人员、单位，在涉及证券的发行，证券、期货交易或者其他对证券、期货交易价格有重大影响的信息尚未公开前，买入或者卖出该证券，或者从事与该内幕信息有关的期货交易，或者泄露该信息，或者明示、暗示他人从事上述交易活动，涉嫌下列情形之一的，应予立案追诉：

（一）获利或者避免损失数额在五十万元以上的；

（二）证券交易成交额在二百万元以上的；

（三）期货交易占用保证金数额在一百万元以上的；

（四）二年内三次以上实施内幕交易、泄露内幕信息行为的；

（五）明示、暗示三人以上从事与内幕信息相关的证券、期货交易活动的；

（六）具有其他严重情节的。

内幕交易获利或者避免损失数额在二十五万元以上，或者证券交易成交额在一百万元以上，或者期货交易占用保证金数额在五十万元以上，同时涉嫌下列情形之一的，应予立案追诉：

（一）证券法规定的证券交易内幕信息的知情人实施或者与他人共同实施内幕交易行为的；

（二）以出售或者变相出售内幕信息等方式，明示、暗示他人从事与该内幕信息相关的交易活动的；

（三）因证券、期货犯罪行为受过刑事追究的；

（四）二年内因证券、期货违法行为受过行政处罚的；

（五）造成其他严重后果的。

《最高人民法院、最高人民检察院关于办理内幕交易、泄露内幕信息刑事案件具体应用法律若干问题的解释》（最高人民法院等，法释〔2012〕6号，2012年6月1日）

第一条　下列人员应当认定为刑法第一百八十条第一款规定的“证券、期货交易内幕信息的知情人员”：

（一）证券法第七十四条规定的人员；

（二）期货交易管理条例第八十五条第十二项规定的人员。

第二条　具有下列行为的人员应当认定为刑法第一百八十条第一款规定的“非法获取证券、期货交易内幕信息的人员”：

（一）利用窃取、骗取、套取、窃听、利诱、刺探或者私下交易等手段获取内幕信息的；

（二）内幕信息知情人员的近亲属或者其他与内幕信息知情人员关系密切的人员，在内幕信息敏感期内，从事或者明示、暗示他人从事，或者泄露内幕信息导致他人从事与该内幕信息有关的证券、期货交易，相关交易行为明显异常，且无正当理由或者正当信息来源的；

（三）在内幕信息敏感期内，与内幕信息知情人员联络、接触，从事或者明示、暗示他人从事,或者泄露内幕信息导致他人从事与该内幕信息有关的证券、期货交易,相关交易行为明显异常,且无正当理由或者正当信息来源的。

第三条 本解释第二条第二项、第三项规定的“相关交易行为明显异常”,要综合以下情形,从时间吻合程度、交易背离程度和利益关联程度等方面予以认定:

(一)开户、销户、激活资金账户或者指定交易(托管)、撤销指定交易(转托管)的时间与该内幕信息形成、变化、公开时间基本一致的;

(二)资金变化与该内幕信息形成、变化、公开时间基本一致的;

(三)买入或者卖出与内幕信息有关的证券、期货合约时间与内幕信息的形成、变化和公开时间基本一致的;

(四)买入或者卖出与内幕信息有关的证券、期货合约时间与获悉内幕信息的时间基本一致的;

(五)买入或者卖出证券、期货合约行为明显与平时交易习惯不同的;

(六)买入或者卖出证券、期货合约行为,或者集中持有证券、期货合约行为与该证券、期货公开信息反映的基本面明显背离的;

(七)账户交易资金进出与该内幕信息知情人员或者非法获取人员有关联或者利害关系的;

(八)其他交易行为明显异常情形。

第四条 具有下列情形之一的,不属于刑法第一百八十条第一款规定的从事与内幕信息有关的证券、期货交易:

(一)持有或者通过协议、其他安排与他人共同持有上市公司百分之五以上股份的自然人、法人或者其他组织收购该上市公司股份的;

(二)按照事先订立的书面合同、指令、计划从事相关证券、期货交易的;

(三)依据已被他人披露的信息而交易的;

（四）交易具有其他正当理由或者正当信息来源的。

第五条　本解释所称“内幕信息敏感期”是指内幕信息自形成至公开的期间。

证券法第六十七条第二款所列“重大事件”的发生时间，第七十五条规定的“计划”、“方案”以及期货交易管理条例第八十五条第十一项规定的“政策”、“决定”等的形成时间，应当认定为内幕信息的形成之时。

影响内幕信息形成的动议、筹划、决策或者执行人员，其动议、筹划、决策或者执行初始时间，应当认定为内幕信息的形成之时。

内幕信息的公开，是指内幕信息在国务院证券、期货监督管理机构指定的报刊、网站等媒体披露。

第六条　在内幕信息敏感期内从事或者明示、暗示他人从事或者泄露内幕信息导致他人从事与该内幕信息有关的证券、期货交易，具有下列情形之一的，应当认定为刑法第一百八十条第一款规定的“情节严重”：

（一）证券交易成交额在五十万元以上的；

（二）期货交易占用保证金数额在三十万元以上的；

（三）获利或者避免损失数额在十五万元以上的；

（四）三次以上的；

（五）具有其他严重情节的。

第七条　在内幕信息敏感期内从事或者明示、暗示他人从事或者泄露内幕信息导致他人从事与该内幕信息有关的证券、期货交易，具有下列情形之一的，应当认定为刑法第一百八十条第一款规定的“情节特别严重”：

（一）证券交易成交额在二百五十万元以上的；

（二）期货交易占用保证金数额在一百五十万元以上的；

（三）获利或者避免损失数额在七十五万元以上的；

（四）具有其他特别严重情节的。

第八条　二次以上实施内幕交易或者泄露内幕信息行为，未经行政处理或者刑事处理的,应当对相关交易数额依法累计计算。

第九条 同一案件中,成交额、占用保证金额、获利或者避免损失额分别构成情节严重、情节特别严重的,按照处罚较重的数额定罪处罚。

构成共同犯罪的,按照共同犯罪行为人的成交总额、占用保证金总额、获利或者避免损失总额定罪处罚,但判处各被告人罚金的总额应掌握在获利或者避免损失总额的一倍以上五倍以下。

第十条 刑法第一百八十条第一款规定的"违法所得",是指通过内幕交易行为所获利益或者避免的损失。

内幕信息的泄露人员或者内幕交易的明示、暗示人员未实际从事内幕交易的,其罚金数额按照因泄露而获悉内幕信息人员或者被明示、暗示人员从事内幕交易的违法所得计算。

第十一条 单位实施刑法第一百八十条第一款规定的行为,具有本解释第六条规定情形之一的,按照刑法第一百八十条第二款的规定定罪处罚。

《最高人民法院关于审理证券行政处罚案件证据若干问题的座谈会纪要》(最高人民法院,法〔2011〕225号,2011年7月13日)

五、关于内幕交易行为的认定问题

会议认为,监管机构提供的证据能够证明以下情形之一,且被处罚人不能作出合理说明或者提供证据排除其存在利用内幕信息从事相关证券交易活动的,人民法院可以确认被诉处罚决定认定的内幕交易行为成立:(一)证券法第七十四条规定的证券交易内幕信息知情人,进行了与该内幕信息有关的证券交易活动;(二)证券法第七十四条规定的内幕信息知情人的配偶、父母、子女以及其他有密切关系的人,其证券交易活动与该内幕信息基本吻合;(三)因履行工作职责知悉上述内幕信息并进行了与该信息有关的证券交易活动;(四)非法获取内幕信息,并进行了与该内幕信息有关的证券交易活动;(五)内幕信息公开前与内幕信息知情人或知晓该内幕信息的人联络、接触,其证券交易活动与内幕信息高度吻合。

5. 其他

(1)操纵市场

《中华人民共和国刑法》(全国人大常委会,中华人民共和国主席令第18号,2024年3月1日)

第一百八十二条　【操纵证券、期货市场罪】有下列情形之一,操纵证券、期货市场,影响证券、期货交易价格或者证券、期货交易量,情节严重的,处五年以下有期徒刑或者拘役,并处或者单处罚金;情节特别严重的,处五年以上十年以下有期徒刑,并处罚金:

(一)单独或者合谋,集中资金优势、持股或者持仓优势或者利用信息优势联合或者连续买卖的;

(二)与他人串通,以事先约定的时间、价格和方式相互进行证券、期货交易的;

(三)在自己实际控制的帐户之间进行证券交易,或者以自己为交易对象,自买自卖期货合约的;

(四)不以成交为目的,频繁或者大量申报买入、卖出证券、期货合约并撤销申报的;

(五)利用虚假或者不确定的重大信息,诱导投资者进行证券、期货交易的;

(六)对证券、证券发行人、期货交易标的公开作出评价、预测或者投资建议,同时进行反向证券交易或者相关期货交易的;

(七)以其他方法操纵证券、期货市场的。

单位犯前款罪的,对单位判处罚金,并对其直接负责的主管人员和其他直接责任人员,依照前款的规定处罚。

《最高人民检察院、公安部关于公安机关管辖的刑事案件立案追诉标准的规定(二)》(最高人民检察院等,公通字〔2022〕12号,2022年5月15日)

第三十四条　〔操纵证券、期货市场案(刑法第一百八十二条)〕操纵证券、期货市场,影响证券、期货交易价格或者证券、期货交易量,涉嫌下列情形之一的,应予立案追诉:

（一）持有或者实际控制证券的流通股份数量达到该证券的实际流通股份总量百分之十以上，实施刑法第一百八十二条第一款第一项操纵证券市场行为，连续十个交易日的累计成交量达到同期该证券总成交量百分之二十以上的；

（二）实施刑法第一百八十二条第一款第二项、第三项操纵证券市场行为，连续十个交易日的累计成交量达到同期该证券总成交量百分之二十以上的；

（三）利用虚假或者不确定的重大信息，诱导投资者进行证券交易，行为人进行相关证券交易的成交额在一千万元以上的；

（四）对证券、证券发行人公开作出评价、预测或者投资建议，同时进行反向证券交易，证券交易成交额在一千万元以上的；

（五）通过策划、实施资产收购或者重组、投资新业务、股权转让、上市公司收购等虚假重大事项，误导投资者作出投资决策，并进行相关交易或者谋取相关利益，证券交易成交额在一千万元以上的；

（六）通过控制发行人、上市公司信息的生成或者控制信息披露的内容、时点、节奏，误导投资者作出投资决策，并进行相关交易或者谋取相关利益，证券交易成交额在一千万元以上的；

（七）实施刑法第一百八十二条第一款第一项操纵期货市场行为，实际控制的帐户合并持仓连续十个交易日的最高值超过期货交易所限仓标准的二倍，累计成交量达到同期该期货合约总成交量百分之二十以上，且期货交易占用保证金数额在五百万元以上的；

（八）通过囤积现货，影响特定期货品种市场行情，并进行相关期货交易，实际控制的帐户合并持仓连续十个交易日的最高值超过期货交易所限仓标准的二倍，累计成交量达到同期该期货合约总成交量百分之二十以上，且期货交易占用保证金数额在五百万元以上的；

（九）实施刑法第一百八十二条第一款第二项、第三项操纵期货市场行为，实际控制的帐户连续十个交易日的累计成交量达到同期该期货合约总成交量百分之二十以上，且期货交易占用保证金数额在五百万元以上的；

（十）利用虚假或者不确定的重大信息，诱导投资者进行期货交易，行为人进行相关期货交易，实际控制的帐户连续十个交易日的累计成交量达到同期该期货合约总成交量百分之二十以上，且期货交易占用保证金数额在五百万元以上的；

（十一）对期货交易标的公开作出评价、预测或者投资建议，同时进行相关期货交易，实际控制的帐户连续十个交易日的累计成交量达到同期该期货合约总成交量的百分之二十以上，且期货交易占用保证金数额在五百万元以上的；

（十二）不以成交为目的，频繁或者大量申报买入、卖出证券、期货合约并撤销申报，当日累计撤回申报量达到同期该证券、期货合约总申报量百分之五十以上，且证券撤回申报额在一千万元以上、撤回申报的期货合约占用保证金数额在五百万元以上的；

（十三）实施操纵证券、期货市场行为，获利或者避免损失数额在一百万元以上的。

操纵证券、期货市场，影响证券、期货交易价格或者证券、期货交易量，获利或者避免损失数额在五十万元以上，同时涉嫌下列情形之一的，应予立案追诉：

（一）发行人、上市公司及其董事、监事、高级管理人员、控股股东或者实际控制人实施操纵证券、期货市场行为的；

（二）收购人、重大资产重组的交易对方及其董事、监事、高级管理人员、控股股东或者实际控制人实施操纵证券、期货市场行为的；

（三）行为人明知操纵证券、期货市场行为被有关部门调查，仍继续实施的；

（四）因操纵证券、期货市场行为受过刑事追究的；

（五）二年内因操纵证券、期货市场行为受过行政处罚的；

（六）在市场出现重大异常波动等特定时段操纵证券、期货市场的；

（七）造成其他严重后果的。

对于在全国中小企业股份转让系统中实施操纵证券市场行为，

社会危害性大，严重破坏公平公正的市场秩序的，比照本条的规定执行，但本条第一款第一项和第二项除外。

《中华人民共和国证券法》（全国人大常委会，中华人民共和国主席令第37号，2020年3月1日）

第五十五条 禁止任何人以下列手段操纵证券市场，影响或者意图影响证券交易价格或者证券交易量：

（一）单独或者通过合谋，集中资金优势、持股优势或者利用信息优势联合或者连续买卖；

（二）与他人串通，以事先约定的时间、价格和方式相互进行证券交易；

（三）在自己实际控制的账户之间进行证券交易；

（四）不以成交为目的，频繁或者大量申报并撤销申报；

（五）利用虚假或者不确定的重大信息，诱导投资者进行证券交易；

（六）对证券、发行人公开作出评价、预测或者投资建议，并进行反向证券交易；

（七）利用在其他相关市场的活动操纵证券市场；

（八）操纵证券市场的其他手段。

操纵证券市场行为给投资者造成损失的，应当依法承担赔偿责任。

(2)短线交易

《中华人民共和国证券法》（全国人大常委会，中华人民共和国主席令第37号，2020年3月1日）

第四十四条 上市公司、股票在国务院批准的其他全国性证券交易场所交易的公司持有百分之五以上股份的股东、董事、监事、高级管理人员，将其持有的该公司的股票或者其他具有股权性质的证券在买入后六个月内卖出，或者在卖出后六个月内又买入，由此所得收益归该公司所有，公司董事会应当收回其所得收益。但是，证券公司因购入包销售后剩余股票而持有百分之五以上股份，以及有国务院证券监督管理机构规定的其他情形的除外。

前款所称董事、监事、高级管理人员、自然人股东持有的股票或者其他具有股权性质的证券，包括其配偶、父母、子女持有的及利用他人账户持有的股票或者其他具有股权性质的证券。

公司董事会不按照第一款规定执行的，股东有权要求董事会在三十日内执行。公司董事会未在上述期限内执行的，股东有权为了公司的利益以自己的名义直接向人民法院提起诉讼。

公司董事会不按照第一款的规定执行的，负有责任的董事依法承担连带责任。

第一百八十九条　上市公司、股票在国务院批准的其他全国性证券交易场所交易的公司的董事、监事、高级管理人员、持有该公司百分之五以上股份的股东，违反本法第四十四条的规定，买卖该公司股票或者其他具有股权性质的证券的，给予警告，并处以十万元以上一百万元以下的罚款。

(3)超比例持股未披露

《中华人民共和国证券法》（全国人大常委会，中华人民共和国主席令第37号，2020年3月1日）

第三十六条　依法发行的证券，《中华人民共和国公司法》和其他法律对其转让期限有限制性规定的，在限定的期限内不得转让。

上市公司持有百分之五以上股份的股东、实际控制人、董事、监事、高级管理人员，以及其他持有发行人首次公开发行前发行的股份或者上市公司向特定对象发行的股份的股东，转让其持有的本公司股份的，不得违反法律、行政法规和国务院证券监督管理机构关于持有期限、卖出时间、卖出数量、卖出方式、信息披露等规定，并应当遵守证券交易所的业务规则。

第六十三条　通过证券交易所的证券交易，投资者持有或者通过协议、其他安排与他人共同持有一个上市公司已发行的有表决权股份达到百分之五时，应当在该事实发生之日起三日内，向国务院证券监督管理机构、证券交易所作出书面报告，通知该上市公司，并予公告,在上述期限内不得再行买卖该上市公司的股票,但国务院证券监督管理机构规定的情形除外。

投资者持有或者通过协议、其他安排与他人共同持有一个上市公司已发行的有表决权股份达到百分之五后,其所持该上市公司已发行的有表决权股份比例每增加或者减少百分之五,应当依照前款规定进行报告和公告,在该事实发生之日起至公告后三日内,不得再行买卖该上市公司的股票,但国务院证券监督管理机构规定的情形除外。

投资者持有或者通过协议、其他安排与他人共同持有一个上市公司已发行的有表决权股份达到百分之五后,其所持该上市公司已发行的有表决权股份比例每增加或者减少百分之一,应当在该事实发生的次日通知该上市公司,并予公告。

违反第一款、第二款规定买入上市公司有表决权的股份的,在买入后的三十六个月内,对该超过规定比例部分的股份不得行使表决权。

第一百九十七条 信息披露义务人未按照本法规定报送有关报告或者履行信息披露义务的,责令改正,给予警告,并处以五十万元以上五百万元以下的罚款;对直接负责的主管人员和其他直接责任人员给予警告,并处以二十万元以上二百万元以下的罚款。发行人的控股股东、实际控制人组织、指使从事上述违法行为,或者隐瞒相关事项导致发生上述情形的,处以五十万元以上五百万元以下的罚款;对直接负责的主管人员和其他直接责任人员,处以二十万元以上二百万元以下的罚款。

信息披露义务人报送的报告或者披露的信息有虚假记载、误导性陈述或者重大遗漏的,责令改正,给予警告,并处以一百万元以上一千万元以下的罚款;对直接负责的主管人员和其他直接责任人员给予警告,并处以五十万元以上五百万元以下的罚款。发行人的控股股东、实际控制人组织、指使从事上述违法行为,或者隐瞒相关事项导致发生上述情形的,处以一百万元以上一千万元以下的罚款;对直接负责的主管人员和其他直接责任人员，处以五十万元以上五百万元以下的罚款。

第一百八十六条 违反本法第三十六条的规定，在限制转让期内转让证券，或者转让股票不符合法律、行政法规和国务院证券监督管理机构规定的，责令改正，给予警告，没收违法所得，并处以买卖证券等值以下的罚款。

《上市公司收购管理办法》（中国证券监督管理委员会，中国证券监督管理委员会令第166号，2020年3月20日）

第十三条 通过证券交易所的证券交易，投资者及其一致行动人拥有权益的股份达到一个上市公司已发行股份的5%时，应当在该事实发生之日起3日内编制权益变动报告书，向中国证监会、证券交易所提交书面报告，通知该上市公司，并予公告；在上述期限内，不得再行买卖该上市公司的股票，但中国证监会规定的情形除外。

前述投资者及其一致行动人拥有权益的股份达到一个上市公司已发行股份的5%后，通过证券交易所的证券交易，其拥有权益的股份占该上市公司已发行股份的比例每增加或者减少5%，应当依照前款规定进行报告和公告。在该事实发生之日起至公告后3日内，不得再行买卖该上市公司的股票，但中国证监会规定的情形除外。

前述投资者及其一致行动人拥有权益的股份达到一个上市公司已发行股份的5%后，其拥有权益的股份占该上市公司已发行股份的比例每增加或者减少1%，应当在该事实发生的次日通知该上市公司，并予公告。

违反本条第一款、第二款的规定买入在上市公司中拥有权益的股份的，在买入后的36个月内，对该超过规定比例部分的股份不得行使表决权。

第十四条 通过协议转让方式，投资者及其一致行动人在一个上市公司中拥有权益的股份拟达到或者超过一个上市公司已发行股份的5%时，应当在该事实发生之日起3日内编制权益变动报告书，向中国证监会、证券交易所提交书面报告，通知该上市公司，并予公告。

前述投资者及其一致行动人拥有权益的股份达到一个上市公司已发行股份的5%后，其拥有权益的股份占该上市公司已发行股份的比例每增加或者减少达到或者超过5%的，应当依照前款规定履行报告、公告义务。

前两款规定的投资者及其一致行动人在作出报告、公告前，不得再行买卖该上市公司的股票。相关股份转让及过户登记手续按照本办法第四章及证券交易所、证券登记结算机构的规定办理。

第七十五条 上市公司的收购及相关股份权益变动活动中的信息披露义务人，未按照本办法的规定履行报告、公告以及其他相关义务的，中国证监会责令改正，采取监管谈话、出具警示函、责令暂停或者停止收购等监管措施。在改正前，相关信息披露义务人不得对其持有或者实际支配的股份行使表决权。

第七十六条 上市公司的收购及相关股份权益变动活动中的信息披露义务人在报告、公告等文件中有虚假记载、误导性陈述或者重大遗漏的，中国证监会责令改正，采取监管谈话、出具警示函、责令暂停或者停止收购等监管措施。在改正前，收购人对其持有或者实际支配的股份不得行使表决权。

第三十一条 【管理人信息披露】

私募基金管理人在资金募集、投资运作过程中，应当按照国务院证券监督管理机构的规定和基金合同约定，向投资者提供信息。

私募基金财产进行托管的，私募基金管理人应当按照国务院证券监督管理机构的规定和托管协议约定，及时向私募基金托管人提供投资者基本信息、投资标的权属变更证明材料等信息。

1. 募集阶段，管理人对投资人的信息披露义务

《私募投资基金登记备案办法》（中国证券投资基金业协会，中基协发〔2023〕5号，2023年5月1日）

第二十八条　私募基金管理人、基金销售机构向投资者募集资金，应当在募集推介材料、风险揭示书等文件中，就私募基金的管理人以及管理团队、投资范围、投资策略、投资架构、基金架构、托管情况、相关费用、收益分配原则、基金退出等重要信息，以及投资风险、运营风险、流动性风险等风险情况向投资者披露。

有下列情形之一的，私募基金管理人应当通过风险揭示书向投资者进行特别提示：

（一）基金财产不进行托管；

（二）私募基金管理人与基金销售机构存在关联关系；

（三）私募基金投资涉及关联交易；

（四）私募基金通过特殊目的载体投向投资标的；

（五）基金财产在境外进行投资；

（六）私募基金存在分级安排或者其他复杂结构，或者涉及重大无先例事项；

（七）私募证券基金主要投向收益互换、场外期权等场外衍生品标的，或者流动性较低的标的；

（八）私募基金管理人的控股股东、实际控制人、普通合伙人发生变更，尚未在协会完成变更手续；

（九）其他重大投资风险或者利益冲突风险。

私募基金投向单一标的、未进行组合投资的，私募基金管理人应当特别提示风险，对投资标的的基本情况、投资架构、因未进行组合投资而可能受到的损失、纠纷解决机制等进行书面揭示，并由投资者签署确认。

第五十四条　私募基金管理人的控股股东、实际控制人、普通合伙人发生变更但未在协会完成变更手续的，私募基金管理人应当审慎开展新增业务；期间募集资金的，应当向投资者揭示变更情况，以及可能存在无法完成变更登记和基金备案手续的合规风险。

《私募投资基金备案指引第 1 号——私募证券投资基金》（中国证券投资基金业协会，2023 年 9 月 28 日）

第三条第二款 《登记备案办法》第二十八条规定的私募证券基金募集推介材料中的"重要信息"，还包括下列内容：

（一）私募证券基金有多名投资经理的，应当披露设置多名投资经理的合理性、管理方式、分工安排、调整机制等内容；

（二）委托基金投资顾问机构提供证券投资建议服务的，应当披露基金投资顾问机构名称、投资顾问服务范围、投资顾问费用，以及更换、解聘投资顾问的条件和程序等内容；

（三）私募证券基金进行份额分级的，应当披露分级设计及相应风险、收益分配、风险控制等内容；

（四）中国证监会、协会规定的其他内容。

第十四条 开放式私募证券基金不得进行份额分级。封闭式私募证券基金可以根据收益特征对份额进行分级。封闭式分级私募证券基金的名称应当包含"分级"或者"结构化"字样。

固定收益类私募证券基金优先级与劣后级的比例不得超过3:1，混合类、期货和衍生品类私募证券基金优先级与劣后级的比例不得超过2:1，权益类私募证券基金的优先级与劣后级的比例不得超过 1:1。

分级私募证券基金的同级份额享有同等权益、承担同等风险，若存在中间级份额，中间级份额应当计入优先级份额。优先级份额投资者获取收益或者承担亏损的比例不得低于 30%，劣后级份额投资者获取收益或者承担亏损的比例不得高于 70%。

分级私募证券基金不得投资其他分级或者结构化金融产品，不得直接或者间接对优先级份额投资者提供保本保收益安排。分级私募证券基金的总资产不得超过该基金净资产的 140%。

《私募投资基金备案指引第 2 号——私募股权、创业投资基金》（中国证券投资基金业协会，2023 年 9 月 28 日）

第三条第二款 《登记备案办法》第二十八条规定的私募股权基金募集推介材料中的"重要信息"，还包括下列内容：

（一）关键人士（如有）或者投资决策委员会成员（如有）；

（二）单一拟投项目或者首个拟投项目组合（如有）的主营业务、交易对手方（如有）、基金投资款用途、退出方式等；

（三）中国证监会、协会规定的其他内容。

第十条第一款 私募股权基金的架构应当清晰、透明，不得通过设置复杂架构、多层嵌套等方式规避监管要求，收取不合理费用。私募基金管理人应当向投资者充分披露投资架构及投资者承担的费用等有关信息。

第十五条 私募股权基金采用分级安排的，私募基金管理人应当向投资者充分披露私募股权基金的分级设计、完整的风险收益分配情形等信息。

投资本指引第十三条第二款第二项至第六项规定资产的分级私募股权基金，应当符合利益共享、风险共担、风险与收益相匹配原则，优先级与劣后级的比例不得超过1:1，优先级份额投资者获取收益或者承担亏损的比例不得低于30%，劣后级份额投资者获取收益或者承担亏损的比例不得高于70%。

分级私募股权基金若存在中间级份额，计算杠杆、收益或者亏损比例时，中间级份额应当计入优先级份额。

第十六条 私募基金管理人应当向投资者披露投资架构，包含特殊目的载体（如有）、底层投资标的、基金交易对手方（如有），以及基金与特殊目的载体（如有）、特殊目的载体（如有）与交易对手方（如有）之间的划款路径等事项。

第三十五条第一款 本指引下列用语的含义：

（一）关键人士：是指在基金募集、项目获取、投资决策、增值服务、投资退出等重要环节发挥关键性作用的基金管理团队核心成员。

……

《私募投资基金募集行为管理办法》（中国基金业协会，2016年7月15日）

第二十六条 在投资者签署基金合同之前，募集机构应当向投资者说明有关法律法规,说明投资冷静期、回访确认等程序性安排以及投资者的相关权利,重点揭示私募基金风险,并与投资者签署风险揭示书。

风险揭示书的内容包括但不限于:

(一)私募基金的特殊风险,包括基金合同与中国基金业协会合同指引不一致所涉风险、基金未托管所涉风险、基金委托募集所涉风险、外包事项所涉风险、聘请投资顾问所涉风险、未在中国基金业协会登记备案的风险等;

(二)私募基金的一般风险,包括资金损失风险、基金运营风险、流动性风险、募集失败风险、投资标的的风险、税收风险等;

(三)投资者对基金合同中投资者权益相关重要条款的逐项确认,包括当事人权利义务、费用及税收、纠纷解决方式等。

《私募投资基金信息披露管理办法》(中国基金业协会,2016年2月4日)

第九条 信息披露义务人应当向投资者披露的信息包括:

(一)基金合同;

(二)招募说明书等宣传推介文件;

(三)基金销售协议中的主要权利义务条款(如有);

(四)基金的投资情况;

(五)基金的资产负债情况;

(六)基金的投资收益分配情况;

(七)基金承担的费用和业绩报酬安排;

(八)可能存在的利益冲突;

(九)涉及私募基金管理业务、基金财产、基金托管业务的重大诉讼、仲裁;

(十)中国证监会以及中国基金业协会规定的影响投资者合法权益的其他重大信息。

第十三条 私募基金的宣传推介材料(如招募说明书)内容应当如实披露基金产品的基本信息,与基金合同保持一致。如有不一致,应当向投资者特别说明。

第十四条　私募基金募集期间，应当在宣传推介材料（如招募说明书）中向投资者披露如下信息：

（一）基金的基本信息：基金名称、基金架构（是否为母子基金、是否有平行基金）、基金类型、基金注册地（如有）、基金募集规模、最低认缴出资额、基金运作方式（封闭式、开放式或者其他方式）、基金的存续期限、基金联系人和联系信息、基金托管人（如有）；

（二）基金管理人基本信息：基金管理人名称、注册地/主要经营地址、成立时间、组织形式、基金管理人在中国基金业协会的登记备案情况；

（三）基金的投资信息：基金的投资目标、投资策略、投资方向、业绩比较基准（如有）、风险收益特征等；

（四）基金的募集期限：应载明基金首轮交割日以及最后交割日事项（如有）；

（五）基金估值政策、程序和定价模式；

（六）基金合同的主要条款：出资方式、收益分配和亏损分担方式、管理费标准及计提方式、基金费用承担方式、基金业务报告和财务报告提交制度等；

（七）基金的申购与赎回安排；

（八）基金管理人最近三年的诚信情况说明；

（九）其他事项。

2. 投管阶段，管理人、托管人对投资人的信息披露义务

《中华人民共和国信托法》（全国人大常委会，中华人民共和国主席令第50号，2001年10月1日）

第二十条　委托人有权了解其信托财产的管理运用、处分及收支情况，并有权要求受托人作出说明。

委托人有权查阅、抄录或者复制与其信托财产有关的信托帐目以及处理信托事务的其他文件。

《中华人民共和国证券投资基金法》（全国人大常委会，中华人

民共和国主席令第23号,2015年4月24日)

第九十五条 基金管理人、基金托管人应当按照基金合同的约定,向基金份额持有人提供基金信息。

《私募投资基金监督管理暂行办法》(中国证券监督管理委员会,中国证券监督管理委员会令第105号,2014年8月21日)

第二十四条 私募基金管理人、私募基金托管人应当按照合同约定,如实向投资者披露基金投资、资产负债、投资收益分配、基金承担的费用和业绩报酬、可能存在的利益冲突情况以及可能影响投资者合法权益的其他重大信息,不得隐瞒或者提供虚假信息。信息披露规则由基金业协会另行制定。

《私募投资基金登记备案办法》(中国证券投资基金业协会,中基协发〔2023〕5号,2023年5月1日)

第四十九条第二款 私募基金管理人的股东、合伙人、实际控制人拟发生变更导致实际控制权发生变更的,应当及时将相关情况告知私募基金管理人,私募基金管理人应当及时向投资者履行信息披露义务,并按照基金合同约定履行相关内部决策程序。

第五十九条 私募基金管理人、私募基金托管人、私募基金销售机构和其他私募基金服务机构应当按照规定和合同约定履行信息披露义务,保证信息披露的及时、真实、准确和完整。

私募基金管理人的股东、合伙人、实际控制人应当配合私募基金管理人履行信息披露义务,不得组织、指使或者配合私募基金管理人实施违反信息披露相关规定的行为。

私募基金管理人应当按照规定在协会指定的私募基金信息披露备份平台备份各类信息披露报告,履行投资者查询账号的开立、维护和管理职责。

信息披露的具体办法由协会另行制定。

《私募投资基金备案指引第1号——私募证券投资基金》(中国证券投资基金业协会,2023年9月28日)

第二十条第二款 基金合同应当明确约定投资经理及其变更程

序。投资经理发生变更的,应当按照基金合同约定履行相关变更程序后将变更情况及时告知投资者,并设置临时开放日允许投资者赎回。

《私募投资基金备案指引第2号——私募股权、创业投资基金》(中国证券投资基金业协会,2023年9月28日)

第二十二条第四款 增加基金认缴规模的,管理人应当依法履行信息披露义务,向投资者披露扩募资金的来源、规模、用途等信息。

《私募投资基金信息披露管理办法》(中国基金业协会,2016年2月4日)

第十五条 基金合同中应当明确信息披露义务人向投资者进行信息披露的内容、披露频度、披露方式、披露责任以及信息披露渠道等事项。

第十六条 私募基金运行期间,信息披露义务人应当在每季度结束之日后10个工作日以内向投资者披露基金净值、主要财务指标以及投资组合情况等信息。

单只私募证券投资基金管理规模金额达到5000万元以上的,应当持续在每月结束之日后5个工作日以内向投资者披露基金净值信息。

第十七条 私募基金运行期间,信息披露义务人应当在每年结束之日起4个月以内向投资者披露以下信息:

(一)报告期末基金净值和基金份额总额;

(二)基金的财务情况;

(三)基金投资运作情况和运用杠杆情况;

(四)投资者账户信息,包括实缴出资额、未缴出资额以及报告期末所持有基金份额总额等;

(五)投资收益分配和损失承担情况;

(六)基金管理人取得的管理费和业绩报酬,包括计提基准、计提方式和支付方式;

（七）基金合同约定的其他信息。

第十八条 发生以下重大事项的，信息披露义务人应当按照基金合同的约定及时向投资者披露：

（一）基金名称、注册地址、组织形式发生变更的；

（二）投资范围和投资策略发生重大变化的；

（三）变更基金管理人或托管人的；

（四）管理人的法定代表人、执行事务合伙人（委派代表）、实际控制人发生变更的；

（五）触及基金止损线或预警线的；

（六）管理费率、托管费率发生变化的；

（七）基金收益分配事项发生变更的；

（八）基金触发巨额赎回的；

（九）基金存续期变更或展期的；

（十）基金发生清盘或清算的；

（十一）发生重大关联交易事项的；

（十二）基金管理人、实际控制人、高管人员涉嫌重大违法违规行为或正在接受监管部门或自律管理部门调查的；

（十三）涉及私募基金管理业务、基金财产、基金托管业务的重大诉讼、仲裁；

（十四）基金合同约定的影响投资者利益的其他重大事项。

3. 管理人对托管人的信息披露义务

《私募投资基金登记备案办法》（中国证券投资基金业协会，中基协发〔2023〕5号，2023年5月1日）

第三十七条 私募基金管理人运用基金财产进行股权投资，或者持有的被投企业股权、财产份额发生变更的，应当根据《中华人民共和国公司法》《中华人民共和国合伙企业法》等法律法规的规定，及时采取要求被投企业更新股东名册、向登记机关办理登记或者变更登记等合法合规方式进行投资确权。

基金托管人应当督促私募基金管理人及时办理前款规定的市场

主体登记或者变更登记。私募基金管理人应当及时将相关情况告知基金托管人并按照基金合同约定向投资者披露。

第三十二条 【信息披露的禁止行为】

私募基金管理人、私募基金托管人及其从业人员提供、报送的信息应当真实、准确、完整，不得有下列行为：

（一）虚假记载、误导性陈述或者重大遗漏；

（二）对投资业绩进行预测；

（三）向投资者承诺投资本金不受损失或者承诺最低收益；

（四）法律、行政法规和国务院证券监督管理机构规定禁止的其他行为。

1. 虚假记载、误导性陈述或重大遗漏

《中华人民共和国证券法》（全国人大常委会，中华人民共和国主席令第37号，2020年3月1日）

第十九条第一款　发行人报送的证券发行申请文件，应当充分披露投资者作出价值判断和投资决策所必需的信息，内容应当真实、准确、完整。

第七十八条第一款　发行人及法律、行政法规和国务院证券监督管理机构规定的其他信息披露义务人，应当及时依法履行信息披露义务。

第七十八条第二款　信息披露义务人披露的信息，应当真实、准确、完整，简明清晰，通俗易懂，不得有虚假记载、误导性陈述或者重大遗漏。

第八十二条　发行人的董事、高级管理人员应当对证券发行文件和定期报告签署书面确认意见。

发行人的监事会应当对董事会编制的证券发行文件和定期报告进行审核并提出书面审核意见。监事应当签署书面确认意见。

发行人的董事、监事和高级管理人员应当保证发行人及时、公平地披露信息，所披露的信息真实、准确、完整。

董事、监事和高级管理人员无法保证证券发行文件和定期报告内容的真实性、准确性、完整性或者有异议的，应当在书面确认意见中发表意见并陈述理由，发行人应当披露。发行人不予披露的，董事、监事和高级管理人员可以直接申请披露。

第八十五条 信息披露义务人未按照规定披露信息，或者公告的证券发行文件、定期报告、临时报告及其他信息披露资料存在虚假记载、误导性陈述或者重大遗漏，致使投资者在证券交易中遭受损失的，信息披露义务人应当承担赔偿责任；发行人的控股股东、实际控制人、董事、监事、高级管理人员和其他直接责任人员以及保荐人、承销的证券公司及其直接责任人员，应当与发行人承担连带赔偿责任，但是能够证明自己没有过错的除外。

《最高人民法院关于审理证券市场虚假陈述侵权民事赔偿案件的若干规定》（最高人民法院，法释〔2022〕2号，2022年1月22日）

第四条 信息披露义务人违反法律、行政法规、监管部门制定的规章和规范性文件关于信息披露的规定，在披露的信息中存在虚假记载、误导性陈述或者重大遗漏的，人民法院应当认定为虚假陈述。

虚假记载，是指信息披露义务人披露的信息中对相关财务数据进行重大不实记载，或者对其他重要信息作出与真实情况不符的描述。

误导性陈述，是指信息披露义务人披露的信息隐瞒了与之相关的部分重要事实，或者未及时披露相关更正、确认信息，致使已经披露的信息因不完整、不准确而具有误导性。

重大遗漏，是指信息披露义务人违反关于信息披露的规定，对重大事件或者重要事项等应当披露的信息未予披露。

第五条 证券法第八十五条规定的“未按照规定披露信息”，是指信息披露义务人未按照规定的期限、方式等要求及时、公平披露信息。

信息披露义务人"未按照规定披露信息"构成虚假陈述的，依照本规定承担民事责任；构成内幕交易的，依照证券法第五十三条的规定承担民事责任；构成公司法第一百五十二条规定的损害股东利益行为的，依照该法承担民事责任。

第十条　有下列情形之一的，人民法院应当认定虚假陈述的内容具有重大性：

（一）虚假陈述的内容属于证券法第八十条第二款、第八十一条第二款规定的重大事件；

（二）虚假陈述的内容属于监管部门制定的规章和规范性文件中要求披露的重大事件或者重要事项；

（三）虚假陈述的实施、揭露或者更正导致相关证券的交易价格或者交易量产生明显的变化。

前款第一项、第二项所列情形，被告提交证据足以证明虚假陈述并未导致相关证券交易价格或者交易量明显变化的，人民法院应当认定虚假陈述的内容不具有重大性。

被告能够证明虚假陈述不具有重大性，并以此抗辩不应当承担民事责任的，人民法院应当予以支持。

《中国证券监督管理委员会关于加强私募投资基金监管的若干规定》（中国证券监督管理委员会，中国证券监督管理委员会公告〔2020〕71号，2020年12月30日）

第十二条　私募基金管理人及其出资人和实际控制人、私募基金托管人、私募基金销售机构和其他私募基金服务机构所提交的登记备案信息及其他信息材料，不得有虚假记载、误导性陈述或者重大遗漏，并应当按照规定持续履行信息披露和报送义务，确保所提交信息材料及时、准确、真实、完整。

私募基金管理人及其出资人和实际控制人、私募基金托管人、私募基金销售机构和其他私募基金服务机构及其从业人员应当配合中国证监会及其派出机构依法履行职责，如实提供有关文件和材料，不得拒绝、阻碍和隐瞒。

《私募投资基金登记备案办法》(中国证券投资基金业协会,中基协发〔2023〕5号,2023年5月1日)

第四条第二款 私募基金管理人应当诚实守信,保证提交的信息及材料真实、准确、完整,不得有虚假记载、误导性陈述或者重大遗漏。

第五十九条 私募基金管理人、私募基金托管人、私募基金销售机构和其他私募基金服务机构应当按照规定和合同约定履行信息披露义务,保证信息披露的及时、真实、准确和完整。

私募基金管理人的股东、合伙人、实际控制人应当配合私募基金管理人履行信息披露义务,不得组织、指使或者配合私募基金管理人实施违反信息披露相关规定的行为。

私募基金管理人应当按照规定在协会指定的私募基金信息披露备份平台备份各类信息披露报告,履行投资者查询账号的开立、维护和管理职责。

信息披露的具体办法由协会另行制定。

《私募投资基金信息披露管理办法》(中国基金业协会,2016年2月4日)

第十一条 信息披露义务人披露基金信息,不得存在以下行为:

……

(二)虚假记载、误导性陈述或者重大遗漏;

……

(八)法律、行政法规、中国证监会和中国基金业协会禁止的其他行为。

*编者注:最高人民法院对证券市场中"虚假记载、误导性陈述或者重大遗漏"已有明确认定,而本条例中"虚假记载、误导性陈述或者重大遗漏"的内涵,以及是否适用证券市场虚假陈述侵权责任,均有待进一步明确,以上条文仅供参照。

2. 禁止预测投资业绩及保本保收益

《中华人民共和国证券投资基金法》（全国人大常委会，中华人民共和国主席令第23号，2015年4月24日）

第一百零三条　基金投资顾问机构及其从业人员提供基金投资顾问服务，应当具有合理的依据，对其服务能力和经营业绩进行如实陈述，不得以任何方式承诺或者保证投资收益，不得损害服务对象的合法权益。

《中国人民银行、中国银行保险监督管理委员会、中国证券监督管理委员会、国家外汇管理局关于规范金融机构资产管理业务的指导意见》（中国人民银行等，银发〔2018〕106号，2018年4月27日）

二、资产管理业务是指银行、信托、证券、基金、期货、保险资产管理机构、金融资产投资公司等金融机构接受投资者委托，对受托的投资者财产进行投资和管理的金融服务。金融机构为委托人利益履行诚实信用、勤勉尽责义务并收取相应的管理费用，委托人自担投资风险并获得收益。金融机构可以与委托人在合同中事先约定收取合理的业绩报酬，业绩报酬计入管理费，须与产品一一对应并逐个结算，不同产品之间不得相互串用。

资产管理业务是金融机构的表外业务，金融机构开展资产管理业务时不得承诺保本保收益。出现兑付困难时，金融机构不得以任何形式垫资兑付。金融机构不得在表内开展资产管理业务。

私募投资基金适用私募投资基金专门法律、行政法规，私募投资基金专门法律、行政法规中没有明确规定的适用本意见，创业投资基金、政府出资产业投资基金的相关规定另行制定。

十九、经金融管理部门认定，存在以下行为的视为刚性兑付：

（一）资产管理产品的发行人或者管理人违反真实公允确定净值原则，对产品进行保本保收益。

（二）采取滚动发行等方式，使得资产管理产品的本金、收益、风险在不同投资者之间发生转移，实现产品保本保收益。

（三）资产管理产品不能如期兑付或者兑付困难时，发行或者管理该产品的金融机构自行筹集资金偿付或者委托其他机构代为偿付。

（四）金融管理部门认定的其他情形。

经认定存在刚性兑付行为的，区分以下两类机构进行惩处：

（一）存款类金融机构发生刚性兑付的，认定为利用具有存款本质特征的资产管理产品进行监管套利，由国务院银行保险监督管理机构和中国人民银行按照存款业务予以规范，足额补缴存款准备金和存款保险保费，并予以行政处罚。

（二）非存款类持牌金融机构发生刚性兑付的，认定为违规经营，由金融监督管理部门和中国人民银行依法纠正并予以处罚。

任何单位和个人发现金融机构存在刚性兑付行为的，可以向金融管理部门举报，查证属实且举报内容未被相关部门掌握的，给予适当奖励。

外部审计机构在对金融机构进行审计时，如果发现金融机构存在刚性兑付行为的，应当及时报告金融管理部门。外部审计机构在审计过程中未能勤勉尽责，依法追究相应责任或依法依规给予行政处罚，并将相关信息纳入全国信用信息共享平台，建立联合惩戒机制。

《全国法院民商事审判工作会议纪要》（最高人民法院，法〔2019〕254号，2019年11月8日）

91.【增信文件的性质】信托合同之外的当事人提供第三方差额补足、代为履行到期回购义务、流动性支持等类似承诺文件作为增信措施，其内容符合法律关于保证的规定的，人民法院应当认定当事人之间成立保证合同关系。其内容不符合法律关于保证的规定的，依据承诺文件的具体内容确定相应的权利义务关系，并根据案件事实情况确定相应的民事责任。

92.【保底或者刚兑条款无效】信托公司、商业银行等金融机构作为资产管理产品的受托人与受益人订立的含有保证本息固定回报、保证本金不受损失等保底或者刚兑条款的合同，人民法院应当认定该条款无效。受益人请求受托人对其损失承担与其过错相适应的赔偿责任的，人民法院依法予以支持。

实践中,保底或者刚兑条款通常不在资产管理产品合同中明确约定,而是以“抽屉协议”或者其他方式约定,不管形式如何,均应认定无效。

《证券期货经营机构私募资产管理业务运作管理暂行规定》(中国证券监督管理委员会,中国证券监督管理委员会公告〔2016〕13号,2016年7月18日)

第三条 证券期货经营机构及相关销售机构不得违规销售资产管理计划,不得存在不适当宣传、误导欺诈投资者以及以任何方式向投资者承诺本金不受损失或者承诺最低收益等行为,包括但不限于以下情形:

(一)资产管理合同及销售材料中存在包含保本保收益内涵的表述,如零风险、收益有保障、本金无忧等;

(二)资产管理计划名称中含有“保本”字样;

(三)与投资者私下签订回购协议或承诺函等文件,直接或间接承诺保本保收益;

(四)向投资者口头或者通过短信、微信等各种方式承诺保本保收益;

……

(十)向投资者宣传资产管理计划预期收益率;

(十一)夸大或者片面宣传产品,夸大或者片面宣传资产管理计划管理人及其管理的产品、投资经理等的过往业绩,未充分揭示产品风险,投资者认购资产管理计划时未签订风险揭示书和资产管理合同。

第四条 证券期货经营机构设立结构化资产管理计划,不得违背利益共享、风险共担、风险与收益相匹配的原则,不得存在以下情形:

(一)直接或者间接对优先级份额认购者提供保本保收益安排,包括但不限于在结构化资产管理计划合同中约定计提优先级份额收益、提前终止罚息、劣后级或第三方机构差额补足优先级收益、计提风险保证金补足优先级收益等；

（二）未对结构化资产管理计划劣后级份额认购者的身份及风险承担能力进行充分适当的尽职调查；

（三）未在资产管理合同中充分披露和揭示结构化设计及相应风险情况、收益分配情况、风控措施等信息；

（四）股票类、混合类结构化资产管理计划的杠杆倍数超过1倍，固定收益类结构化资产管理计划的杠杆倍数超过3倍，其他类结构化资产管理计划的杠杆倍数超过2倍；

（五）通过穿透核查结构化资产管理计划投资标的，结构化资产管理计划嵌套投资其他结构化金融产品劣后级份额；

（六）结构化资产管理计划名称中未包含“结构化”或“分级”字样；

（七）结构化资产管理计划的总资产占净资产的比例超过140%，非结构化集合资产管理计划（即“一对多”）的总资产占净资产的比例超过200%。

《证券期货经营机构私募资产管理计划备案管理规范第3号——结构化资产管理计划》（中国证券投资基金业协会，2016年10月21日）

六、结构化资产管理计划合同中应明确其所属类别，约定相应投资范围及投资比例、杠杆倍数限制等内容。合同约定投资其他金融产品的，资产管理人应当依据勤勉尽责的受托义务要求，履行向下穿透审查义务，即向底层资金方向进行穿透审查，以确定受托资金的最终投资方向符合《暂行规定》在杠杆倍数等方面的限制性要求。

证券期货经营机构不得以规避《暂行规定》及本规范要求为目的，故意安排其他结构化金融产品作为委托资金，通过嵌套资产管理计划的形式，变相设立不符合规定的结构化资产管理计划，或明知委托资金属于结构化金融产品，仍配合其进行止损平仓等保本保收益操作。

*编者注：效力性强制性规定或管理性强制性规定的认定参见

“第十八条　【合规募集】中的4.法律责任中的(2)效力性强制性规定或管理性强制性规定的认定”的相关内容；另，司法实践中保本保收益条款的效力常成为争议焦点，关于保本保收益条款效力问题及法律后果可参见“第十八条　【合规募集】中的4.法律责任中的(3)合同无效及可撤销”的相关内容。

第三十三条　【信息报送程序】

私募基金管理人、私募基金托管人、私募基金服务机构应当按照国务院证券监督管理机构的规定，向登记备案机构报送私募基金投资运作等信息。登记备案机构应当根据不同私募基金类型，对报送信息的内容、频次等作出规定，并汇总分析私募基金行业情况，向国务院证券监督管理机构报送私募基金行业相关信息。

登记备案机构应当加强风险预警，发现可能存在重大风险的，及时采取措施并向国务院证券监督管理机构报告。

登记备案机构应当对本条第一款规定的信息保密，除法律、行政法规另有规定外，不得对外提供。

1.按规定报送

《中华人民共和国证券投资基金法》（全国人大常委会，中华人民共和国主席令第23号，2015年4月24日）

第八十九条　担任非公开募集基金的基金管理人，应当按照规定向基金行业协会履行登记手续，报送基本情况。

《私募投资基金监督管理暂行办法》（中国证券监督管理委员会，中国证券监督管理委员会令第105号，2014年8月21日）

第八条　各类私募基金募集完毕，私募基金管理人应当根据基金业协会的规定，办理基金备案手续，报送以下基本信息：

（一）主要投资方向及根据主要投资方向注明的基金类别；

（二）基金合同、公司章程或者合伙协议。资金募集过程中向投资者提供基金招募说明书的,应当报送基金招募说明书。以公司、合伙等企业形式设立的私募基金,还应当报送工商登记和营业执照正副本复印件;

(三)采取委托管理方式的,应当报送委托管理协议。委托托管机构托管基金财产的,还应当报送托管协议;

(四)基金业协会规定的其他信息。

基金业协会应当在私募基金备案材料齐备后的20个工作日内,通过网站公告私募基金名单及其基本情况的方式,为私募基金办结备案手续。

第九条 基金业协会为私募基金管理人和私募基金办理登记备案不构成对私募基金管理人投资能力、持续合规情况的认可;不作为对基金财产安全的保证。

第十条 私募基金管理人依法解散、被依法撤销、或者被依法宣告破产的,其法定代表人或者普通合伙人应当在20个工作日内向基金业协会报告,基金业协会应当及时注销基金管理人登记并通过网站公告。

第二十五条 私募基金管理人应当根据基金业协会的规定,及时填报并定期更新管理人及其从业人员的有关信息、所管理私募基金的投资运作情况和杠杆运用情况,保证所填报内容真实、准确、完整。发生重大事项的,应当在10个工作日内向基金业协会报告。

私募基金管理人应当于每个会计年度结束后的4个月内,向基金业协会报送经会计师事务所审计的年度财务报告和所管理私募基金年度投资运作基本情况。

《私募投资基金登记备案办法》(中国证券投资基金业协会,中基协发〔2023〕5号,2023年5月1日)

第六十条 私募基金管理人、私募基金托管人、私募基金服务机构应当按照规定向协会报送相关信息。

私募基金管理人、私募基金托管人、私募基金服务机构应当建立信息报送制度,明确负责信息报送的高级管理人员及相关人员职责,依法依规履行信息报送义务，加强信息报送质量复核，保证信息报送的及时、真实、准确和完整。

第六十一条　私募基金管理人应当按照规定报送下列信息：

（一）在每一会计年度结束之日起4个月内，报送私募基金管理人的相关财务、经营信息以及符合规定的会计师事务所审计的年度财务报告；管理规模超过一定金额以及本办法第十七条规定的私募基金管理人等，其年度财务报告应当经中国证监会备案的会计师事务所审计；

（二）报送所管理的私募基金的投资运作情况；

（三）在每一会计年度结束之日起6个月内，报送私募股权基金的相关财务信息以及符合规定的会计师事务所审计的年度财务报告；基金规模超过一定金额、投资者超过一定人数的私募基金等，其年度财务报告应当经中国证监会备案的会计师事务所审计；

（四）中国证监会、协会要求报送的临时报告和其他信息。

因自然灾害等不可抗力导致无法按要求及时报送相关信息的，协会可以视情形延长报送时限。

私募基金管理人存在严重损害投资者利益、危害市场秩序等风险的，协会可以视情况调整其信息报送的范围、内容、方式和频率等。

第六十二条　有下列情形之一的，私募基金管理人应当在10个工作日内向协会报告：

（一）私募基金管理人及其管理的私募基金涉及重大诉讼、仲裁等法律纠纷，可能影响正常经营或者损害投资者利益；

（二）出现重大负面舆情，可能对市场秩序或者投资者利益造成严重影响；

（三）私募基金触发巨额赎回且不能满足赎回要求，或者投资金额占基金净资产50%以上的项目不能正常退出；

（四）私募基金管理人及其控股股东、实际控制人、普通合伙人、主要出资人业务运营、财务状况发生重大变化，或者出现重大信息安全事故，可能引发私募基金管理人经营风险，严重损害投资者利益；

（五）私募基金管理人及其法定代表人、董事、监事、高级管理人员、执行事务合伙人或其委派代表或者从业人员等因重大违法违规行为受到行政处罚、行政监管措施和纪律处分措施，或者因违法犯罪活动被立案调查或者追究法律责任；

（六）中国证监会、协会规定的其他情形。

协会可以视情况要求私募基金管理人的股东、合伙人、实际控制人提供与私募基金管理人经营管理、投资运作有关的资料、信息，前述主体应当配合。

第六十九条 私募基金管理人未按照要求履行信息披露、信息报送、信息变更和重大事项报告义务的，协会可以采取书面警示、要求限期改正、公开谴责、暂停办理备案、限制相关业务活动等自律管理或者纪律处分措施；对直接负责的主管人员和其他责任人员采取书面警示、警告、公开谴责等自律管理或者纪律处分措施。

私募基金管理人披露、报送的信息存在虚假记载、误导性陈述或者重大遗漏的，协会可以采取书面警示、要求限期改正、公开谴责、暂停办理备案、限制相关业务活动、撤销私募基金管理人登记等自律管理或者纪律处分措施；对直接负责的主管人员和其他责任人员采取公开谴责、不得从事相关业务、加入黑名单、取消基金从业资格等自律管理或者纪律处分措施。

《中国基金业协会关于进一步规范私募基金管理人登记若干事项的公告》（中国基金业协会，中基协发〔2016〕4号，2016年2月5日）

（三）私募基金管理人应当按时提交经审计的年度财务报告

根据《私募投资基金管理人登记和基金备案办法（试行）》第21条规定，私募基金管理人应当于每年度四月底之前，通过私募基金登记备案系统填报经会计师事务所审计的年度财务报告。

1、自本公告发布之日起，已登记的私募基金管理人未按要求提交经审计的年度财务报告的，在私募基金管理人完成相应整改要求之前，中国基金业协会将暂停受理该机构的私募基金产品备案申请。

同时,中国基金业协会将其列入异常机构名单,并通过私募基金管理人公示平台(http://gs.amac.org.cn)对外公示。一旦私募基金管理人作为异常机构公示,即使整改完毕,至少6个月后才能恢复正常机构公示状态。

2、新申请私募基金管理人登记的机构成立满一年但未提交经审计的年度财务报告的,中国基金业协会将不予登记。

《中国人民银行、中国银行保险监督管理委员会、中国证券监督管理委员会、国家外汇管理局关于规范金融机构资产管理业务的指导意见》(中国人民银行等,银发〔2018〕106号,2018年4月27日)

十二、金融机构应当向投资者主动、真实、准确、完整、及时披露资产管理产品募集信息、资金投向、杠杆水平、收益分配、托管安排、投资账户信息和主要投资风险等内容。国家法律法规另有规定的,从其规定。

……

对于私募产品,其信息披露方式、内容、频率由产品合同约定,但金融机构应当至少每季度向投资者披露产品净值和其他重要信息。

……

《私募投资基金信息披露管理办法》(中国基金业协会,2016年2月4日)

第二条　本办法所称的信息披露义务人,指私募基金管理人、私募基金托管人,以及法律、行政法规、中国证券监督管理委员会(以下简称中国证监会)和中国证券投资基金业协会(以下简称中国基金业协会)规定的具有信息披露义务的法人和其他组织。

同一私募基金存在多个信息披露义务人时,应在相关协议中约定信息披露相关事项和责任义务。

信息披露义务人委托第三方机构代为披露信息的,不得免除信息披露义务人法定应承担的信息披露义务。

第四条　信息披露义务人应当保证所披露信息的真实性、准确性和完整性。

第五条 私募基金管理人应当按照规定通过中国基金业协会指定的私募基金信息披露备份平台报送信息。

私募基金管理人过往业绩以及私募基金运行情况将以私募基金管理人向私募基金信息披露备份平台报送的数据为准。

第二十六条 信息披露义务人管理信息披露事务,违反本办法第十九条至第二十一条的规定,中国基金业协会可以要求其限期改正。逾期未改正的,中国基金业协会可以视情节轻重对信息披露义务人及主要负责人采取谈话提醒、书面警示、要求参加强制培训、行业内谴责、加入黑名单等纪律处分。

第二十七条 私募基金管理人在信息披露中存在本办法第十一条(一)、(二)、(三)、(四)、(七)所述行为的,中国基金业协会可视情节轻重对基金管理人采取公开谴责、暂停办理相关业务、撤销管理人登记或取消会员资格等纪律处分;对直接负责的主管人员和其他直接责任人员,中国基金业协会可采取要求参加强制培训、行业内谴责、加入黑名单、公开谴责、认为不适当人选、暂停或取消基金从业资格等纪律处分,并记入诚信档案。情节严重的,移交中国证监会处理。

《中国证券投资基金业协会关于加强私募基金信息报送自律管理与优化行业服务的通知》(中国证券投资基金业协会,中基协字〔2021〕107 号,2021 年 2 月 9 日)

一、管理人应当及时准确报送信息,强化内控管理

根据《私募投资基金监督管理暂行办法》《关于加强私募投资基金监管的若干规定》《私募投资基金管理人登记和基金备案办法(试行)》《私募基金管理人登记须知》《私募投资基金备案须知》等法规和自律规则中关于信息报送的要求,私募基金管理人应当于登记备案后在中国证券投资基金业协会(以下简称"协会")资产管理业务综合报送平台(以下简称"AMBERS 系统")持续履行信息报送义务。同时管理人应当就其控股股东、实际控制人、法定代表人/执行事务合伙人(委派代表)变更,以及私募基金到期日变更等重大事项,及时

向协会报告，办理变更手续。

根据《私募投资基金信息披露管理办法》《关于加强私募基金信息披露自律管理相关事项的通知》，管理人应当按规定通过协会私募基金信息披露备份系统（以下简称“信披备份系统”）备份信息。

基于与国家市场监督管理总局信用监督管理司的信息共享协作机制，协会已健全大数据分析监测手段，强化前台数据填报即时校验提示和事中事后数据问题识别反馈，持续加强异常数据监测。管理人应当切实按照《关于加强私募投资基金监管的若干规定》《私募投资基金管理人内部控制指引》等监管规定及自律规则的要求，建立健全信息报送内控管理机制，明确信息报送负责人及相关人员职责，主动强化信息报送能力建设，确保报送、披露信息及时、真实、准确、完整，符合规定要求，不存在虚假记载、误导性陈述或重大遗漏。

《私募投资基金信息披露内容与格式指引 1 号（适用于私募证券投资基金）》（中国证券投资基金业协会，2016 年 2 月 4 日）

3、信息披露义务人的信息披露报告包括月度报告、季度报告和年度报告。月度报告应当在每月结束之日起 5 个工作日内完成。季度报告应在每季度结束之日起 10 个工作日内完成。年度报告应在每个会计年度结束后的 4 个月内完成，每年 4 月 30 日前发布上一年度报告。

4、信息披露义务人保证本报告披露的信息不存在任何虚假记载、误导性陈述或者重大遗漏，并对内容的真实性、准确性、完整性承担法律责任。

5、除基金合同另有约定的外，月报、季报、年报应通过中国基金业协会指定的私募基金信息披露平台进行发布，投资者可以登录进行查询。

《关于发布〈私募投资基金信息披露内容与格式指引 2 号——适用于私募股权（含创业）投资基金〉的通知》（中国证券投资基金业协会，2016 年 11 月 14 日）

各私募投资基金管理人：

……

自2017年1月1日起，相关机构应按照《信披指引2号》使用说明第一条要求，通过私募基金信息披露备份系统（https://pfid.amac.org.cn）进行信息披露文件备份。

特此通知。

2. 信息共享

《私募投资基金监督管理暂行办法》（中国证券监督管理委员会，中国证券监督管理委员会令第105号，2014年8月21日）

第二十八条 基金业协会应当建立与中国证监会及其派出机构和其他相关机构的信息共享机制，定期汇总分析私募基金情况，及时提供私募基金相关信息。

《私募投资基金登记备案办法》（中国证券投资基金业协会，中基协发〔2023〕5号，2023年5月1日）

第七十九条 协会在中国证监会的指导下，与其派出机构、其他金融管理部门、司法机关、地方政府和地方行业协会，建立业务协作和信息共享机制。

私募基金管理人、私募基金托管人、私募基金服务机构及其从业人员违反本办法规定被协会采取自律管理或者纪律处分措施的，记入证券期货市场诚信档案数据库；涉嫌违反法律法规的，报中国证监会查处；涉嫌犯罪的，向中国证监会报告，移送司法机关追究其刑事责任。

编者注：参见中基协网站：《私募基金管理人登记及私募基金产品备案月报》（每月更新，月报可在基协官网首页"统计数据"—"统计报告"—"私募基金"栏中查询）

3. 风险预警

《私募投资基金登记备案办法》（中国证券投资基金业协会，中基协发〔2023〕5号，2023年5月1日）

第四十四条 私募基金管理人存在较大风险隐患，私募基金涉及重大无先例事项，或者存在结构复杂、投资标的类型特殊等情形的，协会按照规定对私募基金管理人拟备案的私募基金采取提高投资者要求、提高基金规模要求、要求基金托管、要求托管人出具尽职调查报告或者配合询问、加强信息披露、提示特别风险、额度管理、限制关联交易，以及要求其出具内部合规意见、提交法律意见书或者相关财务报告等措施。

私募基金管理人的资本实力、专业人员配备、投资管理能力、风险控制水平、内部控制制度、场所设施等，应当与其业务方向、发展规划和管理规模等相匹配。不匹配的，协会可以采取前款规定的措施；情节严重的，采取暂停办理其私募基金备案的自律管理措施。

第七十二条　私募基金管理人有下列情形之一的，协会予以公示，提示风险：

（一）私募基金管理人的登记备案信息发生变更，未按规定及时向协会履行变更手续；

（二）私募基金运作、信息报送和信息披露出现异常；

（三）处于协会无法取得有效联系的失联状态；

（四）按照本办法第七十三条、第七十四条的规定被要求出具专项法律意见书；

（五）被中国证监会及其派出机构处以行政处罚或者采取应予公开的行政监管措施；

（六）被列为严重失信人或者被纳入失信被执行人名单；

（七）中国证监会、协会规定的其他情形。

私募基金管理人最近2年每个季度末管理规模均低于500万元人民币的，协会在信息公示平台予以特别提示。

4. 失联处理

关于管理人失联处理的报送、公示等内容详见补充十《私募基金管理人失联处理指引》（中国证券投资基金业协会，中基协发〔2023〕17号，2023年7月14日）。

第三十四条 【失能预案】

因私募基金管理人无法正常履行职责或者出现重大风险等情形，导致私募基金无法正常运作、终止的，由基金合同约定或者有关规定确定的其他专业机构，行使更换私募基金管理人、修改或者提前终止基金合同、组织私募基金清算等职权。

1. 专业机构介入风险处置

《私募投资基金登记备案办法》（中国证券投资基金业协会，中基协发〔2023〕5号，2023年5月1日）

第五十八条 私募基金管理人因失联、注销私募基金管理人登记或者出现重大风险等情形无法履行或者怠于履行职责导致私募基金无法正常退出的，私募基金管理人、私募基金托管人、基金份额持有人大会或者持有一定份额比例以上的投资者，可以按照基金合同约定成立专项机构或者委托会计师事务所、律师事务所等中介服务机构，妥善处置基金财产，保护投资者合法权益，并行使下列职权：

（一）清理核查私募基金资产情况；

（二）制定、执行清算退出方案；

（三）管理、处置、分配基金财产；

（四）依法履行解散、清算、破产等法定程序；

（五）代表私募基金进行纠纷解决；

（六）中国证监会、协会规定或者基金合同约定的其他职权。

私募基金通过前款规定的方式退出的，应当及时向协会报送专项机构组成情况、相关会议决议、财产处置方案、基金清算报告和相关诉讼仲裁情况等。

第七十四条 私募基金管理人出现重大经营风险，严重损害投资者利益或者危害市场秩序的，应当妥善处置和化解风险，切实履行管理人职责，维护投资者合法权益。其控股股东、实际控制人、普通合伙人、主要出资人应当积极配合相关风险处置和化解工作，承担补充实缴出资以及维持私募基金管理人运营、清收基金资产和安抚基金投资者等风险化解的责任。

协会可以采取要求前述主体报送自查报告、提交风险处置方案、定期报告风险化解情况、委托律师事务所出具专项法律意见书、提交经会计师事务所审计的财务报告、鉴证报告、商定程序报告等措施，并可视情况暂停办理私募基金管理人登记信息变更和私募基金备案。

2. 私募基金清算

(1)解散清算情形

《中华人民共和国民法典》(全国人大常委会，中华人民共和国主席令第45号，2021年1月1日)

第六十九条　有下列情形之一的，法人解散：

(一)法人章程规定的存续期间届满或者法人章程规定的其他解散事由出现；

(二)法人的权力机构决议解散；

(三)因法人合并或者分立需要解散；

(四)法人依法被吊销营业执照、登记证书，被责令关闭或者被撤销；

(五)法律规定的其他情形。

《中华人民共和国公司法》(全国人大常委会，中华人民共和国主席令第15号，2024年7月1日)

第二百二十九条　公司因下列原因解散：

(一)公司章程规定的营业期限届满或者公司章程规定的其他解散事由出现；

(二)股东会决议解散；

(三)因公司合并或者分立需要解散；

(四)依法被吊销营业执照、责令关闭或者被撤销；

(五)人民法院依照本法第二百三十一条的规定予以解散。

公司出现前款规定的解散事由，应当在十日内将解散事由通过国家企业信用信息公示系统予以公示。

第二百三十一条 公司经营管理发生严重困难，继续存续会使股东利益受到重大损失，通过其他途径不能解决的，持有公司百分之十以上表决权的股东，可以请求人民法院解散公司。

《中华人民共和国合伙企业法》（全国人大常委会，中华人民共和国主席令第55号，2007年6月1日）

第八十五条 合伙企业有下列情形之一的，应当解散：

（一）合伙期限届满，合伙人决定不再经营；

（二）合伙协议约定的解散事由出现；

（三）全体合伙人决定解散；

（四）合伙人已不具备法定人数满三十天；

（五）合伙协议约定的合伙目的已经实现或者无法实现；

（六）依法被吊销营业执照、责令关闭或者被撤销；

（七）法律、行政法规规定的其他原因。

《中华人民共和国证券投资基金法》（全国人大常委会，中华人民共和国主席令第23号，2015年4月24日）

第八十条 有下列情形之一的，基金合同终止：

（一）基金合同期限届满而未延期；

（二）基金份额持有人大会决定终止；

（三）基金管理人、基金托管人职责终止，在六个月内没有新基金管理人、新基金托管人承接；

（四）基金合同约定的其他情形。

《私募投资基金备案指引第1号——私募证券投资基金》（中国证券投资基金业协会，2023年9月28日）

第二十三条 私募证券基金存在下列情形之一的，应当进行清算：

（一）存续期届满且不展期的；

（二）发生基金合同约定应当终止的情形的；

（三）经投资者、私募基金管理人、私募基金托管人协商一致决定终止基金合同的；

（四）法律、行政法规、中国证监会和协会规定的其他情形。

私募证券基金完成清算，剩余基金财产可以以货币资金方式分配给投资者，或者经投资者同意，以实物资产方式分配给投资者。

《私募投资基金备案指引第2号——私募股权、创业投资基金》（中国证券投资基金业协会，2023年9月28日）

第二十八条 私募股权基金存在下列情形之一的，应当进行清算：

（一）存续期届满且不展期的；

（二）发生基金合同约定应当终止的情形的；

（三）经投资者、私募基金管理人协商一致决定终止基金合同的；

（四）法律、行政法规、中国证监会和协会规定的其他情形。

私募股权基金完成清算，剩余基金财产可以以货币资金方式分配给投资者，或者经投资者同意，以实物资产方式分配给投资者。

(2)清算义务人及清算职责

《中华人民共和国民法典》（全国人大常委会，中华人民共和国主席令第45号，2021年1月1日）

第七十条 法人解散的，除合并或者分立的情形外，清算义务人应当及时组成清算组进行清算。

法人的董事、理事等执行机构或者决策机构的成员为清算义务人。法律、行政法规另有规定的，依照其规定。

清算义务人未及时履行清算义务，造成损害的，应当承担民事责任；主管机关或者利害关系人可以申请人民法院指定有关人员组成清算组进行清算。

第七十一条 法人的清算程序和清算组职权，依照有关法律的规定；没有规定的，参照适用公司法律的有关规定。

《中华人民共和国公司法》（全国人大常委会，中华人民共和国主席令第15号，2024年7月1日）

第二百三十二条 公司因本法第二百二十九条第一款第一项、

第二项、第四项、第五项规定而解散的,应当清算。董事为公司清算义务人,应当在解散事由出现之日起十五日内组成清算组进行清算。

清算组由董事组成,但是公司章程另有规定或者股东会决议另选他人的除外。

清算义务人未及时履行清算义务,给公司或者债权人造成损失的,应当承担赔偿责任。

第二百三十三条 公司依照前条第一款的规定应当清算,逾期不成立清算组进行清算或者成立清算组后不清算的,利害关系人可以申请人民法院指定有关人员组成清算组进行清算。人民法院应当受理该申请,并及时组织清算组进行清算。

公司因本法第二百二十九条第一款第四项的规定而解散的,作出吊销营业执照、责令关闭或者撤销决定的部门或者公司登记机关,可以申请人民法院指定有关人员组成清算组进行清算。

《最高人民法院关于适用〈中华人民共和国公司法〉若干问题的规定(二)》(最高人民法院,法释〔2020〕18号,2021年1月1日)

第七条 公司应当依照民法典第七十条、公司法第一百八十三条的规定,在解散事由出现之日起十五日内成立清算组,开始自行清算。

有下列情形之一,债权人、公司股东、董事或其他利害关系人申请人民法院指定清算组进行清算的,人民法院应予受理:

(一)公司解散逾期不成立清算组进行清算的;

(二)虽然成立清算组但故意拖延清算的;

(三)违法清算可能严重损害债权人或者股东利益的。

具有本条第二款所列情形,而债权人未提起清算申请,公司股东申请人民法院指定清算组对公司进行清算的,人民法院应予受理。

《中华人民共和国合伙企业法》(全国人大常委会,中华人民共和国主席令第55号,2007年6月1日)

第八十六条 合伙企业解散,应当由清算人进行清算。

清算人由全体合伙人担任;经全体合伙人过半数同意,可以自合伙企业解散事由出现后十五日内指定一个或者数个合伙人，或者委托第三人，担任清算人。

自合伙企业解散事由出现之日起十五日内未确定清算人的，合伙人或者其他利害关系人可以申请人民法院指定清算人。

第八十七条　清算人在清算期间执行下列事务：

（一）清理合伙企业财产，分别编制资产负债表和财产清单；

（二）处理与清算有关的合伙企业未了结事务；

（三）清缴所欠税款；

（四）清理债权、债务；

（五）处理合伙企业清偿债务后的剩余财产；

（六）代表合伙企业参加诉讼或者仲裁活动。

《中华人民共和国证券投资基金法》（全国人大常委会，中华人民共和国主席令第23号，2015年4月24日）

第八十一条　基金合同终止时，基金管理人应当组织清算组对基金财产进行清算。

清算组由基金管理人、基金托管人以及相关的中介服务机构组成。

清算组作出的清算报告经会计师事务所审计，律师事务所出具法律意见书后，报国务院证券监督管理机构备案并公告。

第八十二条　清算后的剩余基金财产，应当按照基金份额持有人所持份额比例进行分配。

《私募投资基金登记备案办法》（中国证券投资基金业协会，中基协发〔2023〕5号，2023年5月1日）

第五十七条　私募基金合同终止的，私募基金管理人应当按照基金合同约定，及时对私募基金进行清算，自私募基金清算完成之日起10个工作日内向协会报送清算报告等信息。一定期限内无法完成清算的，还应当自清算开始之日起10个工作日内向协会报送清算承诺函、清算公告等信息。

私募基金在开始清算后不得再进行募集，不得再以基金的名义和方式进行投资。

第五十八条 私募基金管理人因失联、注销私募基金管理人登记或者出现重大风险等情形无法履行或者怠于履行职责导致私募基金无法正常退出的，私募基金管理人、私募基金托管人、基金份额持有人大会或者持有一定份额比例以上的投资者，可以按照基金合同约定成立专项机构或者委托会计师事务所、律师事务所等中介服务机构，妥善处置基金财产，保护投资者合法权益，并行使下列职权：

（一）清理核查私募基金资产情况；

（二）制定、执行清算退出方案；

（三）管理、处置、分配基金财产；

（四）依法履行解散、清算、破产等法定程序；

（五）代表私募基金进行纠纷解决；

（六）中国证监会、协会规定或者基金合同约定的其他职权。

私募基金通过前款规定的方式退出的，应当及时向协会报送专项机构组成情况、相关会议决议、财产处置方案、基金清算报告和相关诉讼仲裁情况等。

《私募投资基金备案指引第 1 号——私募证券投资基金》（中国证券投资基金业协会，2023 年 9 月 28 日）

第二十四条 《登记备案办法》第五十七条规定的"一定期限内无法完成清算的"是指私募证券基金开始清算但预计 3 个月内无法完成清算。

《私募投资基金备案指引第 2 号——私募股权、创业投资基金》（中国证券投资基金业协会，2023 年 9 月 28 日）

第二十九条 《登记备案办法》第五十七条规定的"一定期限内无法完成清算的"是指私募股权基金开始清算但预计 3 个月内无法完成清算。

《私募投资基金信息披露管理办法》（中国基金业协会，2016 年 2 月 4 日）

第十八条 发生以下重大事项的，信息披露义务人应当按照基金合同的约定及时向投资者披露：

……

（十）基金发生清盘或清算的；

……

(3)未依法履行清算职责的责任

《最高人民法院关于适用〈中华人民共和国公司法〉若干问题的规定(二)》(最高人民法院,法释〔2020〕18号,2021年1月1日)

第十八条 有限责任公司的股东、股份有限公司的董事和控股股东未在法定期限内成立清算组开始清算,导致公司财产贬值、流失、毁损或者灭失,债权人主张其在造成损失范围内对公司债务承担赔偿责任的,人民法院应依法予以支持。

有限责任公司的股东、股份有限公司的董事和控股股东因怠于履行义务,导致公司主要财产、账册、重要文件等灭失,无法进行清算,债权人主张其对公司债务承担连带清偿责任的,人民法院应依法予以支持。

上述情形系实际控制人原因造成,债权人主张实际控制人对公司债务承担相应民事责任的,人民法院应依法予以支持。

第十九条 有限责任公司的股东、股份有限公司的董事和控股股东,以及公司的实际控制人在公司解散后,恶意处置公司财产给债权人造成损失,或者未经依法清算,以虚假的清算报告骗取公司登记机关办理法人注销登记,债权人主张其对公司债务承担相应赔偿责任的,人民法院应依法予以支持。

第二十条 公司解散应当在依法清算完毕后,申请办理注销登记。公司未经清算即办理注销登记,导致公司无法进行清算,债权人主张有限责任公司的股东、股份有限公司的董事和控股股东,以及公司的实际控制人对公司债务承担清偿责任的,人民法院应依法予以支持。

公司未经依法清算即办理注销登记,股东或者第三人在公司登记机关办理注销登记时承诺对公司债务承担责任,债权人主张其对公司债务承担相应民事责任的,人民法院应依法予以支持。

第二十一条 按照本规定第十八条和第二十条第一款的规定应当承担责任的有限责任公司的股东、股份有限公司的董事和控股股东，以及公司的实际控制人为二人以上的，其中一人或者数人依法承担民事责任后，主张其他人员按照过错大小分担责任的，人民法院应依法予以支持。

《最高人民法院关于审理公司强制清算案件工作座谈会纪要》（最高人民法院，法发〔2009〕52号，2009年11月4日）

十四、关于无法清算案件的审理

……

29. 债权人申请强制清算，人民法院以无法清算或者无法全面清算为由裁定终结强制清算程序的，应当在终结裁定中载明，债权人可以另行依据公司法司法解释二第十八条的规定，要求被申请人的股东、董事、实际控制人等清算义务人对其债务承担偿还责任。股东申请强制清算，人民法院以无法清算或者无法全面清算为由作出终结强制清算程序的，应当在终结裁定中载明，股东可以向控股股东等实际控制公司的主体主张有关权利。

《全国法院民商事审判工作会议纪要》（最高人民法院，法〔2019〕254号，2019年11月8日）

二、关于公司纠纷案件的处理

……

（五）关于有限责任公司清算义务人的责任

关于有限责任公司股东清算责任的认定，一些案件的处理结果不适当地扩大了股东的清算责任。特别是实践中出现了一些职业债权人，从其他债权人处大批量超低价收购僵尸企业的"陈年旧账"后，对批量僵尸企业提起强制清算之诉，在获得人民法院对公司主要财产、账册、重要文件等灭失的认定后，根据公司法司法解释（二）第18条第2款的规定，请求有限责任公司的股东对公司债务承担连带清偿责任。有的人民法院没有准确把握上述规定的适用条件，判决没有"怠于履行义务"的小股东或者虽"怠于履行义务"但与公司主要财产、账册、重要文件等灭失没有因果关系的小股东对公司债务承担远远超过其出资数额的责任，导致出现利益明显失衡的现象。需要明确的是，上述司法解释关于有限责任公司股东清算责任的规定，其性质是因股东怠于履行清算义务致使公司无法清算所应当承担的侵权责任。在认定有限责任公司股东是否应当对债权人承担侵权赔偿责任时，应当注意以下问题：

14.【怠于履行清算义务的认定】公司法司法解释(二)第18条第2款规定的"怠于履行义务"，是指有限责任公司的股东在法定清算事由出现后，在能够履行清算义务的情况下，故意拖延、拒绝履行清算义务，或者因过失导致无法进行清算的消极行为。股东举证证明其已经为履行清算义务采取了积极措施，或者小股东举证证明其既不是公司董事会或者监事会成员，也没有选派人员担任该机关成员，且从未参与公司经营管理，以不构成"怠于履行义务"为由，主张其不应当对公司债务承担连带清偿责任的，人民法院依法予以支持。

15.【因果关系抗辩】有限责任公司的股东举证证明其"怠于履行义务"的消极不作为与"公司主要财产、账册、重要文件等灭失，无法进行清算"的结果之间没有因果关系，主张其不应对公司债务承担连带清偿责任的，人民法院依法予以支持。

16.【诉讼时效期间】公司债权人请求股东对公司债务承担连带清偿责任，股东以公司债权人对公司的债权已经超过诉讼时效期间为由抗辩，经查证属实的，人民法院依法予以支持。

公司债权人以公司法司法解释(二)第18条第2款为依据，请求有限责任公司的股东对公司债务承担连带清偿责任的，诉讼时效期间自公司债权人知道或者应当知道公司无法进行清算之日起计算。

第四章 关于创业投资基金的特别规定

第三十五条 【创投基金的条件】

本条例所称创业投资基金，是指符合下列条件的私募基金：

（一）投资范围限于未上市企业，但所投资企业上市后基金所持股份的未转让部分及其配售部分除外；

（二）基金名称包含“创业投资基金”字样，或者在公司、合伙企业经营范围中包含“从事创业投资活动”字样；

（三）基金合同体现创业投资策略；

（四）不使用杠杆融资，但国家另有规定的除外；

（五）基金最低存续期限符合国家有关规定；

（六）国家规定的其他条件。

1. 创投基金的定义

《私募投资基金监督管理暂行办法》（中国证券监督管理委员会，中国证券监督管理委员会令第105号，2014年8月21日）

第三十四条 本办法所称创业投资基金，是指主要投资于未上市创业企业普通股或者依法可转换为普通股的优先股、可转换债券等权益的股权投资基金。

第三十五条 鼓励和引导创业投资基金投资创业早期的小微企业。

享受国家财政税收扶持政策的创业投资基金，其投资范围应当符合国家相关规定。

《私募投资基金登记备案办法》（中国证券投资基金业协会，中基协发〔2023〕5号，2023年5月1日）

第四十五条第二款 创业投资基金是指符合下列条件的私募

基金：

（一）投资范围限于未上市企业，但所投资企业上市后基金所持股份的未转让部分及其配售部分除外；

（二）基金合同体现创业投资策略；

（三）不使用杠杆融资，但国家另有规定的除外；

（四）基金最低存续期限符合国家有关规定；

（五）法律、行政法规、中国证监会和协会规定的其他条件。

创业投资基金名称应当包含“创业投资基金”，或者在公司、合伙企业经营范围中包含“从事创业投资活动”字样。

《国家发展改革委、中国人民银行、财政部、银保监会、证监会、外汇局关于进一步明确规范金融机构资产管理产品投资创业投资基金和政府出资产业投资基金有关事项的通知》（国家发展和改革委员会等，发改财金规〔2019〕1638 号，2019 年 10 月 19 日）

一、本通知所称创业投资基金，是指向处于创建或重建过程中的未上市成长性创业企业进行股权投资，以期所投资创业企业发育成熟或相对成熟后，主要通过股权转让获取资本增值收益的股权投资基金。适用本通知的创业投资基金应同时满足以下条件：

（一）符合《创业投资企业管理暂行办法》（发展改革委 2005 年第 39 号令）或者《私募投资基金监督管理暂行办法》（证监会 2014 年第 105 号令）关于创业投资基金的有关规定，并按要求完成备案；

（二）基金投向符合产业政策、投资政策等国家宏观管理政策；

（三）基金投资范围限于未上市企业，但所投资企业上市后基金所持股份的未转让及其配售部分除外；

（四）基金运作不涉及债权融资，但依法发行债券提高投资能力的除外；

（五）基金存续期限不短于 7 年；对基金份额不得进行结构化安排，但政府出资设立的创业投资引导基金作为优先级的除外；

（六）基金名称体现“创业投资”字样或基金合同和基金招募说明书中体现“创业投资”策略。

2. 禁止杠杆融资的例外

《国务院关于促进创业投资持续健康发展的若干意见》（国务院，国发〔2016〕53号，2016年9月16日）

（六）建立股权债权等联动机制……支持创业投资企业及其股东依法依规发行企业债券和其他债务融资工具融资，增强投资能力。（国家发展改革委、科技部、人民银行、银监会、证监会、保监会按职责分工负责）

《中国证监会关于开展创新创业公司债券试点的指导意见》（中国证券监督管理委员会，中国证券监督管理委员会公告〔2017〕10号，2017年7月4日）

二、试点范围

（一）适用范围

本指导意见所称创新创业公司债，是指符合条件的创新创业公司、创业投资公司，依照《公司法》《证券法》《公司债券发行与交易管理办法》和其他法律法规及部门规章发行的公司债券。

……

创业投资公司，是指符合《私募投资基金监督管理暂行办法》、《创业投资企业管理暂行办法》等有关规定，向创新创业企业进行股权投资的公司制创业投资基金和创业投资基金管理机构。发行创新创业公司债募集的资金应专项投资于种子期、初创期、成长期的创新创业公司的股权。

《中华人民共和国证券法》（全国人大常委会，中华人民共和国主席令第37号，2020年3月1日）

第十五条 公开发行公司债券，应当符合下列条件：

（一）具备健全且运行良好的组织机构；

（二）最近三年平均可分配利润足以支付公司债券一年的利息；

（三）国务院规定的其他条件。

公开发行公司债券筹集的资金，必须按照公司债券募集办法所列资金用途使用；改变资金用途，必须经债券持有人会议作出决议。

公开发行公司债券筹集的资金,不得用于弥补亏损和非生产性支出。

上市公司发行可转换为股票的公司债券,除应当符合第一款规定的条件外,还应当遵守本法第十二条第二款的规定。但是,按照公司债券募集办法,上市公司通过收购本公司股份的方式进行公司债券转换的除外。

《公司债券发行与交易管理办法》(中国证券监督管理委员会,中国证券监督管理委员会令第222号,2023年10月20日)

第十六条 资信状况符合以下标准的公开发行公司债券,专业投资者和普通投资者可以参与认购:

(一)发行人最近三年无债务违约或者延迟支付本息的事实;

(二)发行人最近三年平均可分配利润不少于债券一年利息的1.5倍;

(三)发行人最近一期末净资产规模不少于250亿元;

(四)发行人最近36个月内累计公开发行债券不少于3期,发行规模不少于100亿元;

(五)中国证监会根据投资者保护的需要规定的其他条件。

未达到前款规定标准的公开发行公司债券,仅限于专业投资者参与认购。

《非公开发行公司债券项目承接负面清单指引》(中国证券业协会,中证协发〔2022〕294号,2022年12月9日)

非公开发行公司债券项目承接负面清单

一、存在以下情形的发行人

(一)最近24个月内公司财务会计文件存在虚假记载,或公司存在其他重大违法违规行为。

(二)对已公开发行的公司债券或者其他债务有违约或延迟支付本息的事实,仍处于继续状态。

(三)存在违规对外担保资金或者被关联方或第三方以借款、代偿债务、代垫款项等方式违规占用的情形,仍处于继续状态。

(四)最近12个月内因违反公司债券相关规定被中国证监会采

取行政监管措施，或最近6个月内因违反公司债券相关规定被证券交易所等自律组织采取纪律处分，尚未完成整改的。

（五）最近两年内财务报表曾被注册会计师出具保留意见且保留意见所涉及事项的重大影响尚未消除，或被注册会计师出具否定意见或者无法表示意见的审计报告。

（六）因严重违法失信行为，被有权部门认定为失信被执行人、失信生产经营单位或者其他失信单位，并被暂停或限制发行公司债券。

（七）擅自改变前次发行公司债券募集资金的用途或违反前次公司债券申请文件中所作出的承诺，尚未完成整改的。

（八）本次发行募集资金用途违反相关法律法规或募集资金投向不符合国家产业政策。

（九）除金融类企业外，本次发行债券募集资金用途为持有以交易为目的的金融资产、委托理财等财务性投资，或本次发行债券募集资金用途为直接或间接投资于以买卖有价证券为主要业务的公司。

（十）本次发行不符合地方政府债务管理规定或者本次发行新增地方政府债务的。

（十一）本次发行文件存在虚假记载、误导性陈述或重大遗漏。

（十二）存在严重损害投资者合法权益和社会公共利益情形。

《上海市人民政府办公厅关于进一步促进上海股权投资行业高质量发展的若干措施》（上海市人民政府办公厅，沪府办规〔2023〕29号，2024年2月1日）

（二十四）支持股权投资机构发债。支持合格股权投资机构发行5—10年中长期创新创业公司债券。推动科创票据等债务融资工具创新，为股权投资基金管理人募资提供支持，拓展中长期资金来源。

（二十五）开展投贷联动业务创新。支持本市银行业金融机构围绕股权投资机构募资、投资，开发相适应的服务和产品。推动开展投贷联动，加大对种子期、初创期科技型企业综合金融支持力度。依托上海股权托管交易中心认股权试点，建设确权、登记、托管、结算、估值、转让、行权等综合服务平台。

第三十六条　【政策支持】

国家对创业投资基金给予政策支持，鼓励和引导其投资成长性、创新性创业企业，鼓励长期资金投资于创业投资基金。

国务院发展改革部门负责组织拟定促进创业投资基金发展的政策措施。国务院证券监督管理机构和国务院发展改革部门建立健全信息和支持政策共享机制，加强创业投资基金监督管理政策和发展政策的协同配合。登记备案机构应当及时向国务院证券监督管理机构和国务院发展改革部门报送与创业投资基金相关的信息。

享受国家政策支持的创业投资基金，其投资应当符合国家有关规定。

《私募投资基金登记备案办法》（中国证券投资基金业协会，中基协发〔2023〕5号，2023年5月1日）

第四十三条　协会支持私募基金在服务国家战略、推动创新驱动发展和经济转型升级等方面发挥积极作用，对承担国家重大战略实施等职能的私募基金提供重点支持。

对治理结构健全、业务运作合规、持续运营稳健、风险控制有效、管理团队专业、诚信状况良好的私募基金管理人，协会可以对其管理的符合条件的私募基金提供快速备案制度安排。具体规则由协会另行制定。

《创业投资企业管理暂行办法》（国家发展和改革委员会等，国家发展和改革委员会、中华人民共和国科学技术部、中华人民共和国财政部、中华人民共和国商务部、中国人民银行、国家税务总局、国家工商行政管理总局（已撤销）、中国银行业监督管理委员会（已撤销）、中国证券监督管理委员会、国家外汇管理局令第39号，2006年3月1日）

第二十二条　国家与地方政府可以设立创业投资引导基金，通过参股和提供融资担保等方式扶持创业投资企业的设立与发展。具体管理办法另行制定。

第二十三条 国家运用税收优惠政策扶持创业投资企业发展并引导其增加对中小企业特别是中小高新技术企业的投资。具体办法由国务院财税部门会同有关部门另行制定。

第二十四条 创业投资企业可以通过股权上市转让、股权协议转让、被投资企业回购等途径,实现投资退出。国家有关部门应当积极推进多层次资本市场体系建设,完善创业投资企业的投资退出机制。

《新兴产业创投计划参股创业投资基金管理暂行办法》(财政部等,财建〔2011〕668号,2011年8月17日)

第二条 本办法所称新兴产业创投计划是指中央财政资金通过直接投资创业企业、参股创业投资基金等方式,培育和促进新兴产业发展的活动。

本办法所称参股创业投资基金是指中央财政从产业技术研究与开发资金等专项资金中安排资金与地方政府资金、社会资本共同发起设立的创业投资基金或通过增资方式参与的现有创业投资基金(以下简称参股基金)。

第三条 参股基金管理遵循“政府引导、规范管理、市场运作、鼓励创新”原则,其发起设立或增资、投资管理、业绩奖励等按照市场化方式独立运作,自主经营,自负盈亏。

中央财政出资资金委托受托管理机构管理,政府部门及其受托管理机构不干预参股基金日常的经营和管理。

《财政部、税务总局、发展改革委、证监会关于创业投资企业个人合伙人所得税政策问题的通知》(财政部等,财税〔2019〕8号,2019年1月1日)

一、创投企业可以选择按单一投资基金核算或者按创投企业年度所得整体核算两种方式之一,对其个人合伙人来源于创投企业的所得计算个人所得税应纳税额。

本通知所称创投企业,是指符合《创业投资企业管理暂行办法》

（发展改革委等10部门令第39号）或者《私募投资基金监督管理暂行办法》（证监会令第105号）关于创业投资企业（基金）的有关规定，并按照上述规定完成备案且规范运作的合伙制创业投资企业（基金）。

二、创投企业选择按单一投资基金核算的，其个人合伙人从该基金应分得的股权转让所得和股息红利所得，按照20%税率计算缴纳个人所得税。

创投企业选择按年度所得整体核算的，其个人合伙人应从创投企业取得的所得，按照“经营所得”项目、5% –35%的超额累进税率计算缴纳个人所得税。

三、单一投资基金核算，是指单一投资基金（包括不以基金名义设立的创投企业）在一个纳税年度内从不同创业投资项目取得的股权转让所得和股息红利所得按下述方法分别核算纳税：

（一）股权转让所得。单个投资项目的股权转让所得，按年度股权转让收入扣除对应股权原值和转让环节合理费用后的余额计算，股权原值和转让环节合理费用的确定方法，参照股权转让所得个人所得税有关政策规定执行；单一投资基金的股权转让所得，按一个纳税年度内不同投资项目的所得和损失相互抵减后的余额计算，余额大于或等于零的，即确认为该基金的年度股权转让所得；余额小于零的，该基金年度股权转让所得按零计算且不能跨年结转。

个人合伙人按照其应从基金年度股权转让所得中分得的份额计算其应纳税额，并由创投企业在次年3月31日前代扣代缴个人所得税。如符合《财政部税务总局关于创业投资企业和天使投资个人有关税收政策的通知》（财税〔2018〕55号）规定条件的，创投企业个人合伙人可以按照被转让项目对应投资额的70%抵扣其应从基金年度股权转让所得中分得的份额后再计算其应纳税额，当期不足抵扣的，不得向以后年度结转。

（二）股息红利所得。单一投资基金的股息红利所得，以其来源于所投资项目分配的股息、红利收入以及其他固定收益类证券等收入的全额计算。

个人合伙人按照其应从基金股息红利所得中分得的份额计算其应纳税额,并由创投企业按次代扣代缴个人所得税。

(三)除前述可以扣除的成本、费用之外,单一投资基金发生的包括投资基金管理人的管理费和业绩报酬在内的其他支出,不得在核算时扣除。

本条规定的单一投资基金核算方法仅适用于计算创投企业个人合伙人的应纳税额。

四、创投企业年度所得整体核算,是指将创投企业以每一纳税年度的收入总额减除成本、费用以及损失后,计算应分配给个人合伙人的所得。如符合《财政部税务总局关于创业投资企业和天使投资个人有关税收政策的通知》(财税〔2018〕55 号)规定条件的,创投企业个人合伙人可以按照被转让项目对应投资额的 70% 抵扣其可以从创投企业应分得的经营所得后再计算其应纳税额。年度核算亏损的,准予按有关规定向以后年度结转。

按照"经营所得"项目计税的个人合伙人,没有综合所得的,可依法减除基本减除费用、专项扣除、专项附加扣除以及国务院确定的其他扣除。从多处取得经营所得的,应汇总计算个人所得税,只减除一次上述费用和扣除。

五、创投企业选择按单一投资基金核算或按创投企业年度所得整体核算后,3 年内不能变更。

六、创投企业选择按单一投资基金核算的,应当在按照本通知第一条规定完成备案的 30 日内,向主管税务机关进行核算方式备案;未按规定备案的,视同选择按创投企业年度所得整体核算。2019 年 1 月 1 日前已经完成备案的创投企业,选择按单一投资基金核算的,应当在 2019 年 3 月 1 日前向主管税务机关进行核算方式备案。创投企业选择一种核算方式满 3 年需要调整的,应当在满 3 年的次年 1 月 31 日前,重新向主管税务机关备案。

八、本通知执行期限为 2019 年 1 月 1 日起至 2023 年 12 月 31

日止。

*编者注:2023年8月21日,财政部、税务总局、国家发展改革委、中国证监会联合发布《关于延续实施创业投资企业个人合伙人所得税政策的公告》(财政部税务总局国家发展改革委中国证监会公告2023年第24号),公告明确将单一核算政策续期执行至2027年12月31日。

《国家税务总局关于有限合伙制创业投资企业法人合伙人企业所得税有关问题的公告》(国家税务总局,国家税务总局公告2015年第81号,2015年10月1日)

一、有限合伙制创业投资企业是指依照《中华人民共和国合伙企业法》、《创业投资企业管理暂行办法》(国家发展和改革委员会令第39号)和《外商投资创业投资企业管理规定》(外经贸部、科技部、工商总局、税务总局、外汇管理局令2003年第2号)设立的专门从事创业投资活动的有限合伙企业。

二、有限合伙制创业投资企业的法人合伙人,是指依照《中华人民共和国企业所得税法》及其实施条例以及相关规定,实行查账征收企业所得税的居民企业。

三、有限合伙制创业投资企业采取股权投资方式投资于未上市的中小高新技术企业满2年(24个月,下同)的,其法人合伙人可按照对未上市中小高新技术企业投资额的70%抵扣该法人合伙人从该有限合伙制创业投资企业分得的应纳税所得额,当年不足抵扣的,可以在以后纳税年度结转抵扣。

所称满2年是指2015年10月1日起,有限合伙制创业投资企业投资于未上市中小高新技术企业的实缴投资满2年,同时,法人合伙人对该有限合伙制创业投资企业的实缴出资也应满2年。

如果法人合伙人投资于多个符合条件的有限合伙制创业投资企业,可合并计算其可抵扣的投资额和应分得的应纳税所得额。当年不足抵扣的,可结转以后纳税年度继续抵扣;当年抵扣后有结余的,应按照企业所得税法的规定计算缴纳企业所得税。

四、有限合伙制创业投资企业的法人合伙人对未上市中小高新技术企业的投资额，按照有限合伙制创业投资企业对中小高新技术企业的投资额和合伙协议约定的法人合伙人占有限合伙制创业投资企业的出资比例计算确定。其中，有限合伙制创业投资企业对中小高新技术企业的投资额按实缴投资额计算；法人合伙人占有限合伙制创业投资企业的出资比例按法人合伙人对有限合伙制创业投资企业的实缴出资额占该有限合伙制创业投资企业的全部实缴出资额的比例计算。

五、有限合伙制创业投资企业应纳税所得额的确定及分配，按照《财政部　国家税务总局关于合伙企业合伙人所得税问题的通知》（财税〔2008〕159号）相关规定执行。

六、有限合伙制创业投资企业法人合伙人符合享受优惠条件的，应在符合条件的年度终了后3个月内向其主管税务机关报送《有限合伙制创业投资企业法人合伙人应纳税所得额分配情况明细表》（附件1）。

《国家税务总局关于实施创业投资企业所得税优惠问题的通知》（部分失效：本通知第四条废止）（国家税务总局，国税发〔2009〕87号，2008年1月1日）

一、创业投资企业是指依照《创业投资企业管理暂行办法》（国家发展和改革委员会等10部委令2005年第39号，以下简称《暂行办法》）和《外商投资创业投资企业管理规定》（商务部等5部委令2003年第2号）在中华人民共和国境内设立的专门从事创业投资活动的企业或其他经济组织。

二、创业投资企业采取股权投资方式投资于未上市的中小高新技术企业2年（24个月）以上，凡符合以下条件的，可以按照其对中小高新技术企业投资额的70%，在股权持有满2年的当年抵扣该创业投资企业的应纳税所得额；当年不足抵扣的，可以在以后纳税年度结转抵扣。

（一）经营范围符合《暂行办法》规定，且工商登记为“创业投资有限责任公司”、“创业投资股份有限公司”等专业性法人创业投资企业。

（二）按照《暂行办法》规定的条件和程序完成备案，经备案管理部门年度检查核实，投资运作符合《暂行办法》的有关规定。

（三）创业投资企业投资的中小高新技术企业，除应按照科技部、财政部、国家税务总局《关于印发〈高新技术企业认定管理办法〉的通知》（国科发火〔2008〕172 号）和《关于印发〈高新技术企业认定管理工作指引〉的通知》（国科发火〔2008〕362 号）的规定，通过高新技术企业认定以外，还应符合职工人数不超过 500 人，年销售（营业）额不超过 2 亿元，资产总额不超过 2 亿元的条件。

2007 年底前按原有规定取得高新技术企业资格的中小高新技术企业，且在 2008 年继续符合新的高新技术企业标准的，向其投资满 24 个月的计算，可自创业投资企业实际向其投资的时间起计算。

（四）财政部、国家税务总局规定的其他条件。

三、中小企业接受创业投资之后，经认定符合高新技术企业标准的，应自其被认定为高新技术企业的年度起，计算创业投资企业的投资期限。该期限内中小企业接受创业投资后，企业规模超过中小企业标准，但仍符合高新技术企业标准的，不影响创业投资企业享受有关税收优惠。

五、本通知自 2008 年 1 月 1 日起执行。

《财政部、税务总局关于创业投资企业和天使投资个人有关税收政策的通知》（财政部、国家税务总局，财税〔2018〕55 号，2018 年 7 月 1 日）

一、税收政策内容

（一）公司制创业投资企业采取股权投资方式直接投资于种子期、初创期科技型企业（以下简称初创科技型企业）满 2 年（24 个月，下同）的，可以按照投资额的 70% 在股权持有满 2 年的当年抵扣该公司制创业投资企业的应纳税所得额；当年不足抵扣的，可以在以后纳税年度结转抵扣。

(二)有限合伙制创业投资企业(以下简称合伙创投企业)采取股权投资方式直接投资于初创科技型企业满2年的,该合伙创投企业的合伙人分别按以下方式处理:

1. 法人合伙人可以按照对初创科技型企业投资额的70%抵扣法人合伙人从合伙创投企业分得的所得;当年不足抵扣的,可以在以后纳税年度结转抵扣。

2. 个人合伙人可以按照对初创科技型企业投资额的70%抵扣个人合伙人从合伙创投企业分得的经营所得;当年不足抵扣的,可以在以后纳税年度结转抵扣。

(三)天使投资个人采取股权投资方式直接投资于初创科技型企业满2年的,可以按照投资额的70%抵扣转让该初创科技型企业股权取得的应纳税所得额;当期不足抵扣的,可以在以后取得转让该初创科技型企业股权的应纳税所得额时结转抵扣。

天使投资个人投资多个初创科技型企业的,对其中办理注销清算的初创科技型企业,天使投资个人对其投资额的70%尚未抵扣完的,可自注销清算之日起36个月内抵扣天使投资个人转让其他初创科技型企业股权取得的应纳税所得额。

二、相关政策条件

(一)本通知所称初创科技型企业,应同时符合以下条件:

1. 在中国境内(不包括港、澳、台地区)注册成立、实行查账征收的居民企业;

2. 接受投资时,从业人数不超过200人,其中具有大学本科以上学历的从业人数不低于30%;资产总额和年销售收入均不超过3000万元;

3. 接受投资时设立时间不超过5年(60个月);

4. 接受投资时以及接受投资后2年内未在境内外证券交易所上市;

5. 接受投资当年及下一纳税年度,研发费用总额占成本费用支出的比例不低于20%。

（二）享受本通知规定税收政策的创业投资企业，应同时符合以下条件：

1. 在中国境内（不含港、澳、台地区）注册成立、实行查账征收的居民企业或合伙创投企业，且不属于被投资初创科技型企业的发起人；

2. 符合《创业投资企业管理暂行办法》（发展改革委等10部门令第39号）规定或者《私募投资基金监督管理暂行办法》（证监会令第105号）关于创业投资基金的特别规定，按照上述规定完成备案且规范运作；

3. 投资后2年内，创业投资企业及其关联方持有被投资初创科技型企业的股权比例合计应低于50%。

（三）享受本通知规定的税收政策的天使投资个人，应同时符合以下条件：

1. 不属于被投资初创科技型企业的发起人、雇员或其亲属（包括配偶、父母、子女、祖父母、外祖父母、孙子女、外孙子女、兄弟姐妹，下同），且与被投资初创科技型企业不存在劳务派遣等关系；

2. 投资后2年内，本人及其亲属持有被投资初创科技型企业股权比例合计应低于50%。

（四）享受本通知规定的税收政策的投资，仅限于通过向被投资初创科技型企业直接支付现金方式取得的股权投资，不包括受让其他股东的存量股权。

三、管理事项及管理要求

（一）本通知所称研发费用口径，按照《财政部国家税务总局科技部关于完善研究开发费用税前加计扣除政策的通知》（财税〔2015〕119号）等规定执行。

（二）本通知所称从业人数，包括与企业建立劳动关系的职工人员及企业接受的劳务派遣人员。从业人数和资产总额指标，按照企业接受投资前连续12个月的平均数计算，不足12个月的，按实际月数平均计算。

本通知所称销售收入，包括主营业务收入与其他业务收入；年销售收入指标，按照企业接受投资前连续12个月的累计数计算，不足12个月的，按实际月数累计计算。

本通知所称成本费用，包括主营业务成本、其他业务成本、销售费用、管理费用、财务费用。

（三）本通知所称投资额，按照创业投资企业或天使投资个人对初创科技型企业的实缴投资额确定。

合伙创投企业的合伙人对初创科技型企业的投资额，按照合伙创投企业对初创科技型企业的实缴投资额和合伙协议约定的合伙人占合伙创投企业的出资比例计算确定。合伙人从合伙创投企业分得的所得，按照《财政部国家税务总局关于合伙企业合伙人所得税问题的通知》（财税〔2008〕159号）规定计算。

（四）天使投资个人、公司制创业投资企业、合伙创投企业、合伙创投企业法人合伙人、被投资初创科技型企业应按规定办理优惠手续。

（五）初创科技型企业接受天使投资个人投资满2年，在上海证券交易所、深圳证券交易所上市的，天使投资个人转让该企业股票时，按照现行限售股有关规定执行，其尚未抵扣的投资额，在税款清算时一并计算抵扣。

（六）享受本通知规定的税收政策的纳税人，其主管税务机关对被投资企业是否符合初创科技型企业条件有异议的，可以转请被投资企业主管税务机关提供相关材料。对纳税人提供虚假资料，违规享受税收政策的，应按税收征管法相关规定处理，并将其列入失信纳税人名单，按规定实施联合惩戒措施。

四、执行时间

本通知规定的天使投资个人所得税政策自2018年7月1日起执行，其他各项政策自2018年1月1日起执行。执行日期前2年内发生的投资，在执行日期后投资满2年，且符合本通知规定的其他条件的，可以适用本通知规定的税收政策。

《私募基金监管问答——关于享受税收政策的创业投资基金标准及申请流程》(中国证券监督管理委员会,2019年6月19日)

问:财税部门出台《关于创业投资企业和天使投资个人有关税收政策的通知》(财税〔2018〕55号),提到符合《私募投资基金监督管理暂行办法》规定的创业投资企业,完成备案且规范运作,符合相关条件的可享受该税收政策,请问在中国证券投资基金业协会备案的哪些创业投资基金可申请享受该项政策?

答:根据《国务院关于促进创业投资持续健康发展的若干意见》(国发〔2016〕53号),创业投资基金主要指向处于创建或重建过程中的未上市成长性创业企业进行股权投资,以期所投资企业成熟后主要通过股权转让获得资本增值收益的私募股权基金。

享受该税收政策的创业投资基金除需符合中国证监会和中国证券投资基金业协会有关私募基金的管理规范外,还应当符合下列条件:

一、创业投资基金实缴资本不低于3000万元人民币,或者首期实缴资本不低于1000万元人民币且全体投资者承诺在工商注册后5年内实缴资本不低于3000万元人民币;

二、创业投资基金存续期限不短于7年;

三、创业投资基金管理团队有至少3名具备2年以上创业投资或者相关业务经验的人员负责投资管理运作;

四、创业投资基金对单个企业的投资金额不超过该创业投资基金总资产的20%;

五、创业投资基金未投资已上市企业,所投资未上市企业上市(包括被上市公司收购)后,创业投资基金所持股份的未转让部分及其配售部分不在此限;

六、创业投资基金未从事担保业务和房地产业务。

问:根据税务总局发布的《关于创业投资企业和天使投资个人税收政策有关问题的公告》(国家税务总局公告2018年第43号)、《关于发布修订后的〈企业所得税优惠政策事项办理办法〉的公告》(国家税务总局公告2018年第23号)和《企业所得税优惠事项管理目录(2017年版)》规定,发展改革或证监部门出具的符合创业投资企业条件的年度证明材料应作为主要留存备查资料,请问符合条件的创业投资基金如何取得证券监督管理部门出具的年度证明材料?

答:创业投资基金管理人应当自行比对创业投资基金是否符合享受税收政策的各项条件。创业投资基金符合相应条件的,基金管理人应当于4月底前,通过中国证监会外网监管门户(网址:neris. csrc. gov. cn/portal)"私募税收优惠"模块提出申请(基金管理人账号由证监局在外网监管门户创设),按照《享受税收政策的创业投资基金证明材料申请表》(见附件)内容填写相关信息,扫描并上传相关材料。

证监局收到申请后,根据日常监管情况以及中国证券投资基金业协会自律管理情况,基金注册地证监局应自接收申请后20个工作日内(基金管理人补充申请的时间不计算在内),为符合中国证监会规定条件的申请机构出具享受创业投资企业税收政策的年度证明材料。中国证监会及其派出机构将对创业投资基金投资运作情况及享受税收政策资格情况进行抽查。

*编者注:附件《享受税收政策的创业投资基金证明材料申请表》详见 www. csrc. gov. cn/csrc/c101939/c1045346/content. shtml。

《上海市人民政府办公厅关于进一步促进上海股权投资行业高质量发展的若干措施》(上海市人民政府办公厅,沪府办规〔2023〕29号,2024年2月1日)

六、落实财税优惠政策

(二十)推进创业投资行业税收优惠政策落地。对接落实合伙型创业投资企业单一投资基金核算税收优惠政策,对选择单一投资基金核算的创业投资企业个人合伙人股权转让所得和股息红利所得,按照20%税率计算缴纳个人所得税。创业投资企业和天使投资个人采取股权投资方式直接投资于种子期、初创期科技型企业满2年的,可按照投资额的70%抵扣应纳税所得额。鼓励股权投资集聚区对经认定的股权投资基金投资种子期、初创期科技型企业的，结合股权投资基金投资期限和退出后再投资情况，给予其个人合伙人阶梯绩效奖补等政策支持。

（二十一）开展浦东新区特定区域公司型创业投资企业所得税优惠政策试点。对转让持有3年以上股权的所得占年度股权转让所得总额的比例超过50%的，按照年末个人股东持股比例减半征收当年企业所得税；对转让持有5年以上股权的所得占年度股权转让所得总额的比例超过50%的，按照年末个人股东持股比例免征当年企业所得税。鼓励股权投资集聚区对经认定的公司型创业投资企业，结合其投资期限和退出后再投资情况，给予阶梯绩效奖补等政策支持。

第三十七条　【差异化监督管理】

国务院证券监督管理机构对创业投资基金实施区别于其他私募基金的差异化监督管理：

（一）优化创业投资基金营商环境，简化登记备案手续；

（二）对合法募资、合规投资、诚信经营的创业投资基金在资金募集、投资运作、风险监测、现场检查等方面实施差异化监督管理，减少检查频次；

（三）对主要从事长期投资、价值投资、重大科技成果转化的创业投资基金在投资退出等方面提供便利。

1. 登记备案方面的便利

《创业投资企业管理暂行办法》（国家发展和改革委员会等，国家发展和改革委员会、中华人民共和国科学技术部、中华人民共和国财政部、中华人民共和国商务部、中国人民银行、国家税务总局、国家工商行政管理总局、中国银行业监督管理委员会、中国证券监督管理委员会、国家外汇管理局令第39号，2006年3月1日）

第六条　创业投资企业可以以有限责任公司、股份有限公司或法律规定的其他企业组织形式设立。

以公司形式设立的创业投资企业，可以委托其他创业投资企业、创业投资管理顾问企业作为管理顾问机构，负责其投资管理业务。委托人和代理人的法律关系适用《中华人民共和国民法通则》、《中华人民共和国合同法》等有关法律法规。

第七条 申请设立创业投资企业和创业投资管理顾问企业，依法直接到工商行政管理部门注册登记。

第八条 在国家工商行政管理部门注册登记的创业投资企业，向国务院管理部门申请备案。

在省级及省级以下工商行政管理部门注册登记的创业投资企业，向所在地省级(含副省级城市)管理部门申请备案。

第九条 创业投资企业向管理部门备案应当具备下列条件：

(一)已在工商行政管理部门办理注册登记。

(二)经营范围符合本办法第十二条规定。

(三)实收资本不低于3000万元人民币，或者首期实收资本不低于1000万元人民币且全体投资者承诺在注册后的5年内补足不低于3000万元人民币实收资本。

(四)投资者不得超过200人。其中，以有限责任公司形式设立创业投资企业的，投资者人数不得超过50人。单个投资者对创业投资企业的投资不得低于100万元人民币。所有投资者应当以货币形式出资。

(五)有至少3名具备2年以上创业投资或相关业务经验的高级管理人员承担投资管理责任。委托其他创业投资企业、创业投资管理顾问企业作为管理顾问机构负责其投资管理业务的，管理顾问机构必须有至少3名具备2年以上创业投资或相关业务经验的高级管理人员对其承担投资管理责任。

前款所称“高级管理人员”，系指担任副经理及以上职务或相当职务的管理人员。

《私募投资基金备案指引第2号——私募股权、创业投资基金》（中国证券投资基金业协会，中基协发〔2023〕21号，2023年9月28日）

第三十二条　协会在基金备案、事项变更等方面对创业投资基金提供区别于私募股权基金的差异化自律管理服务，包括专人专岗办理、适当简化办理手续等。

2. 退出方面的便利

《上市公司创业投资基金股东减持股份的特别规定》（中国证券监督管理委员会，中国证券监督管理委员会公告〔2020〕17号，2020年3月31日）

第一条　为了贯彻落实《国务院关于促进创业投资持续健康发展的若干意见》要求，对专注于长期投资和价值投资的创业投资基金减持其持有的上市公司首次公开发行前的股份给予政策支持，更好地发挥创业投资对于支持中小企业、科创企业创业创新的作用，依据《公司法》《证券法》等法律法规和中国证券监督管理委员会的规定，制定本规定。

第二条　在中国证券投资基金业协会（以下简称基金业协会）备案的创业投资基金，其所投资符合条件的企业上市后，通过证券交易所集中竞价交易减持其持有的发行人首次公开发行前发行的股份，适用下列比例限制：

（一）截至发行人首次公开发行上市日，投资期限不满36个月的，在3个月内减持股份的总数不得超过公司股份总数的1%；

（二）截至发行人首次公开发行上市日，投资期限在36个月以上但不满48个月的，在2个月内减持股份的总数不得超过公司股份总数的1%；

（三）截至发行人首次公开发行上市日，投资期限在48个月以上但不满60个月的，在1个月内减持股份的总数不得超过公司股份总数的1%；

（四）截至发行人首次公开发行上市日，投资期限在60个月以上的，减持股份总数不再受比例限制。

投资期限自创业投资基金投资该首次公开发行企业金额累计达到300万元之日或者投资金额累计达到投资该首次公开发行企业总投资额50%之日开始计算。

第三十八条 【差异化自律管理】

登记备案机构在登记备案、事项变更等方面对创业投资基金实施区别于其他私募基金的差异化自律管理。

《私募投资基金监督管理暂行办法》（中国证券监督管理委员会，中国证券监督管理委员会令第105号，2014年8月21日）

第三十六条 基金业协会在基金管理人登记、基金备案、投资情况报告要求和会员管理等环节，对创业投资基金采取区别于其他私募基金的差异化行业自律，并提供差异化会员服务。

《私募投资基金登记备案办法》（中国证券投资基金业协会，中基协发〔2023〕5号，2023年5月1日）

第七条 协会按照分类管理、扶优限劣的原则，对私募基金管理人和私募基金实施差异化自律管理和行业服务。

协会支持治理结构健全、运营合规稳健、专业能力突出、诚信记录良好的私募基金管理人规范发展，对其办理登记备案业务提供便利。

第四十五条第一款 协会对创业投资基金在基金备案、投资运作、上市公司股票减持等方面提供差异化自律管理服务。

《创业投资企业管理暂行办法》（国家发展和改革委员会等，国家发展和改革委员会、中华人民共和国科学技术部、中华人民共和国财政部、中华人民共和国商务部、中国人民银行、国家税务总局、国家工商行政管理总局、中国银行业监督管理委员会、中国证券监督管理委员会、国家外汇管理局令第39号，2006年3月1日）

第三十条 创业投资行业协会依据本办法和相关法律、法规及规章，对创业投资企业进行自律管理，并维护本行业的自身权益。

第五章　监督管理

第三十九条　【监管机构职责】

国务院证券监督管理机构对私募基金业务活动实施监督管理，依法履行下列职责：

（一）制定有关私募基金业务活动监督管理的规章、规则；

（二）对私募基金管理人、私募基金托管人以及其他机构从事私募基金业务活动进行监督管理，对违法行为进行查处；

（三）对登记备案和自律管理活动进行指导、检查和监督；

（四）法律、行政法规规定的其他职责。

《中华人民共和国证券投资基金法》（全国人大常委会，中华人民共和国主席令第23号，2015年4月24日）

第十一条　国务院证券监督管理机构依法对证券投资基金活动实施监督管理；其派出机构依照授权履行职责。

第一百一十二条　国务院证券监督管理机构依法履行下列职责：

（一）制定有关证券投资基金活动监督管理的规章、规则，并行使审批、核准或者注册权；

（二）办理基金备案；

（三）对基金管理人、基金托管人及其他机构从事证券投资基金活动进行监督管理，对违法行为进行查处，并予以公告；

（四）制定基金从业人员的资格标准和行为准则，并监督实施；

（五）监督检查基金信息的披露情况；

（六）指导和监督基金行业协会的活动；

（七）法律、行政法规规定的其他职责。

《中国证券监督管理委员会关于加强私募投资基金监管的若干规定》（中国证券监督管理委员会，中国证券监督管理委员会公告〔2020〕71号，2020年12月30日）

第十三条 中国证监会及其派出机构依法从严监管私募基金管理人、私募基金托管人、私募基金销售机构和其他私募基金服务机构及其从业人员的私募基金业务活动，严厉打击各类违法违规行为。对违反本规定的，中国证监会及其派出机构可以依照《私募办法》的规定，采取行政监管措施、市场禁入措施，实施行政处罚，并记入中国资本市场诚信信息数据库；涉嫌犯罪的，依法移送司法机关追究刑事责任。《证券投资基金法》等法律、行政法规另有规定的，依照其规定处理。

基金业协会依法开展私募基金管理人登记和私募基金备案，加强自律管理与风险监测。对违反本规定的，基金业协会可以依法依规进行处理。

第四十条 【监管措施】

国务院证券监督管理机构依法履行职责，有权采取下列措施：

（一）对私募基金管理人、私募基金托管人、私募基金服务机构进行现场检查，并要求其报送有关业务资料；

（二）进入涉嫌违法行为发生场所调查取证；

（三）询问当事人和与被调查事件有关的单位和个人，要求其对与被调查事件有关的事项作出说明；

（四）查阅、复制与被调查事件有关的财产权登记、通讯记录等资料；

（五）查阅、复制当事人和与被调查事件有关的单位和个人的证券交易记录、登记过户记录、财务会计资料以及其他有关文件和资料；对可能被转移、隐匿或者毁损的文件和资料，可以予以封存；

(六)依法查询当事人和与被调查事件有关的账户信息;

(七)法律、行政法规规定的其他措施。

为防范私募基金风险,维护市场秩序,国务院证券监督管理机构可以采取责令改正、监管谈话、出具警示函等措施。

《中华人民共和国证券投资基金法》(全国人大常委会,中华人民共和国主席令第23号,2015年4月24日)

第一百一十三条 国务院证券监督管理机构依法履行职责,有权采取下列措施:

(一)对基金管理人、基金托管人、基金服务机构进行现场检查,并要求其报送有关的业务资料;

(二)进入涉嫌违法行为发生场所调查取证;

(三)询问当事人和与被调查事件有关的单位和个人,要求其对与被调查事件有关的事项作出说明;

(四)查阅、复制与被调查事件有关的财产权登记、通讯记录等资料;

(五)查阅、复制当事人和与被调查事件有关的单位和个人的证券交易记录、登记过户记录、财务会计资料及其他相关文件和资料;对可能被转移、隐匿或者毁损的文件和资料,可以予以封存;

(六)查询当事人和与被调查事件有关的单位和个人的资金账户、证券账户和银行账户;对有证据证明已经或者可能转移或者隐匿违法资金、证券等涉案财产或者隐匿、伪造、毁损重要证据的,经国务院证券监督管理机构主要负责人批准,可以冻结或者查封;

(七)在调查操纵证券市场、内幕交易等重大证券违法行为时,经国务院证券监督管理机构主要负责人批准,可以限制被调查事件当事人的证券买卖,但限制的期限不得超过十五个交易日;案情复杂的,可以延长十五个交易日。

《私募投资基金监督管理暂行办法》（中国证券监督管理委员会，中国证券监督管理委员会令第105号，2014年8月21日）

第五条第一款 中国证监会及其派出机构依照《证券投资基金法》、本办法和中国证监会的其他有关规定，对私募基金业务活动实施监督管理。

第三十一条 中国证监会及其派出机构依法对私募基金管理人、私募基金托管人、私募基金销售机构及其他私募服务机构开展私募基金业务情况进行统计监测和检查，依照《证券投资基金法》第一百一十四条规定采取有关措施。

第三十三条 私募基金管理人、私募基金托管人、私募基金销售机构及其他私募服务机构及其从业人员违反法律、行政法规及本办法规定，中国证监会及其派出机构可以对其采取责令改正、监管谈话、出具警示函、公开谴责等行政监管措施。

第三十九条 私募基金管理人、私募基金托管人、私募基金销售机构及其他私募服务机构及其从业人员违反法律法规和本办法规定，情节严重的，中国证监会可以依法对有关责任人员采取市场禁入措施。

第四十条 私募证券基金管理人及其从业人员违反《证券投资基金法》有关规定的，按照《证券投资基金法》有关规定处罚。

*编者注：鉴于《私募投资基金监督管理条例》与先前的征求意见稿发生重大变化，取消了原征求意见稿第七章行业自律的部分，与自律检查相关内容详见《中国证券投资基金业协会自律检查规则》（中国证券投资基金业协会，中基协发〔2023〕16号，2023年7月14日）、《中国证券投资基金业协会章程》（中国基金业协会，2018年8月17日）、中国证券投资基金业协会会员管理办法》（中国基金业协会，2021年12月14日）、《中国证券投资基金业协会自律管理和纪律处分措施实施办法》（中国基金业协会，中基协发〔2022〕20号，2022年12月30日）。

第四十一条 【监督检查、调查】

国务院证券监督管理机构依法进行监督检查或者调查时，监督检查或者调查人员不得少于2人，并应当出示执法证件和监督检查、调查通知书或者其他执法文书。对监督检查或者调查中知悉的商业秘密、个人隐私，依法负有保密义务。

被检查、调查的单位和个人应当配合国务院证券监督管理机构依法进行的监督检查或者调查，如实提供有关文件和资料，不得拒绝、阻碍和隐瞒。

《中华人民共和国行政处罚法》（全国人大常委会，中华人民共和国主席令第70号，2021年7月15日）

第四十二条 行政处罚应当由具有行政执法资格的执法人员实施。执法人员不得少于两人，法律另有规定的除外。

执法人员应当文明执法，尊重和保护当事人合法权益。

第五十条 行政机关及其工作人员对实施行政处罚过程中知悉的国家秘密、商业秘密或者个人隐私，应当依法予以保密。

第五十五条 执法人员在调查或者进行检查时，应当主动向当事人或者有关人员出示执法证件。当事人或者有关人员有权要求执法人员出示执法证件。执法人员不出示执法证件的，当事人或者有关人员有权拒绝接受调查或者检查。

当事人或者有关人员应当如实回答询问，并协助调查或者检查，不得拒绝或者阻挠。询问或者检查应当制作笔录。

《中华人民共和国证券投资基金法》（全国人大常委会，中华人民共和国主席令第23号，2015年4月24日）

第一百一十四条 国务院证券监督管理机构工作人员依法履行职责，进行调查或者检查时，不得少于二人，并应当出示合法证件；对调查或者检查中知悉的商业秘密负有保密的义务。

第一百一十六条 国务院证券监督管理机构依法履行职责时，

被调查、检查的单位和个人应当配合，如实提供有关文件和资料，不得拒绝、阻碍和隐瞒。

第一百一十七条 国务院证券监督管理机构依法履行职责，发现违法行为涉嫌犯罪的，应当将案件移送司法机关处理。

第四十二条 【类金融监管】

国务院证券监督管理机构发现私募基金管理人违法违规，或者其内部治理结构和风险控制管理不符合规定的，应当责令限期改正；逾期未改正，或者行为严重危及该私募基金管理人的稳健运行、损害投资者合法权益的，国务院证券监督管理机构可以区别情形，对其采取下列措施：

（一）责令暂停部分或者全部业务；

（二）责令更换董事、监事、高级管理人员、执行事务合伙人或者委派代表，或者限制其权利；

（三）责令负有责任的股东转让股权、负有责任的合伙人转让财产份额，限制负有责任的股东或者合伙人行使权利；

（四）责令私募基金管理人聘请或者指定第三方机构对私募基金财产进行审计，相关费用由私募基金管理人承担。

私募基金管理人违法经营或者出现重大风险，严重危害市场秩序、损害投资者利益的，国务院证券监督管理机构除采取前款规定的措施外，还可以对该私募基金管理人采取指定其他机构接管、通知登记备案机构注销登记等措施。

1. 监管机构行政措施

《中华人民共和国行政处罚法》（全国人大常委会，中华人民共和国主席令第70号，2021年7月15日）

第九条 行政处罚的种类：

（一）警告、通报批评；

（二）罚款、没收违法所得、没收非法财物；

（三）暂扣许可证件、降低资质等级、吊销许可证件；

（四）限制开展生产经营活动、责令停产停业、责令关闭、限制从业；

（五）行政拘留；

（六）法律、行政法规规定的其他行政处罚。

《中华人民共和国证券投资基金法》（全国人大常委会，中华人民共和国主席令第23号，2015年4月24日）

第二十四条第一款　公开募集基金的基金管理人违法违规，或者其内部治理结构、稽核监控和风险控制管理不符合规定的，国务院证券监督管理机构应当责令其限期改正；逾期未改正，或者其行为严重危及该基金管理人的稳健运行、损害基金份额持有人合法权益的，国务院证券监督管理机构可以区别情形，对其采取下列措施：

（一）限制业务活动，责令暂停部分或者全部业务；

（二）限制分配红利，限制向董事、监事、高级管理人员支付报酬、提供福利；

（三）限制转让固有财产或者在固有财产上设定其他权利；

（四）责令更换董事、监事、高级管理人员或者限制其权利；

（五）责令有关股东转让股权或者限制有关股东行使股东权利。

2. 金融机构的接管

《公开募集证券投资基金管理人监督管理办法》（中国证券监督管理委员会，中国证券监督管理委员会令第198号，2022年6月20日）

第四十八条　公募基金管理人违法经营或者出现重大风险，严重损害基金份额持有人利益或者危害金融市场秩序的，中国证监会或者其派出机构可以对其启动风险处置程序。相关情形包括：

（一）违反《证券投资基金法》第二十条的规定；

（二）公司治理、合规内控、风险管理不符合规定，或者财务状况持续恶化，可能出现《企业破产法》第二条规定的情形，或者出现重大风险隐患等影响公募基金管理人相关业务持续正常经营的情形；

（三）本办法第七十一条（一）至（四）项规定的情形，且情节特别严重；

（四）中国证监会根据审慎监管原则认定的其他情形。

中国证监会或者其派出机构决定对公募基金管理人启动风险处置程序的，可以区分情形，对其采取风险监控、责令停业整顿、指定其他机构托管、接管、取消公募基金管理业务资格或者撤销等措施。

第五十一条 中国证监会或者其派出机构决定指定其他机构托管公募基金管理人的，指定机构应当组织专业人员成立托管组，保障被托管的公募基金管理人的公募基金管理等业务正常运营。

中国证监会或者其派出机构决定对公募基金管理人实施接管的，应当组织专业人员成立接管组，行使被接管基金管理公司或者其他公募基金管理人的公募基金管理业务相关部门的经营管理权。被接管公募基金管理人的原有组织机构以及董事、监事和高级管理人员应当按照接管组要求履行职责。

《中华人民共和国银行业监督管理法》（全国人大常委会，中华人民共和国主席令第58号，2007年1月1日）

第三十八条 银行业金融机构已经或者可能发生信用危机，严重影响存款人和其他客户合法权益的，国务院银行业监督管理机构可以依法对该银行业金融机构实行接管或者促成机构重组，接管和机构重组依照有关法律和国务院的规定执行。

《中华人民共和国保险法》（全国人大常委会，中华人民共和国主席令第26号，2015年4月24日）

第一百四十四条 保险公司有下列情形之一的，国务院保险监督管理机构可以对其实行接管：

（一）公司的偿付能力严重不足的；

（二）违反本法规定，损害社会公共利益，可能严重危及或者已经严重危及公司的偿付能力的。

被接管的保险公司的债权债务关系不因接管而变化。

第一百四十五条　接管组的组成和接管的实施办法，由国务院保险监督管理机构决定，并予以公告。

《证券公司风险处置条例》（国务院，中华人民共和国国务院令第764号，2023年7月20日）

第八条　证券公司有下列情形之一的，国务院证券监督管理机构可以对其证券经纪等涉及客户的业务进行托管；情节严重的，可以对该证券公司进行接管：

（一）治理混乱，管理失控；

（二）挪用客户资产并且不能自行弥补；

（三）在证券交易结算中多次发生交收违约或者交收违约数额较大；

（四）风险控制指标不符合规定，发生重大财务危机；

（五）其他可能影响证券公司持续经营的情形。

＊编者注：上述“2. 金融机构的接管”相关条文体现了对金融监管的特殊要求和做法，私募基金在特定情形下可被采取接管措施，亦体现了对私募基金类金融监管的要求。

第四十三条　【诚信体系、信息共享】

国务院证券监督管理机构应当将私募基金管理人、私募基金托管人、私募基金服务机构及其从业人员的诚信信息记入资本市场诚信数据库和全国信用信息共享平台。国务院证券监督管理机构会同国务院有关部门依法建立健全私募基金管理人以及有关责任主体失信联合惩戒制度。

国务院证券监督管理机构会同其他金融管理部门等国务院有关部门和省、自治区、直辖市人民政府建立私募基金监督管理信息共享、统计数据报送和风险处置协作机制。处置风险过程中，有关地方人民政府应当采取有效措施维护社会稳定。

1. 诚信体系

《私募投资基金监督管理暂行办法》（中国证券监督管理委员会，中国证券监督管理委员会令第105号，2014年8月21日）

第三十二条 中国证监会将私募基金管理人、私募基金托管人、私募基金销售机构及其他私募服务机构及其从业人员诚信信息记入证券期货市场诚信档案数据库；根据私募基金管理人的信用状况，实施差异化监管。

《证券期货市场诚信监督管理办法》（中国证券监督管理委员会，中国证券监督管理委员会令第166号，2020年3月20日）

第四十四条 中国证监会诚信监督管理机构履行下列职责：

（一）界定、组织采集证券期货市场诚信信息；

（二）建立、管理诚信档案，组织、督促诚信信息的记入；

（三）组织办理诚信信息的公开、查询和共享；

（四）建立、协调实施诚信监督、约束与激励机制；

（五）中国证监会规定的其他诚信监督管理与服务职责。

《私募投资基金登记备案办法》（中国证券投资基金业协会，中基协发〔2023〕5号，2023年5月1日）

第六十三条 协会依法对私募基金行业进行自律管理，加强公示制度和信用体系建设，强化事中事后管理和风险监测机制，建设良好市场秩序和行业生态。

第六十四条 协会可以对私募基金管理人及其从业人员实施非现场检查和现场检查，也可以委托地方行业协会、中介服务机构等协助开展自律检查工作。

协会可以采取查看被检查对象的经营场所，查阅、复制与检查事项有关的文件、账户信息和业务系统，询问与检查事项有关的单位和个人等方式，对被检查对象进行自律检查。

第六十五条 私募基金管理人及其从业人员应当配合协会的自律检查，如实提供有关文件资料，不得拒绝、阻碍和隐瞒，并按照要求协调其股东、合伙人、实际控制人、执行事务合伙人或其委派代表等相关单位和个人配合协会的自律检查。

第七十九条第二款　私募基金管理人、私募基金托管人、私募基金服务机构及其从业人员违反本办法规定被协会采取自律管理或者纪律处分措施的，记入证券期货市场诚信档案数据库；涉嫌违反法律法规的，报中国证监会查处；涉嫌犯罪的，向中国证监会报告，移送司法机关追究其刑事责任。

《私募投资基金募集行为管理办法》（中国基金业协会，中基协发〔2016〕7号，2016年7月15日）

第四十一条　募集机构、基金业务外包服务机构及其从业人员因募集过程中的违规行为被中国基金业协会采取相关纪律处分的，中国基金业协会可视情节轻重记入诚信档案。

《私募基金管理人登记法律意见书指引》（中国证券投资基金业协会，2019年12月22日）

四、经办执业律师及律师事务所应在充分尽职调查的基础上，就下述内容逐项发表法律意见，并就对私募基金管理人登记申请是否符合中国基金业协会的相关要求发表整体结论性意见。不存在下列事项的，也应明确说明。若引用或使用其他中介机构结论性意见的应当独立对其真实性进行核查。

……

（十一）申请机构是否受到刑事处罚、金融监管部门行政处罚或者被采取行政监管措施；申请机构及其高管人员是否受到行业协会的纪律处分；是否在资本市场诚信数据库中存在负面信息；是否被列入失信被执行人名单；是否被列入全国企业信用信息公示系统的经营异常名录或严重违法企业名录；是否在“信用中国”网站上存在不良信用记录等。

《私募基金登记备案相关问题解答（十二）》（部分失效：有关从业资格取得方式的规定废止）（中国证券投资基金业协会，2016年11月23日）

问：在私募基金管理人登记及相关高管人员提出变更申请时，对私募基金管理人的法定代表人、合规/风控负责人及其他高级管理人员有哪些要求？

答：为维护投资者利益，严格履行“受人之托、代人理财”义务，防范利益输送及道德风险，私募基金管理人的高级管理人员应当勤勉尽责、恪尽职守，合理分配工作精力，在私募基金管理人登记及相关高管人员提出变更申请时，应当遵守以下要求：

（一）不得在非关联的私募机构兼职。

（二）在关联私募机构兼职的，协会可以要求其说明在关联机构兼职的合理性、胜任能力、如何公平对待服务对象等，协会将重点关注在多家关联机构兼职的高级管理人员履职情况。

（三）对于在1年内变更2次以上任职机构的私募高级管理人员，协会将重点关注其变更原因及诚信情况。

（四）私募基金管理人的高级管理人员应当与任职机构签署劳动合同。在私募基金管理人登记及相关高管人员提出变更申请时，应上传法定代表人、合规/风控负责人及其他高级管理人员高管任职相关决议及劳动合同。

问：根据近期媒体报道，个别私募机构为完成其登记备案寻找具备基金从业资格的外部人员进行“挂靠”，协会如何评价？

答：私募基金行业的高级管理人员是私募基金行业的精英，也是重要的自律管理和行业服务对象。私募基金行业高级管理人员应充分珍视个人诚信记录，诚实守信，自觉加强自身诚信约束和自律约束，防范道德风险。

个别私募机构为完成其登记备案寻找具备基金从业资格的外部人员进行“挂靠”，这种行为违反了《私募投资基金管理人登记和基金备案办法（试行）》，属于“在私募基金管理人登记、基金备案及其他信息报送中提供虚假材料和信息”行为。

根据《中国证券投资基金业协会纪律处分实施办法（试行）》，针对存在上述情况的个人，一经查实，协会将记入个人诚信档案，视情节严重程度，采取行业内谴责、加入黑名单、取消其基金从业资格等纪律处分；针对存在上述情况的私募基金管理人，一经查实，协会将公开谴责,并将虚假填报情况进行公示,情节严重的,将暂停受理其基金备案,撤销其管理人登记。此外,为私募基金管理人提供法律、会计、外包业务等的中介服务机构,不得误导、诱导私募基金管理人采取“挂靠”等方式,规避协会对私募高级管理人员从业资格管理的有关规定。若出现上述违规情形,一经查实,协会将对此类中介服务机构公开谴责,情节严重的,将暂停受理其相关业务并加入黑名单。

*编者注:关于私募股权、创业、私募证券投资基金管理人会员信用信息报告工作的内容详见补充十一《私募股权、创业投资基金管理人会员信用信息报告工作规则(试行)》(中国证券投资基金业协会,2019年11月11日)、补充十二《私募证券投资基金管理人会员信用信息报告工作规则(试行)》(中国证券投资基金业协会,2018年1月12日)。

2. 信息共享机制

《中国人民银行、中国银行保险监督管理委员会、中国证券监督管理委员会、国家外汇管理局关于规范金融机构资产管理业务的指导意见》(中国人民银行等,银发〔2018〕106号,2018年4月27日)

二十五、建立资产管理产品统一报告制度。中国人民银行负责统筹资产管理产品的数据编码和综合统计工作,会同金融监督管理部门拟定资产管理产品统计制度,建立资产管理产品信息系统,规范和统一产品标准、信息分类、代码、数据格式,逐只产品统计基本信息、募集信息、资产负债信息和终止信息。中国人民银行和金融监督管理部门加强资产管理产品的统计信息共享。金融机构应当将含债权投资的资产管理产品信息报送至金融信用信息基础数据库。

……

《私募投资基金登记备案办法》(中国证券投资基金业协会,中基协发〔2023〕5号,2023年5月1日)

第七十九条第一款　协会在中国证监会的指导下,与其派出机构、其他金融管理部门、司法机关、地方政府和地方行业协会,建立业务协作和信息共享机制。

第六章　法律责任

第四十四条　【违反登记程序的处罚】

未依照本条例第十条规定履行登记手续，使用“基金”或者“基金管理”字样或者近似名称进行投资活动的，责令改正，没收违法所得，并处违法所得1倍以上5倍以下的罚款；没有违法所得或者违法所得不足100万元的，并处10万元以上100万元以下的罚款。对直接负责的主管人员和其他直接责任人员给予警告，并处3万元以上30万元以下的罚款。

《中华人民共和国证券投资基金法》（全国人大常委会，中华人民共和国主席令第23号，2015年4月24日）

第一百三十三条　违反本法规定，未经登记，使用“基金”或者“基金管理”字样或者近似名称进行证券投资活动的，没收违法所得，并处违法所得一倍以上五倍以下罚款；没有违法所得或者违法所得不足一百万元的，并处十万元以上一百万元以下罚款。对直接负责的主管人员和其他直接责任人员给予警告，并处三万元以上三十万元以下罚款。

第四十五条　【违反合规治理的处罚】

私募基金管理人的股东、实际控制人、合伙人违反本条例第十二条规定的，责令改正，给予警告或者通报批评，没收违法所得，并处违法所得1倍以上5倍以下的罚款；没有违法所得或者违法所得不足100万元的，并处10万元以上100万元以下的罚款。对直接负责的主管人员和其他直接责任人员给予警告或者通报批评，并处3万元以上30万元以下的罚款。

第四十六条　【管理人违反持续性要求的处罚】

私募基金管理人违反本条例第十三条规定的，责令改正；拒不改正的，给予警告或者通报批评，并处10万元以上100万元以下的罚款，责令其停止私募基金业务活动并予以公告。对直接负责的主管人员和其他直接责任人员给予警告或者通报批评，并处3万元以上30万元以下的罚款。

第四十七条　【托管人违反业务隔离机制的处罚】

违反本条例第十六条第二款规定，私募基金托管人未建立业务隔离机制的，责令改正，给予警告或者通报批评，并处5万元以上50万元以下的罚款。对直接负责的主管人员和其他直接责任人员给予警告或者通报批评，并处3万元以上30万元以下的罚款。

《中华人民共和国证券投资基金法》（全国人大常委会，中华人民共和国主席令第23号，2015年4月24日）

第三十九条　基金托管人不再具备本法规定的条件，或者未能勤勉尽责，在履行本法规定的职责时存在重大失误的，国务院证券监督管理机构、国务院银行业监督管理机构应当责令其改正；逾期未改正，或者其行为严重影响所托管基金的稳健运行、损害基金份额持有人利益的，国务院证券监督管理机构、国务院银行业监督管理机构可以区别情形，对其采取下列措施：

（一）限制业务活动，责令暂停办理新的基金托管业务；

（二）责令更换负有责任的专门基金托管部门的高级管理人员。

基金托管人整改后，应当向国务院证券监督管理机构、国务院银行业监督管理机构提交报告；经验收，符合有关要求的，应当自验收完毕之日起三日内解除对其采取的有关措施。

第四十条 国务院证券监督管理机构、国务院银行业监督管理机构对有下列情形之一的基金托管人，可以取消其基金托管资格：

（一）连续三年没有开展基金托管业务的；

（二）违反本法规定，情节严重的；

（三）法律、行政法规规定的其他情形。

第四十八条 【募集不合规的处罚】

违反本条例第十七条、第十八条、第二十条关于私募基金合格投资者管理和募集方式等规定的，没收违法所得，并处违法所得1倍以上5倍以下的罚款；没有违法所得或者违法所得不足100万元的，并处10万元以上100万元以下的罚款。对直接负责的主管人员和其他直接责任人员给予警告，并处3万元以上30万元以下的罚款。

《中华人民共和国证券投资基金法》（全国人大常委会，中华人民共和国主席令第23号，2015年4月24日）

第一百三十五条 违反本法规定，向合格投资者之外的单位或者个人非公开募集资金或者转让基金份额的，没收违法所得，并处违法所得一倍以上五倍以下罚款；没有违法所得或者违法所得不足一百万元的，并处十万元以上一百万元以下罚款。对直接负责的主管人员和其他直接责任人员给予警告，并处三万元以上三十万元以下罚款。

第一百三十六条 违反本法规定，擅自从事公开募集基金的基金服务业务的，责令改正，没收违法所得，并处违法所得一倍以上五倍以下罚款；没有违法所得或者违法所得不足三十万元的，并处十万元以上三十万元以下罚款。对直接负责的主管人员和其他直接责任人员给予警告，并处三万元以上十万元以下罚款。

第四十九条 【违反适当性匹配的处罚】

违反本条例第十九条规定，未向投资者充分揭示投资风险，并误导其投资与其风险识别能力和风险承担能力不匹配的私募基金产品的，给予警告或者通报批评，并处10万元以上30万元以下的罚款；情节严重的，责令其停止私募基金业务活动并予以公告。对直接负责的主管人员和其他直接责任人员给予警告或者通报批评，并处3万元以上10万元以下的罚款。

《中华人民共和国证券投资基金法》（全国人大常委会，中华人民共和国主席令第23号，2015年4月24日）

第一百三十七条 基金销售机构未向投资人充分揭示投资风险并误导其购买与其风险承担能力不相当的基金产品的，处十万元以上三十万元以下罚款；情节严重的，责令其停止基金服务业务。对直接负责的主管人员和其他直接责任人员给予警告，撤销基金从业资格，并处三万元以上十万元以下罚款。

第五十条 【违反基金备案要求的处罚】

违反本条例第二十二条第一款规定，私募基金管理人未对募集完毕的私募基金办理备案的，处10万元以上30万元以下的罚款。对直接负责的主管人员和其他直接责任人员给予警告，并处3万元以上10万元以下的罚款。

《中华人民共和国证券投资基金法》（全国人大常委会，中华人民共和国主席令第23号，2015年4月24日）

第一百三十四条 违反本法规定，非公开募集基金募集完毕，基金管理人未备案的，处十万元以上三十万元以下罚款。对直接负责的主管人员和其他直接责任人员给予警告，并处三万元以上十万元以下罚款。

第五十一条 【违反投资范围的处罚】

违反本条例第二十四条第二款规定，将私募基金财产用于经营或者变相经营资金拆借、贷款等业务，或者要求地方人民政府承诺回购本金的，责令改正，给予警告或者通报批评，没收违法所得，并处10万元以上100万元以下的罚款。对直接负责的主管人员和其他直接责任人员给予警告或者通报批评，并处3万元以上30万元以下的罚款。

第五十二条 【违反专业化管理和利冲管理的处罚】

违反本条例第二十六条规定，私募基金管理人未聘用具有相应从业经历的高级管理人员负责投资管理、风险控制、合规等工作，或者未建立从业人员投资申报、登记、审查、处置等管理制度的，责令改正，给予警告或者通报批评，并处10万元以上100万元以下的罚款。对直接负责的主管人员和其他直接责任人员给予警告或者通报批评，并处3万元以上30万元以下的罚款。

第五十三条 【违反自主运营的处罚】

违反本条例第二十七条规定，私募基金管理人委托他人行使投资管理职责，或者委托不符合《证券投资基金法》规定的机构提供证券投资建议服务的，责令改正，给予警告或者通报批评，没收违法所得，并处10万元以上100万元以下的罚款。对直接负责的主管人员和其他直接责任人员给予警告或者通报批评，并处3万元以上30万元以下的罚款。

第五十四条　【违反关联交易要求的处罚】

违反本条例第二十八条规定，私募基金管理人从事关联交易的，责令改正，给予警告或者通报批评，没收违法所得，并处10万元以上100万元以下的罚款。对直接负责的主管人员和其他直接责任人员给予警告或者通报批评，并处3万元以上30万元以下的罚款。

第五十五条　【对禁止行为的处罚】

私募基金管理人、私募基金托管人及其从业人员有本条例第三十条所列行为之一的，责令改正，给予警告或者通报批评，没收违法所得，并处违法所得1倍以上5倍以下的罚款；没有违法所得或者违法所得不足100万元的，并处10万元以上100万元以下的罚款。对直接负责的主管人员和其他直接责任人员给予警告或者通报批评，并处3万元以上30万元以下的罚款。

第五十六条　【信息披露禁止行为的处罚】

私募基金管理人、私募基金托管人及其从业人员未依照本条例规定提供、报送相关信息，或者有本条例第三十二条所列行为之一的，责令改正，给予警告或者通报批评，没收违法所得，并处10万元以上100万元以下的罚款。对直接负责的主管人员和其他直接责任人员给予警告或者通报批评，并处3万元以上30万元以下的罚款。

第五十七条 【服务机构及从业人员违反信义义务的处罚】

私募基金服务机构及其从业人员违反法律、行政法规规定，未恪尽职守、勤勉尽责的，责令改正，给予警告或者通报批评，并处10万元以上30万元以下的罚款；情节严重的，责令其停止私募基金服务业务。对直接负责的主管人员和其他直接责任人员给予警告或者通报批评，并处3万元以上10万元以下的罚款。

第五十八条 【市场禁入措施与妨碍执法的处罚】

私募基金管理人、私募基金托管人、私募基金服务机构及其从业人员违反本条例或者国务院证券监督管理机构的有关规定，情节严重的，国务院证券监督管理机构可以对有关责任人员采取证券期货市场禁入措施。

拒绝、阻碍国务院证券监督管理机构及其工作人员依法行使监督检查、调查职权，由国务院证券监督管理机构责令改正，处10万元以上100万元以下的罚款；构成违反治安管理行为的，由公安机关依法给予治安管理处罚；构成犯罪的，依法追究刑事责任。

1. 妨害公务罪

《中华人民共和国刑法》（全国人大常委会，中华人民共和国主席令第18号，2024年3月1日）

第二百七十七条第一款 【妨害公务罪】以暴力、威胁方法阻碍国家机关工作人员依法执行职务的，处三年以下有期徒刑、拘役、管制或者罚金。

2. 市场禁入

《中华人民共和国证券投资基金法》（全国人大常委会，中华人民共和国主席令第23号，2015年4月24日）

第一百四十八条 违反法律、行政法规或者国务院证券监督管理机构的有关规定,情节严重的,国务院证券监督管理机构可以对有关责任人员采取证券市场禁入的措施。

《证券市场禁入规定》(中国证券监督管理委员会,中国证券监督管理委员会令第185号,2021年7月19日)

第三条　下列人员违反法律、行政法规或者中国证监会有关规定,情节严重的,执法单位可以根据情节严重的程度,采取证券市场禁入措施:

……

(五)私募投资基金管理人、私募投资基金托管人、私募投资基金销售机构及其他私募服务机构的董事、监事、高级管理人员、工作人员,私募投资基金管理人的股东、实际控制人、合伙人、负责人;

第四条　执法单位可以采取的市场禁入种类包括:

(一)不得从事证券业务、证券服务业务,不得担任证券发行人的董事、监事、高级管理人员;

(二)不得在证券交易场所交易证券。

执法单位可以根据有关责任人员的身份职责、违法行为类型、违法行为的社会危害性和违法情节严重的程度,单独或者合并适用前款规定的不同种类市场禁入措施。

第七条　违反法律、行政法规或者中国证监会有关规定,情节严重的,可以对有关责任人员采取3年以上5年以下本规定第四条第一款第一项规定的证券市场禁入措施;行为恶劣、严重扰乱证券市场秩序、严重损害投资者利益或者在重大违法活动中起主要作用等情节较为严重的,可以对有关责任人员采取6年以上10年以下本规定第四条第一款第一项规定的证券市场禁入措施;有下列情形之一的,可以对有关责任人员终身采取本规定第四条第一款第一项规定的证券市场禁入措施:

(一)严重违反法律、行政法规或者中国证监会有关规定,被人民法院生效司法裁判认定构成犯罪的;

(二)从业人员等负有法定职责的人员,故意不履行法律、行政法规或者中国证监会规定的义务，并造成特别恶劣社会影响，或者致使投资者利益受到特别严重损害，或者导致其他特别严重后果的；

（三）在报送或者公开披露的材料中，隐瞒、编造或者篡改重要事实、重要财务数据或者其他重要信息，或者组织、指使从事前述行为或者隐瞒相关事项导致发生上述情形，严重扰乱证券市场秩序，或者造成特别恶劣社会影响，或者致使投资者利益受到特别严重损害的；

（四）违反法律、行政法规或者中国证监会有关规定，从事欺诈发行、内幕交易、操纵证券市场等违法行为，严重扰乱证券市场秩序并造成特别恶劣社会影响，或者获取违法所得等不当利益数额特别巨大，或者致使投资者利益受到特别严重损害的；

（五）违反法律、行政法规或者中国证监会有关规定，情节严重，应当采取证券市场禁入措施，且存在故意出具虚假重要证据，隐瞒、毁损重要证据等阻碍、抗拒执法单位及其工作人员依法行使监督检查、调查职权行为的；

（六）因违反法律、行政法规或者中国证监会有关规定，5 年内曾经被执法单位给予行政处罚 2 次以上，或者 5 年内曾经被采取本规定第四条第一款第一项规定的证券市场禁入措施的；

（七）组织、策划、领导或者实施重大违反法律、行政法规或者中国证监会有关规定的活动的；

（八）其他违反法律、行政法规或者中国证监会有关规定，情节特别严重的。

违反法律、行政法规或者中国证监会有关规定，影响证券交易秩序或者交易公平，情节严重的，可以对有关责任人员采取本规定第四条第一款第二项规定的证券市场禁入措施，禁止交易的持续时间不超过 5 年。

第五十九条　【监管人员职务违法】

国务院证券监督管理机构、登记备案机构的工作人员玩忽职守、滥用职权、徇私舞弊或者利用职务便利索取或者收受他人财物的，依法给予处分；构成犯罪的，依法追究刑事责任。

《中华人民共和国刑法》（全国人大常委会，中华人民共和国主席令第18号，2024年3月1日）

第一百六十三条　【非国家工作人员受贿罪】公司、企业或者其他单位的工作人员，利用职务上的便利，索取他人财物或者非法收受他人财物，为他人谋取利益，数额较大的，处三年以下有期徒刑或者拘役，并处罚金；数额巨大或者有其他严重情节的，处三年以上十年以下有期徒刑，并处罚金；数额特别巨大或者有其他特别严重情节的，处十年以上有期徒刑或者无期徒刑，并处罚金。

公司、企业或者其他单位的工作人员在经济往来中，利用职务上的便利，违反国家规定，收受各种名义的回扣、手续费，归个人所有的，依照前款的规定处罚。

国有公司、企业或者其他国有单位中从事公务的人员和国有公司、企业或者其他国有单位委派到非国有公司、企业以及其他单位从事公务的人员有前两款行为的，依照本法第三百八十五条、第三百八十六条的规定定罪处罚。

第一百八十四条　【非国家工作人员受贿罪】银行或者其他金融机构的工作人员在金融业务活动中索取他人财物或者非法收受他人财物，为他人谋取利益的，或者违反国家规定，收受各种名义的回扣、手续费，归个人所有的，依照本法第一百六十三条的规定定罪处罚。

【受贿罪】国有金融机构工作人员和国有金融机构委派到非国有金融机构从事公务的人员有前款行为的，依照本法第三百八十五条、第三百八十六条的规定定罪处罚。

第三百八十五条　【受贿罪】国家工作人员利用职务上的便利，

索取他人财物的,或者非法收受他人财物,为他人谋取利益的,是受贿罪。

国家工作人员在经济往来中,违反国家规定,收受各种名义的回扣、手续费,归个人所有的,以受贿论处。

第三百八十八条 【受贿罪】国家工作人员利用本人职权或者地位形成的便利条件,通过其他国家工作人员职务上的行为,为请托人谋取不正当利益,索取请托人财物或者收受请托人财物的,以受贿论处。

第三百九十七条 【滥用职权罪】【玩忽职守罪】国家机关工作人员滥用职权或者玩忽职守,致使公共财产、国家和人民利益遭受重大损失的,处三年以下有期徒刑或者拘役;情节特别严重的,处三年以上七年以下有期徒刑。本法另有规定的,依照规定。

国家机关工作人员徇私舞弊,犯前款罪的,处五年以下有期徒刑或者拘役;情节特别严重的,处五年以上十年以下有期徒刑。本法另有规定的,依照规定。

《中华人民共和国证券投资基金法》(全国人大常委会,中华人民共和国主席令第23号,2015年4月24日)

第一百四十六条 证券监督管理机构工作人员玩忽职守、滥用职权、徇私舞弊或者利用职务上的便利索取或者收受他人财物的,依法给予行政处分。

第六十条 【民事赔偿责任优先】

违反本条例规定和基金合同约定,依法应当承担民事赔偿责任和缴纳罚款、被没收违法所得,其财产不足以同时支付时,先承担民事赔偿责任。

《中华人民共和国民法典》(全国人大常委会,中华人民共和国主席令第45号,2021年1月1日)

第一百八十七条 民事主体因同一行为应当承担民事责任、行政责任和刑事责任的，承担行政责任或者刑事责任不影响承担民事责任；民事主体的财产不足以支付的，优先用于承担民事责任。

《中华人民共和国证券法》（全国人大常委会，中华人民共和国主席令第37号，2020年3月1日）

第二百二十条　违反本法规定，应当承担民事赔偿责任和缴纳罚款、罚金、违法所得，违法行为人的财产不足以支付的，优先用于承担民事赔偿责任。

《中华人民共和国公司法》（全国人大常委会，中华人民共和国主席令第15号，2024年7月1日）

第二百六十三条　公司违反本法规定，应当承担民事赔偿责任和缴纳罚款、罚金的，其财产不足以支付时，先承担民事赔偿责任。

《中华人民共和国刑法》（全国人大常委会，中华人民共和国主席令第18号，2024年3月1日）

第三十六条　**【赔偿经济损失与民事优先原则】**由于犯罪行为而使被害人遭受经济损失的，对犯罪分子除依法给予刑事处罚外，并应根据情况判处赔偿经济损失。

承担民事赔偿责任的犯罪分子，同时被判处罚金，其财产不足以全部支付的，或者被判处没收财产的，应当先承担对被害人的民事赔偿责任。

第七章　附　　则

第六十一条　【外商投资私募基金管理人】

外商投资私募基金管理人的管理办法，由国务院证券监督管理机构会同国务院有关部门依照外商投资法律、行政法规和本条例制定。

境外机构不得直接向境内投资者募集资金设立私募基金，但国家另有规定的除外。

私募基金管理人在境外开展私募基金业务活动，应当符合国家有关规定。

《国家外汇管理局关于改革外商投资企业外汇资本金结汇管理方式的通知》（部分失效）（国家外汇管理局，汇发〔2015〕19号，2015年6月1日）

国家外汇管理局各省、自治区、直辖市分局、外汇管理部，深圳、大连、青岛、厦门、宁波市分局：

为进一步深化外汇管理体制改革，更好地满足和便利外商投资企业经营与资金运作需要，国家外汇管理局决定在总结前期部分地区试点经验的基础上，在全国范围内实施外商投资企业外汇资本金结汇管理方式改革。为保证此项改革的顺利实施，现就有关问题通知如下：

一、外商投资企业外汇资本金实行意愿结汇

外商投资企业外汇资本金意愿结汇是指外商投资企业资本金账户中经外汇局办理货币出资权益确认（或经银行办理货币出资入账登记）的外汇资本金可根据企业的实际经营需要在银行办理结汇。

外商投资企业外汇资本金意愿结汇比例暂定为100%。国家外汇管理局可根据国际收支形势适时对上述比例进行调整。

在实行外汇资本金意愿结汇的同时，外商投资企业仍可选择按照支付结汇制使用其外汇资本金。银行按照支付结汇原则为企业办理每一笔结汇业务时，均应审核企业上一笔结汇（包括意愿结汇和支付结汇）资金使用的真实性与合规性。

外商投资企业外汇资本金境内原币划转以及跨境对外支付按现行外汇管理规定办理。

二、外商投资企业外汇资本金意愿结汇所得人民币资金纳入结汇待支付账户管理

外商投资企业原则上应在银行开立一一对应的资本项目-结汇待支付账户（以下简称结汇待支付账户），用于存放意愿结汇所得人民币资金，并通过该账户办理各类支付手续。外商投资企业在同一银行网点开立的同名资本金账户、境内资产变现账户和境内再投资账户可共用一个结汇待支付账户。外商投资企业按支付结汇原则结汇所得人民币资金不得通过结汇待支付账户进行支付。

外商投资企业资本金账户的收入范围包括：外国投资者境外汇入外汇资本金或认缴出资（含非居民存款账户、离岸账户、境外个人境内外汇账户出资），境外汇入保证金专用账户划入的外汇资本金或认缴出资；本账户合规划出后划回的资金，同名资本金账户划入资金，因交易撤销退回的资金，利息收入及经外汇局（银行）登记或外汇局核准的其他收入。

资本金账户的支出范围包括：经营范围内结汇，结汇划入结汇待支付账户，境内原币划转至境内划入保证金专用账户、同名资本金账户、委托贷款账户、资金集中管理专户、境外放款专用账户、境内再投资专用账户的资金，因外国投资者减资、撤资汇出，经常项目对外支付及经外汇局（银行）登记或外汇局核准的其他资本项目支出。

结汇待支付账户的收入范围包括：由同名或开展境内股权投资企业的资本金账户、境内资产变现账户、境内再投资账户结汇划入的

资金,由同名或开展境内股权投资企业的结汇待支付账户划入的资金,由本账户合规划出后划回的资金,因交易撤销退回的资金,人民币利息收入及经外汇局(银行)登记或外汇局核准的其他收入。

结汇待支付账户的支出范围包括:经营范围内的支出,支付境内股权投资资金和人民币保证金,划往资金集中管理专户、同名结汇待支付账户,偿还已使用完毕的人民币贷款,购付汇或直接对外偿还外债,外国投资者减资、撤资资金购付汇或直接对外支付,购付汇或直接对外支付经常项目支出及经外汇局(银行)登记或外汇局核准的其他资本项目支出。

结汇待支付账户内的人民币资金不得购汇划回资本金账户。由结汇待支付账户划出用于担保或支付其他保证金的人民币资金,除发生担保履约或违约扣款的,均需原路划回结汇待支付账户。

三、外商投资企业资本金的使用应在企业经营范围内遵循真实、自用原则

外商投资企业资本金及其结汇所得人民币资金不得用于以下用途:

(一)不得直接或间接用于企业经营范围之外或国家法律法规禁止的支出;

(二)除法律法规另有规定外,不得直接或间接用于证券投资;

(三)不得直接或间接用于发放人民币委托贷款(经营范围许可的除外)、偿还企业间借贷(含第三方垫款)以及偿还已转贷予第三方的银行人民币贷款;

(四)除外商投资房地产企业外,不得用于支付购买非自用房地产的相关费用。

四、便利外商投资企业以结汇资金开展境内股权投资

除原币划转股权投资款外,允许以投资为主要业务的外商投资企业(包括外商投资性公司、外商投资创业投资企业和外商投资股权投资企业),在其境内所投资项目真实、合规的前提下,按实际投资规模将外汇资本金直接结汇或将结汇待支付账户中的人民币资金划入

被投资企业账户。

上述企业以外的一般性外商投资企业以资本金原币划转开展境内股权投资的,按现行境内再投资规定办理。以结汇资金开展境内股权投资的,应由被投资企业先到注册地外汇局(银行)办理境内再投资登记并开立相应结汇待支付账户,再由开展投资的企业按实际投资规模将结汇所得人民币资金划往被投资企业开立的结汇待支付账户。被投资企业继续开展境内股权投资的,按上述原则办理。

《外商投资创业投资企业管理规定》(商务部,中华人民共和国商务部令 2015 年第 2 号,2015 年 10 月 28 日)

第一章　总　　则

第一条　为鼓励外国公司、企业和其他经济组织或个人(以下简称外国投资者)来华从事创业投资,建立和完善中国的创业投资机制,根据《中华人民共和国中外合作经营企业法》、《中华人民共和国中外合资经营企业法》、《中华人民共和国外资企业法》、《公司法》及其他相关的法律法规,制定本规定。

第二条　本规定所称外商投资创业投资企业(以下简称创投企业)是指外国投资者或外国投资者与根据中国法律注册成立的公司、企业或其他经济组织(以下简称中国投资者),根据本规定在中国境内设立的以创业投资为经营活动的外商投资企业。

第三条　本规定所称创业投资是指主要向未上市高新技术企业(以下简称所投资企业)进行股权投资,并为之提供创业管理服务,以期获取资本增值收益的投资方式。

第四条　创投企业可以采取非法人制组织形式,也可以采取公司制组织形式。

采取非法人制组织形式的创投企业(以下简称非法人制创投企业)的投资者对创投企业的债务承担连带责任。非法人制创投企业的投资者也可以在创投企业合同中约定在非法人制创投企业资产不足以清偿该债务时由第七条所述的必备投资者承担连带责任,其他投资者以其认缴的出资额为限承担责任。

采用公司制组织形式的创投企业(以下简称公司制创投企业)的投资者以其各自认缴的出资额为限对创投企业承担责任。

第五条 创投企业应遵守中国有关法律法规,符合外商投资产业政策,不得损害中国的社会公共利益。创投企业在中国境内的正当经营活动及合法权益受中国法律的保护。

第二章 设立与登记

第六条 设立创投企业应具备下列条件:

(一)投资者人数在2人以上50以下;且应至少拥有一个第七条所述的必备投资者;

(二)外国投资者以可自由兑换的货币出资,中国投资者以人民币出资;

(三)有明确的组织形式;

(四)有明确合法的投资方向;

(五)除了将本企业经营活动授予一家创业投资管理公司进行管理的情形外,创投企业应有三名以上具备创业投资从业经验的专业人员;

(六)法律、行政法规规定的其他条件。

第七条 必备投资者应当具备下列条件:

(一)以创业投资为主营业务;

(二)在申请前三年其管理的资本累计不低于1亿美元,且其中至少5000万美元已经用于进行创业投资。在必备投资者为中国投资者的情形下,本款业绩要求为:在申请前三年其管理的资本累计不低于1亿元人民币,且其中至少5000万元人民币已经用于进行创业投资;

(三)拥有3名以上具有3年以上创业投资从业经验的专业管理人员;

(四)如果某一投资者的关联实体满足上述条件,则该投资者可以申请成为必备投资者。本款所称关联实体是指该投资者控制的某一实体、或控制该投资者的某一实体、或与该投资者共同受控于某一实体的另一实体。本款所称控制是指控制方拥有被控制方超过50%的表决权；

（五）必备投资者及其上述关联实体均应未被所在国司法机关和其他相关监管机构禁止从事创业投资或投资咨询业务或以欺诈等原因进行处罚；

（六）非法人制创投企业的必备投资者，对创投企业的认缴出资及实际出资分别不低于投资者认缴出资总额及实际出资总额的1%，且应对创投企业的债务承担连带责任；公司制创投企业的必备投资者，对创投企业的认缴出资及实际出资分别不低于投资者认缴出资总额及实际出资总额的30%。

第八条 设立创投企业按以下程序办理：

（一）投资者须向拟设立创投企业所在地省级外经贸主管部门报送设立申请书及有关文件。

（二）省级外经贸主管部门应在收到全部上报材料后15天内完成初审并上报对外贸易经济合作部（以下简称审批机构）。

（三）审批机构在收到全部上报材料之日起45天内，经商科学技术部同意后，做出批准或不批准的书面决定。予以批准的，发给《外商投资企业批准证书》。

（四）获得批准设立的创投企业应自收到审批机构颁发的《外商投资企业批准证书》之日起一个月内，持此证书向国家工商行政管理部门或所在地具有外商投资企业登记管理权的省级工商行政管理部门（以下简称登记机关）申请办理注册登记手续。

第九条 申请设立创投企业应当向审批机构报送以下文件：

（一）必备投资者签署的设立申请书；

（二）投资各方签署的创投企业合同及章程；

（三）必备投资者书面声明（声明内容包括：投资者符合第七条规定的资格条件；所有提供的材料真实性；投资者将严格遵循本规定

及中国其他有关法律法规的要求);

(四)律师事务所出具的对必备投资者合法存在及其上述声明已获得有效授权和签署的法律意见书;

(五)必备投资者的创业投资业务说明、申请前三年其管理资本的说明、其已投资资本的说明,及其拥有的创业投资专业管理人员简历;

(六)投资者的注册登记证明(复印件)、法定代表人证明(复印件);

(七)名称登记机关出具的创投企业名称预先核准通知书;

(八)如果必备投资者的资格条件是依据第七条第(四)款的规定,则还应报送其符合条件的关联实体的相关材料;

(九)审批机构要求的其他与申请设立有关的文件。

第十条 创投企业应当在名称中加注创业投资字样。除创投企业外,其他外商投资企业不得在名称中使用创业投资字样。

第十一条 申请设立创投企业应当向登记机关报送下列文件,并对其真实性、有效性负责:

(一)创投企业董事长或联合管理委员会负责人签署的设立登记申请书;

(二)合同、章程以及审批机构的批准文件和批准证书;

(三)投资者的合法开业证明或身份证明;

(四)投资者的资信证明;

(五)法定代表人的任职文件、身份证明和企业董事、经理等人员的备案文件;

(六)企业名称预先核准通知书;

(七)企业住所或营业场所证明。

申请设立非法人制创投企业,还应当提交境外必备投资者的章程或合伙协议。企业投资者中含本规定第七条第四款规定的投资者的,还应当提交关联实体为其出具的承担出资连带责任的担保函。

以上文件应使用中文。使用外文的,应提供规范的中文译本。

创投企业登记事项变更应依法向原登记机关申请办理变更登记。

第十二条 经登记机关核准的公司制创投企业,领取《企业法人营业执照》;经登记机关核准的非法人制创投企业,领取《营业执照》。

《营业执照》应载明非法人制创投企业投资者认缴的出资总额和必备投资者名称。

第三章 出资及相关变更

第十三条 非法人制创投企业的投资者的出资及相关变更应符合如下规定:

(一)投资者可以根据创业投资进度分期向创投企业注入认缴出资。各期投入资本额由创投企业根据创投企业合同及其与所投资企业签定的协议自主制定。投资者应在创投企业合同中约定投资者不如期出资的责任和相关措施;

(二)必备投资者在创投企业存续期内不得从创投企业撤出。特殊情况下确需撤出的,应获得占总出资额超过50%的其他投资者同意,并应将其权益转让给符合第七条要求的新投资者,且应当相应修改创投企业的合同和章程,并报审批机构批准。

其他投资者如转让其认缴资本额或已投入资本额,须按创投企业合同的约定进行,且受让人应符合本规定第六条的有关要求。投资各方应相应修改创投企业合同和章程,并报审批机构备案。

(三)创投企业设立后,如果有新的投资者申请加入,须符合本规定和创投企业合同的约定,经必备投资者同意,相应修改创投企业合同和章程,并报审批机构备案。

(四)创投企业出售或以其他方式处置其在所投资企业的利益而获得的收入中相当于其原出资额的部分,可以直接分配给投资各方。此类分配构成投资者减少其已投资的资本额。创投企业应当在创投企业合同中约定此类分配的具体办法,并在向其投资者作出该等分配之前至少30天内向审批机构和所在地外汇局提交一份要求相应减少投资者已投入资本额的备案说明，同时证明创投企业投资者未到位的认缴出资额及创投企业当时拥有的其他资金至少相当于创投企业当时承担的投资义务的要求。但该分配不应成为创投企业对因其违反任何投资义务所产生的诉讼请求的抗辩理由。

第十四条 非法人制创投企业向登记机关申请变更登记时，上述规定中审批机关出具的相关备案证明可替代相应的审批文件。

第十五条 非法人制创投企业投资者根据创业投资进度缴付出资后，应持相关验资报告向原登记机关申请办理出资备案手续。登记机关根据其实际出资状况在其《营业执照》出资额栏目后加注实缴出资额数目。

非法人制创投企业超过最长投资期限仍未缴付或缴清出资的，登记机关根据现行规定予以处罚。

第十六条 公司制创投企业投资者的出资及相关变更按现行规定办理。

第四章 组织机构

第十七条 非法人制创投企业设联合管理委员会。公司制创投企业设董事会。联合管理委员会或董事会的组成由投资者在创投企业合同及章程中予以约定。联合管理委员会或董事会代表投资者管理创投企业。

第十八条 联合管理委员会或董事会下设经营管理机构，根据创投企业的合同及章程中规定的权限，负责日常经营管理工作，执行联合管理委员会或董事会的投资决策。

第十九条 经营管理机构的负责人应当符合下列条件：

（一）具有完全的民事行为能力；

（二）无犯罪记录；

（三）无不良经营记录；

（四）应具有创业投资业的从业经验，且无违规操作记录；

（五）审批机构要求的与经营管理资格有关的其他条件。

第二十条　经营管理机构应定期向联合管理委员会或董事会报告以下事项：

（一）经授权的重大投资活动；

（二）中期、年度业绩报告和财务报告；

（三）法律、法规规定的其他事项；

（四）创投企业合同及章程中规定的有关事项。

第二十一条　联合管理委员会或董事会可以不设立经营管理机构，而将该创投企业的日常经营权授予一家创业投资管理企业或另一家创投企业进行管理。该创业投资管理企业可以是内资创业投资管理企业，也可以是外商投资创业投资管理企业，或境外创业投资管理企业。在此情形下，该创投企业与该创业投资管理企业应签订管理合同，约定创投企业和创业投资管理企业的权利义务。该管理合同应经全体投资者同意并报审批机构批准后方可生效。

第二十二条　创投企业的投资者可以在创业投资合同中依据国际惯例约定内部收益分配机制和奖励机制。

第五章　创业投资管理企业

第二十三条　受托管理创投企业的创业投资管理企业应具备下列条件：

（一）以受托管理创投企业的投资业务为主营业务；

（二）拥有三名以上具有三年以上创业投资从业经验的专业管理人员；

（三）有完善的内部控制制度。

第二十四条　创业投资管理企业可以采取公司制组织形式，也可以采取合伙制组织形式。

第二十五条　同一创业投资管理企业可以受托管理不同的创投企业。

第二十六条　创业投资管理企业应定期向委托方的联合管理委

员会或董事会报告第二十条所列事项。

第二十七条 设立外商投资创业投资管理企业应符合本规定第二十三条的条件,经拟设立外商投资创业投资管理公司所在地省级外经贸主管部门报审批机构批准。审批机构在收到全部上报材料之日起45天内,做出批准或不批准的书面决定。予以批准的,发给《外商投资企业批准证书》。获得批准设立的外商投资创业投资管理企业应自收到审批机构颁发的《外商投资企业批准证书》之日起一个月内,持此证书向登记机关申请办理注册登记手续。

第二十八条 申请设立外商投资创业投资管理公司应当向审批机构报送以下文件:

(一)设立申请书;

(二)外商投资创业投资管理公司合同及章程;

(三)投资者的注册登记证明(复印件)、法定代表人证明(复印件);

(四)审批机构要求的其他与申请设立有关的文件。

第二十九条 外商投资创业投资管理企业名称应当加注创业投资管理字样。除外商投资创业投资管理企业外,其他外商投资企业不得在名称中使用创业投资管理字样。

第三十条 获得批准接受创投企业委托在华从事创业投资管理业务的境外创业投资管理企业,应当自管理合同获得批准之日起30日内,向登记机关申请办理营业登记手续。

申请营业登记应报送下列文件,并对其真实性、有效性负责:

(一)境外创业投资管理企业董事长或有权签字人签署的登记申请书;

(二)经营管理合同及审批机构的批准文件;

(三)境外创业投资管理企业的章程或合伙协议;

(四)境外创业投资管理企业的合法开业证明;

(五)境外创业投资管理企业的资信证明;

(六)境外创业投资管理企业委派的中国项目负责人的授权书、

简历及身份证明；

（七）境外创业投资管理企业在华营业场所证明。

以上文件应使用中文。使用外文的，应提供规范的中文译本。

第六章　经营管理

第三十一条　创投企业可以经营以下业务：

（一）以全部自有资金进行股权投资，具体投资方式包括新设企业、向已设立企业投资、接受已设立企业投资者股权转让以及国家法律法规允许的其他方式；

（二）提供创业投资咨询；

（三）为所投资企业提供管理咨询；

（四）审批机构批准的其他业务。

创投企业资金应主要用于向所投资企业进行股权投资。

第三十二条　创投企业不得从事下列活动：

（一）在国家禁止外商投资的领域投资；

（二）直接或间接投资于上市交易的股票和企业债券，但所投资企业上市后，创投企业所持股份不在此列；

（三）直接或间接投资于非自用不动产；

（四）贷款进行投资；

（五）挪用非自有资金进行投资；

（六）向他人提供贷款或担保，但创投企业对所投资企业1年以上的企业债券和可以转换为所投资企业股权的债券性质的投资不在此列（本款规定并不涉及所投资企业能否发行该等债券）；

（七）法律、法规以及创投企业合同禁止从事的其他事项。

第三十三条　投资者应在创投企业合同中约定对外投资期限。

第三十四条　创投企业主要从出售或以其他方式处置其在所投资企业的股权获得收益。创投企业出售或以其他方式处置其在所投资企业的股权时，可以依法选择适用的退出机制，包括：

（一）将其持有的所投资企业的部分股权或全部股权转让给其他

投资者；

（二）与所投资企业签订股权回购协议，由所投资企业在一定条件下依法回购其所持有的股权；

（三）所投资企业在符合法律、行政法规规定的上市条件时可以申请到境内外证券市场上市。创投企业可以依法通过证券市场转让其拥有的所投资企业的股份；

（四）中国法律、行政法规允许的其他方式。

所投资企业向创投企业回购该创投企业所持股权的具体办法由审批机构会同登记机关另行制订。

第三十五条 创投企业应当依照国家税法的规定依法申报纳税。对非法人制创投企业，可以由投资各方依照国家税法的有关规定，分别申报缴纳企业所得税；也可以由非法人制创投企业提出申请，经批准后，依照税法规定统一计算缴纳企业所得税。

非法人制创投企业企业所得税的具体征收管理办法由国家税务总局另行颁布。

第三十六条 创投企业中属于外国投资者的利润等收益汇出境外的，应当凭管理委员会或董事会的分配决议，由会计师事务所出具的审计报告、外方投资者投资资金流入证明和验资报告、完税证明和税务申报单（享受减免税优惠的，应提供税务部门出具的减免税证明文件），从其外汇帐户中支付或者到外汇指定银行购汇汇出。

外国投资者回收的对创投企业的出资可依法申购外汇汇出。公司制创投企业开立和使用外汇帐户、资本变动及其他外汇收支事项，按照现行外汇管理规定办理。非法人制创投企业外汇管理规定由国家外汇管理局另行制定。

第三十七条 投资者应在合同、章程中约定创投企业的经营期限，一般不得超过12年。经营期满，经审批机构批准，可以延期。

经审批机构批准，创投企业可以提前解散，终止合同和章程。但是，如果非法人制创投企业的所有投资均已被出售或通过其他方式变卖，其债务亦已全部清偿，且其剩余财产均已被分配给投资者，则毋需上述批准即可进入解散和终止程序，但该非法人制创业投资企业应在该等解散生效前至少30天内向审批机构提交一份书面备案说明。

创投企业解散，应按有关规定进行清算。

第三十八条　创投企业应当自清算结束之日起30日内向原登记机关申请注销登记。

申请注销登记，应当提交下列文件，并对其真实性、有效性负责：

（一）董事长或联合管理委员会负责人或清算组织负责人签署的注销登记申请书；

（二）董事会或联合管理委员会的决议；

（三）清算报告；

（四）税务机关、海关出具的注销登记证明；

（五）审批机构的批准文件或备案文件；

（六）法律、行政法规规定应当提交的其他文件。

经登记机关核准注销登记，创投企业终止。

非法人制创投企业必备投资者承担的连带责任不因非法人制创投企业的终止而豁免。

第七章　审核与监管

第三十九条　创投企业境内投资比照执行《指导外商投资方向规定》和《外商投资产业指导目录》的规定。

第四十条　创投企业投资于任何鼓励类和允许类的所投资企业，应向所投资企业当地授权的外经贸部门备案。当地授权的外经贸部门应在收到备案材料后15天内完成备案审核手续并向所投资企业颁发外商投资企业批准证书。所投资企业持外商投资企业批准证书向登记机关申请办理注册登记手续。登记机关依照有关法律和行政法规规定决定准予登记或不予登记。准予登记的，颁发外商投资企业法人营业执照。

第四十一条　创投企业投资于限制类的所投资企业，应向所投资企业所在地省级外经贸主管部门提出申请，并提供下列材料：

（一）创投企业关于投资资金充足的声明；

（二）创投企业的批准证书和营业执照（复印件）；

（三）创投企业（与所投资企业其他投资者）签定的所投资企业合同与章程。

省级外经贸主管部门接到上述申请之日起45日内作出同意或不同意的书面批复。作出同意批复的，颁发外商投资企业批准证书。所投资企业持该批复文件和外商投资企业批准证书向登记机关申请登记。登记机关依照有关法律和行政法规规定决定准予登记或不予登记。准予登记的，颁发外商投资企业法人营业执照。

第四十二条 创投企业投资属于服务贸易领域逐步开放的外商投资项目，按国家有关规定审批。

第四十三条 创投企业增加或转让其在所投资企业投资等行为，按照第四十条、第四十一条和第四十二条规定的程序办理。

第四十四条 创投企业应在履行完第四十条、第四十一条、第四十二条和第四十三条规定的程序之日起一个月内向审批机构备案。

第四十五条 创投企业还应在每年3月份将上一年度的资金筹集和使用情况报审批机构备案。

审批机构在接到该备案材料起5个工作日内应出具备案登记证明。凡未按上述规定备案的，审批机构将商国务院有关部门后予以相应处罚。

第四十六条 创投企业的所投资企业注册资本中，如果创投企业投资的比例中外国投资者的实际出资比例或与其他外国投资者联合投资的比例总和不低于25%，则该所投资企业将享受外商投资企业有关优惠待遇；如果创投企业投资的比例中外国投资者的实际出资比例或与其他外国投资者联合投资的比例总和低于该所投资企业注册资本的25%，则该所投资企业将不享受外商投资企业有关优惠待遇。

第四十七条 已成立的含有境内自然人投资者的内资企业在接

受创业投资企业投资变更为外商投资企业后,可以继续保留其原有境内自然人投资者的股东地位。

第四十八条　创投企业经营管理机构的负责人和创业投资管理企业的负责人如有违法操作行为,除依法追究责任外,情节严重的,不得继续从事创业投资及相关的投资管理活动。

第八章　附　则

第四十九条　香港特别行政区、澳门特别行政区、台湾地区的投资者在大陆投资设立创投企业,参照本规定执行。

第五十条　本规定由对外贸易经济合作部、科学技术部、国家工商行政管理总局、国家税务总局和国家外汇管理局负责解释。

第五十一条　本规定自二〇〇三年三月一日起施行。对外贸易经济合作部、科学技术部和国家工商行政管理总局于二〇〇一年八月二十八日发布的《关于设立外商投资创业投资企业的暂行规定》同日废止。

《商务部关于外商投资举办投资性公司的规定》(商务部,中华人民共和国商务部令2015年第2号,2015年10月28日)

第一条　为了促进外国投资者来华投资,引进国外先进技术和管理经验,允许外国投资者根据中国有关外国投资的法律、法规及本规定,在中国设立投资性公司。

第二条　本规定中投资性公司系指外国投资者在中国以独资或与中国投资者合资的形式设立的从事直接投资的公司。公司形式为有限责任公司或股份有限公司。

第三条　申请设立投资性公司应符合下列条件:

(一)1、外国投资者资信良好,拥有举办投资性公司所必需的经济实力,申请前一年该投资者的资产总额不低于四亿美元,且该投资者在中国境内已设立了外商投资企业,其实际缴付的注册资本的出资额超过一千万美元,或者;2、外国投资者资信良好,拥有举办投资性公司所必需的经济实力,该投资者在中国境内已设立了十个以上

外商投资企业,其实际缴付的注册资本的出资额超过三千万美元;

(二)以合资方式设立投资性公司的,中国投资者应为资信良好,拥有举办投资性公司所必需的经济实力,申请前一年该投资者的资产总额不低于一亿元人民币;

申请设立投资性公司的外国投资者应为一家外国的公司、企业或经济组织,若外国投资者为二个以上的,其中应至少有一名占大股权的外国投资者符合本条第一款第(一)项的规定。

第四条 符合本规定第三条第一款第(一)项规定的条件的外国投资者可以其全资拥有的子公司的名义投资设立投资性公司。

第五条 申请设立投资性公司的外国投资者符合本规定第三条第一款第(一)项规定的条件的,该外国投资者须向审批机关出具保证函,保证其所设立的投资性公司在中国境内投资时注册资本的缴付和属于该外国投资者或关联公司的技术转让。

以全资拥有的子公司的名义投资设立投资性公司的,其母公司须向审批机关出具保证函,保证其子公司按照审批机关批准的条件完成对所设立的投资性公司的注册资本的缴付,并保证该投资性公司在中国境内投资时的注册资本的缴付和属于该母公司及其所属公司的技术转让。

第六条 申请设立投资性公司,投资者应将下列文件经拟设立投资性公司所在地的省、自治区、直辖市、计划单列市商务主管部门审核同意后,报商务部审查批准。

(一)设立合资的投资性公司投资各方签署的申请报告、合同、章程;

设立独资的投资性公司外国投资者签署的外资企业申请表、可行性研究报告、章程;

(二)投资各方的资信证明文件、注册登记证明文件(复印件)和法定代表人证明文件(复印件);

(三)外国投资者已投资企业的批准证书(复印件)和营业执照(复印件);

（四）依法审计的投资各方近三年的资产负债表；

（五）依据本规定第五条应提交的保证函；

（六）商务部要求的其他文件。

上述文件除已注明为复印件的，一律应为正式文件。

非法定代表人签署文件的，应出具法定代表人的委托授权书。

委托依法设立的中介机构代为办理申请手续的，应出具由投资者法定代表人签署的委托授权书。

第七条　外国投资者须以可自由兑换的货币或其在中国境内获得的人民币利润或因转股、清算等活动获得的人民币合法收益作为其向投资性公司注册资本的出资。中国投资者可以人民币出资。外国投资者以其人民币合法收益作为其向投资性公司注册资本出资的，应当提交相关证明文件及税务凭证。

第八条　投资性公司的注册资本中至少应有三千万美元作为向其投资新设立的外商投资企业的出资，或作为向其母公司或关联公司已投资设立外商投资企业（已依法办理完毕股权转让手续）未缴付完毕的出资额的出资，或增资部分的出资，或用于设立研发中心等机构的投资，或用于购买中国境内公司股东的股权（不包括投资性公司母公司或其关联公司已缴付完毕的出资额形成的股权）。

第九条　投资性公司的注册资本不低于三千万美元，其贷款额不得超过已缴付注册资本额的四倍。投资性公司的注册资本不低于一亿美元，其贷款额不得超过已缴付注册资本额的六倍。投资性公司因经营需要，贷款额拟超过上述规定，应当报商务部批准。

第十条　投资性公司经商务部批准设立后，可以依其在中国从事经营活动的实际需要，经营下列业务：

（一）在国家允许外商投资的领域依法进行投资；

（二）受其所投资企业的书面委托（经董事会一致通过），向其所投资企业提供下列服务：

1、协助或代理其所投资的企业从国内外采购该企业自用的机器设备、办公设备和生产所需的原材料、元器件、零部件和在国内外销

售其所投资企业生产的产品,并提供售后服务;

2、在外汇管理部门的同意和监督下,在其所投资企业之间平衡外汇;

3、为其所投资企业提供产品生产、销售和市场开发过程中的技术支持、员工培训、企业内部人事管理等服务;

4、协助其所投资企业寻求贷款及提供担保。

(三)在中国境内设立科研开发中心或部门,从事新产品及高新技术的研究开发,转让其研究开发成果,并提供相应的技术服务;

(四)为其投资者提供咨询服务,为其关联公司提供与其投资有关的市场信息、投资政策等咨询服务;

(五)承接其母公司和关联公司的服务外包业务。

第十一条 投资性公司从事货物进出口或者技术进出口的,应符合商务部《对外贸易经营者备案登记办法》的规定;

投资性公司从事佣金代理、批发、零售和特许经营活动的,应符合商务部《外商投资商业领域管理办法》的相关规定,并依法变更相应的经营范围。

第十二条 本规定所称投资性公司所投资企业系指符合下列条件的企业:

(一)投资性公司直接投资或与其他外国投资者和/或中国投资者共同投资,投资性公司中折算出的外国投资者的投资单独或与其他外国投资者一起投资的比例占其所投资设立企业注册资本的25%以上的企业;

(二)投资性公司将其投资者或其关联公司、其他外国投资者以及中国境内投资者在中国境内已投资设立的企业的股权部分或全部收购,投资性公司中折算出的外国投资者的投资单独或与其他外国投资者的投资额共同占该已设立企业的注册资本25%以上的企业;

(三)投资性公司的投资额不低于其所投资设立企业的注册资本的10%。

第十三条　经中国银行业监督管理委员会批准，投资性公司可向其所投资设立的企业提供财务支持。

第十四条　投资性公司可以作为发起人发起设立外商投资股份有限公司或持有外商投资股份有限公司未上市流通的法人股。投资性公司也可以根据国家有关规定持有境内其他股份有限公司未上市流通的法人股。投资性公司应视为股份有限公司境外发起人或股东。

第十五条　投资性公司设立后，依法经营，无违法纪录，注册资本按照章程的规定按期缴付，投资者实际缴付的注册资本额不低于三千万美元且已用于本规定第八条所规定的用途，投资性公司经所在地的省、自治区、直辖市或计划单列市商务主管部门审核同意，向商务部提出申请，并获批准的，还可依其在中国从事经营活动的实际需要，依照国家有关规定，经营下列业务：

（一）受所投资企业的书面委托（经董事会一致通过），开展下列业务：

1、在国内外市场以经销的方式销售其所投资企业生产的产品；

2、为其所投资企业提供运输、仓储等综合服务。

（二）以代理、经销或设立出口采购机构（包括内部机构）的方式出口境内商品，并可按有关规定办理出口退税；

（三）购买所投资企业生产的产品进行系统集成后在国内外销售，如所投资企业生产的产品不能完全满足系统集成需要，允许其在国内外采购系统集成配套产品，但所购买的系统集成配套产品的价值不应超过系统集成所需全部产品价值的百分之五十；

（四）为其所投资企业的产品的国内经销商、代理商以及与投资性公司、其母公司或其关联公司签有技术转让协议的国内公司、企业提供相关的技术培训；

（五）在其所投资企业投产前或其所投资企业新产品投产前，为进行产品市场开发，允许投资性公司从其母公司进口与其所投资企业生产产品相关的母公司产品在国内试销；

（六）为其所投资企业提供机器和办公设备的经营性租赁服务，

或依法设立经营性租赁公司；

（七）为其进口的产品提供售后服务；

（八）参与有对外承包工程经营权的中国企业的境外工程承包；

（九）在国内销售（不含零售）投资性公司进口的母公司产品。

第十六条 投资性公司根据第十五条第三款和第五款规定进口产品应依照国家有关规定办理手续。上述进口金额每年累计不超过公司已缴付的注册资本额。

第十七条 投资性公司申请经营本规定第十五条规定业务的，应当向商务部报送下列文件：

（一）投资性公司法定代表人签署的申请书；

（二）投资性公司董事会决议；

（三）修改后的投资性公司章程；

（四）投资性公司的批准证书（复印件）和营业执照（复印件）；

（五）商务部要求的其他文件。

第十八条 根据投资性公司拟设立的项目性质，按照国家有关外商投资企业经营期限的规定核定投资性公司的期限。

第十九条 投资性公司投资设立企业，按外商投资企业的审批权限及审批程序另行报批。

第二十条 投资性公司投资设立企业，投资性公司中折算出的外国投资者的投资单独或与其他外国投资者一起投资的比例一般不低于其所投资设立企业的注册资本的25%，其投资设立的企业享受外商投资企业待遇，发给外商投资企业批准证书和外商投资企业营业执照；出资比例低于25%的，除法律、行政法规另有规定外，均应按照现行设立外商投资企业的审批登记程序进行审批和登记。

第二十一条 投资性公司设立分支机构应报商务部审批。投资性公司申请设立分公司，必须符合以下条件：

（一）投资性公司的注册资本已按照合同、章程的规定按期缴付并且已缴付的出资额不低于三千万美元；或投资性公司已投资设立或拥有十个以上外商投资企业；

（二）拟设立分公司的地区应为投资性公司投资集中地区或产品销售集中的地区。

第二十二条 符合条件的投资性公司可申请被认定为跨国公司地区总部（以下简称地区总部），并依法办理变更手续。

（一）投资性公司申请被认定为地区总部应符合下列条件：

1、已缴付注册资本不低于一亿美元，或者；已缴付注册资本不低于五千万美元，申请前一年其所投资企业资产总额不低于三十亿人民币，且利润总额不低于一亿元人民币（按合并报表相关规定计）；

2、符合本规定第八条的规定；

3、根据有关规定，已设立研发机构。

（二）被认定为地区总部的投资性公司，可依其在中国从事经营活动的实际需要，经营下列业务：

1、本规定第十条、第十五条所规定的业务；

2、进口并在国内销售（不含零售）跨国公司及其控股的关联公司的产品；

3、进口为所投资企业、跨国公司的产品提供维修服务所需的原辅材料及零、配件；

4、承接境内外企业的服务外包业务；

5、根据有关规定，从事物流配送服务；

6、经中国银行业监督管理委员会批准，设立财务公司，向投资性公司及其所投资企业提供相关财务服务；

7、经商务部批准，从事境外工程承包业务和境外投资，设立融资租赁公司并提供相关服务；

8、委托境内其他企业生产/加工其产品或其母公司产品并在国内外销售；

9、经批准的其他业务。

（三）申请程序：

1、投资性公司向所在地的省、自治区、直辖市和计划单列市商务主管部门提出申请，经初核后报商务部；

2、商务部自收到全部申请文件之日起三十日内批复，对被认定为地区总部的，换发外商投资企业批准证书(加注“地区总部”)；

3、投资性公司凭批准证书在三十日内，向工商行政管理部门申请办理变更登记手续。

(四)申请文件：

1、投资性公司法定代表人签署的申请书；

2、投资性公司及其跨国公司董事会或股东会决议；

3、修改后的投资性公司章程/合同；

4、投资性公司的批准证书(复印件)、营业执照(复印件)和中国注册会计师出具的验资报告；

5、所投资企业的批准证书(复印件)和营业执照(复印件)；

6、中国注册会计师出具的所投资企业的验资报告；

7、经中国注册会计师审计的投资性公司的主要财务报表；

8、商务部要求的其他文件。

上述文件除已注明为复印件的，一律应为正式文件。

本条中跨国公司系指设立投资性公司的外国投资者所属公司集团的母公司。

第二十三条 投资性公司在中国境内的投资活动不受公司注册地点的限制。

第二十四条 投资性公司的税收按中国有关法律、法规办理。

第二十五条 投资性公司应切实履行项目投资计划，并将第一年度的投资、经营情况于下一年度的前三个月内，按照规定的内容和格式报商务部备案。

第二十六条 投资性公司与其所投资设立的企业是彼此独立的法人或实体，其业务往来应按独立企业之间业务往来关系处理。

第二十七条 投资性公司与其投资设立的企业应遵守中国的法律、法规和规章，不得采用任何手段逃避管理和纳税。

第二十八条 投资性公司不得直接从事生产活动。

第二十九条　台湾、香港和澳门地区的投资者在大陆投资举办投资性公司的,准用本规定。

第三十条　本规定由商务部负责解释。

第三十一条　本规定自公布之日起三十日后施行。

《私募投资基金登记备案办法》(中国证券投资基金业协会,中基协发〔2023〕5号,2023年5月1日)

第十四条　在境内开展私募证券基金业务且外资持股比例合计不低于25%的私募基金管理人,还应当持续符合下列要求:

(一)私募证券基金管理人为在中国境内设立的公司;

(二)境外股东为所在国家或者地区金融监管部门批准或者许可的金融机构,且所在国家或者地区的证券监管机构已与中国证监会或者中国证监会认可的其他机构签订证券监管合作谅解备忘录;

(三)私募证券基金管理人及其境外股东最近3年没有受到监管机构和司法机关的重大处罚;

(四)资本金及其结汇所得人民币资金的使用,应当符合国家外汇管理部门的相关规定;

(五)在境内从事证券及期货交易,应当独立进行投资决策,不得通过境外机构或者境外系统下达交易指令,中国证监会另有规定的除外;

(六)法律、行政法规、中国证监会和协会规定的其他要求。

有境外实际控制人的私募证券基金管理人,该境外实际控制人应当符合前款第二项、第三项的要求。

《私募基金管理人登记指引第1号——基本经营要求》(中国证券投资基金业协会,中基协发〔2023〕6号,2023年5月1日)

第十四条　私募证券基金管理人由于出资人、出资比例变更或者自然人出资人国籍变更等导致外资出资比例不低于25%的,应当符合《登记备案办法》第十四条规定的登记要求,并按规定向协会履行变更手续。

《上海市金融服务办公室、上海市商务委员会、上海市工商行政管理局关于本市开展外商投资股权投资企业试点工作的实施办法》（上海市金融服务办公室等，沪金融办通〔2010〕38号，2011年1月24日）

第一章　总　　则

第一条　为贯彻落实国务院《关于推进上海加快发展现代服务业和先进制造业建设国际金融中心和国际航运中心的意见》，促进本市股权投资行业发展，规范外商投资股权投资企业的设立和运作，根据《中华人民共和国公司法》、《中华人民共和国合伙企业法》及外商投资相关法律法规的有关规定，按照《关于本市开展外商投资股权投资企业试点工作的若干意见》要求，制定本实施办法。

第二条　本办法所称的外商投资股权投资企业，是指在本市依法由外国企业或个人参与投资设立的，以对非上市企业进行股权投资为主要经营业务，并符合本办法第三章有关要求的企业。

本办法所称的外商投资股权投资管理企业，是指在本市依法由外国企业或个人参与投资设立的，以发起设立股权投资企业，和/或受托进行股权投资管理为主要经营业务，并符合本办法第二章有关要求的企业。

第三条　外商投资股权投资企业可以采用合伙制等组织形式，外商投资股权投资管理企业可以采用公司制、合伙制等组织形式。

第四条　市人民政府成立外商投资股权投资企业试点工作联席会议（以下简称联席会议），由市人民政府分管领导召集，成员单位包括市金融办、市商务委、市工商局、市发展改革委、市经济信息化委、市科委、市财政局、市地税局、市住房保障房屋管理局、市政府法制办、外汇局上海市分局、上海银监局、上海证监局和浦东新区人民政府等。

联席会议在国家有关部门的指导下，负责组织有关部门制定和落实各项政策措施，推进本市外商投资股权投资企业相关试点工作，协调解决试点过程中的有关问题。联席会议办公室设在市金融办。

市金融办承担联席会议的日常工作；市商务委负责公司制外商

投资股权投资管理企业设立审批及外商投资股权投资企业在沪投资审批工作;市工商局负责外商投资股权投资企业和外商投资股权投资管理企业注册登记工作;外汇局上海市分局负责本办法所涉外汇管理事宜;联席会议其他成员单位根据各自职责负责推进本市外商投资股权投资企业相关试点工作。

第五条　市金融办为本市外商投资股权投资企业和外商投资股权投资管理企业的业务主管部门,主要职责如下:

(一)负责出具外商投资股权投资企业和外商投资股权投资管理企业设立的审查意见;

(二)负责受理外商投资股权投资企业试点申请并组织审定;

(三)负责组织获准试点外商投资股权投资企业和外商投资股权投资管理企业的备案管理;

(四)负责组织制定与外商投资股权投资企业相关的扶持政策,督促各区(县)政府落实配套措施。

第六条　外商投资股权投资企业应遵守中国有关法律法规,境内投资应符合外商投资产业政策。

本市鼓励设立具有先进技术和管理经验的外商投资股权投资企业和外商投资股权投资管理企业。

第二章　外商投资股权投资管理企业

第七条　外商投资股权投资管理企业可从事如下业务:

(一)发起设立股权投资企业;

(二)受托管理股权投资企业的投资业务并提供相关服务;

(三)股权投资咨询;

(四)经审批或登记机关许可的其他相关业务。

第八条　外商投资股权投资管理企业在发起设立股权投资企业过程中,要按照国家有关规定开展资金募集活动,不得违背现行的法律、法规和国家相关政策。

第九条　以股权投资管理为主要业务的外商投资企业,在名称

中要加注“股权投资基金管理”字样的,应具备下列条件:

(一)外商投资股权投资管理企业应至少拥有一个投资者,该投资者或其关联实体的经营范围应当与股权投资或股权投资管理业务相关。

本办法所指的关联实体是指该投资者控制的某一实体,或控制该投资者的某一实体,或与该投资者共同受控于某一实体的另一实体。

(二)外商投资股权投资管理企业在申请设立时,应当具有至少两名同时具备下列条件的高级管理人员:

1、有五年以上从事股权投资或股权投资管理业务的经历;

2、有二年以上高级管理职务任职经历;

3、有从事与中国有关的股权投资经历或在中国的金融类机构从业经验;

4、在最近五年内没有违规记录或尚在处理的经济纠纷诉讼案件,且个人信用记录良好。

本办法所称高级管理人员,系指担任副总经理及以上职务或相当职务的管理人员。

(三)外商投资股权投资管理企业注册资本(或认缴出资)应不低于200万美元,出资方式限于货币形式。注册资本(或认缴出资)应当在营业执照签发之日起三个月内到位20%以上,余额在二年内全部到位。

外国投资者用于出资的货币须为可自由兑换的货币或其在中国境内获得的人民币利润或因转股、清算等活动获得的人民币合法收益,中国投资者以人民币出资。

第十条 设立公司制外商投资股权投资管理企业应向市商务委提出申请,按以下程序办理:

(一)市商务委自收到全部申请文件之日起5个工作日内决定是否受理;在受理后5个工作日内,书面征求市金融办意见;

(二)市金融办自收到市商务委征询函和企业全部申请文件之日起10个工作日内书面回复意见;

（三）市商务委在接到市金融办书面意见之日起8个工作日内，做出批准或不批准的书面决定。决定予以批准的，颁发《外商投资企业批准证书》；决定不予批准的，书面通知申请人；

（四）获批的外商投资股权投资管理企业凭《外商投资企业批准证书》等材料在一个月内向市工商局申请办理注册登记手续，并及时至外汇局上海市分局办理外汇登记手续。

第十一条　设立合伙制外商投资股权投资管理企业应向市工商局提出申请，按以下程序办理：

（一）市工商局自收到全部申请文件之日起5个工作日内，书面征求市金融办意见；

（二）市金融办自收到市工商局征询函和企业全部申请文件之日起10个工作日内书面回复意见；

（三）市工商局在接到市金融办书面意见之日起5个工作日内，做出是否登记的决定。予以登记的，发给营业执照；不予登记的，应当给予书面答复，并说明理由；

（四）合伙制的外商投资股权投资管理企业须及时凭工商登记注册等材料至外汇局上海市分局办理外汇登记、开户核准等相关外汇管理事宜。

第十二条　除外商投资股权投资管理企业外，其他外商投资企业不得在名称中使用“股权投资基金管理”字样。

第三章　外商投资股权投资企业

第十三条　外商投资股权投资企业可从事如下业务：

（一）在国家允许的范围内，以全部自有资金进行股权投资，具体投资方式包括新设企业、向已设立企业投资、接受已设立企业投资者股权转让以及国家法律法规允许的其他方式；

（二）为所投资企业提供管理咨询；

（三）经登记机关许可的其他相关业务。

第十四条　以股权投资为主要业务的外商投资企业，名称中要加注“股权投资基金”字样的应具备：认缴出资应不低于1500万美元，出资方式限于货币形式；合伙人应当以自己名义出资，除普通合伙人外，其他每个有限合伙人的出资应不低于100万美元。

外国投资者用于出资的货币须为可自由兑换的货币或其在中国境内获得的人民币利润或因转股、清算等活动获得的人民币合法收益，中国投资者以人民币出资。

第十五条 设立合伙制外商投资股权投资企业按以下程序办理：

（一）市工商局自收到全部申请文件之日起5个工作日内，书面征求市金融办意见；

（二）市金融办自收到市工商局征询函和企业全部申请文件之日起10个工作日内书面回复意见；

（三）市工商局在接到市金融办书面意见之日起5个工作日内，做出是否登记的决定。予以登记的，发给营业执照；不予登记的，应当给予书面答复，并说明理由；

（四）合伙制的外商投资股权投资企业须及时凭工商登记注册等材料至外汇局上海市分局办理外汇登记、核准开户等相关外汇管理手续。

第十六条 外商投资股权投资企业应当委托境内符合条件的银行作为资金托管人。

外商投资股权投资企业的托管银行应将相关托管制度报送有关部门备案。

第十七条 除外商投资股权投资企业外，其他外商投资企业不得在名称中使用“股权投资基金”字样。

第十八条 外商投资股权投资企业在境内进行股权投资，应当依照国家有关外商投资的法律、行政法规、规章办理。

第四章 外商投资股权投资试点企业

第十九条 本办法所称外商投资股权投资试点企业是经联席会议审定的外商投资股权投资企业和外商投资股权投资管理企业。

外商投资股权投资试点企业中外商投资股权投资企业的境外投资者应主要由境外主权基金、养老基金、捐赠基金、慈善基金、投资基金的基金(FOF)、保险公司、银行、证券公司以及联席会议认可的其他境外机构投资者组成。

外商投资股权投资试点企业的出资实行专项资金托管,资金账户及账户内资金使用应由托管银行按规定实施管理。

第二十条　申请试点的外商投资股权投资企业中的境外投资者,应具备下列条件:

(一)在其申请前的上一会计年度,具备自有资产规模不低于五亿美元或者管理资产规模不低于十亿美元;

(二)有健全的治理结构和完善的内控制度,近二年未受到司法机关和相关监管机构的处罚;

(三)境外投资者或其关联实体应当具有五年以上相关投资经历;

(四)联席会议要求的其它条件。

第二十一条　申请试点的外商投资股权投资企业和外商投资股权投资管理企业,应通过外商投资股权投资企业或拟设立股权投资企业的执行事务合伙人向市金融办递交试点申请。该合伙人或其关联实体需具备三年以上直接或间接投资于中国境内企业的良好投资经历。申请人需递交如下申请材料:

(一)试点申请书。所附材料包括:第二十条要求的书面证明材料、机构投资者应提交营业执照复印件、最近一年经审计的财务报表等材料;

(二)股权投资企业资料。包括:募集说明书、合伙协议(主要包括境外投资者的出资比例、募集金额和募集进度等)、主要高管人员简历等;

(三)托管银行的有关资料及与托管银行签署的相关文件;

(四)申请人出具的上述全部材料真实性的承诺函;

(五)联席会议要求的其他材料。

第二十二条 市金融办自收到全部申请文件之日起5个工作日内决定是否受理;在受理后10个工作日内,召集联席会议相关单位进行评审,审定试点企业。经评审符合试点要求的,由市金融办书面通知申请人,并抄送联席会议有关单位和试点企业的托管银行;评审不通过的,由市金融办书面通知申请人。

第二十三条 获准试点的外商投资股权投资企业须在通过审核之日起六个月内,根据本办法第三章要求完成工商登记注册手续,过期须重新申请试点资格。

第二十四条 获准试点的外商投资股权投资管理企业可使用外汇资金对其发起设立的股权投资企业出资,金额不超过所募集资金总额度的5%,该部分出资不影响所投资股权投资企业的原有属性。

第二十五条 外商投资股权投资试点企业可至托管银行办理外汇资金境内股权投资事宜。

本办法发布前已经开立资本金帐户的外商投资股权投资管理企业,经联席会议办公室批准后至开户行办理外汇资金境内股权投资事宜。

第五章 监督管理

第二十六条 联席会议负责组织本市外商投资股权投资企业相关试点工作,各联席会议成员单位根据联席会议安排做好相应的管理工作。

试点企业所在区(县)政府应明确具体职能部门,配合市金融办负责对本区(县)范围内注册的外商投资股权投资试点企业实施备案管理,定期了解外商投资股权投资试点企业融资、投资、财务等信息,并向联席会议报告情况。

第二十七条 市金融办对外商投资股权投资试点企业实行备案管理。外商投资股权投资试点企业在工商登记后10个工作日内向所在区(县)职能部门提交下列材料:

(一)备案申请书。

（二）股东协议、公司章程或合伙协议等文件。

（三）工商登记决定文书与营业执照复印件。

（四）承诺出资额和已缴出资额的证明。

（五）至少两名高级管理人员名单、简历及相关证明材料。

（六）投资决策机制以及参与投资决策的主要人员简历及身份证明。

区（县）职能部门在收到上述材料齐备后5个工作日内，报市金融办。

第二十八条　外商投资股权投资试点企业，应当在每半年向所在区（县）职能部门报告上半年投资运作过程中的重大事件。

前款所称重大事件，系指：

（一）外商投资股权投资企业投资；

（二）外商投资股权投资管理企业投资；

（三）修改合同、章程或合伙协议等重要法律文件；

（四）高级管理人员的变更；

（五）所委托管理的外商投资股权投资管理企业的变更；

（六）增加或减少注册资本（认缴出资）；

（七）分立与合并；

（八）解散、清算或破产；

（九）市金融办要求的其他事项。

区（县）职能部门在收到上述材料5个工作日内，报市金融办。

第二十九条　外商投资股权投资试点企业报告境内投资项目，应提供下列材料：

（一）外商投资股权投资企业投资备案表；

（二）被投资企业营业执照（复印件加盖被投资企业公章）；

（三）被投资企业所在地外资主管部门的文件。

第三十条　外商投资股权投资试点企业的托管银行应履行的职责包括但不限于：

（一）定期向联席会议办公室及联席会议有关单位上报外商投资

股权投资试点企业托管资金运作情况、投资项目情况等信息；

（二）每个会计年度结束后，向联席会议办公室上报外商投资股权投资试点企业各方核对一致的上一年度境内股权投资情况的年度报告；

（三）监督外商投资股权投资试点企业的投资运作，发现其投向违反国家法律法规或托管协议的，不予执行并立即向联席会议办公室报告；

（四）联席会议规定的其他监督事项。

第三十一条 外商投资股权投资企业不得从事下列业务：

（一）在国家禁止外商投资的领域投资；

（二）在二级市场进行股票和企业债券交易，但所投资企业上市后，外商投资股权投资企业所持股份不在此列；

（三）从事期货等金融衍生品交易；

（四）直接或间接投资于非自用不动产；

（五）挪用非自有资金进行投资；

（六）向他人提供贷款或担保；

（七）法律、法规以及外商投资股权投资企业设立文件禁止从事的其他事项。

第三十二条 市金融办可以通过信函与电话询问、走访或向托管银行征询等方式，了解已备案的外商投资股权投资试点企业情况，并建立社会监督机制。

已备案的外商投资股权投资试点企业违反本办法规定的，市金融办应会同有关部门查实。情况属实的，市金融办应责令其在30个工作日内整改；逾期未改正的，市金融办取消备案并向社会公告，并会同相关部门依法进行查处，按情节轻重依法予以惩处；构成犯罪的，依法追究刑事责任。

第三十三条 发挥上海股权投资协会、上海国际股权投资基金协会等行业自律组织的作用，加强行业自律，建立合格投资者和优秀管理团队的声誉市场。

第六章 附 则

第三十四条 合伙制外商投资股权投资企业及合伙制外商投资股权投资管理企业办理下列登记事项发生变更时，市工商局应征求市金融办意见：

（一）变更经营范围；

（二）变更合伙人；

（三）增加或减少认缴或实际缴付的出资数额、缴付期限；

（四）变更合伙企业类型。

第三十五条 合伙制外商投资股权投资企业及合伙制外商投资股权投资管理企业办理注销时，市工商局应通报市金融办。

第三十六条 外商投资企业在本市再投资设立公司制股权投资管理企业或公司制股权投资企业的，应按照《关于外商投资企业境内投资的暂行规定》报市商务委审批。

第三十七条 香港特别行政区、澳门特别行政区、台湾地区的投资者在本市投资设立股权投资企业和股权投资管理企业，参照本办法执行。

第三十八条 外商投资股权投资企业试点工作在本市有条件的区县逐步开展。

第三十九条 本办法由市金融办、市商务委和市工商局按照各自职责负责解释。

第四十条 本办法自颁布之日起30日后施行。

《深圳市外商投资股权投资企业试点办法》（深圳市地方金融监督管理局，深金监规〔2021〕1号，2021年2月8日）

第一章 总 则

第一条 为贯彻落实《中共中央、国务院关于支持深圳建设中国特色社会主义先行示范区的意见》（中发〔2019〕32号）、《国务院关于进一步做好利用外资工作的意见》（国发〔2019〕23号）、《深圳建设中国特色社会主义先行示范区综合改革试点实施方案(2020—2025年)》等文件要求,进一步推动本市金融业新一轮高水平对外开放和扩大利用外资规模、提升利用外资质量,促进和引导本市外商投资股权投资企业规范有序发展,根据《中华人民共和国外商投资法》《私募投资基金监督管理暂行办法》(中国证券监督管理委员会令第105号)等有关规定,制定本办法。

第二条 本办法所称的外商投资股权投资管理企业,是指在本市依法由外国的自然人、企业或者其他组织(以下称“外国投资者”)参与投资设立的,以发起设立股权投资企业,或受托管理股权投资企业为主要经营业务的企业。

本办法所称的外商投资股权投资企业,是指在本市依法由外国投资者参与投资设立的,以非公开方式向投资者募集资金,为投资者的利益进行股权投资活动的企业。

本办法所称的试点企业,是指外商投资股权投资管理企业和外商投资股权投资企业。试点企业的组织形式,适用《中华人民共和国公司法》《中华人民共和国合伙企业法》等法律的规定。

第三条 深圳市外商投资股权投资企业试点工作由市地方金融监督管理局会同市发展和改革委员会、市商务局、市市场监督管理局、前海深港现代服务业合作区管理局、中国人民银行深圳市中心支行、国家外汇管理局深圳市分局、中国证券监督管理委员会深圳监管局等单位建立联合会商工作机制,各有关单位按照国家有关规定,结合各自职责,共同推进本市外商投资股权投资企业试点工作,协调解决试点管理有关问题。深圳市外商投资股权投资企业试点工作联系部门设在市地方金融监督管理局。

拟注册在深圳市前海深港现代服务业合作区、中国(广东)自由贸易试验区深圳前海蛇口片区的试点企业由前海地方金融监督管理局按本办法协调推进相关试点工作,其余各有关单位根据各自职能负责相关管理工作。

第四条 外商投资股权投资管理企业可以发起设立或受托管理

外商投资股权投资企业及内资私募股权、创业投资基金;内资私募股权、创业投资基金管理人可以发起设立或受托管理外商投资股权投资企业。

第二章 试点条件

第五条 申请试点的外商投资股权投资管理企业和外商投资股权投资企业应当注册在深圳,名称应当加注“私募”字样,并符合相关监管部门关于试点企业命名要求。除试点企业外,其他外商投资企业不得在名称中使用“股权投资管理”“股权投资”等字样。

第六条 外商投资股权投资管理企业和外商投资股权投资企业应当按照《中华人民共和国外商投资法》《私募投资基金监督管理暂行办法》等有关规定发起设立、注册登记,并应当符合中国证券投资基金业协会(以下称“基金业协会”)关于私募基金管理人登记和私募基金备案要求。

第七条 外商投资股权投资管理企业和外商投资股权投资企业的外国投资者用于出资的货币应当为可自由兑换的货币、境外人民币或其在中国境内获得的人民币利润或因转股、清算等活动获得的人民币合法收益,中国投资者应当以人民币出资。

第三章 试点运作

第八条 外商投资股权投资管理企业可从事如下业务:

(一)发起设立股权投资企业;

(二)受托管理股权投资企业的投资业务并提供相关服务;

(三)股权投资咨询。

外商投资股权投资管理企业应根据《私募投资基金监督管理暂行办法》以及基金业协会相关自律规则,遵循专业化运营原则,主营业务清晰,不得兼营与私募基金管理无关或存在利益冲突的其他业务。

第九条 外商投资股权投资企业可依法在境内开展以下业务:

(一)投资非上市公司股权;

（二）投资上市公司非公开发行和交易的普通股，包括定向发行新股、大宗交易、协议转让等；

（三）可作为上市公司原股东参与配股；

（四）为所投资企业提供管理咨询；

（五）中国证券监督管理委员会或基金业协会允许的其他业务。

第十条 试点企业应当遵守国家有关外商投资的法律、法规、规章等相关规定。外商投资准入负面清单规定禁止投资的领域，不得进行投资；外商投资准入负面清单规定限制投资的领域，应当符合负面清单规定的条件；外商投资准入负面清单以外的领域，按照内外资一致的原则实施管理。

第十一条 外商投资股权投资企业可参与投资境内私募股权、创业投资基金，应当符合国家有关外商投资的法律、法规、规章等相关规定，鼓励所投资的私募股权、创业投资基金直接投资于实体经济企业。

第十二条 试点企业应当按照相关外汇管理规定，办理外汇登记、账户开立、资金汇兑、信息报送等事宜。

第十三条 外商投资股权投资企业按照《私募投资基金监督管理暂行办法》以及基金业协会相关要求办理托管。

第十四条 试点企业可采取股权转让、减资、清算等国家法律法规允许的方式退出被投资企业，并按照《中华人民共和国公司法》《中华人民共和国合伙企业法》等相关规定进行利润分配、减资和解散清算。

第四章 试点管理

第十五条 试点企业应当按照《私募投资基金监督管理暂行办法》和《私募投资基金管理人登记和基金备案办法（试行）》等有关规定，在基金业协会办理私募基金管理人登记和私募基金备案手续。

未完成私募基金管理人登记的外商投资股权投资管理企业，不得发起设立或受托管理外商投资股权投资企业或内资私募股权、创业投资基金。

市地方金融监督管理局会同有关部门和单位对试点企业办理私募基金管理人登记和私募基金备案情况进行定期公示。

第十六条　为协调服务和推进试点企业规范运作、健康发展，市地方金融监督管理局会同有关部门和单位引导试点企业、托管银行接入深圳私募基金信息服务平台，通过信息服务平台报送企业数据及相关信息。

第十七条　试点企业应当持续合法合规运营，市地方金融监督管理局会同有关部门和单位采取有效方式开展联合监管和动态监管，加强地方金融风险防控，打击以股权投资、私募基金名义从事非法集资等违法违规金融活动。

试点企业违反国家法律、法规、规章或本办法规定的，有关部门和单位根据相应职责进行查处；构成犯罪的，依法移送司法机关追究刑事责任。

第五章　附　　则

第十八条　香港特别行政区、澳门特别行政区、台湾地区的投资者、定居在国外的中国公民在本市投资设立股权投资企业和股权投资管理企业，参照本办法关于外国投资者的相关规定执行。法律、行政法规或者国务院另有规定的，从其规定。

第十九条　本办法由市地方金融监督管理局负责解释。

第二十条　本办法自2021年2月8日起施行，有效期3年。原《关于印发〈深圳市外商投资股权投资企业试点办法〉的通知》（深金规〔2017〕1号）同时废止。

第六十二条　【施行日期】

本条例自2023年9月1日起施行。

补　　充

补充一：资管行业监管全景

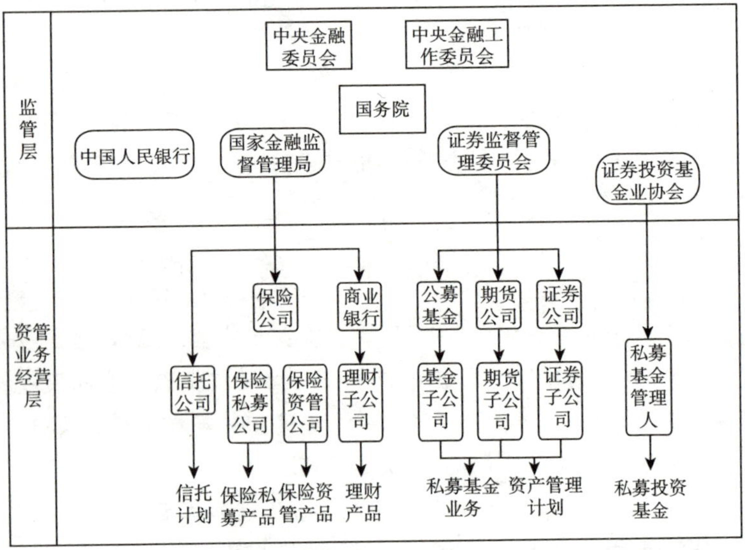

补充二：《私募投资基金服务业务管理办法（试行）》（中国证券投资基金业协会，中基协字〔2017〕21号，2017年3月1日）

第一章　总　　则

第一条　【立法依据】为促进私募投资基金（以下简称私募基金）行业健康发展，规范私募基金服务业务，保护投资者及相关当事人合法权益,根据《中华人民共和国证券投资基金法》、《私募投资基金监督管理暂行办法》等有关规定,制定本办法。

第二条　【适用范围】私募基金管理人委托私募基金服务机构(以下简称服务机构),为私募基金提供基金募集、投资顾问、份额登记、估值核算、信息技术系统等服务业务,适用本办法。服务机构开展私募基金服务业务及私募基金管理人、私募基金托管人就其参与私募基金服务业务的环节适用本办法。

私募基金管理人应当委托在中国证券投资基金业协会(以下简称协会)完成登记并已成为协会会员的服务机构提供私募基金服务业务。私募基金管理人委托服务机构从事私募基金募集、投资顾问等业务的相关规定,由协会另行规定。

第三条　【服务机构权利义务】服务机构及其从业人员从事私募基金服务业务,应当遵循有关法律法规和行业规范,依照服务协议、操作备忘录或各方认可的其他法律文本的约定,诚实信用、勤勉尽责、恪尽职守,防止利益冲突,保护私募基金财产和投资者财产安全,维护投资者合法权益。

服务机构不得将已承诺的私募基金服务业务转包或变相转包。

第四条　【财产独立】私募基金服务所涉及的基金财产和投资者财产应当独立于服务机构的自有财产。服务机构破产或者清算时,私募基金服务所涉及的基金财产和投资者财产不属于其破产或清算财产。

第五条　【管理人权利义务】私募基金管理人委托服务机构开展业务,应当制定相应的风险管理框架及制度,并根据审慎经营原则制定业务委托实施规划,确定与其经营水平相适宜的委托服务范围。

私募基金管理人委托服务机构开展服务前,应当对服务机构开展尽职调查,了解其人员储备、业务隔离措施、软硬件设施、专业能力、诚信状况等情况;并与服务机构签订书面服务协议,明确双方的权利义务及违约责任。私募基金管理人应当对服务机构的运营能力和服务水平进行持续关注和定期评估。

私募基金管理人委托服务机构提供私募基金服务的，私募基金管理人依法应当承担的责任不因委托而免除。

第六条 【行业自律】协会依据法律法规和自律规则，对服务机构及其私募基金服务业务进行自律管理。

第二章 服务机构的登记

第七条 【风险提示】协会为服务机构办理登记不构成对服务机构服务能力、持续合规情况的认可，不作为对基金财产和投资者财产安全的保证。服务机构在协会完成登记之后连续6个月没有开展基金服务业务的，协会将注销其登记。

第八条 【登记要求】申请开展私募基金份额登记服务、基金估值核算服务、信息技术系统服务的机构，应当具备下列条件：

（一）经营状况良好，其中开展私募基金份额登记服务和信息技术系统服务的机构实缴资本不低于人民币5000万元；

（二）公司治理结构完善，内部控制有效；

（三）经营运作规范，最近3年内无重大违法违规记录；

（四）组织架构完整，设有专门的服务业务团队和分管服务业务的高管，服务业务团队的设置能够保证业务运营的完整与独立，服务业务团队有满足营业需要的固定场所和安全防范措施；

（五）配备相应的软硬件设施，具备安全、独立、高效、稳定的业务技术系统，且所有系统已完成包括协会指定的中央数据交换平台在内的业务联网测试；

（六）负责私募基金服务业务的部门负责人、独立第三方服务机构的法定代表人等应当具备基金从业资格。所有从业人员应当自从事私募基金服务业务之日起6个月内具备基金从业资格，并参加后续执业培训；

（七）申请机构应当评估业务是否存在利益冲突并设置相应的防火墙制度；

（八）申请机构的信息技术系统应当符合法律法规、中国证监会及协会的规定及相关标准，建立网络隔离、安全防护与应急处理等风险管理制度和灾难备份系统；

（九）申请开展信息技术服务的机构应当具有国家有关部门规定的资质条件或者取得相关资质认证，拥有同类应用服务经验，具有开展业务所有需要的人员、设备、技术、知识产权以及良好的安全运营记录等条件；

（十）协会规定的其他条件。

第九条　【登记材料】申请登记的机构提交的材料包括但不限于：

（一）诚信及合法合规承诺函；

（二）内控管理制度、业务隔离措施以及应急处理方案；

（三）信息系统配备情况及系统运行测试报告；

（四）私募基金服务业务团队设置和岗位职责规定及包括分管领导、业务负责人、业务人员等在内的人员基本情况；

（五）与私募基金管理人签订的约定双方权利义务的服务协议或意向合作协议清单；

（六）涉及募集结算资金的，应当包括相关账户信息、募集销售结算资金安全保障机制的说明材料，以及协会指定的中央数据交换平台的测试报告等；

（七）法律意见书；

（八）开展私募基金服务业务的商业计划书；

（九）协会规定的其他材料。

第十条　【登记流程】登记材料不完备或不符合规定的，协会告知需要补正的内容。服务机构提交的登记材料完备且登记材料符合要求的，协会自受理之日起 2 个月内出具登记函并公示。

第三章　基本业务规范

第十一条　【协议签署】私募基金管理人与服务机构应当依据基金合同签订书面服务协议。协议应当至少包括以下内容：服务范围、服务内容、双方的权利和义务、收费方式和业务费率、保密义务等。除基金合同约定外，服务费用应当由私募基金管理人自行支付。

第十二条　【备忘录签署】私募基金管理人、私募基金托管人、服务机构、经纪商等相关方，应当就账户信息、交易数据、估值对账数据、电子划款指令、投资者名册等信息的交互时间及交互方式、对接人员、对接方式、业务实施方案、应急预案等内容签订操作备忘录或各方认可的其他法律文本，对私募基金服务事项进行单独约定。其中，数据交互应当遵守协会的相关标准。

第十三条　【公平竞争】服务机构在开展业务过程中应当执行贯彻国家有关反不正当竞争行为的各项规定，设定合理、清晰的费用结构和费率标准，不得以低于成本的收费标准提供服务。

第十四条　【基金财产和投资者财产安全】服务机构应当对提供服务业务所涉及的基金财产和投资者财产实行严格的分账管理，确保基金财产和投资者财产的安全，任何单位或者个人不得以任何形式挪用基金财产和投资者财产。

第十五条　【风险防范】服务机构应当具备开展服务业务的营运能力和风险承受能力，审慎评估私募基金服务的潜在风险与利益冲突，建立严格的防火墙制度与业务隔离制度，有效执行信息隔离等内部控制制度，切实防范利益输送。

第十六条　【基金服务与托管隔离】私募基金托管人不得被委托担任同一私募基金的服务机构，除该托管人能够将其托管职能和基金服务职能进行分离，恰当的识别、管理、监控潜在的利益冲突，并披露给投资者。

第十七条　【档案管理】服务机构应当建立健全档案管理制度，妥善保管服务所涉及的资料。服务机构提供份额登记服务的，登记数据保存期限自基金账户销户之日起不得少于20年。

第十八条　【专项审计】服务机构每年应当聘请具有证券业务资格的会计师事务所对私募基金服务业务的内部控制与业务实施情况进行审计并出具审计报告。经国务院金融监督管理机构核准的金融机构,每年可以选择由该机构内部审计部门出具私募基金服务业务评估报告。

第十九条　【责任分担】服务机构在开展业务的过程中,因违法违规、违反服务协议、技术故障、操作错误等原因给基金财产造成的损失,应当由私募基金管理人先行承担赔偿责任。私募基金管理人再按照服务协议约定与服务机构进行责任分配与损失追偿。

第四章　基金份额登记服务业务规范

第二十条　【基本职责】从事私募基金份额登记服务的机构(以下简称基金份额登记机构)的基本职责包括:建立并管理投资者的基金账户、负责基金份额的登记及资金结算、基金交易确认、代理发放红利、保管投资者名册、法律法规或服务协议规定的其他职责。基金份额登记机构登记的数据,是投资者权利归属的根据。

第二十一条　【募集结算资金】基金募集结算资金是指由基金募集机构归集的,基金份额登记机构进行资金清算,在合格投资者资金账户与基金财产资金账户或托管资金账户之间划转的往来资金。

第二十二条　【资金账户安全保障】基金募集结算资金专用账户包括募集机构开立的募集结算资金归集账户和基金份额登记机构开立的注册登记账户。基金募集结算资金专用账户应当由监督机构负责实施有效监督,监督协议中应当明确监督机构保障投资者资金安全的连带责任条款。其中,监督机构指中国证券登记结算有限责任公司、取得基金销售业务资格的商业银行、证券公司、公募基金管理公司以及协会规定的其他机构。监督机构和服务机构为同一机构的,应当做好内部风险防范。

私募基金管理人应当向协会报送私募基金募集结算资金专用账户及其监督机构信息。

第二十三条　【内部控制机制】基金份额登记机构和监督机构应当建立健全内部控制机制,将划款指令的生成与复核相分离,对系统重要参数的设置和修改建立多层审核机制,切实保障募集结算资金安全。

第二十四条　【基金账户开立要求】基金份额登记机构办理账户类业务（如开立、变更、销户等）时，应当就投资者信息的真实性和准确性与募集机构进行书面约定。

投资者是其他基金的，基金份额登记机构应当与募集机构约定，采取将该基金的托管资金账户或者专门的基金财产资金账户作为收付款的唯一指定账户等方式保障投资者财产安全。

第二十五条　【份额确认】基金份额登记机构应当根据募集机构提供的认购、申购、认缴、实缴、赎回、转托管等数据和自身资金结算结果，办理投资者名册的初始登记或者变更登记。基金份额登记机构应当向私募基金托管人提供投资者名册。

第二十六条　【资金交收风险】基金份额登记机构在进行份额登记时，如果与资金交收存在时间差，应当充分评估资金交收风险。法律授权下执行担保交收的，应当动态评估交收风险，提取足额备付金；在非担保交收的情况下，应当与管理人或管理人授权的募集机构书面约定资金交收过程中不得截留、挪用交易资金或者将资金做内部非法轧差处理，以及在发生损失情况下的责任承担。

第二十七条　【募集结算资金划付】基金份额登记机构应当严格按照服务协议约定的资金交收路径进行募集结算资金划付。募集结算资金监督机构未按照约定进行汇款或提交正确的汇款指令，基金份额登记机构应当拒绝操作执行。

第二十八条　【份额变更】基金份额以协议继承、捐赠、强制执行、转让等方式发生变更的，基金份额登记机构应当在募集机构履行合格投资者审查、反洗钱等义务的基础上，根据相关法律证明文件及资金清算结果，结合自身业务规则变更基金账户余额，相应办理投资者名册的变更登记。

第二十九条　【关于计提业绩报酬】基金合同约定由基金份额登记机构负责计提业绩报酬的，基金份额登记机构应当保证业绩报酬计算过程及结果的准确性，不得损害投资者利益。

第三十条　【数据备份】基金份额登记机构应当妥善保存登记数据,并根据协会的规定将投资者名称、身份信息及基金份额明细等数据在发生变更的 T+1 日内备份至协会指定数据备份平台。

第三十一条　【自行办理份额登记】私募基金管理人自行办理份额登记业务的,应当参考本章规定执行。

第五章　基金估值核算服务业务规范

第三十二条　【基本职责】从事私募基金估值核算服务的机构(以下简称基金估值核算机构)的基本职责包括:开展基金会计核算、估值、报表编制,相关业务资料的保存管理,配合私募基金管理人聘请的会计师事务所进行审计以及法律法规及服务协议规定的其他职责。

第三十三条　【估值依据】基金估值核算机构开展估值核算服务,应当遵守《企业会计准则》、《证券投资基金会计核算业务指引》以及协会的估值规则等相关法律法规的规定。基金估值核算机构应当按照基金合同和服务协议规定的估值方法、估值频率、估值流程对基金财产进行估值核算。

第三十四条　【估值频率】基金估值核算机构应当至少保证在开放式基金申赎,封闭式基金扩募、增减资等私募基金份额(权益)发生变化时进行估值。

第三十五条　【与托管人对账】基金估值核算机构应当按照服务协议、操作备忘录或各方认可的其他法律文本的约定与私募基金托管人核对账务,由私募基金托管人对估值结果进行复核。

第三十六条　【差错处理】当份额净值计算出现错误时,基金估值核算机构应当及时纠正,采取合理措施防止损失进一步扩大,并根据服务协议约定通知私募基金管理人依法履行披露及报告义务。

第三十七条　【信息披露】基金估值核算机构应当配合私募基金管理人按照服务协议的约定,及时、准确地披露基金产品净值,编制和提供定期报告等基金产品运作信息。

第三十八条 【附属服务】在协会完成基金估值核算登记的服务机构可以提供基金绩效分析、数据报送支持等附属服务。

第六章 信息技术系统服务业务规范

第三十九条 【信息技术系统服务定义】信息技术系统服务是指为私募基金管理人、私募基金托管人和其他服务机构提供私募基金业务核心应用系统、信息系统运营维护及安全保障等服务。其中，私募基金业务核心应用系统包括销售系统、投资交易管理系统、份额登记系统、资金清算系统、估值核算系统等。

第四十条 【提供系统要求】服务机构提供基金业务核心应用系统的，不得从事与其所提供系统相对应的私募基金服务业务，不得直接进行相关业务操作，可以提供信息系统运营维护及安全保障等服务。

第四十一条 【风控要求】提供投资交易管理系统的服务机构应当保证单只基金开立独立证券账户，单个证券账户不得下设子账户、分账户、虚拟账户；不得直接进行投资业务操作，不得代为行使私募基金管理人的平仓和交易职责。

第四十二条 【风控检查】提供投资交易管理系统的服务机构应当建立公平交易机制，公平对待同一私募基金管理人管理的私募基金及不同私募基金管理人管理的私募基金，防范私募基金之间进行利益输送。指令在发送到交易场所之前应当经过投资交易管理系统的风控检查，不得绕过风控检查直接下单到交易场所。

第四十三条 【销售系统服务要求】提供销售系统的服务机构应与私募基金管理人签署书面服务协议明确双方的权利和义务。销售系统涉及基金电子合同平台的，私募基金管理人在基金募集中应依法承担的投资者适当性和真实性核查等责任不因签署电子合同平台的外包协议而免除。

第四十四条 【接口管理】服务机构提供核心应用系统的，应当保证数据通讯接口符合中国证监会及协会颁布的接口规范标准要求;无接口规范标准的,数据接口应当具备可兼容性,不得随意变更。服务机构应当向客户提供开发接口和完整的数据库表结构设计,开发接口应当能够覆盖客户的全部数据读写。

第四十五条 【执行程序和源代码的安全】服务机构应当对信息技术系统相关的执行程序和源代码设置有效的安全措施,切实保障执行程序和源代码的安全。在所有信息技术系统发布前对执行程序和源代码进行严格的审查和充分的测试,并积极协助客户进行上线前的验收工作。

第四十六条 【信息技术系统架构】信息技术系统架构设计应当实现接入层、网络层、应用层分离,方便进行网络防火墙建设管理。信息技术系统架构应当能够支持系统负载均衡和性能线性扩张,通过增加硬件设备可以简单实现产品性能的扩充。

第四十七条 【信息技术系统管理】服务机构应当保证其信息技术系统有足够的业务容量和技术容量,并能够满足市场可能出现的峰值压力需求,并根据市场的发展变化和客户的需求及时提供系统的升级、维护服务。服务机构应当对信息技术系统缺陷实施应急管理机制,一旦发现缺陷,应当立即通知信息技术系统使用人并及时提供解决方案。

第四十八条 【数据安全】服务机构应当确保其主要业务信息系统持续稳定运行,其中涉及核心业务处理的信息系统应当部署在中华人民共和国境内,并配合监管部门、司法机关现场检查及调查取证。

服务机构在业务开展过程中所获取的客户信息、业务资料等数据的存储与备份应当在中华人民共和国境内完成,相关数据的保密管理应当符合国家相关规定。服务机构及其从业人员应当恪尽职守,保护客户隐私,严守客户机密。

第七章 自律管理

第四十九条 【报告义务】服务机构应当在每个季度结束之日起

15 个工作日内向协会报送服务业务情况表，每个年度结束之日起三个月内向协会报送运营情况报告。服务机构应当在每个年度结束之日起四个月内向协会报送审计报告。服务机构的注册资本、注册地址、法定代表人、分管基金服务业务的高级管理人员等重大信息发生变更的，应当自变更发生之日起 10 个工作日内向协会更新登记信息。

独立第三方服务机构通过一次或多次股权变更，整体构成变更持股 5% 以上股东或变更股东持股比例超过 5% 的，应当及时向协会报告；整体构成变更持股 20% 以上股东或变更股东持股比例超过 20%，或实际控制人发生变化的，应当自董事会或者股东（大）会做出决议之日起 10 个工作日内向协会提交重大信息变更申请。

发生重大事件时，私募基金管理人、私募基金托管人、服务机构应当及时向协会报告。关于服务机构需要报送的投资者信息和产品运作信息的规范，由协会另行规定。

第五十条　【协会职责】协会对服务机构从事私募基金服务业务进行定期或者不定期的现场和非现场自律检查，服务机构应当予以配合。

第五十一条　【投诉举报】私募基金管理人、托管人可以按照规定向协会投诉或举报服务机构及其从业人员的违规行为。

服务机构可以按照规定向协会投诉或举报私募基金管理人、托管人及其从业人员的违规行为。

第五十二条　【一般违规责任】服务机构违反本办法第二章第七条至第十条、第三章第十一条至第十三条、第十七条至第十九条、第四章第二十条、第二十四条、第二十五条、第二十八条至第三十一条、第五章第三十二条、第三十四条至第三十八条、第六章第四十三条至第四十七条、第七章第四十九条第一款、第三款的规定，协会可以要求服务机构限期改正。逾期未改正的，协会可以视情节轻重对服务机构主要负责人采取谈话提醒、书面警示、要求强制参加培训、行业内谴责、加入黑名单等纪律处分。

第五十三条　【严重违规责任】服务机构违反本办法第三章第十四条至第十六条、第四章第二十一条至第二十三条、第二十六条及第二十七条、第五章第三十三条、第六章第四十条至第四十二条、第四十八条、第四十九条第二款的规定，协会可视情节轻重对服务机构采取公开谴责、暂停办理相关业务、撤销服务机构登记或取消会员资格等纪律处分；对服务机构主要负责人，协会可采取加入黑名单、公开谴责、暂停或取消基金从业资格等纪律处分，并加入诚信档案。

第五十四条　【多次违规处分】一年之内服务机构两次被要求限期改正，服务机构主要负责人两次被采取谈话提醒、书面警示等纪律处分的，协会可对其采取加入黑名单、公开谴责等纪律处分；服务机构及其主要负责人在两年之内两次被采取加入黑名单、公开谴责等纪律处分的，协会可以采取撤销服务机构登记或取消会员资格，暂停或取消服务机构主要负责人基金从业资格等纪律处分。

第五十五条　【诚信记录】服务机构及其从业人员因违规行为被协会采取相关纪律处分的，协会可视情节轻重计入诚信档案。

第五十六条　【行政与刑事责任】服务机构及其从业人员涉嫌违反法律、行政法规、证监会有关规定的，移送中国证监会或司法机关处理。

第八章　附　　则

第五十七条　【适用】服务机构为证券期货经营机构私募资产管理计划提供服务业务的，适用本办法。

第五十八条　【生效】本规范自公布之日起实施，原《基金业务外包服务指引（试行）》同时废止。

第五十九条　【解释】本办法由协会负责解释。

补充三:《私募投资基金合同指引1号——契约型私募基金合同内容与格式指引》(中国基金业协会,2016年7月15日)

第一章　总　　则

第一条　根据《证券投资基金法》(以下简称《基金法》)、《私募投资基金监督管理暂行办法》(以下简称《私募办法》)、《私募投资基金管理人登记和基金备案办法(试行)》及其他相关规定,制定本指引。

第二条　私募基金管理人通过契约形式募集设立私募证券投资基金的,应当按照本指引制定私募投资基金合同(以下简称"基金合同");私募基金管理人通过契约形式募集设立私募股权投资基金、创业投资基金和其他类型投资基金应当参考本指引制定私募投资基金合同。

第三条　基金合同的名称中须标识"私募基金"、"私募投资基金"字样。

第四条　基金合同当事人应当遵循平等自愿、诚实信用、公平原则订立基金合同,维护投资者合法权益,不得损害国家利益和社会公共利益。

第五条　基金合同不得含有虚假内容或误导性陈述。

第六条　私募基金进行托管的,私募基金管理人、基金托管人以及投资者三方应当根据本指引要求共同签订基金合同;基金合同明确约定不托管的,应当根据本指引要求在基金合同中明确保障私募基金财产安全的制度措施、保管机制和纠纷解决机制。

第七条　对于本指引有明确要求的,基金合同中应当载明本指引规定的相关内容。在不违反《基金法》、《私募办法》以及相关法律法规的前提下,基金合同当事人可以根据实际情况约定本指引规定内容之外的事项。本指引某些具体要求对当事人确不适用的,当事人可对相应内容做出合理调整和变动,但管理人应在《风险揭示书》中向投资者进行特别揭示,并在基金合同报送中国基金业协会备案时出具书面说明。

第二章　基金合同正文

第一节　前　　言

第八条　基金合同应订明订立基金合同的目的、依据和原则。

第二节　释　　义

第九条　应对基金合同中具有特定法律含义的词汇作出明确的解释和说明。

第三节　声明与承诺

第十条　订明私募基金管理人、私募基金托管人及私募基金投资者的声明与承诺,并用加粗字体在合同中列明,包括但不限于:

私募基金管理人保证在募集资金前已在中国基金业协会登记为私募基金管理人,并列明管理人登记编码。私募基金管理人应当向投资者进一步声明,中国基金业协会为私募基金管理人和私募基金办理登记备案不构成对私募基金管理人投资能力、持续合规情况的认可;不作为对基金财产安全的保证。私募基金管理人保证已在签订本合同前揭示了相关风险;已经了解私募基金投资者的风险偏好、风险认知能力和承受能力。私募基金管理人承诺按照恪尽职守、诚实信用、谨慎勤勉的原则管理运用基金财产,不对基金活动的盈利性和最低收益作出承诺。

私募基金托管人承诺按照恪尽职守、诚实信用、谨慎勤勉的原则安全保管基金财产,并履行合同约定的其他义务。

私募基金投资者声明其为符合《私募办法》规定的合格投资者,保证财产的来源及用途符合国家有关规定,并已充分理解本合同条款,了解相关权利义务,了解有关法律法规及所投资基金的风险收益特征,愿意承担相应的投资风险;私募基金投资者承诺其向私募基金管理人提供的有关投资目的、投资偏好、投资限制、财产收入情况和风险承受能力等基本情况真实、完整、准确、合法,不存在任何重大遗漏或误导。前述信息资料如发生任何实质性变更,应当及时告知私募基金管理人或募集机构。私募基金投资者知晓,私募基金管理人、私募基金托管人及相关机构不应对基金财产的收益状况做出任何承诺或担保。

第四节　私募基金的基本情况

第十一条　订明私募基金的基本情况:

(一)私募基金的名称;

(二)私募基金的运作方式,具体载明封闭式、开放式或者其他方式;

(三)私募基金的计划募集总额(如有);

(四)私募基金的投资目标和投资范围;

(五)私募基金的存续期限;

(六)私募基金份额的初始募集面值;

(七)私募基金的结构化安排(如有);

(八)私募基金的托管事项(如有);

(九)私募基金的外包事项,订明外包机构的名称和在中国基金业协会登记的外包业务登记编码(如有);

(十)其他需要订明的内容。

第五节　私募基金的募集

第十二条　订明私募基金募集的有关事项,包括但不限于:

(一)私募基金的募集机构、募集对象、募集方式、募集期限;

(二)私募基金的认购事项,包括私募基金合格投资者人数上限、认购费用、认购申请的确认、认购份额的计算方式、初始认购资金的管理及利息处理方式等;

(三)私募基金份额认购金额、付款期限等;

(四)《私募投资基金募集行为管理办法》规定的投资冷静期、回访确认等内容。

第十三条　订明私募基金管理人应当将私募基金募集期间客户的资金存放于私募基金募集结算专用账户，订明账户开户行、账户名称、账户号码、监督机构等。

第六节　私募基金的成立与备案

第十四条　私募基金成立的有关事项，包括但不限于：

（一）订明私募基金合同签署的方式；

（二）私募基金成立的条件；

（三）私募基金募集失败的处理方式。

第十五条　私募基金应当按照规定向中国基金业协会履行基金备案手续。基金合同中应约定私募基金在中国基金业协会完成备案后方可进行投资运作。

第七节　私募基金的申购、赎回与转让

第十六条　订明私募基金运作期间，私募基金投资者申购和赎回私募基金的有关事项，包括但不限于：

（一）申购和赎回的开放日及时间；

（二）申购和赎回的方式、价格、程序、确认及办理机构等；

（三）申购和赎回的金额限制。投资者在私募基金存续期开放日购买私募基金份额的，首次购买金额应不低于100万元人民币（不含认/申购费）且符合合格投资者标准，已持有私募基金份额的投资者在资产存续期开放日追加购买基金份额的除外。投资者持有的基金资产净值高于100万元时，可以选择部分赎回基金份额，投资者在赎回后持有的基金资产净值不得低于100万元，投资者申请赎回基金份额时，其持有的基金资产净值低于100万元的，必须选择一次性赎回全部基金份额，投资者没有一次性全部赎回持有份额的，管理人应当将该基金份额持有人所持份额做全部赎回处理。《私募办法》第十三条列明的投资者可不适用本项。

（四）申购和赎回的费用；

（五）申购份额的计算方式、赎回金额的计算方式；

（六）巨额赎回的认定及处理方式；

（七）拒绝或暂停申购、赎回的情形及处理方式。

第十七条 基金合同中可以约定基金份额持有人之间，以及基金份额持有人向其他合格投资者转让基金份额的方式、程序和私募基金管理人的相关职责。基金份额转让须按照中国基金业协会要求进行份额登记。转让期间及转让后，持有基金份额的合格投资者数量合计不得超过法定人数。

第八节 当事人及权利义务

第十八条 订明私募基金管理人、私募基金托管人的基本情况，包括但不限于姓名/名称、住所、联系人、通讯地址、联系电话等信息。投资者基本情况可在基金合同签署页列示。

第十九条 说明私募基金应当设定为均等份额。除私募基金合同另有约定外，每份份额具有同等的合法权益。

第二十条 根据《私募办法》及其他有关规定订明私募基金管理人的权利，包括但不限于：

（一）按照基金合同约定，独立管理和运用基金财产；

（二）按照基金合同约定，及时、足额获得私募基金管理人管理费用及业绩报酬（如有）；

（三）按照有关规定和基金合同约定行使因基金财产投资所产生的权利；

（四）根据基金合同及其他有关规定，监督私募基金托管人，对于私募基金托管人违反基金合同或有关法律法规规定、对基金财产及其他当事人的利益造成重大损失的，应当及时采取措施制止；

（五）私募基金管理人为保护投资者权益，可以在法律法规规定范围内，根据市场情况对本基金的认购、申购业务规则（包括但不限于基金总规模、单个基金投资者首次认购、申购金额、每次申购金额

及持有的本基金总金额限制等)进行调整;

(六)以私募基金管理人的名义,代表私募基金与其他第三方签署基金投资相关协议文件、行使诉讼权利或者实施其他法律行为。

第二十一条　根据《私募办法》及其他有关规定订明私募基金管理人的义务,包括但不限于:

(一)履行私募基金管理人登记和私募基金备案手续;

(二)按照诚实信用、勤勉尽责的原则履行受托人义务,管理和运用基金财产;

(三)制作调查问卷,对投资者的风险识别能力和风险承担能力进行评估,向符合法律法规规定的合格投资者非公开募集资金;

(四)制作风险揭示书,向投资者充分揭示相关风险;

(五)配备足够的具有专业能力的人员进行投资分析、决策,以专业化的经营方式管理和运作基金财产;

(六)建立健全内部制度,保证所管理的私募基金财产与其管理的其他基金财产和私募基金管理人的固有财产相互独立,对所管理的不同财产分别管理,分别记账、分别投资;

(七)不得利用基金财产或者职务之便,为本人或者投资者以外的人牟取利益,进行利益输送;

(八)自行担任或者委托其他机构担任基金的基金份额登记机构,委托其他基金份额登记机构办理注册登记业务时,对基金份额登记机构的行为进行必要的监督;

(九)按照基金合同约定接受投资者和私募基金托管人的监督;

(十)按照基金合同约定及时向托管人提供非证券类资产凭证或股权证明(包括股东名册和工商部门出具并加盖公章的权利证明文件)等重要文件(如有);

(十一)按照基金合同约定负责私募基金会计核算并编制基金财务会计报告;

(十二)按照基金合同约定计算并向投资者报告基金份额净值;

(十三)根据法律法规与基金合同的规定,对投资者进行必要的

信息披露,揭示私募基金资产运作情况,包括编制和向投资者提供基金定期报告;

(十四)确定私募基金份额申购、赎回价格,采取适当、合理的措施确定基金份额交易价格的计算方法符合法律法规的规定和基金合同的约定;

(十五)保守商业秘密,不得泄露私募基金的投资计划或意向等,法律法规另有规定的除外;

(十六)保存私募基金投资业务活动的全部会计资料,并妥善保存有关的合同、交易记录及其他相关资料,保存期限自私募基金清算终止之日起不得少于10年;

(十七)公平对待所管理的不同基金财产,不得从事任何有损基金财产及其他当事人利益的活动;

(十八)按照基金合同的约定确定私募基金收益分配方案,及时向投资者分配收益;

(十九)组织并参加基金财产清算小组,参与基金财产的保管、清理、估价、变现和分配;

(二十)建立并保存投资者名册;

(二十一)面临解散、依法被撤销或者被依法宣告破产时,及时报告中国基金业协会并通知私募基金托管人和基金投资者。

第二十二条 存在两个以上(含两个)管理人共同管理私募基金的,所有管理人对投资者承担连带责任。管理人之间的责任划分由基金合同进行约定,合同未约定或约定不清的,各管理人按过错承担相应的责任。

第二十三条 私募基金管理人聘用其他私募基金管理人担任投资顾问的,应当通过投资顾问协议明确约定双方权利义务和责任。私募基金管理人不得因委托而免去其作为基金管理人的各项职责。

投资顾问的条件和遴选程序,应符合法律法规和行业自律规则的规定和要求。基金合同中已订明投资顾问的,应列明因私募基金管理人聘请投资顾问对基金合同各方当事人权利义务产生影响的情况。私募基金运作期间,私募基金管理人提请聘用、更换投资顾问或调整投资顾问报酬的,应取得基金份额持有人大会的同意。

第二十四条　根据《私募办法》及其他有关规定订明私募基金托管人的权利,包括但不限于:

(一)按照基金合同的约定,及时、足额获得私募基金托管费用;

(二)依据法律法规规定和基金合同约定,监督私募基金管理人对基金财产的投资运作,对于私募基金管理人违反法律法规规定和基金合同约定、对基金财产及其他当事人的利益造成重大损失的情形,有权报告中国基金业协会并采取必要措施;

(三)按照基金合同约定,依法保管私募基金财产。

第二十五条　根据《私募办法》及其他有关规定订明私募基金托管人的义务,包括但不限于:

(一)安全保管基金财产;

(二)具有符合要求的营业场所,配备足够的、合格专职人员,负责基金财产托管事宜;

(三)对所托管的不同基金财产分别设置账户,确保基金财产的完整与独立;

(四)除依据法律法规规定和基金合同的约定外,不得为私募基金托管人及任何第三人谋取利益,不得委托第三人托管基金财产;

(五)按规定开立和注销私募基金财产的托管资金账户、证券账户、期货账户等投资所需账户(私募基金管理人和私募基金托管人另有约定的,可以按照约定履行本项义务;如果基金合同约定不托管的,由私募基金管理人履行本项义务);

(六)复核私募基金份额净值;

(七)办理与基金托管业务有关的信息披露事项;

(八)根据相关法律法规和基金合同约定复核私募基金管理人编制的私募基金定期报告,并定期出具书面意见;

(九)按照基金合同约定,根据私募基金管理人或其授权人的资金划拨指令，及时办理清算、交割事宜；

（十）根据法律法规规定，妥善保存私募基金管理业务活动有关合同、协议、凭证等文件资料；

（十一）公平对待所托管的不同基金财产，不得从事任何有损基金财产及其他当事人利益的活动；

（十二）保守商业秘密，除法律法规规定和基金合同约定外，不得向他人泄露本基金的有关信息；

（十三）根据相关法律法规要求的保存期限，保存私募基金投资业务活动的全部会计资料，并妥善保存有关的合同、交易记录及其他相关资料；

（十四）监督私募基金管理人的投资运作，发现私募基金管理人的投资指令违反法律法规的规定及基金合同约定的，应当拒绝执行，立即通知私募基金管理人；发现私募基金管理人依据交易程序已经生效的投资指令违反法律法规的规定及基金合同约定的，应当立即通知私募基金管理人；

（十五）按照私募基金合同约定制作相关账册并与基金管理人核对。

第二十六条　根据《私募办法》及其他有关规定订明投资者的权利，包括但不限于：

（一）取得基金财产收益；

（二）取得清算后的剩余基金财产；

（三）按照基金合同的约定申购、赎回和转让基金份额；

（四）根据基金合同的约定，参加或申请召集基金份额持有人大会，行使相关职权；

（五）监督私募基金管理人、私募基金托管人履行投资管理及托管义务的情况；

（六）按照基金合同约定的时间和方式获得基金信息披露资料；

（七）因私募基金管理人、私募基金托管人违反法律法规或基金合同的约定导致合法权益受到损害的，有权得到赔偿。

第二十七条　根据《私募办法》及其他有关规定订明投资者的义务，包括但不限于：

（一）认真阅读基金合同，保证投资资金的来源及用途合法；

（二）接受合格投资者确认程序，如实填写风险识别能力和承担能力调查问卷，如实承诺资产或者收入情况，并对其真实性、准确性和完整性负责，承诺为合格投资者；

（三）以合伙企业、契约等非法人形式汇集多数投资者资金直接或者间接投资于私募基金的，应向私募基金管理人充分披露上述情况及最终投资者的信息，但符合《私募办法》第十三条规定的除外；

（四）认真阅读并签署风险揭示书；

（五）按照基金合同约定缴纳基金份额的认购、申购款项，承担基金合同约定的管理费、托管费及其他相关费用；

（六）按照基金合同约定承担基金的投资损失；

（七）向私募基金管理人或私募基金募集机构提供法律法规规定的信息资料及身份证明文件，配合私募基金管理人或其募集机构的尽职调查与反洗钱工作；

（八）保守商业秘密，不得泄露私募基金的投资计划或意向等；

（九）不得违反基金合同的约定干涉基金管理人的投资行为；

（十）不得从事任何有损基金及其投资者、基金管理人管理的其他基金及基金托管人托管的其他基金合法权益的活动。

第九节　私募基金份额持有人大会及日常机构

第二十八条　列明应当召开基金份额持有人大会的情形，并订明其他可能对基金份额持有人权利义务产生重大影响需要召开基金份额持有人大会的情形：

（一）决定延长基金合同期限；

（二）决定修改基金合同的重要内容或者提前终止基金合同；

（三）决定更换基金管理人、基金托管人；

（四）决定调整基金管理人、基金托管人的报酬标准；

（五）基金合同约定的其他情形。

针对前款所列事项，基金份额持有人以书面形式一致表示同意的，可以不召开基金份额持有人大会直接作出决议，并由全体基金份额持有人在决议文件上签名、盖章。

第二十九条 按照基金合同的约定，基金份额持有人大会可以设立日常机构，行使下列职权：

（一）召集基金份额持有人大会；

（二）提请更换基金管理人、基金托管人；

（三）监督基金管理人的投资运作、基金托管人的托管活动；

（四）提请调整基金管理人、基金托管人的报酬标准；

（五）基金合同约定的其他职权。

第三十条 基金份额持有人大会日常机构应当由基金份额持有人大会选举产生。基金份额持有人大会日常机构的人员构成和更换程序应由基金合同约定。

第三十一条 根据《基金法》和其他有关规定订明基金份额持有人大会及/或日常机构的下列事项：

（一）召集人和召集方式；

（二）召开会议的通知时间、通知内容、通知方式；

（三）出席会议的方式（基金份额持有人大会可以采取现场方式召开，也可以采取通讯等方式召开）；

（四）议事内容与程序；

（五）决议形成的条件、表决方式、程序；

（六）基金合同约定的其他事项。

第三十二条 基金份额持有人大会及其日常机构不得直接参与或者干涉基金的投资管理活动。

第十节 私募基金份额的登记

第三十三条 订明私募基金管理人办理份额登记业务的各项事宜。说明私募基金管理人委托可办理私募基金份额登记业务的其他机构代为办理私募基金份额登记业务的，应当与有关机构签订委托代理协议，并订明份额登记机构的名称、外包业务登记编码、代为办理私募基金份额登记机构的权限和职责等。

第三十四条　订明全体基金份额持有人同意私募基金管理人、份额登记机构或其他份额登记义务人应当按照中国基金业协会的规定办理基金份额登记数据的备份。

第十一节　私募基金的投资

第三十五条　说明私募基金财产投资的有关事项，包括但不限于：

（一）投资目标；

（二）投资范围；

（三）投资策略；

（四）投资限制，订明按照《私募办法》、自律规则及其他有关规定和基金合同约定禁止或限制的投资事项；

（五）对于基金合同、交易行为中存在的或可能存在利益冲突的情形及处理方式进行说明；

（六）业绩比较基准（如有）；

（七）参与融资融券及其他场外证券业务的情况（如有）。

第三十六条　根据基金合同约定，可以订明私募基金管理人负责指定私募基金投资经理或投资关键人士，订明投资经理或投资关键人士的基本情况、变更条件和程序。

第三十七条　私募基金采用结构化安排的，不得违背“利益共享，风险共担”基本原则，直接或间接对结构化私募基金的持有人提供保本、保收益安排。

第十二节　私募基金的财产

第三十八条　订明与私募基金财产有关的事项，包括但不限于：

（一）私募基金财产的保管与处分

1. 说明私募基金财产应独立于私募基金管理人、私募基金托管人的固有财产，并由私募基金托管人保管。私募基金管理人、私募基金托管人不得将私募基金财产归入其固有财产。

2. 说明私募基金管理人、私募基金托管人因私募基金财产的管理、运用或者其他情形而取得的财产和收益归入私募基金财产。

3. 说明私募基金管理人、私募基金托管人可以按照合同的约定收取管理费用、托管费用以及基金合同约定的其他费用。私募基金管理人、私募基金托管人以其固有财产承担法律责任，其债权人不得对私募基金财产行使请求冻结、扣押和其他权利。私募基金管理人、私募基金托管人因依法解散、被依法撤销或者被依法宣告破产等原因进行清算的，私募基金财产不属于其清算财产。

4. 说明私募基金管理人、私募基金托管人不得违反法律法规的规定和基金合同约定擅自将基金资产用于抵押、质押、担保或设定任何形式的优先权或其他第三方权利。

5. 说明私募基金财产产生的债权不得与不属于私募基金财产本身的债务相互抵消。非因私募基金财产本身承担的债务，私募基金管理人、私募基金托管人不得主张其债权人对私募基金财产强制执行。上述债权人对私募基金财产主张权利时，私募基金管理人、私募基金托管人应明确告知私募基金财产的独立性。

（二）私募基金财产相关账户的开立和管理

私募基金管理人或私募基金托管人按照规定开立私募基金财产的托管资金账户、证券账户和期货账户等投资所需账户。证券账户和期货账户的持有人名称应当符合证券、期货登记结算机构的有关规定。开立的上述基金财产账户与私募基金管理人、私募基金托管人、私募基金募集机构和私募基金份额登记机构自有的财产账户以及其他基金财产账户相独立。

（三）私募基金未托管的，应当在本节明确保障私募基金财产安全的制度措施和纠纷解决机制。

第十三节　交易及清算交收安排

第三十九条　参照中国证监会关于证券投资基金募集结算资金管理相关规定，具体订明下列事项：

（一）选择证券、期货经纪机构的程序（如需要）；

（二）清算交收安排；

（三）资金、证券账目及交易记录的核对；

（四）申购或赎回的资金清算；

（五）其他事项。

第四十条　私募基金由基金托管人托管的，应当具体订明私募基金管理人在运用基金财产时向基金托管人发送资金划拨及其他款项收付的投资指令的事项：

（一）交易清算授权；

（二）投资指令的内容；

（三）投资指令的发送、确认及执行时间与程序；

（四）私募基金托管人依法暂缓、拒绝执行指令的情形和处理程序；

（五）私募基金管理人发送错误指令的情形和处理程序；

（六）更换被授权人的程序；

（七）指令的保管；

（八）相关的责任。

第十四节　私募基金财产的估值和会计核算

第四十一条　根据国家有关规定订明私募基金财产估值的相关事项，包括但不限于：

（一）估值目的；

（二）估值时间；

（三）估值方法；

（四）估值对象；

（五）估值程序；

（六）估值错误的处理；

（七）暂停估值的情形；

（八）基金份额净值的确认；

（九）特殊情况的处理。

第四十二条 订明私募基金的会计政策。

参照现行政策或按照基金合同约定执行，并订明以下事项，包括但不限于：

（一）会计年度、记账本位币、会计核算制度等事项；

（二）私募基金应独立建账、独立核算；私募基金管理人或其委托的外包服务机构应保留完整的会计账目、凭证并进行日常的会计核算，编制会计报表；私募基金托管人应定期与私募基金管理人就私募基金的会计核算、报表编制等进行核对。

第十五节 私募基金的费用与税收

第四十三条 订明私募基金费用的有关事项：

（一）订明私募基金财产运作过程中，从私募基金财产中支付的费用种类、费率、费率的调整、计提标准、计提方式与支付方式等；

（二）订明可列入私募基金财产费用的项目，订明私募基金管理人和私募基金托管人因未履行或未完全履行义务导致的费用支出或私募基金财产的损失，以及处理与私募基金财产运作无关的事项发生的费用等不得列入私募基金的费用；

（三）订明私募基金的管理费率和托管费率。私募基金管理人可以与私募基金投资者约定，根据私募基金的管理情况提取适当的业绩报酬；

（四）订明业绩报酬（如有）的计提原则和计算及支付方法；

（五）为基金募集、运营、审计、法律顾问、投资顾问等提供服务的基金服务机构从基金中列支相应服务费；

（六）其他费用的计提原则和计算方法。

第四十四条　根据国家有关税收规定,订明基金合同各方当事人缴税安排。

第十六节　私募基金的收益分配

第四十五条　订明私募基金收益分配政策依据现行法律法规以及基金合同约定执行,并订明有关事项,包括但不限于:

(一)收益分配原则,包括订明收益分配的基准、次数、比例、时间等;

(二)收益分配方案的确定与通知;

(三)收益分配的执行方式。

第十七节　信息披露与报告

第四十六条　订明私募基金管理人向投资者披露信息的种类、内容、频率和方式等有关事项。

第四十七条　订明私募基金管理人、私募基金托管人应当按照《私募投资基金信息披露管理办法》的规定及基金合同约定如实向投资者披露以下事项:

(一)基金投资情况;

(二)资产负债情况;

(三)投资收益分配;

(四)基金承担的费用和业绩报酬(如有);

(五)可能存在的利益冲突、关联交易以及可能影响投资者合法权益的其他重大信息;

(六)法律法规及基金合同约定的其他事项。

第四十八条　订明私募基金管理人定期应向投资者报告经私募基金托管人复核的基金份额净值。

第四十九条　订明全体份额持有人同意私募基金管理人或其他信息披露义务人应当按照中国基金业协会的规定对基金信息披露信息进行备份。

第十八节　风险揭示

第五十条　私募基金管理人应当单独编制《风险揭示书》私募基金投资者应充分了解并谨慎评估自身风险承受能力，并做出自愿承担风险的陈述和声明。

第五十一条　私募基金管理人应当在基金合同中向投资者说明有关法律法规，须重点揭示管理人在管理、运用或处分财产过程中，私募基金可能面临的风险，包括但不限于：

（一）私募基金的特殊风险，包括基金合同与中国基金业协会合同指引不一致所涉风险、基金未托管所涉风险、基金委托募集所涉风险、外包事项所涉风险、聘请投资顾问所涉风险、未在中国基金业协会登记备案的风险等；

（二）私募基金的一般风险，包括资金损失风险、基金运营风险、流动性风险、募集失败风险、投资标的的风险、税收风险等。

第十九节　基金合同的效力、变更、解除与终止

第五十二条　说明基金合同自签署之日起生效，合同另有约定的除外。基金合同自生效之日起对私募基金管理人、私募基金托管人、投资者具有同等的法律约束力。

第五十三条　说明基金合同的有效期限。基金合同的有效期限可为不定期或合同当事人约定的其他期限。

第五十四条　说明基金合同变更的条件、程序等。

（一）需要变更基金合同重要内容的，可由全体投资者、私募基金管理人和私募基金托管人协商一致变更；或按照基金合同的约定召开基金份额持有人大会决议通过；或按照相关法律法规规定和基金合同约定的其他方式进行变更。

（二）订明基金合同重大事项发生变更的，私募基金管理人应按照中国基金业协会要求及时向中国基金业协会报告。

第五十五条　订明基金合同解除的情形。基金合同应当根据

《私募投资基金募集行为管理办法》的规定在合同中约定投资者的解除权。

第五十六条　订明基金合同终止的情形，包括但不限于下列事项：

（一）基金合同期限届满而未延期；

（二）基金份额持有人大会决定终止；

（三）基金管理人、基金托管人职责终止，在六个月内没有新基金管理人、新基金托管人承接。

第二十节　私募基金的清算

第五十七条　订明私募基金财产清算的有关事项：

（一）私募基金财产清算小组。

1. 私募基金财产清算小组组成，说明私募基金财产清算小组成员由私募基金管理人和私募基金托管人组成。清算小组可以聘用必要的工作人员；

2. 私募基金财产清算小组职责，说明私募基金财产清算小组负责私募基金财产的保管、清理、估价、变现和分配。私募基金财产清算小组可以依法进行必要的民事活动。

（二）订明私募基金财产清算的程序。

（三）订明清算费用的来源和支付方式。

（四）订明私募基金财产清算剩余资产的分配，依据私募基金财产清算的分配方案，将私募基金财产清算后的全部剩余资产扣除私募基金财产清算费用后，按私募基金的份额持有人持有的计划份额比例进行分配；基金合同另有约定的除外。

（五）订明私募基金财产清算报告的告知安排。

（六）私募基金财产清算账册及文件的保存，说明私募基金财产清算账册及文件由私募基金管理人保存 10 年以上。

第五十八条　私募基金财产相关账户的注销。

订明私募基金财产清算完毕后，当事人在私募基金财产相关账户注销中的职责及相应的办理程序。

第二十一节　违约责任

第五十九条　订明基金合同当事人违反基金合同应当承担的违约赔偿责任。基金合同能够继续履行的应当继续履行。

第二十二节　争议的处理

第六十条　订明发生纠纷时，当事人可以通过协商或者调解予以解决。当事人不愿通过协商、调解解决或者协商、调解不成的，可以根据基金合同的约定或者事后达成的书面仲裁条款向仲裁机构申请仲裁，或向人民法院起诉。

第二十三节　其他事项

第六十一条　订明基金合同需要约定的其他事项。

第三章　附　　则

第六十二条　本指引由中国基金业协会负责解释。

第六十三条　本指引自2016年7月15日起施行。

补充四：《私募投资基金合同指引2号——公司章程必备条款指引》（中国基金业协会，2016年7月15日）

一、根据《证券投资基金法》（以下简称《基金法》）、《公司法》、《公司登记管理条例》、《私募投资基金监督管理暂行办法》（以下简称《私募办法》）、《私募投资基金管理人登记和基金备案办法（试行）》（以下简称《登记备案办法》）及其他相关规定，制定本指引。

二、私募基金管理人通过有限责任公司或股份有限公司形式募集设立私募投资基金的，应当按照本指引制定公司章程。章程中应当载明本指引规定的必备条款，本指引必备条款未尽事宜，可以参考私募投资基金合同指引1号的相关内容。投资者签署的公司章程应当满足相关法律、法规对公司章程的法定基本要求。

三、本指引所称公司型基金是指投资者依据《公司法》，通过出资形成一个独立的公司法人实体（以下简称“公司”），由公司自行或者通过委托专门的基金管理人机构进行管理的私募投资基金。公司型基金的投资者既是基金份额持有者又是公司股东，按照公司章程行使相应权利、承担相应义务和责任。

四、私募基金管理人及私募基金投资者应在公司章程首页用加粗字体进行如下声明与承诺，包括但不限于：

私募基金管理人保证在募集资金前已在中国基金业协会登记为私募基金管理人，并列明管理人登记编码。私募基金管理人应当向投资者进一步声明，中国基金业协会为私募基金管理人和私募基金办理登记备案不构成对私募基金管理人投资能力、持续合规情况的认可；不作为对基金财产安全的保证。私募基金管理人保证已在签订本合同前揭示了相关风险；已经了解私募基金投资者的风险偏好、风险认知能力和承受能力。私募基金管理人承诺按照恪尽职守、诚实信用、谨慎勤勉的原则管理运用基金财产，不对基金活动的盈利性和最低收益作出承诺。

私募基金投资者声明其为符合《私募办法》规定的合格投资者，保证财产的来源及用途符合国家有关规定，并已充分理解本合同条款，了解相关权利义务，了解有关法律法规及所投资基金的风险收益特征，愿意承担相应的投资风险；私募基金投资者承诺其向私募基金管理人提供的有关投资目的、投资偏好、投资限制、财产收入情况和风险承受能力等基本情况真实、完整、准确、合法，不存在任何重大遗漏或误导。

五、公司型基金的章程应当具备如下条款：

（一）【基本情况】章程应列明公司的基本信息，包括但不限于公司的名称、住所、注册资本、存续期限、经营范围（应含有“基金管理”、“投资管理”、“资产管理”、“股权投资”、“创业投资”等能体现私募投资基金性质的字样）、股东姓名/名称、住所、法定代表人等，同时可以对变更该等信息的条件作出说明。

（二）【股东出资】章程应列明股东的出资方式、数额、比例和缴付期限。

（三）【股东的权利义务】章程应列明股东的基本权利、义务及股东行使知情权的具体方式。

（四）【入股、退股及转让】章程应列明股东增资、减资、入股、退股及股权转让的条件及程序。

（五）【股东（大）会】章程应列明股东（大）会的职权、召集程序及议事规则等。

（六）【高级管理人员】章程应列明董事会或执行董事、监事（会）及其他高级管理人员的产生办法、职权、召集程序、任期及议事规则等。

（七）【投资事项】章程应列明本公司型基金的投资范围、投资策略、投资运作方式、投资限制、投资决策程序、关联方认定标准及对关联方投资的回避制度、投资后对被投资企业的持续监控、投资风险防范、投资退出等。

（八）【管理方式】公司型基金可以采取自我管理，也可以委托其他私募基金管理机构管理。采取自我管理方式的，章程中应当明确管理架构和投资决策程序；采取委托管理方式的，章程中应当明确管理人的名称，并列名管理人的权限及管理费的计算和支付方式。

（九）【托管事项】公司财产进行托管的，应在章程中明确托管机构的名称或明确全体股东在托管事宜上对董事会/执行董事的授权范围，包括但不限于挑选托管人、签署托管协议等。

（十）公司全体股东一致同意不托管的，应在章程中明确约定本公司型基金不进行托管，并明确保障投资基金财产安全的制度措施和纠纷解决机制。

（十一）【利润分配及亏损分担】章程应列明公司的利润分配和亏损分担原则及执行方式。

（十二）【税务承担】章程应列明公司的税务承担事项。

（十三）【费用和支出】章程应列明公司承担的有关费用（包括税费）、受托管理人和托管机构报酬的标准及计提方式。

（十四）【财务会计制度】章程应对公司的财务会计制度作出规定，包括记账、会计年度、经会计师事务所审计的年度财务报告、公司年度投资运作基本情况及重大事件报告的编制与提交、查阅会计账簿的条件等。

（十五）【信息披露制度】章程应对本公司型基金信息披露的内容、方式、频度等内容作出规定。

（十六）【终止、解散及清算】章程应列明公司的终止、解散事由及清算程序。

（十七）【章程的修订】章程应列明章程的修订事由及程序。

（十八）【一致性】章程应明确规定当章程的内容与股东之间的出资协议或其他文件内容相冲突的，以章程为准。若章程有多个版本且内容相冲突的，以在中国基金业协会备案的版本为准。

（十九）【份额信息备份】订明全体股东同意私募基金管理人、份额登记机构或其他份额登记义务人应当按照中国基金业协会的规定办理基金份额登记（公司股东）数据的备份。

（二十）【报送披露信息】订明全体股东同意私募基金管理人或其他信息披露义务人应当按照中国基金业协会的规定对基金信息披露信息进行备份。

六、本指引由中国基金业协会负责解释，自 2016 年 7 月 15 日起施行。

补充五：《私募投资基金合同指引 3 号——合伙协议必备条款指引》（中国基金业协会，2016 年 7 月 15 日）

一、根据《证券投资基金法》（以下简称《基金法》）、《合伙企业法》、《合伙企业登记管理办法》、《私募投资基金监督管理暂行办法》（以下简称《私募办法》）、《私募投资基金管理人登记和基金备案办法（试行）》（以下简称《登记备案办法》）及其他相关规定，制定本指引。

二、私募基金管理人通过有限合伙形式募集设立私募投资基金的，应当按照本指引制定有限合伙协议（以下简称"合伙协议"）。合伙协议中应当载明本指引规定的必备条款，本指引必备条款未尽事宜，可以参考私募投资基金合同指引1号的相关内容。协议当事人订立的合伙协议应当满足相关法律、法规对合伙协议的法定基本要求。

三、本指引所称合伙型基金是指投资者依据《合伙企业法》成立有限合伙企业（以下简称"合伙企业"），由普通合伙人对合伙债务承担无限连带责任，由基金管理人具体负责投资运作的私募投资基金。

四、私募基金管理人及私募基金投资者应在合伙协议首页用加粗字体进行如下声明与承诺，包括但不限于：

私募基金管理人保证在募集资金前已在中国基金业协会登记为私募基金管理人，并列明管理人登记编码。私募基金管理人应当向投资者进一步声明，中国基金业协会为私募基金管理人和私募基金办理登记备案不构成对私募基金管理人投资能力、持续合规情况的认可；不作为对基金财产安全的保证。私募基金管理人保证已在签订本合同前揭示了相关风险；已经了解私募基金投资者的风险偏好、风险认知能力和承受能力。私募基金管理人承诺按照恪尽职守、诚实信用、谨慎勤勉的原则管理运用基金财产，不对基金活动的盈利性和最低收益作出承诺。

私募基金投资者声明其为符合《私募办法》规定的合格投资者，保证财产的来源及用途符合国家有关规定，并已充分理解本合同条款，了解相关权利义务，了解有关法律法规及所投资基金的风险收益特征，愿意承担相应的投资风险；私募基金投资者承诺其向私募基金管理人提供的有关投资目的、投资偏好、投资限制、财产收入情况和风险承受能力等基本情况真实、完整、准确、合法，不存在任何重大遗漏或误导。

五、合伙型基金的合伙协议应当具备如下条款：

（一）【基本情况】合伙协议应列明如下信息，同时可以对变更该等信息的条件作出说明：

1、合伙企业的名称（标明“合伙企业”字样）；

2、主要经营场所地址；

3、合伙目的和合伙经营范围（应含有“基金管理”、“投资管理”、“资产管理”、“股权投资”、“创业投资”等能体现私募投资基金性质的字样）；

4、合伙期限。

（二）【合伙人及其出资】合伙协议应列明普通合伙人和有限合伙人的姓名或名称、住所、出资方式、出资数额、出资比例和缴付期限，同时可以对合伙人相关信息发生变更时应履行的程序作出说明。

（三）【合伙人的权利义务】合伙协议应列明有限合伙人与普通合伙人的基本权利和义务。

（四）【执行事务合伙人】合伙协议应约定由普通合伙人担任执行事务合伙人，执行事务合伙人有权对合伙企业的财产进行投资、管理、运用和处置，并接受其他普通合伙人和有限合伙人的监督。合伙协议应列明执行事务合伙人应具备的条件及选择程序、执行事务合伙人的权限及违约处理办法、执行事务合伙人的除名条件和更换程序，同时可以对执行事务合伙人执行事务的报酬（包括绩效分成）及报酬提取方式、利益冲突及关联交易等事项做出约定。

（五）【有限合伙人】有限合伙人不执行合伙事务，不得对外代表合伙企业。但有限合伙人的下列行为，不视为执行合伙事务：

1、参与决定普通合伙人入伙、退伙；

2、对企业的经营管理提出建议；

3、参与选择承办合伙企业审计业务的会计师事务所；

4、获取经审计的合伙企业财务会计报告；

5、对涉及自身利益的情况，查阅合伙企业财务会计账簿等财务资料；

6、在合伙企业中的利益受到侵害时，向有责任的合伙人主张权利或者提起诉讼；

7、执行事务合伙人怠于行使权利时，督促其行使权利或者为了合伙企业的利益以自己的名义提起诉讼；

8、依法为合伙企业提供担保。

合伙协议可以对有限合伙人的权限及违约处理办法做出约定，但是不得做出有限合伙人以任何直接或间接方式，参与或变相参与超出前款规定的八种不视为执行合伙事务行为的约定。

（六）【合伙人会议】合伙协议应列明合伙人会议的召开条件、程序及表决方式等内容。

（七）【管理方式】合伙型基金的管理人可以是合伙企业执行事务合伙人，也可以委托给其他私募基金管理机构。合伙协议中应明确管理人和管理方式，并列明管理人的权限及管理费的计算和支付方式。

（八）【托管事项】合伙企业财产进行托管的，应在合伙协议中明确托管机构的名称或明确全体合伙人在托管事宜上对执行事务合伙人的授权范围，包括但不限于挑选托管人、签署托管协议等。全体合伙人一致同意不托管的，应在合伙协议中明确约定本合伙型基金不进行托管，并明确保障投资基金财产安全的制度措施和纠纷解决机制。

（九）【入伙、退伙、合伙权益转让和身份转变】合伙协议应列明合伙人入伙、退伙、合伙权益转让的条件、程序及相关责任，及有限合伙人和普通合伙人相互转变程序。

（十）【投资事项】合伙协议应列明本合伙型基金的投资范围、投资运作方式、投资限制、投资决策程序、关联方认定标准及关联方投资的回避制度，以及投资后对被投资企业的持续监控、投资风险防范、投资退出、所投资标的担保措施、举债及担保限制等作出约定。

（十一）【利润分配及亏损分担】合伙协议应列明与合伙企业的利润分配及亏损分担方式有关的事项，具体可以包括利润分配原则及顺序、利润分配方式、亏损分担原则及顺序等。

（十二）【税务承担】合伙协议应列明合伙企业的税务承担事项。

（十三）【费用和支出】合伙协议应列明与合伙企业费用的核算和支付有关的事项，具体可以包括合伙企业费用的计提原则、承担费用的范围、计算及支付方式、应由普通合伙人承担的费用等。

（十四）【财务会计制度】合伙协议应对合伙企业的记账、会计年度、审计、年度报告、查阅会计账簿的条件等事项作出约定。

（十五）【信息披露制度】合伙协议应对本合伙型基金信息披露的内容、方式、频度等内容作出约定。

（十六）【终止、解散与清算】合伙协议应列明合伙企业终止、解散与清算有关的事项，具体可以包括合伙企业终止、解散的条件、清算程序、清算人及任命条件、清偿及分配等。

（十七）【合伙协议的修订】合伙协议应列明协议的修订事由及程序。

（十八）【争议解决】合伙协议应列明争议的解决方式。

（十九）【一致性】合伙协议应明确规定当合伙协议的内容与合伙人之间的其他协议或文件内容相冲突的，以合伙协议为准。若合伙协议有多个版本且内容相冲突的，以在中国基金业协会备案的版本为准。

（二十）【份额信息备份】订明全体合伙人同意私募基金管理人、份额登记机构或其他份额登记义务人应当按照中国基金业协会的规定办理基金份额登记（全体合伙人）数据的备份。

（二十一）【报送披露信息】订明全体合伙人同意私募基金管理人或其他信息披露义务人应当按照中国基金业协会的规定对基金信息披露信息进行备份。

六、本指引由中国基金业协会负责解释，自 2016 年 7 月 15 日起施行。

补充六:《私募投资基金电子合同业务管理办法(试行)》(中国证券投资基金业协会,中基协字〔2022〕204号,2022年6月2日)

第一章　总　　则

第一条　为规范私募投资基金(以下简称私募基金)电子合同业务活动,促进私募基金行业健康发展,保护投资者及相关当事人合法权益,根据《中华人民共和国证券投资基金法》《中华人民共和国电子签名法》《私募投资基金监督管理暂行办法》及中国证券投资基金业协会(以下简称协会)私募基金服务业务自律规则等制定本办法。

第二条　本办法所称电子合同,是指私募基金当事人之间以数据电文为载体,并利用电子通信手段设立、变更、终止权利义务关系的协议。电子合同包括但不限于私募基金合同及补充协议、风险揭示书、认申购单、服务业务协议、托管协议、经纪操作协议等文件,实现合同要素字段化。电子合同与纸质合同具有同等法律效力。

本办法所称的私募基金当事人包括私募基金投资者、私募基金管理人、私募基金托管人及除电子合同业务服务机构外的其它私募基金服务机构。

第三条　私募基金当事人委托电子合同业务服务机构,提供私募基金当事人身份验证、电子合同签署、电子合同数据查询等电子合同业务服务,适用本办法。电子合同业务服务机构开展电子合同业务服务及私募基金当事人就其参与电子合同业务等环节适用本办法。法律法规及中国证监会另有规定的,从其规定。

第四条　电子合同业务服务机构及其从业人员从事电子合同业务服务应当恪尽职守、公平竞争,履行诚实信用、谨慎勤勉义务,不得泄露、篡改、毁损、丢失私募基金当事人数据。

第五条　私募基金管理人、私募基金托管人、私募基金服务机构等私募基金当事人委托电子合同业务服务机构开展服务前,应当对电子合同业务服务机构开展尽职调查，了解并评估其人员储备、业务隔离措施、软硬件设备、专业能力、诚信状况等情况。私募基金当事人应当对电子合同业务服务机构的运营能力和服务水平持续关注和定期评估。

私募基金当事人通过使用电子合同业务服务，完成特定对象确认、投资者适当性匹配、基金风险揭示、反洗钱、份额登记、司法、仲裁鉴定材料出具等其他业务的，私募基金当事人依法应承担的责任不因使用电子合同业务服务而免除。

第六条　协会对外公示符合本办法规定的电子合同业务服务机构，其可以加入协会成为会员。协会依据法律法规和自律规则，对电子合同业务服务机构及其电子合同业务活动进行自律管理。

第二章　电子合同业务服务机构登记

第七条　协会对从事电子合同服务业务的机构开展登记，登记要求如下：

（一）公司治理结构完善，内部控制有效；

（二）经营运作规范，不得从事与私募基金相冲突的业务，最近3年内没有受到刑事处罚或者重大行政处罚；最近1年没有因相近或相关业务被采取重大行政监管措施；没有因重大违法违规行为处于整改期间，或者因涉嫌重大违法违规行为正在被监管机构调查；不存在已经影响或者可能影响公司正常运作的重大变更事项，或者重大诉讼、仲裁等事项；

（三）申请机构控股股东、实际控制人、实际控制人控制的其他信息技术系统服务机构最近1年内不存证券期货重大违法违规记录；

（四）经营状况良好，实缴资本不低于人民币5000万元；

（五）组织架构完整，申请机构有满足营业需要的固定场所和安全防范措施，并具有一定私募基金行业对外服务相关经验；

（六）法定代表人、高级管理人员以及从事私募基金电子合同业务产品需求分析和设计、风控合规以及客户服务的相关人员应当具备基金从业资格并参加后续课程培训。总经理、运营负责人、合规风控负责人等高级管理人员应当具有胜任相关工作需要的专业能力；

（七）具备完善的防火墙、入侵检测、数据加密等网络安全设施和管理制度，能够有效防止数据外泄和外部非法入侵；取得公安部颁发的信息系统安全等级保护第三级备案证明以及中国国家认证认可监督管理委员会认证名录机构颁发的信息安全管理体系认证；

（八）系统应当通过行业信息技术测试中心的测试，并按照电子合同业务服务机构数据接口规范的要求，与协会资产管理业务综合报送平台进行联测；

（九）电子合同业务系统的故障应对能力应当达到第三级（含）以上；应当具备灾难及重大灾难应对能力，相关技术指标应当分别达到灾难应对能力第五级、重大灾难应对能力第六级；

（十）法律、行政法规和协会规定的其他要求。

第八条 申请电子合同业务服务机构登记的，应当向协会提供下列材料：

（一）诚信及合法合规承诺函；

（二）内控管理制度、业务隔离措施以及应急处理方案；

（三）系统配备、部署情况及行业信息技术测试中心提供的系统运行测试报告；

（四）团队设置和岗位职责规定及包括总经理、相关业务负责人、业务人员等在内的人员基本情况；

（五）拟合作的存储备份机构基本情况；

（六）法律意见书；

（七）商业计划书；

（八）协会规定的其他材料。

第三章 业务规范

第九条 电子合同业务应当至少包括以下内容：

（一）私募基金当事人身份管理，包括身份的识别、认证、变更和注销等；

（二）电子合同签署，包括合同签署、合同补充、合同验证、合同终止及合同解除等；

（三）电子合同数据查阅，包括但不限于可供投资者及其他私募基金当事人对电子合同的在线查阅、下载等；

（四）法律法规、自律规则规定的其他业务。

本办法所称合同验证，是指为用户提供电子合同验签服务，帮助用户鉴别文件电子签名是否有效、文件内容是否被篡改。本办法所称电子签名，是指数据电文中以电子形式所含、所附用于识别签名人身份并表明签名人认可其中内容的数据。

第十条　电子合同业务服务机构与其服务的合同当事人原则上不得为同一机构。

基金销售机构在符合本办法规定的前提下，可以自建电子合同业务系统，为其销售的产品提供电子合同业务服务，同时应当做好与托管（如有）等其他业务间的风险隔离，保证数据安全。

第十一条　电子合同业务服务机构提供私募基金电子合同业务服务前，应当与相关私募基金当事人签订服务协议，明确服务范围、服务内容、各方权利和义务、收费方式、费用标准、信息交互方式及数据存储等。

第十二条　电子合同业务服务机构应当按照相关法律法规规定开展投资者身份识别，识别方式包括证件类型、证件号码、姓名、手机号码等四要素验证、银行卡号验证、生物特征识别技术或其他安全有效的技术手段等。

投资者为机构时，除机构相关信息外，应当对机构授权经办人身份等进行验证；投资者为产品时，除产品相关信息外，应当对产品发行人信息、以及产品发行人授权经办人身份等进行验证。

第十三条　电子合同业务服务机构应当审慎选择并定期评估电子认证服务提供方，确保电子认证服务安全可靠并具有独立性。

第十四条　电子合同业务服务机构应当对登录口令等关键数据

采用密文存储，并向私募基金当事人明确数字证书的意义和功能、使用方式、密钥管理、丢失数字证书的后果和处理措施及法律责任等。

私募基金当事人应当妥善保管登录口令、电子签名制作数据等关键数据。电子合同业务服务机构或私募基金当事人知悉有关数据已经失密或者可能失密时，应当及时告知相关各方，采取保护措施，防止损失扩大。

第十五条 电子合同业务服务机构应当使用国家密码主管部门认可的密码算法，包括但不限于杂凑算法、非对称密码算法、对称密码算法等。

第十六条 电子合同业务服务机构应当采用国家授时中心认可的时间戳，满足防重放要求。

第十七条 电子合同业务服务机构的系统管理员、安全保密管理员和安全审计员的权限应当相互独立，互相监督。

第十八条 电子合同业务服务机构每年应至少通过行业信息技术测试中心开展一次总体评测，确保电子合同业务各项功能的可用性、高性能、可靠性和安全性。

第十九条 电子合同业务服务机构及其工作人员应当对在电子合同签约及调阅过程中的相关数据负有保密义务，不得擅自披露、截取、转发和使用私募基金业务活动相关数据，法律法规另有规定的除外。相关数据包括但不限于电子合同数据、投资者信息数据及电子证据数据等。

第二十条 私募基金当事人、电子合同业务服务机构及其工作人员中的任何一方泄露或者不正当使用私募基金业务活动相关数据的，应当立即改正并采取有效措施保证数据安全，造成损失的应依法承担赔偿责任。

第二十一条 电子合同业务服务机构应当保证数据传输的保密性、完整性和不可否认性。

第二十二条 电子合同业务服务机构应当按照规定及时将电子合同业务相关数据报送至协会资产管理业务综合报送平台，并将电子合同业务过程产生的数据存储备份至证券期货行业核心机构提供的存储平台。

第二十三条　私募基金当事人、电子合同业务服务机构、电子合同数据存证机构应妥善保管电子合同业务相关数据，其保存期限自基金账户销户之日起不得少于二十年。

第二十四条　电子合同业务服务机构应当确保其业务系统持续稳定运行，信息系统应当部署在中华人民共和国境内，并配合监管部门、司法机关现场检查及调查取证。

电子合同业务服务机构在业务开展过程中所获取的客户信息、业务资料等数据的存储与备份应当在中华人民共和国境内完成，相关数据的保密管理应当符合国家相关规定。

第二十五条　电子合同业务服务机构每年应当聘请符合条件的会计师事务所对电子合同业务服务的内部控制与实施情况进行审计并出具审计报告。

第二十六条　电子合同业务服务机构应当按照基金服务业务自律规则的要求进行重大信息变更和定期信息报送，其中，解聘合规风控负责人的，应当自解聘之日起 3 个工作日内将解聘事实和理由书面报告协会。

第四章　自律管理

第二十七条　协会对私募基金电子合同业务开展定期或者不定期的现场和非现场自律检查，电子合同业务服务机构应当予以配合。

第二十八条　协会根据私募基金服务业务自律规则的要求和本办法的规定，对电子合同业务服务机构开展持续评估。

第二十九条　私募基金当事人可以按照规定向协会投诉或举报电子合同业务服务机构及其从业人员的违规行为。

电子合同业务服务机构可以按照规定向协会投诉或举报私募基金当事人及其从业人员的违规行为。

第三十条　电子合同业务服务机构违反本办法的规定，协会可以要求其限期改正。逾期未改正的，协会可以视情节轻重对该机构采取公开谴责、暂停办理相关业务、加入黑名单等纪律处分或者自律管理措施；对主要负责人采取谈话提醒、书面警示、要求强制参加培训、行业内谴责、加入黑名单、暂停或取消基金从业资格等纪律处分或者自律管理措施。

第三十一条 电子合同业务服务机构因自身原因主动申请注销、在协会完成登记之后连续6个月没有开展基金服务业务或协会通过自律检查发现服务机构严重违规、不具备继续提供服务业务能力的，协会将按要求注销其登记。被注销的服务机构，应当及时将相关情况通知私募基金管理人和私募基金托管人，并做好存续产品和历史数据的交接处理工作，私募基金管理人应当就上述情况及时告知投资者。

第三十二条 电子合同业务服务机构及其从业人员因违规行为被协会采取相关纪律处分的，协会可视情节轻重计入证券期货市场诚信档案数据库。

第三十三条 电子合同业务服务机构及其从业人员涉嫌违反证券相关的法律、行政法规、中国证监会有关规定的，移送中国证监会查处；涉嫌犯罪的，依法移送司法机关处理。

第五章 附 则

第三十四条 本办法第七条规定的电子合同业务服务机构数据接口规范由协会另行制定。

第三十五条 本办法自发布之日起施行。证券期货经营机构从事私募资管产品电子合同业务的，参照适用本办法，如另有规定的，从其规定。

第三十六条 本办法由协会负责解释。

补充七:募集环节的适当性程序

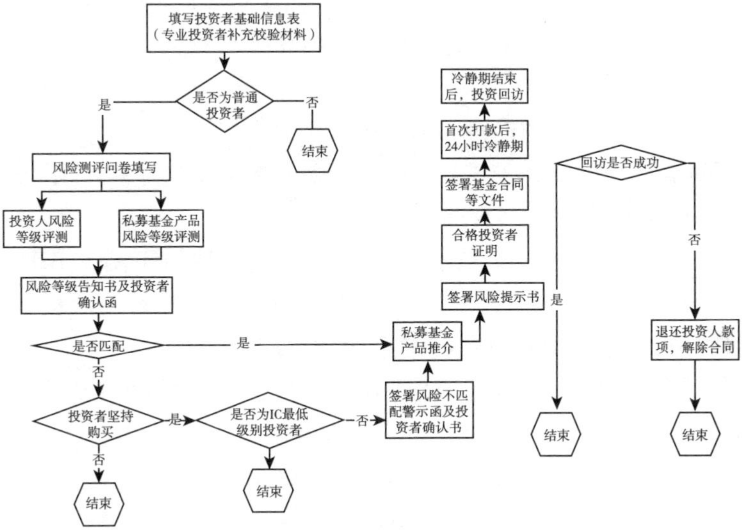

补充八:《不动产私募投资基金试点备案指引(试行)》(中国证券投资基金业协会,中基协发〔2023〕4 号,2023 年 3 月 1 日)

第一条　为了规范私募投资基金从事不动产投资业务,更好地支持盘活不动产,促进不动产市场平稳健康发展,根据《私募投资基金监督管理暂行办法》《关于加强私募投资基金监管的若干规定》等法律、行政法规、中国证券监督管理委员会(以下简称中国证监会)规定和中国证券投资基金业协会(以下简称协会)自律规则,制定本指引。

第二条　私募股权投资基金管理人(以下简称管理人)开展不动产投资业务,应当以支持房地产市场平稳健康发展,促进不动产市场盘活存量、防范风险、转型发展为基本原则。

第三条　不动产私募投资基金的投资范围包括特定居住用房(包括存量商品住宅、保障性住房、市场化租赁住房)、商业经营用房、基础设施项目等。

（一）存量商品住宅是指已取得国有土地使用证、建设用地规划许可证、建设工程规划许可证、建筑工程施工许可证、预售许可证，已经实现销售或者主体建设工程已开工的存量商品住宅项目，包括普通住宅、公寓等。

（二）保障性住房是指已取得国有土地使用证，为解决住房困难问题而搭建的限定标准、限定价格或租金的政策性住房，包括公租房、保障性租赁住房、共有产权住房等。

（三）市场化租赁住房是指已取得国有土地使用证、建设用地规划许可证，不以分拆产权销售为目的、长期对外进行市场化租赁运营，但未纳入保障性租赁住房体系的租赁住房。

（四）商业经营用房是指开发建设或者运营目的供商业活动使用的不动产项目，包括写字楼、商场、酒店等。

（五）基础设施项目是指开发建设或者运营目的供市政工程、公共生活服务、商业运营使用的不动产项目，包括高速铁路、公路、机场、港口、仓储物流工程、城市轨道交通、市政道路、水电气热市政设施、产业园区等传统基础设施，5G 基站、工业互联网、数据中心、新能源风电光伏设施等新型基础设施。

第四条　按照试点先行、稳妥推进的原则，管理人符合下列情形的，可以按照本指引设立不动产私募投资基金：

（一）在协会依法登记为私募股权投资基金管理人；

（二）出资结构稳定，主要出资人及实际控制人最近两年未发生变更；

（三）主要出资人及实际控制人不得为房地产开发企业及其关联方，因私募基金投资需要向房地产开发项目企业派驻管理人员的情形除外；

（四）具有完善的治理结构、管理制度、决策流程和内控机制；

（五）实缴资本不低于 2000 万元人民币；

（六）具有不动产投资管理经验，在管不动产投资本金不低于 50 亿元人民币，或自管理人登记以来累计管理不动产投资本金不低于

100 亿元人民币；

（七）具有 3 个以上的不动产私募投资项目成功退出经验；

（八）具有不动产投资经验的专业人员，投资部门拥有不少于 8 名具有 3 年以上不动产投资经验的专业人员，其中具有 5 年以上经验的不少于 3 名；

（九）最近三年未发生重大违法违规行为；

（十）中国证监会、协会要求的其他情形。

试点不动产私募投资基金投资者均为机构投资者的，前款第（六）项要求可为在管不动产投资本金不低于 30 亿元人民币，或自管理人登记以来累计管理不动产投资本金不低于 60 亿元人民币。

第五条　协会在私募股权投资基金类型项下增设“不动产私募投资基金”产品类型。按照本指引设立从事不动产投资业务的私募基金，应当将产品类型选择为“不动产私募投资基金”。

第六条　不动产私募投资基金首轮实缴募集资金规模不得低于 3000 万元人民币。

第七条　不动产私募投资基金投资者应当为首轮实缴出资不低于 1000 万元的投资者。其中，有自然人投资者的不动产私募投资基金，自然人投资者合计出资金额不得超过基金实缴金额的 20%。

以合伙企业、契约等非法人形式，通过汇集多数投资者的资金直接或者间接投资于不动产私募投资基金的，应当穿透核查，但基本养老金、社会保障基金、年金基金等养老基金，慈善基金等社会公益基金，保险资金，金融机构发行的资产管理产品，在境内设立的面向境外投资者募资的 QFLP 试点私募基金除外。

管理人及其从业人员投资于所管理的不动产私募投资基金的，不受本条第一款规定限制。

第八条　不动产私募投资基金为被投企业提供借款或者担保的，应当符合下列条件：

（一）基金合同有明确约定，并履行基金合同约定的决策程序；

（二）借款或者担保到期日不得晚于基金清算完成日；

（三）有自然人投资者的，不动产私募投资基金应当持有被投企业75%以上股权；

（四）全部为机构投资者的，不动产私募投资基金应当持有被投企业75%以上股权，或者持有被投企业51%以上股权且被投企业提供担保，可实现资产控制。

不动产私募投资基金向被投企业的股权出资金额，属于前款第（三）项的，不得低于对该被投企业总出资金额的三分之一；属于前款第（四）项的，可由基金合同约定。

根据基金合同约定或者履行基金合同约定的决策程序后，不动产私募投资基金可以基于商业合理性，将基金财产对外提供抵质押，通过申请经营性物业贷款、并购贷款等方式，扩充投资资金来源。

第九条 不动产私募投资基金应当由依法取得基金托管资格的机构托管。

基金托管人应当切实履行托管人职责，监督不动产私募投资基金的投资范围、投资方式、适格投资者等持续符合要求，并按季度向协会报送不动产私募投资基金投资标的、投资者变动等运作情况。

第十条 不动产私募投资基金合同应当明确约定以下内容：

（一）投资范围、投资方式、退出方式等；

（二）基金投资决策机制安排；

（三）基金扩募、分级安排、抵质押等担保安排（如有）；

（四）被投企业向基金分红事项（如有）；

（五）股东会、合伙人会议或者基金份额持有人大会的召集机制、议事内容和表决方式等；

（六）中国证监会、协会要求的其他内容。

投向单一项目的不动产私募投资基金合同还应当明确约定投资标的、投资结构等。

第十一条 不动产私募投资基金在备案完成后开放认购、申购（认缴）的，应当符合下列要求：

（一）不动产私募投资基金处在基金合同约定的投资期内；

（二）开放认购、申购（认缴）经全体投资者一致同意或者经合同约定的决策机制通过；

（三）投资者符合本指引第七条的规定；

（四）中国证监会、协会规定的其他要求。

第十二条　不动产私募投资基金进行关联交易的，管理人应当防范利益冲突，建立有效的关联交易及风险控制机制，在基金合同中明确约定涉及关联交易的事前、事中信息披露安排以及针对关联交易的特殊决策机制和回避安排等。

上述关联交易是指不动产私募投资基金与管理人、管理人的高管人员、投资者、管理人管理的其他私募投资基金、同一实际控制人控制的其他管理人管理的私募投资基金、或者与上述主体有其他重大利害关系的关联方发生的交易行为。

管理人不得隐瞒关联关系或者将关联交易非关联化，不得以私募投资基金的财产与关联方进行利益输送等违法违规活动。

第十三条　管理人可以结合实际业务情况，对不动产私募投资基金设置合理杠杆比例，但不得利用分级安排变相保本保收益。

不动产私募投资基金总资产不得超过净资产的200%。

第十四条　管理人应当勤勉尽责，通过监督资金流向、切实发挥股东作用等方式，有效控制不动产私募投资基金风险，不得存在下列行为：

（一）管理人以基金财产为基金、被投企业以外主体提供担保，损害投资者权益；

（二）管理人运用私募基金财产直接或者间接投资于私募基金管理人、控股股东、实际控制人及其实际控制的企业或者项目；

（三）中国证监会、协会禁止的其他情形。

第十五条　管理人应当在募集推介材料以及风险揭示书的“特殊风险揭示”部分向投资者揭示不动产私募投资基金的特殊风险，详细披露基金投资范围、投资方式等基本情况。

不动产私募投资基金若涉及关联交易、单一投资标的、分级安排、抵质押、股东借款、贷款、通过特殊目的载体投向标的、契约型私募基金管理人股权代持等其他特殊风险或业务安排,应当在风险揭示书的“特殊风险揭示”部分一并披露。

第十六条 管理人在开展不动产私募投资基金募集、管理等业务活动前,应当向协会报送以下信息和材料:

(一)拟设立不动产私募投资基金的募集计划、投资运作计划等情况;

(二)管理人主要出资人及实际控制人适格证明材料;

(三)管理人实缴资本证明材料;

(四)不动产投资管理规模证明材料;

(五)不动产投资业务相关高级管理人员信息、从业人员信息;

(六)合法合规及诚信情况;

(七)中国证监会、协会要求的其他信息和材料。

第十七条 管理人应当在不动产私募投资基金募集完毕后20个工作日内向协会报送以下基本信息和材料,办理备案手续:

(一)私募基金合同;

(二)基金托管协议;

(三)基金招募说明书;

(四)风险揭示书以及投资者适当性相关文件;

(五)募集资金实缴证明文件;

(六)底层投资协议、投资框架协议或具体投资方案(如适用);

(七)项目公司已经取得的国有土地使用证、建设用地规划许可证、建设工程规划许可证、建筑工程施工许可证、预售许可证,以及证明项目主体建设工程进展的证明文件材料(如适用);

(八)协会要求的其他信息和材料。

第十八条 不动产私募投资基金设立后,管理人应当按季度制作不动产基金财产管理报告并向投资者披露,报告至少应当包含以下内容:

(一)基金财产专户的开立情况;

（二）基金财产投资管理、运营、处分和收益情况；

（三）投资不动产标的项目运作情况；

（四）投资经理或关键人士变更情况；

（五）基金财产运用重大变动说明；

（六）涉及重大诉讼或者损害基金财产、投资者利益的情形；

（七）涉及关联交易、抵质押、股东借款、贷款等情况的说明；

（八）基金合同约定的其他内容；

（九）协会要求的其他内容。

第十九条　管理人应当按季度向协会报送不动产私募投资基金运行情况，并在年末向协会报送不动产私募投资基金整体运作情况。

第二十条　对不动产私募投资基金，本指引未予以规定的，应当按照私募股权基金管理人及私募股权基金要求执行。

不参与试点的管理人，不适用本指引，可按照协会现行自律规则，开展保障性住房、商业地产、基础设施等股权投资业务。

第二十一条　本指引自 2023 年 3 月 1 日起施行。

补充九：《证券投资顾问业务暂行规定》（中国证券监督管理委员会，中国证券监督管理委员会公告〔2020〕66 号，2020 年 10 月 30 日）

第一条　为了规范证券公司、证券投资咨询机构从事证券投资顾问业务行为，保护投资者合法权益，维护证券市场秩序，依据《证券法》、《证券公司监督管理条例》、《证券、期货投资咨询管理暂行办法》，制定本规定。

第二条　本规定所称证券投资顾问业务，是证券投资咨询业务的一种基本形式，指证券公司、证券投资咨询机构接受客户委托，按照约定，向客户提供涉及证券及证券相关产品的投资建议服务，辅助客户作出投资决策，并直接或者间接获取经济利益的经营活动。投资建议服务内容包括投资的品种选择、投资组合以及理财规划建议等。

第三条 证券公司、证券投资咨询机构从事证券投资顾问业务，应当遵守法律、行政法规和本规定，加强合规管理，健全内部控制，防范利益冲突，切实维护客户合法权益。

第四条 证券公司、证券投资咨询机构及其人员应当遵循诚实信用原则，勤勉、审慎地为客户提供证券投资顾问服务。

第五条 证券公司、证券投资咨询机构及其人员提供证券投资顾问服务，应当忠实客户利益，不得为公司及其关联方的利益损害客户利益；不得为证券投资顾问人员及其利益相关者的利益损害客户利益；不得为特定客户利益损害其他客户利益。

第六条 中国证监会及其派出机构依法对证券公司、证券投资咨询机构从事证券投资顾问业务实行监督管理。

中国证券业协会对证券公司、证券投资咨询机构从事证券投资顾问业务实行自律管理，并依据有关法律、行政法规和本规定，制定相关执业规范和行为准则。

第七条 向客户提供证券投资顾问服务的人员，应当符合相关从业条件，并在中国证券业协会注册登记为证券投资顾问。证券投资顾问不得同时注册为证券分析师。

第八条 证券公司、证券投资咨询机构应当制定证券投资顾问人员管理制度，加强对证券投资顾问人员注册登记、岗位职责、执业行为的管理。

第九条 证券公司、证券投资咨询机构应当建立健全证券投资顾问业务管理制度、合规管理和风险控制机制，覆盖业务推广、协议签订、服务提供、客户回访、投诉处理等业务环节。

第十条 证券公司、证券投资咨询机构从事证券投资顾问业务，应当保证证券投资顾问人员数量、业务能力、合规管理和风险控制与服务方式、业务规模相适应。

第十一条 证券公司、证券投资咨询机构向客户提供证券投资顾问服务,应当按照公司制定的程序和要求,了解客户的身份、财产与收入状况、证券投资经验、投资需求与风险偏好,评估客户的风险承受能力,并以书面或者电子文件形式予以记载、保存。

第十二条　证券公司、证券投资咨询机构向客户提供证券投资顾问服务,应当告知客户下列基本信息:

(一)公司名称、地址、联系方式、投诉电话、证券投资咨询业务资格等;

(二)证券投资顾问的姓名及其登记编码;

(三)证券投资顾问服务的内容和方式;

(四)投资决策由客户作出,投资风险由客户承担;

(五)证券投资顾问不得代客户作出投资决策。

证券公司、证券投资咨询机构应当通过营业场所、中国证券业协会和公司网站,公示前款第(一)、(二)项信息,方便投资者查询、监督。

第十三条　证券公司、证券投资咨询机构应当向客户提供风险揭示书,并由客户签收确认。风险揭示书内容与格式要求由中国证券业协会制定。

第十四条　证券公司、证券投资咨询机构提供证券投资顾问服务,应当与客户签订证券投资顾问服务协议,并对协议实行编号管理。协议应当包括下列内容:

(一)当事人的权利义务;

(二)证券投资顾问服务的内容和方式;

(三)证券投资顾问的职责和禁止行为;

(四)收费标准和支付方式;

(五)争议或者纠纷解决方式;

(六)终止或者解除协议的条件和方式。

证券投资顾问服务协议应当约定,自签订协议之日起 5 个工作日内,客户可以书面通知方式提出解除协议。证券公司、证券投资咨询机构收到客户解除协议书面通知时,证券投资顾问服务协议解除。

第十五条 证券投资顾问应当根据了解的客户情况,在评估客户风险承受能力和服务需求的基础上,向客户提供适当的投资建议服务。

第十六条 证券投资顾问向客户提供投资建议,应当具有合理的依据。投资建议的依据包括证券研究报告或者基于证券研究报告、理论模型以及分析方法形成的投资分析意见等。

第十七条 证券公司、证券投资咨询机构应当为证券投资顾问服务提供必要的研究支持。证券公司、证券投资咨询机构的证券研究不足以支持证券投资顾问服务需要的,应当向其他具有证券投资咨询业务资格的证券公司或者证券投资咨询机构购买证券研究报告,提升证券投资顾问服务能力。

第十八条 证券投资顾问依据本公司或者其他证券公司、证券投资咨询机构的证券研究报告作出投资建议的,应当向客户说明证券研究报告的发布人、发布日期。

第十九条 证券投资顾问向客户提供投资建议,应当提示潜在的投资风险,禁止以任何方式向客户承诺或者保证投资收益。

鼓励证券投资顾问向客户说明与其投资建议不一致的观点,作为辅助客户评估投资风险的参考。

第二十条 证券投资顾问向客户提供投资建议,知悉客户作出具体投资决策计划的,不得向他人泄露该客户的投资决策计划信息。

第二十一条 证券公司、证券投资咨询机构从事证券投资顾问业务,应当建立客户回访机制,明确客户回访的程序、内容和要求,并指定专门人员独立实施。

第二十二条 证券公司、证券投资咨询机构从事证券投资顾问业务,应当建立客户投诉处理机制,及时、妥善处理客户投诉事项。

第二十三条　证券公司、证券投资咨询机构应当按照公平、合理、自愿的原则,与客户协商并书面约定收取证券投资顾问服务费用的安排,可以按照服务期限、客户资产规模收取服务费用,也可以采用差别佣金等其他方式收取服务费用。

证券投资顾问服务费用应当以公司账户收取。禁止证券公司、证券投资咨询机构及其人员以个人名义向客户收取证券投资顾问服务费用。

第二十四条　证券公司、证券投资咨询机构应当规范证券投资顾问业务推广和客户招揽行为,禁止对服务能力和过往业绩进行虚假、不实、误导性的营销宣传,禁止以任何方式承诺或者保证投资收益。

第二十五条　证券公司、证券投资咨询机构通过广播、电视、网络、报刊等公众媒体对证券投资顾问业务进行广告宣传,应当遵守《广告法》和证券信息传播的有关规定,广告宣传内容不得存在虚假、不实、误导性信息以及其他违法违规情形。

第二十六条　以软件工具、终端设备等为载体,向客户提供投资建议或者类似功能服务的,应当执行本规定,并符合下列要求:

(一)客观说明软件工具、终端设备的功能,不得对其功能进行虚假、不实、误导性宣传;

(二)揭示软件工具、终端设备的固有缺陷和使用风险,不得隐瞒或者有重大遗漏;

(三)说明软件工具、终端设备所使用的数据信息来源;

(四)表示软件工具、终端设备具有选择证券投资品种或者提示买卖时机功能的,应当说明其方法和局限。

第二十七条　证券公司、证券投资咨询机构应当对证券投资顾问业务推广、协议签订、服务提供、客户回访、投诉处理等环节实行留痕管理。向客户提供投资建议的时间、内容、方式和依据等信息,应当以书面或者电子文件形式予以记录留存。

证券投资顾问业务档案的保存期限自协议终止之日起不得少于5年。

第二十八条 证券公司、证券投资咨询机构应当加强人员培训，提升证券投资顾问的职业操守、合规意识和专业服务能力。

第二十九条 证券公司、证券投资咨询机构以合作方式向客户提供证券投资顾问服务，应当对服务方式、报酬支付、投诉处理等作出约定，明确当事人的权利和义务。

第三十条 鼓励证券公司、证券投资咨询机构组织安排证券投资顾问人员，按照证券信息传播的有关规定，通过广播、电视、网络、报刊等公众媒体，客观、专业、审慎地对宏观经济、行业状况、证券市场变动情况发表评论意见，为公众投资者提供证券资讯服务，传播证券知识，揭示投资风险，引导理性投资。

第三十一条 证券投资顾问不得通过广播、电视、网络、报刊等公众媒体，作出买入、卖出或者持有具体证券的投资建议。

第三十二条 证券公司、证券投资咨询机构及其人员从事证券投资顾问业务，违反法律、行政法规和本规定的，中国证监会及其派出机构可以采取责令改正、监管谈话、出具警示函、责令增加内部合规检查次数并提交合规检查报告、责令清理违规业务、责令暂停新增客户、责令处分有关人员等监管措施；情节严重的，中国证监会依照法律、行政法规和有关规定作出行政处罚；涉嫌犯罪的，依法移送司法机关。

第三十三条 证券公司从事证券经纪业务，附带向客户提供证券及证券相关产品投资建议服务，不就该项服务与客户单独作出协议约定、单独收取证券投资顾问服务费用的，其投资建议服务行为参照执行本规定有关要求。

第三十四条 本规定自2011年1月1日起施行。

补充十:《私募基金管理人失联处理指引》(中国证券投资基金业协会,中基协发〔2023〕17号,2023年7月14日)

第一条　为了督促私募基金管理人畅通投资者服务渠道,保护投资者合法权益,促进行业健康发展,根据《中华人民共和国证券投资基金法》《私募投资基金监督管理暂行办法》《私募投资基金登记备案办法》等法律、行政法规、中国证券监督管理委员会(以下简称中国证监会)规定及中国证券投资基金业协会(以下简称协会)自律规则,制定本指引。

第二条　私募基金管理人应当按照相关规定,通过登记备案电子系统填报邮寄地址、传真地址、电话号码、电子邮箱等联系方式,确保信息真实、准确、完整,并保持通信联络方式有效、畅通。

私募基金管理人及其法定代表人、执行事务合伙人及其委派代表、高级管理人员的联系方式发生变更的,应当按照规定报送更新信息。

私募基金管理人填报的信息不真实、不准确、不完整,或者未及时更新信息的,应当承担中国证监会及派出机构、协会按照其填报的联系方式无法取得有效联系的相应后果。

第三条　通过电话、电子邮件、短信等形式均无法与私募基金管理人取得有效联系的,协会以公告形式通知私募基金管理人;私募基金管理人应当在公告发布后的五个工作日内向协会报送情况报告。逾期未报告的,协会即认定该私募基金管理人为失联私募基金管理人。

第四条　私募基金管理人向协会报送情况报告,应当通过公告指定的方式报送,通过其他方式报送的,协会不予接受。

情况报告应当包括出资人信息、人员信息、办公场地信息、基金产品运营情况、诚信情况等内容,就失联原因进行解释说明,并按照要求提交相关材料。

第五条　协会通过官方网站对失联私募基金管理人进行公示,公示期限为一个月。失联私募基金管理人公示期间,协会暂停办理其各项业务。

第六条 失联私募基金管理人公示期满，未按规定报送情况报告的，协会注销其私募基金管理人登记。

第七条 失联私募基金管理人自公示之日起一个月内报送符合要求的情况报告，协会取消其失联公示信息并终止失联程序。

终止失联程序后，私募基金管理人应当按要求配合协会约谈、信息填报、材料报送等后续工作。如私募基金管理人存在无法持续符合登记要求等情形，终止失联程序后按照相关规定处理。

第八条 协会对终止失联程序的私募基金管理人持续予以重点关注，加强事中事后自律管理和风险监测。

私募基金管理人在终止失联程序后12个月内，再次出现本指引第三条公告通知报送情况报告的情形，逾期未报送的，协会直接注销其私募基金管理人登记。

第九条 因失联被注销登记的私募基金管理人，应当按照《私募投资基金登记备案办法》等规定，妥善处置基金财产，维护投资者合法权益。

第十条 因失联被注销登记的私募基金管理人，自被注销登记之日起3年内，不得重新登记，不得成为私募基金管理人的控股股东、实际控制人、普通合伙人或者主要出资人；其控股股东、实际控制人、普通合伙人、法定代表人、执行事务合伙人及其委派代表、负有责任的高级管理人员和直接责任人员，自被注销登记之日起3年内，不得担任私募基金管理人的董事、监事、高级管理人员、执行事务合伙人及其委派代表，不得成为私募基金管理人的控股股东、实际控制人、普通合伙人或者主要出资人。

第十一条 因失联被注销的私募基金管理人及其控股股东、实际控制人、普通合伙人、法定代表人、执行事务合伙人及其委派代表、负有责任的高级管理人员和直接责任人员，记入协会诚信信息管理系统，并按照中国证监会规定记入证券期货市场诚信档案数据库。

第十二条 本规则自发布之日起施行。协会于2015年9月29

日发布的《关于建立“失联(异常)”私募基金管理人公示制度的通知》、2017 年 1 月 12 日发布的《关于优化失联机构自律机制及公示第十一批失联私募机构的公告》中有关失联私募基金管理人处理的内容,同时废止。

失联私募基金管理人基本情况报告信息清单

一、基本情况

请说明管理人名称、登记编码、统一社会信用代码、注册资本、实缴资本、注册地址、实际办公地址等内容。

二、失联原因

请说明管理人无法联系的原因。如有变更,请报送管理人及其高管人员的有效联系方式,并向投资者公告变更情况。

三、出资人信息

请列明管理人的股东和实际控制人信息,包括但不限于名称、持股比例、认缴金额等信息。

四、高管及人员信息

请列明管理人的高管及从业人员的姓名、职务、任职日期、基金从业资格证编号等信息。

五、产品信息

请列明管理人自成立以来发行的所有产品信息,包括但不限于产品名称、备案编码、产品规模、出资信息、标的信息、到期时间、托管信息(如有)、最新净值等。如基金产品存在延期兑付的情况,请一并说明。

六、对外投资情况

请列明管理人持有股份的子公司及担任执行事务合伙人的有限合伙企业(如有)信息,包括但不限于企业名称、出资人信息、实缴金额、经营范围和对外投出信息等。

七、诚信情况

请说明管理人及股东、实际控制人、高级管理人员近三年内是否存在受到刑事处罚、行政处罚或行政监管措施、涉仲裁或诉讼的情况。如是，请一并说明事件发生的时间、原因及结果。

八、信息报送情况

请说明是否存在 AMBERS 系统中管理人登记信息与实际不一致的情形。如是，请一并说明整改情况。

九、承诺事项

请管理人就以下事项进行承诺：

（一）所提交信息及材料真实、准确，完整，不存在虚假记载、误导性陈述或重大遗漏，未通过中介机构办理业务，并愿意承担违反承诺的法律责任。

（二）及时更新管理人登记信息，知悉后续再次失联，协会将从严从重处置。

（三）配合后续自律管理工作，遵守法律法规及协会的自律规则，依法依规展业。

十、附件清单

请管理人提交以下材料：

（一）管理人工商执照扫描件；

（二）管理人实际办公场地租赁合同扫描件（使用自有产权请提交产权证明）；

（三）任职人员近三个月社保缴纳证明；

（四）最近年度经审计的财务报告；

（五）实际控制人有关知晓管理人无法联系的说明（附实际控制人签章）。

格式要求

请管理人按照以下格式提交材料：

（一）情况说明抬头须为“中国证券投资基金业协会”。

（二）落款为管理人全称，加盖机构公章并由法定代表人/执行事务合伙人（委派代表）、合规风控负责人签字。

（三）证明材料在首尾页、骑缝处加盖机构公章。

补充十一:《私募股权、创业投资基金管理人会员信用信息报告工作规则(试行)》(中国证券投资基金业协会,2019年11月11日)

第一条　为进一步深化私募股权、创业投资基金行业信用体系建设,引导中国证券投资基金业协会(以下简称"协会")会员持续加强信用积累,落实《社会信用体系建设规划纲要(2014—2020年)》《国务院关于促进市场公平竞争维护市场正常秩序的若干意见》《关于推进行业协会商会诚信自律建设工作的意见》等相关文件精神,依据《证券投资基金法》《证券期货市场诚信监督管理暂行办法》《私募投资基金监督管理暂行办法》等法律法规以及《中国证券投资基金业协会会员管理办法》《私募投资基金管理人登记和基金备案办法(试行)》等自律规则有关规定,制定本工作规则。

第二条　本工作规则适用于依法在协会登记,并已成为协会会员的私募股权、创业投资基金管理人。

第三条　私募股权、创业投资基金管理人会员信用信息报告(以下简称"信用信息报告"),是基于私募股权、创业投资基金管理人会员合法合规情况及其向协会报送的登记备案、信息披露及从业人员信息等客观、动态事实,从合规性、稳定度、专业度、透明度等主要维度以及投资风格方面持续记录会员展业过程中的信用信息情况。相关具体指标及定义见附件1。

第四条　信用信息报告的主要目标是:

(一)持续、动态积累私募股权、创业投资基金管理人会员信用记录,带动行业以信用立身,实现行业信用自治。

(二)引导私募股权、创业投资基金管理人会员诚实守信,勤勉尽责,自觉提升合规风控能力和水平。

(三)促进私募股权、创业投资基金管理人会员提升经营管理的稳定度、透明度和投资运作的专业度。

(四)引导行业相关合作机构关注私募股权、创业投资基金管理人会员的信用记录。

（五）为中国证监会及其派出机构、政府机关等相关部门开展工作提供参考。

第五条 协会成立专家小组，本着依法合规、公正科学的原则，开展信用信息报告的制定、组织实施和修订完善等工作。专家小组由中国证监会、协会、私募基金相关专委会、第三方评价机构、托管机构、专业机构投资者以及专家学者等方面代表组成。

第六条 信用信息报告工作规则的重大修订及完善，须经专家小组建议、会长办公会审议、并报协会理事会批准后实施。

在开展信用信息报告工作过程中，具体指标及定义的调整经专家小组建议，由协会会长办公会审议通过后实施。

第七条 信用信息报告每季度更新一次，将分别以表格或者雷达图等形式展示（见附件2）。

私募股权、创业投资基金管理人会员可在协会“资产管理业务综合报送平台”的“会员信用信息报告”模块，查阅或打印本会员各期的信用信息报告。

第八条 信用信息报告的运用必须符合《证券投资基金法》《私募投资基金监督管理暂行办法》《私募投资基金募集行为管理办法》等有关法律法规和自律规则的规定。

第九条 信用信息报告不构成对私募股权、创业投资基金管理人会员投资管理能力、未来持续合规经营情况的认可，不作为基金资产安全的保证。

私募股权、创业投资基金管理人会员可根据自身经营需要，将信用信息报告一对一地提供给相关合作机构。未经私募股权、创业投资基金管理人会员同意，相关合作机构不得擅自使用该会员的信用信息报告。经私募股权、创业投资基金管理人会员授权同意，协会可以面向相关合作机构提供该会员的信用信息报告查询服务。

第十条 私募股权、创业投资基金管理人会员应按照相关要求，真实、准确、完整报送登记备案、信息披露及从业人员信息。对于隐瞒事项或者报送信息和资料有虚假记载、误导性陈述或者重大遗漏的，以及直接或间接地公开发布信用信息报告的私募股权、创业投资基金管理人会员，协会将在一定期限内暂停提供该会员的信用信息报告，同时依据规定对该会员及其主要负责人视情节轻重采取相关自律措施。

第十一条　私募股权、创业投资基金管理人会员对本会员信用信息报告结果有疑问的，在当期信用信息报告发送之日起 1 个月内可向协会提出书面查询申请，协会在收到查询申请后将予以答复。

第十二条　本工作规则自发布之日起实施。

第十三条　本工作规则解释权归中国证券投资基金业协会。

附件：私募股权、创业投资基金管理人会员信用信息报告指标及定义，参见：http://www.amac.org.cn/xwfb/tzgg/201911/t20191115_18332.html。

补充十二：《私募证券投资基金管理人会员信用信息报告工作规则（试行）》（中国证券投资基金业协会，2018 年 1 月 12 日）

第一条　为进一步深化私募证券投资基金行业信用体系建设，引导中国证券投资基金业协会（以下简称“协会”）会员持续加强信用积累，落实《社会信用体系建设规划纲要（2014—2020 年）》《国务院关于促进市场公平竞争维护市场正常秩序的若干意见》《关于推进行业协会商会诚信自律建设工作的意见》等相关文件精神，依据《证券投资基金法》《证券期货市场诚信监督管理暂行办法》《私募投资基金监督管理暂行办法》等法律法规以及《中国证券投资基金业协会会员管理办法》《私募投资基金管理人登记和基金备案办法（试行）》等自律规则有关规定，制定本工作规则。

第二条　本工作规则适用于依法在协会登记，并已成为协会会员的私募证券投资基金管理人。

第三条　私募证券投资基金管理人会员信用信息报告（以下简称“信用信息报告”），是基于私募证券投资基金管理人会员合法合规情况及其向协会报送的登记备案、信息披露及从业人员信息等客观、动态事实，从合规性、稳定度、专业度、透明度等维度持续记录会员展业过程中的信用信息情况。相关具体指标及定义见附件1。

第四条 信用信息报告的主要目标是：

（一）持续、动态积累私募证券投资基金管理人会员信用记录，带动行业以信用立身，实现行业信用自治。

（二）引导私募证券投资基金管理人会员诚实守信，勤勉尽责，自觉提升合规风控能力和水平。

（三）促进私募证券投资基金管理人会员提升经营管理的稳定度、透明度和投资运作的专业度。

（四）引导行业相关合作机构关注私募证券投资基金管理人会员的信用记录。

（五）为中国证监会及其派出机构、政府机关等相关部门开展工作提供参考。

第五条 协会成立专家小组，本着依法合规、公正科学的原则，开展信用信息报告的制定、组织实施和修订完善等工作。专家小组由中国证监会、协会、协会私募证券投资基金专业委员会、第三方评价机构、托管机构、专业机构投资者以及专家学者等方面代表组成。

第六条 信用信息报告工作规则的重大修订及完善，须经专家小组建议、会长办公会审议、并报理事会批准后实施。

在开展信用信息报告工作过程中，具体指标及定义的调整经专家小组建议，由协会会长办公会审议通过后实施。

第七条 信用信息报告每季度更新一次，将分别以表格或者雷达图等形式展示（见附件2）。

私募证券投资基金管理人会员可在协会“资产管理业务综合报送平台”的“会员信用信息报告”模块，查阅或下载本会员各期的信用信息报告。

第八条 信用信息报告的运用必须符合《证券投资基金法》《私募投资基金监督管理暂行办法》《私募投资基金募集行为管理办法》等有

关法律法规和自律规则关于私募基金宣传推介等的限制性规定。

第九条　信用信息报告不构成对私募证券投资基金管理人会员投资管理能力、未来持续合规经营情况的认可，不作为基金资产安全的保证。

私募证券投资基金管理人会员可根据自身经营需要，将信用信息报告一对一地提供给相关合作机构。未经私募证券投资基金管理人会员同意，相关合作机构不得擅自使用该会员的信用信息报告。经私募证券投资基金管理人会员授权同意，协会可以面向相关合作机构提供该会员的信用信息报告查询服务。

第十条　私募证券投资基金管理人会员应按照相关要求，真实、准确、完整报送登记备案、信息披露及从业人员信息。对于隐瞒事项或者报送信息和资料有虚假记载、误导性陈述或者重大遗漏的，以及直接或间接地公开发布信用信息报告的私募证券投资基金管理人会员，协会将在一定期限内不提供该会员的信用信息报告，同时依据规定对该会员及其主要负责人视情节轻重采取相关自律措施。

第十一条　私募证券投资基金管理人会员对本会员信用信息报告结果有疑问的，在当期信用信息报告发送之日起 1 个月内可向协会提出书面查询申请，协会在收到查询申请后将予以答复。

第十二条　本工作规则自发布之日起实施。

第十三条　本工作规则解释权归中国证券投资基金业协会。

附件 1：私募证券投资基金管理人会员信用信息报告指标及定义，参见：https://www.amac.org.cn/xwfb/tzgg/20180112_18241.html。

附件 2：私募证券投资基金管理人会员信用信息报告结果展示方案（附样本案例），参见：https://www.amac.org.cn/xwfb/tzgg/20180112_18241.html。

私募证券投资基金管理人会员信用信息报告结果将分别以表格和雷达图形式展示本会员每个指标所处行业区间位置水平。

附　　录

附录一：

私募投资基金监督管理办法（征求意见稿）

（中国证券监督管理委员会，2023 年 12 月 8 日）

第一章　总　　则

第一条　为了规范私募投资基金（以下简称私募基金）业务活动，保护投资者及相关当事人的合法权益，促进私募基金行业规范健康发展，根据《中华人民共和国证券投资基金法》（以下简称《证券投资基金法》）、《私募投资基金监督管理条例》（以下简称《私募条例》）等法律法规，制定本办法。

第二条　在中华人民共和国境内，以非公开方式向投资者募集资金设立基金，由私募基金管理人管理，为投资者的利益进行投资活动，适用本办法。

私募基金可以采用公司、合伙企业、契约等形式设立。其中，以合伙企业形式设立的，资产由普通合伙人管理的私募基金，该普通合伙人适用本办法关于登记备案、资金募集、投资运作和信息披露等规定。

私募基金管理人名称应当包含“私募基金管理”“创业投资基金管理”字样，经营范围中应当包含“私募投资基金管理”“私募证券投资基金管理”“私募股权投资基金管理”“创业投资基金管理”等体现受托管理私募基金特点的字样。

私募基金名称应当包含"基金""私募基金"字样，经营范围中应当包含"从事私募基金投资活动"等体现私募基金特点的字样，法律、行政法规和本办法另有规定的除外。

第三条　从事私募基金业务活动，应当遵循自愿、公平、诚实信用的原则，不得损害国家利益、社会公共利益和他人合法权益。

私募基金管理人管理、运用私募基金财产，私募基金托管人托管私募基金财产、私募基金销售机构及其他私募基金服务机构从事私募基金服务业务活动，应当遵守法律、行政法规和国家监管规定，恪尽职守，履行诚实信用、谨慎勤勉的义务，防范利益输送和利益冲突。

私募基金从业人员应当具备履行职责的能力，遵守法律、行政法规和国家监管规定，履行诚实信用、谨慎勤勉的义务，恪守职业道德和行为规范，按照规定接受合规和专业能力培训。

私募基金投资者应当遵守法律、行政法规和国家监管规定，评估私募基金的投资范围和风险特征，根据自身风险承担能力投资私募基金，按照私募基金合同、公司章程、合伙协议（以下统称基金合同）约定，获取投资收益并自行承担投资风险。

第四条　私募基金财产独立于私募基金管理人、私募基金托管人的固有财产及其管理、托管的其他财产。私募基金管理人、私募基金托管人不得将私募基金财产归入其固有财产。私募基金管理人、私募基金托管人因依法解散、被依法撤销或者被依法宣告破产等原因进行清算的，私募基金财产不属于其清算财产。

私募基金管理人、私募基金托管人因私募基金财产的管理、运用或者其他情形而取得的财产和收益，归入私募基金财产。

私募基金财产的债务由私募基金财产本身承担，投资者以其出资为限对私募基金财产的债务承担责任，但基金合同依照法律另有约定的，从其约定。非因私募基金本身的债务或者法律规定的其他情形，不得查封、冻结、扣押或者强制执行私募基金财产。

第五条　中国证监会及其派出机构依照法律、行政法规、本办法和中国证监会的其他规定，对私募基金业务活动实施监督管理。

中国证监会根据私募基金管理人业务类型、管理资产规模、持续合规情况、风险控制情况和服务投资者能力等，对私募基金管理人实施差异化监督管理，并对创业投资基金及不动产私募基金等私募股权投资基金、私募证券投资基金、私募投资母基金（以下简称母基金）等不同类型的私募基金实施分类监督管理。

第六条 中国证券投资基金业协会（以下简称基金业协会）依照法律、行政法规、中国证监会的规定和委托，办理私募基金管理人登记和私募基金备案，对私募基金业务活动进行自律管理。

第二章 私募基金管理人、私募基金托管人和私募基金服务机构

第七条 私募基金管理人由依法设立的公司或者合伙企业担任，并应当持续符合下列要求：

（一）有符合要求的名称、经营范围；

（二）财务状况良好，最低实缴货币出资应与管理资产规模相适应，其中初始实缴货币出资不低于1000万元；

（三）出资架构简明清晰稳定，控股股东、普通合伙人、实际控制人财务状况和诚信记录良好，并应当具有从事投资、资产管理业务等相关工作经验；

（四）法定代表人、执行事务合伙人或者委派代表、负责投资管理的高级管理人员应当具有相关工作经验，合计持有私募基金管理人的股权或者财产份额比例不低于最低初始实缴货币出资的20%；

（五）有符合规定数量、专业任职条件和诚信记录的高级管理人员和其他从业人员；

（六）有符合要求的信息技术系统、安全防范设施、与私募基金管理业务有关的其它设施和独立的营业场所；

（七）有符合要求的内部治理结构、利益冲突防范问责机制以及保障合规风控独立、有效履行职责的制度等；

（八）法律、行政法规和中国证监会规定的其他要求。

私募基金管理人的控股股东、普通合伙人、实际控制人应当书面承诺登记或者变更登记后三年内不转让其持有的股权、财产份额或者实际控制权。

商业银行、证券公司、基金管理公司、期货公司、信托公司、保险公司等金融机构控制的私募基金管理人，设区的市级以上政府及其授权机构控制的私募基金管理人，受境外相关金融监管部门监管的机构控制的私募基金管理人以及其他符合国家规定的，不适用前款第（四）项规定。

第八条　私募基金管理人应当建立健全合规风控制度，设置独立负责合规风控的人员，对本单位及其工作人员的经营管理和执业行为的合规性进行审查、监督和检查。

负责合规风控的人员应具备相关工作经验，不得兼任投资管理等与其职责相冲突的职务。

第九条　私募基金管理人在首次开展资金募集、投资管理等私募基金业务活动前，应当依法向基金业协会报送下列材料，履行登记手续：

（一）《私募条例》第十条规定的材料；

（二）实缴资本、财务状况的文件材料；

（三）主要关联方的基本信息；

（四）内部控制、风险管理、资金募集、投资者适当性、信息披露和信息报送等相关制度文件；

（五）律师事务所出具的法律意见书；

（六）会计师事务所出具的审计报告；

（七）中国证监会和基金业协会规定的其他材料。

私募基金管理人的控股股东、普通合伙人、实际控制人、法定代表人、执行事务合伙人或者委派代表等重大事项发生变更的，应当按照要求及时向基金业协会履行变更登记手续。

未经登记，任何单位或者个人不得使用“私募基金”“私募基金管理”“创业投资基金”字样或者近似名称进行资金募集、投资管理等私募基金业务活动，法律、行政法规另有规定的除外。

第十条 自申请机构登记材料齐备后20个工作日内，基金业协会应当通过公示私募基金管理人的名称、经营范围等相关信息的方式，办结私募基金管理人登记和变更登记手续。申请机构补正材料的时间不计入办理时限。

申请机构登记材料需要退回补正的，基金业协会应当一次性告知需补正的材料，并公示办理进度、办理结果等信息。

私募基金管理人应当在登记完成后的10个工作日内，向注册地的中国证监会派出机构报告。

第十一条 私募基金管理人应当履行下列职责：

（一）依法募集资金，办理私募基金份额登记和私募基金备案；

（二）对所管理的不同私募基金财产分别管理、分别记账，保证私募基金财产独立性，并与所投资产对应关系清晰、准确、完整；

（三）按照规定和基金合同约定管理私募基金并进行投资，建立有效的风险控制和隔离制度，防范利益冲突；

（四）按照规定和基金合同约定，办理与私募基金管理业务活动有关的信息披露事项，计算并向投资者提供私募基金份额、净值及投资者权益等情况；

（五）按照基金合同约定确定私募基金收益分配方案，及时向投资者分配收益，并确保资金及收益返回投资者的账户或者其指定账户；

（六）对私募基金进行独立核算并编制私募基金财务会计报告，编制私募基金年度报告，保存私募基金财产管理业务活动的记录、账册、报表和其他相关资料；

（七）按照规定和基金合同约定召集基金份额持有人大会；

（八）以契约形式设立私募基金的，私募基金管理人应当以自己的名义，代表投资者利益行使诉讼权利或者实施其他法律行为；

（九）按照中国证监会及其派出机构的要求，及时、完整、真实、准

确报送相关材料,配合监督检查;

(十)法律、行政法规、中国证监会规定和基金合同约定的其他职责。

在履行职责过程中,私募基金管理人可以依法委托其他机构提供相关服务,其相应职责不因委托服务而免除。

第十二条　私募基金管理人应当履行主动投资管理职责,不得直接或者间接将投资管理职责委托他人行使。

第十三条　私募基金管理人应当遵循专业化管理原则,依法从事以下业务:

(一)非公开募集资金并进行投资管理;

(二)为本办法第四十二条第(二)项规定的资产管理产品提供证券投资顾问服务;

(三)法律、行政法规和中国证监会规定的其他业务。

第十四条　私募基金管理人为本办法第四十二条第(二)项规定的资产管理产品提供证券投资顾问服务业务的,应当持续符合下列要求:

(一)已在基金业协会登记满三年;

(二)具备符合规定数量和投资业绩,且无不良从业记录的投资管理人员;

(三)合规风控稳健,私募基金管理人及其控股股东、普通合伙人、实际控制人、法定代表人、执行事务合伙人或者委派代表、高级管理人员、投资管理人员最近五年不存在《私募条例》第八条、第九条规定的情形;

(四)中国证监会规定的其他条件。

第十五条　私募基金管理人为本办法第四十二条第(二)项规定的资产管理产品提供证券投资顾问服务业务的,应当签订投资顾问服务合同,并履行下列职责:

(一)按照投资顾问服务合同约定的投资目标和策略向委托人提出投资建议,不得直接执行投资指令;

（二）公平对待其管理的私募基金和担任投资顾问的产品；

（三）建立利益冲突防范机制，防范自主管理产品与投资顾问产品、自有资金投资之间的利益冲突和利益输送；

（四）制定明确的投资建议的决策流程，并对投资建议相关材料进行记录并保存；

（五）中国证监会规定和投资顾问合同约定的其他职责。

私募基金管理人应当将提供投资顾问服务的资产管理产品相关信息报送基金业协会，具体办法另行制定。

第十六条 私募基金管理人使用自有资金投资其所管理的或者关联方所管理的私募基金，应当与其他投资者所持的同等份额享有同等权益、承担同等风险。

除前款规定的情形外，私募基金管理人应当审慎开展其他自有资金投资活动，确有必要开展的，应当制定并执行自有资金运用管理制度，明确人员、财务、账户、系统、业务等隔离安排，切实防范同业竞争和利益冲突，并按照规定报送信息。

私募基金管理人的控股股东、普通合伙人、实际控制人、高级管理人员和投资管理人员使用自有资金投资的，参照本条规定执行，相关人员不得利用职务便利或者私募基金管理人的展业便利条件开展自有资金投资活动。

第十七条 私募基金管理人管理资产规模达到规定标准的，应当符合中国证监会规定的运营资金、从业人员、合规风控、风险计提、信息报送等要求。

第十八条 私募基金管理人的股东、合伙人以及股东、合伙人的控股股东、实际控制人，控股或者实际控制两家以上私募基金管理人的，应当具有充分的合理性与必要性，具有简明清晰的股权架构，全面、及时、准确披露各私募基金管理人业务分工，做好业务隔离，避免同业化竞争，并应当建立健全集中统一的合规风控管理体系，加强对各私募基金管理人的审查、监督、检查，防范利益冲突和利益输送。

第十九条 私募基金管理人不得出资设立分支机构。为管理私募基金财产必须设立子公司的,私募基金管理人应当将子公司纳入统一合规风控管理,并及时向基金业协会和注册地、设立机构所在地中国证监会派出机构报告。

第二十条 私募基金管理人的股东、合伙人、实际控制人不得有下列行为:

(一)《私募条例》第十二条规定的行为;

(二)以非自有资金出资;

(三)直接或者间接向投资者承诺保本保收益;

(四)法律、行政法规和中国证监会禁止的其他行为。

私募基金管理人的控股股东、普通合伙人、实际控制人不得从事与私募基金管理相冲突的业务。

第二十一条 申请机构有下列情形之一的,基金业协会不予登记:

(一)《私募条例》第八条、第九条规定的情形;

(二)不符合本办法第七条、第十八条、第二十条规定;

(三)提供的申请登记信息或者材料存在虚假记载、误导性陈述或者重大隐瞒;

(四)申请登记前违规从事私募基金募集、投资管理等活动;

(五)中国证监会规定的其他情形。

第二十二条 私募基金管理人有下列情形之一的,基金业协会按照规定及时注销私募基金管理人登记并予以公示:

(一)《私募条例》第十四条规定的情形;

(二)本办法第二十一条规定的情形,逾期未改正;

(三)经基金业协会公示失联信息,公示期满仍无法取得有效联系;

(四)中国证监会规定的其他情形。

基金业协会注销私募基金管理人登记前,应当通知私募基金管理人清算私募基金财产或者将私募基金财产管理职责转移给其他登记的私募基金管理人,无法清算或者转移的,参照《私募条例》第三十四条和本办法第五十八条处理。

第二十三条 除基金合同另有约定外,私募基金财产应当由私募基金托管人托管。基金合同约定私募基金财产不托管的,应当约定保障私募基金财产安全的制度措施和纠纷解决机制,明确私募基金管理人应当对私募基金财产和其他资产采取隔离措施。符合下列情形的私募基金,应当由私募基金托管人托管:

(一)采用契约形式设立的;

(二)接受资产管理产品、私募基金投资的;

(三)主要投资单一标的、境外资产、场外衍生品等情形的;

(四)开展杠杆融资的;

(五)中国证监会规定的其他情形。

基金业协会应当对未托管的私募基金进行特别公示。

第二十四条 私募基金托管人托管私募证券投资基金的,应当符合《证券投资基金法》的规定,并按照《证券投资基金法》规定和基金合同约定履行职责。私募基金托管人托管私募股权投资基金、母基金等私募基金的,应当按照法律、行政法规、中国证监会规定和基金合同约定履行职责。

私募基金管理人应当配合私募基金托管人履行职责,确保所提供材料的及时、完整、真实、准确。私募基金托管人发现私募基金管理人的投资违反法律、行政法规和基金合同约定的,应当拒绝执行,及时通知私募基金管理人并向中国证监会派出机构、基金业协会报告。

第二十五条 从事私募基金销售、份额登记、估值核算、信息技术系统服务等私募基金服务业务活动的机构和人员,应当符合国家有关规定,勤勉尽责、恪尽职守,依法依规履行职责。

第二十六条 律师事务所、会计师事务所为私募基金业务活动出具法律意见书、审计报告等文件,应当勤勉尽责,对所依据的文件资料内容的真实性、准确性、完整性进行核查和验证。其制作、出具的文件不得有虚假记载、误导性陈述或者重大遗漏。

第三章 私募基金产品

第二十七条 私募基金财产的投资标的包括公司股权、股份、合伙企业份额、债券、基金份额、其他证券、期货和衍生品以及中国证监会规定的其他投资标的。

私募基金应当坚持专业化运作原则,具有明确、合法的投资方向。基金合同应当基于主要投资方向和资产类别将私募基金明确为私募股权投资基金、私募证券投资基金、母基金以及中国证监会规定的其他基金类型。

第二十八条　私募股权投资基金是指将主要基金财产投资于未上市公司股权、不动产项目公司股权、上市公司非公开发行或交易的股票、合伙企业份额、私募股权投资基金份额以及符合中国证监会规定的其他投资标的的私募基金。

私募证券投资基金是指将主要基金财产投资于股票、存托凭证、债券、其他证券、期货和衍生品、证券投资基金份额以及符合中国证监会规定的其他投资标的的私募基金。

母基金是指将主要基金财产投资于私募股权投资基金份额、私募证券投资基金份额、本办法第四十二条第(二)项规定的资产管理产品份额以及符合中国证监会规定的其他投资标的的私募基金,具体办法由中国证监会另行规定。

第二十九条　私募基金财产不得直接或者间接用于下列投资或者活动:

(一)信贷、借(存)贷、担保等;

(二)投向保理、融资租赁、典当等与私募基金相冲突业务的资产、资产收(受)益权,以及从事上述业务公司的股权;

(三)从事承担无限责任的投资;

(四)投向国家禁止、限制投资或者不符合国家产业、环境保护、土地管理等相关政策的项目,但证券市场投资除外;

(五)增加或者变相增加政府隐性债务;

(六)法律、行政法规、中国证监会禁止的其他投资或者活动。

中国证监会指导基金业协会建立私募基金投资负面清单制度。

私募基金以股权投资为目的,可以按照合同约定为被投企业提供一年期限以内借款、担保，但借款或者担保到期日不得晚于股权投资退出日，且借款或者担保余额不得超过该私募基金实缴金额的20%，中国证监会另有规定的除外。

第三十条 私募股权投资基金应当采取封闭式运作，其所投资产的退出日不得晚于其封闭到期日。除分红、项目退出后减资、投资者减少认缴出资、基金份额转让等情形外，封闭运作期间不得办理退出。

第三十一条 私募股权投资基金同时符合以下条件的，可以扩募：

（一）运作规范，处于基金合同约定的投资期；

（二）对象限于本办法第四十二条规定的合格投资者或者单笔投资金额1000万元以上的其他合格投资者；

（三）由私募基金托管人托管；

（四）按照基金合同约定的方式事先取得全体投资者或者投资者认可的决策机制决策同意；

（五）私募基金管理人未违反法律、行政法规、中国证监会规定和基金合同约定；

（六）中国证监会规定和基金合同约定的其他条件。

开展单一项目投资的私募基金不得向原投资者之外的其他投资者扩募。

第三十二条 私募基金管理人和投资者应当签订基金合同，明确约定私募基金成立条件、日期和各方当事人的权利、义务等相关事宜。基金合同应当包括《证券投资基金法》第九十二条、第九十三条以及《私募条例》和中国证监会、基金业协会规定的其他内容。

私募基金管理人、私募基金销售机构应当向投资者全面、充分解释基金合同有关条款，不得在基金合同签订前收取投资者投资款项。

第三十三条 私募基金管理人应当自私募基金募集完毕之日起20个工作日内，依法向基金业协会报送下列材料，办理备案：

（一）《私募条例》第二十二条规定的材料；

（二）招募说明书；

（三）风险揭示书以及投资者适当性相关文件材料；

（四）募集账户信息、募集账户监督协议；

（五）中国证监会和基金业协会规定的其他材料。

基金业协会应当在备案材料齐备后的20个工作日内，办结备案手续并予以公示。私募基金管理人不得管理运作未备案的私募基金。在备案完成前不得开展投资运作，但以现金管理为目的，投资于银行活期存款、国债、中央银行票据、政策性金融债、货币市场基金等中国证监会认可的投资品种的除外。

私募基金募集完毕是指投资者已签署基金合同并认缴完毕，且均已完成首期实缴出资，单个投资者首期实缴金额和私募基金实缴规模不得低于本办法要求，国家另有规定的除外。

第三十四条　私募基金应当具有保障基本投资能力、抗风险能力和符合投资策略要求的实缴规模，且仅限货币出资：

（一）私募股权投资基金实缴规模不得低于1000万元，其中创业投资基金首期实缴规模不得低于500万元，并在备案完成后的6个月内达到1000万元的实缴规模，不动产私募基金实缴规模不得低于3000万元；

（二）私募证券投资基金实缴规模不得低于1000万元；

（三）母基金实缴规模不得低于5000万元。

私募基金管理人不得通过投资者短期赎回私募基金份额等方式，规避私募基金实缴规模要求。

基金业协会根据私募基金的类型、募集资金规模等情况实施分类公示。

第三十五条　私募基金下列事项发生变更的，私募基金管理人应当自变更之日起10个工作日内向基金业协会办理变更备案手续：

（一）基金合同约定的存续期限、认缴规模、投资范围、投资策略、费用及收益分配安排等重要事项；

（二）私募基金管理人、私募基金托管人、私募基金服务机构；

（三）基金经理、基金管理团队或者关键人士；

（四）私募基金类型；

（五）影响私募基金运行和投资者重大利益的其他事项。

第三十六条 全体投资者组成的基金份额持有人大会或者全体投资者认可的决策机制行使下列职权：

（一）决定私募基金扩募或者延长基金合同期限；

（二）决定更换私募基金管理人、私募基金托管人；

（三）决定修改基金合同的重要内容或提前终止基金合同；

（四）基金合同约定的其他职权。

基金合同应当明确约定基金份额持有人大会的召开方式、议事程序和表决方式等内容。

第三十七条 私募基金管理人接受单一投资者委托设立私募基金的，双方可在基金合同中就私募基金投资决策机制、托管、信息披露、审计进行特别约定。

单一投资者限于本办法第四十二条第（一）（四）（五）（六）项规定的投资者，且私募基金实缴规模不得低于1亿元。

第三十八条 私募基金管理人将单只私募基金80%以上基金财产投向单一标的的，应当同时符合下列条件：

（一）基金合同有明确约定；

（二）私募基金实缴规模不得低于2000万元，其中有自然人投资者的，单个自然人投资者实缴规模不得低于1000万元；

（三）该单一标的与私募基金管理人及其股东、实际控制人、合伙人、从业人员不存在关联关系，全体投资者一致同意的除外；

（四）对全体投资者进行特别风险提示并由投资者确认，私募基金管理人对决策过程、风险提示等进行书面留痕；

（五）中国证监会和基金合同约定的其他条件。

单一标的及其关联方的非标准化资产，视为同一资产合并计算。任何单位和个人不得通过将同一资产进行拆分，以规避单一标的的认定。

第四章　合格投资者

第三十九条　私募基金应当向合格投资者募集或者转让，任一时点单只私募基金的投资者人数累计不得超过《证券投资基金法》《公司法》《合伙企业法》等法律规定的人数。

投资者转让私募基金份额的，受让人应当为合格投资者且受让后人数应当符合前款规定。

任何单位和个人不得通过将私募基金份额进行拆分或者转让，或者通过为单一标的设立多只私募基金等方式，以降低合格投资者标准或者突破法律规定的人数限制。

第四十条　私募基金的合格投资者是指达到规定的资产规模或者收入水平，具备相应风险识别能力和风险承担能力，投资于单只私募基金不低于规定金额的自然人、法人或者其他组织，且符合下列条件之一：

（一）具有两年以上投资经历，且满足下列条件之一的自然人：家庭金融资产不低于500万元，家庭金融净资产不低于300万元，或者近三年本人年均收入不低于40万元；

（二）净资产不低于1000万元的法人或者其他组织。

前款所称金融资产，是指银行存款、股票、期货、债券、基金份额、资产管理产品等。

私募基金管理人的从业人员投资于该私募基金管理人所管理的私募基金不受本条和本办法第三十八条、第四十一条限制。

第四十一条　单个投资者投资于单只私募证券投资基金、母基金的实缴金额不低于100万元，投资于单只私募股权投资基金的实缴金额不低于300万元。投资于下列私募基金的，单个投资者实缴金额不低于500万元：

（一）不动产私募基金；

（二）主要投资单一标的、境外资产、场外衍生品等情形的私募基金；

（三）未托管的私募基金；

（四）由私募基金销售机构销售的私募股权投资基金；

（五）中国证监会规定的其他情形。

第四十二条 下列投资者视为合格投资者：

（一）依法设立并接受国务院金融监督管理机构监管的机构，包括证券公司及其子公司、基金管理公司及其子公司、期货公司及其子公司、商业银行及其理财子公司、保险公司、保险资产管理公司、金融资产投资公司、信托公司、财务公司及中国证监会规定的其他机构；

（二）本条第（一）项规定机构依法发行的资产管理产品；

（三）在基金业协会登记备案的私募基金管理人、私募基金；

（四）社会保障基金、基本养老保险基金、年金基金等养老基金，慈善基金等社会公益基金；

（五）合格境外投资者；

（六）政府资金或者符合条件的政府资金参与设立的基金；

（七）中国证监会规定的其他投资者。

以合伙企业、契约等非法人形式，通过汇集多数投资者的资金直接或者间接投资于私募基金的，负责募集的私募基金管理人或者私募基金销售机构应当穿透核查投资者是否为合格投资者，并合并计算投资者人数。但是，符合本条第（一）（四）（五）项规定的，不再穿透核查最终投资者或者合并计算人数；符合本条第（二）（三）项规定的，不合并计算投资者人数，但私募基金管理人或者私募基金销售机构应当有效识别私募基金的实际投资者与最终资金来源。

第五章 资 金 募 集

第四十三条 私募基金管理人应当按照规定自行募集资金，或者委托取得基金销售业务资格并符合基金业协会规定条件的私募基金销售机构募集资金。私募基金管理人委托募集资金的，应当与私募基金销售机构签署资金募集委托合同，明确双方权利义务。私募基金销售机构及其从业人员募集资金，应当符合法律、行政法规、中国证监会和基金业协会的规定。

资金募集或者募集资金，是指为投资者开立私募基金交易账户、宣传推介私募基金、办理私募基金份额申购、赎回及提供私募基金交易账户信息查询等活动。

第四十四条　私募基金管理人不得委托或者变相委托下列主体募集资金：

（一）不具有基金销售业务资格的机构或者个人；

（二）与私募基金管理人及其股东、合伙人、实际控制人、从业人员存在关联关系的私募基金销售机构；

（三）法律、行政法规和中国证监会规定的其他情形。

第四十五条　私募基金管理人、私募基金销售机构应当建立健全投资者尽职调查等方面的内部控制制度，充分、及时了解投资者的资金来源、资产负债情况、投资经历、风险偏好、诚信状况等信息，采取必要手段进行核查验证，确保投资者符合本办法规定。

投资者应当真实、准确、完整提供相关信息，确保投资资金来源合法，不得非法汇集他人资金或者接受他人委托出资进行投资，不得使用贷款等非自有资金投资私募基金，国家另有规定的除外。

第四十六条　私募基金管理人应当履行投资者适当性义务，对投资者的风险识别能力和风险承担能力进行评估，制作风险揭示书。风险揭示书应当在显著位置对私募基金无托管、投资单一标的、关联交易等情形进行特别风险提示，由投资者签字确认。

私募基金管理人委托私募基金销售机构销售的，私募基金销售机构应当按照前款规定，履行投资者适当性义务，并承担相应法律责任。

第四十七条　私募基金管理人、私募基金销售机构应当结合风险特征和程度对私募基金划分风险等级，根据投资者的风险识别能力和风险承担能力匹配不同风险等级的私募基金。

第四十八条　私募基金管理人、私募基金销售机构应当制作招募说明书，在募集时向投资者披露以下信息：

（一）私募基金管理人和私募基金的基本信息；

（二）私募基金的存续期，申购赎回安排，投资范围，投资架构，投资策略，基金经理、基金管理团队或者关键人士情况；

（三）私募基金的收益分配和风险承担安排；

（四）私募基金的募集期、募集失败后资金返还安排以及募集期间的监督管理安排；

（五）私募基金的托管安排，或者保障私募基金财产安全及纠纷解决的措施等相关信息；

（六）投资者、私募基金承担的费用、费率；

（七）私募基金信息披露的内容、方式和频率；

（八）利益冲突情况和可能影响投资者合法权益的其他重要事项；

（九）中国证监会规定的其他信息。

私募基金管理人、私募基金销售机构向投资者提供的招募说明书信息应当与基金合同中的内容一致，但私募基金管理人在基金合同中作出特别说明并由投资者逐一确认的除外。

第四十九条　私募基金管理人、私募基金销售机构向自然人募集资金的，应当对全过程录音或者录像，建立健全回访确认和投资冷静期机制，通过互联网等非现场方式进行的，应当完善配套留痕安排。

第五十条　私募基金管理人、私募基金销售机构及其从业人员在募集过程中不得有下列行为：

（一）《私募条例》第二十条规定的行为；

（二）为投资者提供多人拼凑、资金借贷等满足合格投资者要求的便利；

（三）向不特定对象宣传推介，通过设置特定对象确定程序的官网、客户端等互联网媒介向合格投资者进行宣传推介的除外；

（四）使用安全、高收益、预期收益率等可能导致投资者不能准确认识私募基金风险的表述；

（五）直接或者间接向投资者承诺保本保收益，包括投资本金不受损失、固定比例损失或者承诺最低收益等情形；

（六）宣传推介材料有虚假记载、误导性陈述或者重大遗漏；

（七）以登记备案、金融机构托管、政府出资、第三方回购担保等名义进行误导性宣传推介；

（八）使用私募基金财产支付资金募集过程中的费用；

（九）法律、行政法规和中国证监会禁止的其他行为。

私募基金管理人的股东、合伙人、实际控制人、关联方不得从事或者变相从事前款所列行为。

第六章　投资运作、退出和信息披露

第五十一条　私募基金管理人应当按照规定和基金合同约定，对私募基金进行有效投后管理，及时了解投资对象的运营和财务状况，督促投资对象按照规定和投资协议约定运用资金，及时采取有效方式切实维护私募基金财产安全。

第五十二条　私募基金管理人应当建立健全利益冲突识别、防范和处理制度，明确利益冲突的审查机制、处理原则和方法，避免因利益冲突处理不当出现利益输送或者谋取不正当利益的行为。

第五十三条　私募基金管理人应当建立健全关联交易管理制度，基金合同应当按照《私募条例》第二十八条、《企业会计准则》明确约定关联交易的认定标准、定价方法、决策程序、信息披露等内容。

私募基金管理人运用私募基金财产从事关联交易的，应当遵守法律、行政法规、中国证监会的规定和基金合同约定，防范利益输送和利益冲突。投资前履行基金合同约定的决策程序，投资后应当及时向投资者和私募基金托管人完整、真实、准确提供相关信息，并按照规定报送。

第五十四条　私募基金可以再投资一层资产管理产品或者私募基金，所投产品不得再投资公募证券投资基金以外的其他的资产管理产品或者私募基金，法律、行政法规和国家另有规定的除外。母基金不计入投资层级,具体办法由中国证监会另行规定。

私募基金管理人不得违反关于嵌套的规定,规避或者变相规避法律、行政法规以及国务院金融监督管理机构规定的登记备案、合格投资者标准、人数限制、投资范围、关联交易规范等监管要求。

第五十五条 私募基金份额进行分级的,名称中应当包含"结构化"、"分级"等字样,分级比例应当符合中国证监会和基金业协会的规定。开放式私募基金不得进行份额分级。

分级私募基金不得直接或者间接对优先级份额认购者提供保本保收益安排。分级私募基金的同级份额享有同等权益,承担同等风险,私募基金产生投资收益或者出现投资亏损时,全体投资者均应当享有收益或者承担亏损。

第五十六条 基金合同中应当约定出现下列情形时合同终止:

(一)基金合同存续期届满且不展期;

(二)基金份额持有人大会或者全体投资者认可的决策机制决定终止;

(三)基金合同约定的其他情形。

第五十七条 基金合同终止的,私募基金管理人应当在发生终止情形之日起5个工作日之内组织对私募基金财产进行清算,基金合同另有约定的除外。私募基金自清算开始之日起不得以私募基金名义新增募集、投资等与清算无关的经营活动。

私募基金管理人应当在清算结束后10个工作日内向基金业协会报送清算报告,因私募基金财产流动性受限等原因延期清算的,应当及时向基金业协会报告。

第五十八条 基金合同应当明确约定私募基金管理人无法正常履行职责或者出现重大风险等情形时的基金财产安全保障机制、应急处置机制及相关费用承担安排。

私募基金无法正常终止的,私募基金管理人、私募基金托管人、基金份额持有人大会或者按照基金合同约定持有一定份额比例的投资者可以建立专项机制或者委托律师事务所、会计师事务所等中介

机构,行使下列职权:

(一)清理核查私募基金资产情况,编制资产负债表和财产清单;

(二)制定、执行清算退出方案;

(三)清缴税款,清理债权、债务;

(四)管理、处置、分配剩余私募基金财产;

(五)依法履行解散、清算、破产等法定程序;

(六)代表私募基金进行纠纷解决;

(七)中国证监会规定或者基金合同约定的其他职权。

第五十九条　私募基金管理人、私募基金托管人及其从业人员从事私募基金业务不得有下列行为:

(一)《私募条例》第三十条规定的行为;

(二)不公平对待不同私募基金财产、同一私募基金的不同投资者,或者在私募基金与其他市场主体之间进行利益输送;

(三)使用私募基金募集账户以外的账户代私募基金收付基金财产,或者以私募基金财产支付私募基金管理人及其关联方应当承担的费用;

(四)使用私募基金财产直接或者间接为私募基金管理人、控股股东、实际控制人及其实际控制的企业或项目提供融资,损害投资者利益;

(五)开展或者参与具有滚动发行、集合运作、期限错配、分离定价等特征的资金池业务;

(六)私募基金收益不与投资标的的收益、风险等情况挂钩;

(七)使用私募基金份额进行质押融资;

(八)玩忽职守,不按照规定履行职责;

(九)从事内幕交易、操纵证券期货市场及其他不正当交易活动;

(十)进行商业贿赂、洗钱、恐怖融资等活动;

(十一)法律、行政法规和中国证监会禁止的其他行为。

私募基金管理人、私募基金托管人的股东、合伙人、实际控制人,私募基金销售机构及其他私募基金服务机构及其从业人员、股东、合伙人、实际控制人,不得有前款所列行为或者为前款行为提供便利。

第六十条 私募基金管理人、私募基金托管人、私募基金服务机构应当按照规定和基金合同约定,向投资者披露信息,向中国证监会及其派出机构、基金业协会报送信息,并保证所披露和报送的信息的真实、准确、完整、及时。

私募基金管理人应当建立健全信息披露管理制度,按照规定和基金合同约定向投资者披露下列信息:

(一)私募基金资产净值、份额变动、申购赎回情况以及投资者权益;

(二)私募基金投资运作情况;

(三)私募基金底层资产情况,通过公募证券投资基金以外的资产管理产品或者其他私募基金投资的,应当穿透披露最终底层资产;

(四)私募基金财务状况;

(五)投资收益分配情况;

(六)私募基金承担的费用和业绩报酬,业绩报酬的提取频次;

(七)关联交易及其他可能存在的利益冲突情况;

(八)中国证监会规定和基金合同约定的可能影响投资者合法权益的其他信息。

私募基金管理人发生重大事项变更,私募基金发生清盘、清算、重大诉讼或者仲裁,出现重大风险事件以及基金合同约定的其他可能影响投资者利益的重大事项的,私募基金管理人应当在2个工作日内向投资者披露有关信息。

第六十一条 私募基金管理人、私募基金托管人、私募基金服务机构及其从业人员向投资者披露信息,不得有下列行为:

(一)《私募条例》第三十二条规定的行为;

(二)直接或者间接承诺预期收益率,限定损失金额、比例;

(三)夸大或者片面宣传私募基金管理人、基金经理或者私募基金的过往业绩;

(四)恶意诋毁、贬低其他私募基金管理人、私募基金托管人、私募基金销售机构或者其他私募基金；

（五）法律、行政法规和中国证监会禁止的其他行为。

第六十二条　私募基金管理人及其控股股东、实际控制人、私募基金出现重大风险事件的，私募基金管理人、私募基金托管人应当在2个工作日内向注册地和风险事件发生地的中国证监会派出机构和基金业协会报告。

私募基金管理人、私募基金托管人、私募基金销售机构及其他私募基金服务机构，应当按照中国证监会及其派出机构、基金业协会的要求报送相关材料。

第六十三条　私募基金管理人应当在每个会计年度结束后，按照规定向基金业协会报送私募基金管理人和私募基金的年度财务报告，其中，私募基金管理人、私募股权投资基金、母基金和存在未托管等情形的私募证券基金年度财务报告应经会计师事务所审计。

第六十四条　私募基金管理人、私募基金托管人及私募基金销售机构等私募基金服务机构应当制作并妥善保存私募基金投资决策、交易，投资者尽职调查和投资者适当性管理等方面的记录及其他相关资料，保存期限自私募基金清算结束之日起不得少于20年。

第七章　关于创业投资基金的特别规定

第六十五条　创业投资基金是指同时符合下列条件的私募股权投资基金：

（一）符合《私募条例》第三十五条的规定；

（二）基金存续期限在5年以上；

（三）法律、行政法规和中国证监会规定的其他条件。

第六十六条　中国证监会对创业投资基金实施区别于其他私募基金的差异化监督管理：

（一）支持长期资金投资于创业投资基金；

（二）支持创业投资基金采取优先股、可转股债权等多种方式开展股权投资；

(三)对投资符合国家规定的创业投资基金适用差异化解禁期、减持节奏、实物分配、份额转让等便利化退出方式;

(四)制定差异化信息披露、信息报送和现场检查安排;

(五)中国证监会规定的其他差异化安排。

第六十七条 基金业协会设置专门工作安排,在登记备案、事项变更、信息报送等方面对创业投资基金实施差异化自律管理和行业服务。

第八章 行 业 自 律

第六十八条 基金业协会应当建立私募基金登记备案管理及从业人员管理系统,公开私募基金登记备案的具体标准、流程、结果,公示从业人员诚信信息。

基金业协会应当对私募基金管理人和私募基金信息保密,除法律、行政法规和中国证监会另有规定外,不得对外提供。

第六十九条 基金业协会应当按照法律、行政法规和中国证监会规定对私募基金管理人和私募基金业务活动实施监测监控、自律检查,发现存在重大风险或者违规事项的,应当及时报告中国证监会及其派出机构。

基金业协会应当对私募基金管理人填报或者报送的相关信息、投资运作情况等进行抽查。

第七十条 基金业协会应当建立私募基金登记备案、信息备份、从业人员管理等信息系统与中国证监会及其派出机构的共享机制。

基金业协会应当定期向中国证监会报送私募基金管理人和私募基金的汇总分析报告,及时提供私募基金统计监测数据、违法违规以及中国证监会日常监管需要的其他信息。

基金业协会应当建立私募基金登记备案信息与省级地方人民政府金融监管机构的共享机制。

第七十一条 私募基金管理人、私募基金托管人、私募基金服务机构及其从业人员应当接受基金业协会自律管理。基金业协会应当制定和实施私募基金行业自律规则，检查私募基金管理人、私募基金托管人、私募基金服务机构及其从业人员的执业行为。

私募基金管理人、私募基金托管人、私募基金服务机构及其从业人员违反法律、行政法规、本办法规定和基金业协会自律规则的，基金业协会应当视情节轻重，采取自律管理措施、纪律处分措施。发现违法违规的，基金业协会应当及时报告中国证监会，同时抄送私募基金管理人注册地中国证监会派出机构。

第七十二条　私募基金管理人存在下列情形的，基金业协会可以暂停其私募基金备案，并向中国证监会及其派出机构报送相关信息：

（一）私募基金管理人及其控股股东、普通合伙人、实际控制人受到刑事处罚的；

（二）私募基金管理人及其控股股东、普通合伙人、实际控制人被金融监管部门给予行政处罚，情节严重的；

（三）拒绝、阻碍监管人员依法行使监督检查、调查职权，情节严重的；

（四）被采取行政监管措施未按期整改且情节严重的；

（五）未按照规定报送信息，情节严重的；

（六）中国证监会和基金业协会规定的其他情形。

第七十三条　基金业协会应当建立投诉处理机制，受理投资者投诉，进行纠纷调解。

第九章　监督管理和法律责任

第七十四条　中国证监会及其派出机构依法对私募基金管理人、私募基金托管人、私募基金服务机构、律师事务所、会计师事务所及其从业人员从事私募基金业务活动进行监督管理、统计监测和检查调查，依照法律、行政法规和中国证监会规定采取有关措施。

被检查、调查的单位和个人应当配合中国证监会及其派出机构依法进行的监督管理、统计监测和检查调查，按要求提供有关文件和资料，不得拒绝、阻碍和隐瞒。

第七十五条 私募基金管理人、私募基金托管人、私募基金服务机构、律师事务所、会计师事务所及其从业人员违反法律、行政法规、本办法及中国证监会其他规定的，中国证监会及其派出机构可以采取下列行政监管措施：

（一）责令改正；

（二）监管谈话；

（三）出具警示函；

（四）《私募条例》第四十二条规定的措施；

（五）法律、行政法规和中国证监会规定的其他措施。

第七十六条 私募基金管理人、私募基金托管人、私募基金服务机构、律师事务所、会计师事务所及其从业人员违反《证券投资基金法》《私募条例》的，依法应予行政处罚的，依照有关规定予以处罚。

第七十七条 除本办法第七十六条规定的情形外，私募基金管理人、私募基金托管人、私募基金服务机构及其从业人员违反本办法规定，责令改正，给予警告或者通报批评，并处十万元以下的罚款，涉及金融安全且有危害后果的，并处二十万元以下的罚款；并对直接负责的主管人员和其他直接责任人员，给予警告或者通报批评，并处十万元以下的罚款，涉及金融安全且有危害后果的，并处二十万元以下的罚款。

私募基金管理人、私募基金托管人、私募基金服务机构的股东、合伙人、实际控制人违反本办法规定，参照前款规定予以处罚。

第七十八条 违反法律、行政法规和本办法的有关规定，情节严重的，中国证监会可以对有关责任人员采取证券期货市场禁入的措施；涉嫌犯罪的，依法移送司法机关追究刑事责任。

第十章　附　　则

第七十九条 过渡期自本办法施行之日起算。过渡期内，新登记私募基金管理人和新备案私募基金应当符合本办法的规定。对于不符合规定的已登记私募基金管理人、已备案私募基金，应当按照下列整改：

（一）除本办法第七条第（一）（二）（四）项规定的外，私募基金管理人应当按照本办法规定在一年内完成整改。

（二）私募基金在整改完毕前不得新增投资、不得新增募集规模、不得新增投资者、不得展期，基金合同到期后予以清算；对不符合本办法第五十四条规定的，应当在两年内完成整改。

基金业协会对到期未完成整改的私募基金管理人和私募基金进行特别公示，并视情节轻重，采取自律管理措施、纪律处分措施。

第八十条　私募基金管理人在境外开展私募基金业务活动，所在国家或者地区的证券监管机构已与中国证监会或者中国证监会认可的其他机构签订证券监管合作谅解备忘录，并应当符合国家外汇管理、跨境投资等规定。

第八十一条　证券公司、基金管理公司、期货公司及其子公司从事私募基金业务适用本办法第三条、第四条、第五条和第六条规定。

第八十二条　本办法自2024年×月×日起施行。《私募投资基金监督管理暂行办法》（证监会令第105号）《关于加强私募投资基金监管的若干规定》（证监会公告〔2020〕71号）同时废止。

附录二：

投资活动相关术语

权责发生制：又称“应收应付制”。它是以本会计期间发生的费用和收入是否应计入本期损益为标准，处理有关经济业务的一种制度。凡在本期发生应从本期收入中获得补偿的费用，不论是否在本期已实际支付或未付的货币资金，均应作为本期的费用处理；凡在本期发生应归属于本期的收入，不论是否在本期已实际收到或未收到的货币资金，均应作为本期的收入处理。

固定资产:企业为生产产品、提供劳务、出租或者经营管理而持有的、使用时间超过12个月的,价值达到一定标准的非货币性资产,包括房屋、建筑物、机器、机械、运输工具以及其他与生产经营活动有关的设备、器具、工具等。固定资产是企业的劳动手段,也是企业赖以生产经营的主要资产。

无形资产:没有实物形态的可辨认非货币性资产。无形资产具有广义和狭义之分,广义的无形资产包括金融资产、长期股权投资、专利权、商标权等,因为它们没有物质实体,而是表现为某种法定权利或技术。但是,会计上通常对无形资产作狭义的理解,即将专利权、商标权等称为无形资产。

存货:企业在日常活动中持有以备出售的产品或商品、处在生产过程中的在产品、在生产过程或提供劳务过程中耗用的材料或物料等,包括各类材料、在产品、半成品、产成品或库存商品以及包装物、低值易耗品、委托加工物资等。

坏账准备:企业的应收款项(含应收账款、其他应收款等)计提的,是备抵账户。企业对坏账损失的核算,采用备抵法。在备抵法下,企业每期末要估计坏账损失,设置“坏账准备”账户。备抵法是指采用一定的方法按期(至少每年末)估计坏账损失,提取坏账准备并转作当期费用,实际发生坏账时直接冲减已计提坏账准备,同时转销相应的应收账款余额的一种处理方法。

存货跌价准备:在中期期末或年度终了,如基于存货遭受毁损、全部或部分陈旧过时或销售价格低于成本等原因,使存货成本不可以收回的部分,应按单个存货项目的成本高于其可变现净值的差额提取,并计入存货跌价损失。

资产减值:资产的可收回金额低于其账面价值。企业应当在资产负债表日判断资产是否存在可能发生减值的迹象;对于存在减值迹象的资产,应当进行减值测试,计算资产的可收回金额。可收回金额低于账面价值的,应当按照可收回金额低于账面价值的金额,计提减值准备。

应付账款:企业因购买原材料、商品或接受劳务供应等经营活动而应付给供应单位的款项。

应收账款:企业在正常的经营过程中因销售商品、产品、提供劳务等业务,应向购买单位收取的款项,包括应由购买单位或接受劳务单位负担的税金、代购买方垫付的各种运杂费等。

营业收入:从事主营业务或其他业务所取得的收入。指在一定时期内,商业企业销售商品或提供劳务所获得的货币收入。

营业成本:企业所销售商品或者提供劳务的成本。

财务费用:企业为筹集生产经营所需资金等而发生的费用。具体项目有:利息净支出、汇兑净损失、金融机构手续费以及筹集生产经营资金发生的其他费用等。

管理费用:企业为组织和管理企业生产经营所发生的管理费用,包括企业在筹建期间内发生的开办费、董事会和行政管理部门在企业的经营管理中发生的或者应由企业统一负担的公司经费、工会经费、董事会费、聘请中介机构费、咨询费(含顾问费)、诉讼费、业务招待费、技术转让费、矿产资源补偿费、研究费用、排污费以及企业生产车间(部门)和行政管理部门等发生的固定资产修理费用等。

销售费用:企业在销售商品和材料、提供劳务的过程中发生的各种费用。包括企业在销售商品过程中发生的保险费、包装费、展览费和广告费、商品维修费、装卸费等以及为销售本企业商品而专设的销售机构(含销售网点、售后服务网点等)的职工薪酬、业务费、折旧费、固定资产修理费用等费用。

摊销:将一项无形资产的成本分摊到整个使用年限或允许年限的会计核算方法,也可指借款人将货款或贷款分期偿还。

折旧:一种会计核算方法,是指固定资产等有形资产在持有或使用过程中基于有形损耗等因素,其价值发生减少反映在会计账面上的情况。

资产:企业过去的交易或者事项形成的、由企业拥有或者控制的、预期会给企业带来经济利益的资源。它包括实物财产、债权、其他权利等。资产表现的形式有多种:货币资金、应收账款、存货、固定资产、无形资产等。

负债:企业过去的交易或者事项形成的、预期会导致经济利益流出企业的现时义务,也就是企业资产总额中属于债权人的那部分权益,表现形式有短期借款、应付票据、应付账款、预收账款等。

所有者权益:企业所有者对企业净资产的要求权,是企业全部资产减去负债后的余额。按照形成的来源,它可以分为投入资本和留存利润。前者是所有者投入企业的资本,后者是企业生产经营活动所产生的利润在缴纳所得税后的部分。

阿尔法系数(α系数):在一定风险水平下,证券的实际收益率与预期收益率之间的差异。

贝塔系数(β系数):衡量的是资产收益与市场整体收益水平之间的关系,即资产相对于大盘的涨跌幅度,是衡量系统性风险的指标。

资本资产定价模型:在分散化投资组合的前提下,对风险进行定价的框架。股东期望报酬率 = 无风险利率 + β × 市场风险溢价。无风险利率通常用短期国库券利率表示;β值反映的是该股票的系统性风险,是该股票的收益率与市场组合的收益率的协方差与该股票期望收益率的方差的比值,可以用该股票与市场组合的历史收益率进行回归得出;市场风险溢价是市场组合相对于无风险利率的风险溢价,用市场组合的收益率减去无风险利率得出。通常选取大盘指数作为市场组合。

资本结构:一家公司两种融资方式下融资总额中债务和权益所占的相对比例。

资本支出:用于购买固定资产或其他长期资产的支出。

资产负债表:总括反映公司在一定日期全部资产、负债和股东权益的会计报表。

利润表:又称损益表,指反映企业在一定会计期间收入、费用、利润(或亏损)的金额和构成情况,是反映企业在一定会计期间经营成果的报表。

现金流量表：以收付实现制为基础编制的反映公司一定会计期间内有关现金和现金等价物的流出和流入的信息的报表，表明公司获得现金和现金等价物的能力，反映企业在经营活动、投资活动和筹资活动中产生的现金流量。

所有者权益变动表：反映公司本期（年度或中期）内截至期末所有者权益变动情况的报表，即某段时期内股东新增了多少股本投入和未分配利润，需要提取多少盈余公积等。

筹资活动产生的现金流：筹资活动产生的现金流量，包括吸收投资、发行股票、分配利润、发行债券、向银行贷款、偿还债务等收到和付出的现金。

投资活动产生的现金流：投资活动产生的现金流量，主要包括购建和处置固定资产、无形资产等长期资产，以及取得和收回不包括在现金等价物范围内的各种股权与债权投资等收到和付出的现金。

经营活动产生的现金流：公司经营活动产生的现金流量，包括购销商品、提供和接受劳务、经营性租赁、交纳税款、支付劳动报酬、支付经营费用等活动形成的现金流入和流出。

资本成本：企业以各种资本在企业全部资本中所占的比重为权数，对各种长期资金的资本成本加权平均计算出来的资本总成本。

债务资本成本：公司举借债务所付出的成本，通常以借款利率的百分比形式计量，也可用货币形式的年化收益金额计量。

权益资本成本：投资者投入的资本金所需索取的回报。权益资本体现出资者权益，其取得主要通过接受投资、发行股票或内部融资。权益资本成本可以参考债务资本成本的计算方法，将预计未来发放的股利折现等于股票的发行价格，折现率即为权益资本成本。

流动资产：现金及预期能在一年或者超过一年的一个经营周期内变现或者运用的资产。流动资产主要包括货币资金、交易性金融资产、应收款项、存货、其他流动资产等。

流动负债：将在一年或者超过一年的一个营业周期内偿还的债

务。它包括短期借款、应付票据、应付账款、预收货款、应付工资、应交税金、应付利润、其他应付款、预提费用等。

流动比率:流动比率 = 流动资产 ÷ 流动负债,该公式可以帮助投资者衡量短期资产变现用于偿还短期债务的能力。

速动比率:速动比率 = 速动资产 ÷ 流动负债。其中,速动资产 = 流动资产 - 存货 - 预付账款 - 一年内到期的非流动资产 - 其他流动资产中不属于速动资产的部分。速动资产是指现金、银行存款、短期投资、应收账款、应收票据等几乎立即可以用来偿付流动负债的资产。

市盈率(Price Earnings Ratio,P/E Ratio):衡量一家公司市值相对于其每股收益的比率。市盈率 = 每股市价 ÷ 每股收益。其中,市场价格是指公司股票在市场上的交易价格,每股收益是指公司的净利润除以公司的总股本,得到每股股票所对应的净收益。

市净率(Price - to - Book Ratio,P/B Ratio):衡量一家公司市值相对于其净资产的比率。市净率 = 每股市价 ÷ 每股净资产。其中,市场价格是指公司股票在市场上的交易价格,每股净资产是指公司的净资产总额除以公司的总股本,得到每股股票所对应的净资产。

市销率(Price - to - Sales Ratio,P/S Ratio):衡量一家公司市值相对于其销售收入的比率。市销率 = 每股市价 ÷ 每股销售额。其中,市场价格是指公司股票在市场上的交易价格,每股销售额是指公司一定时间内的销售收入总额除以公司的总股本,得到每股股票所对应的每股销售额。

存货周转天数:在计算得到存货周转率后进一步推算出来的指标。其计算公式为:存货周转天数 = 存货平均余额 × 360 ÷ 销售成本。

应收账款回收期:衡量公司应收账款回收工作效率的一项重要指标,是对应收账款周转率作进一步分析而得到的。其计算公式为:应收账款回收期 = 应收账款平均余额 × 360 ÷ 销售收入。在上式中,一年以 360 天计。

存货周转率：既是衡量公司销货能力强弱和存货是否过量的重要指标，也是分析公司流动资产运转效率的重要依据。其计算公式为：存货周转率（次）= 销售成本 ÷ 存货平均余额。

固定资产周转率：衡量公司利用现存的厂房、建筑物和机器设备等固定资产形成销售收入的程度的重要指标。其计算公式为：固定资产周转率（次）= 销售收入 ÷ 固定资产平均余额。

总资产周转率：公司销售收入与平均资产总额的比率，可用于分析公司全部资产的使用效率。其计算公式为：总资产周转率（次）= 销售收入 ÷ 平均资产总额。在上式中，销售收入是指销售总收入减去销售退回、折扣、扣让后的净额，平均资产总额可采用年初年末的平均数衡量。总资产周转率也可用周转天数来表示，其计算公式为：总资产周转天数 = 360 ÷ 总资产周转率（次）= 360 × 平均资产总额 ÷ 销售收入。

投资回收期：又称投资回收年限，是指投资项目投产后获得的收益总额达到该投资项目投入的投资总额所需要的时间（年限）。投资回收期可分为静态投资回收期和动态投资回收期。静态投资回收期是在不考虑资金时间价值的条件下，以项目的净收益回收其全部投资所需要的时间。动态投资回收期是把投资项目各年的净现金流量按基准收益率折成现值之后，再来推算投资回收期。

折现率：特定条件下的收益率，说明资产取得该项收益的收益率水平。

现值：以预先确定的折现率对一笔未来现金流进行折现得出的该笔现金流当前价值的结果。

终值：又称将来值或本利和，是指现在一定量的资金在未来某一时点上的价值。

内部收益率（Internal Rate of Return，IRR）：一种用于衡量投资项目或资本项目的盈利能力和吸引力的财务指标。内部收益率是使项目的净现值（Net Present Value，NPV）等于零的折现率。净现值是将项目的未来现金流量折现到当前值后所得到的结果，用于衡量项目的投资价值。内部收益率反映了项目所能提供的回报率。

到期收益率(Yield to Maturity,YTM):将债券持有到偿还期所获得的收益,包括到期的全部利息。

净现值:一种常用的财务分析工具,用于衡量一个投资项目所产生的现金流量与投资成本之间的差额。如果净现值为正数,则说明该投资项目有盈利能力;如果净现值为负数,则说明该投资项目可能会亏损。

资产收益率(Return on Assets,ROA):又称投资报酬率,是公司净利润与公司平均资产总额的比率。其计算公式为:资产收益 = 净利润 ÷ 平均资产总额。

资本收益率(Return on Capital,ROC):又称净资产收益率或者资本利润率,是公司税后利润与平均资本的比率。其计算公式为:资本收益率 = 净利润 ÷ 平均资本,平均资本 = [(实收资本年初数 + 资本公积年初数) + (实收资本年末数 + 资本公积年末数)] ÷ 2。

净资产收益率(Return on Equitg ROE):又称股东权益报酬率,是净利润与股东权益的比率,反映了股东权益的收益水平。其计算公式为:净资产收益率 = 净利润 ÷ 股东权益。

杜邦财务分析体系:以净资产收益率为基础,因为净资产收益率是所有财务比率中综合性最强、最具有代表性的一个指标。其计算公式为:净资产收益率 = 资产净利率 × 权益乘数。其中,资产净利率 = 销售净利率 × 资产周转率;权益乘数 = 1 ÷ (1 − 资产负债率)。因此,净资产收益率 = 销售净利率 × 资产周转率 ÷ (1 − 资产负债率)。

息税前利润(Earnings Before Interest and Tax,EBIT):不扣除利息也不扣除所得税的利润,也可称为息前税前利润。息税前利润 = 企业的净利润 + 企业支付的利息费用 + 企业支付的所得税,或息税前利润 = 边际贡献 − 固定经营成本 = 销售收入总额 − 变动成本总额 − 固定经营成本。

每股收益(Earnings Per Share,EPS):普通股股东每持有一股所能享有的企业利润或需承担的企业亏损。每股收益是综合反映公司获利能力的重要指标,其计算公式为:每股收益=(净利润-优先股股利)÷发行在外普通股平均股数。

利息保障倍数(Times Interest Earned,TIE):企业生产经营所获得的息税前利润与利息费用之比,是衡量企业长期偿债能力的指标。其计算公式为:利息保障倍数=息税前利润÷利息费用(利息费用包含资本化的利息费用)。

毛利率(Gross Profit Margin,GPM):销售毛利率。毛利是指销售收入与销售成本之间的差额,毛利相对销售收入的比率就是毛利率,其计算公式为:销售毛利率=毛利÷销售收入。

净利率(Net Profit Margin):销售净利率,其计算公式为:销售净利率=净利润÷销售收入。

首次公开发行(Initial Public Offering,IPO):公司首次向大众募集资金,并在证券交易所上市交易股票。

杠杆收购(Leveraged Buy-outs,LBO):公司或个体利用收购目标的资产作为债务抵押,收购另一家公司的策略。交易过程中,收购方的现金开支下降到最低程度。杠杆收购的突出特点是,收购方为了进行收购,通过大规模融资借贷去支付(大部分的)交易费用。同时,收购方以目标公司资产及未来收益作为借贷抵押。

营运效率:衡量任何形式商业活动的单位投入所带来产出的一系列指标。如单位员工每小时产出的收入或单位资产产生的收入等。

控制权溢价:收购方为了获得目标公司的决策和现金流的控制权而愿意支付的价格。在大多数收购中,考虑到预期的协同效益及控制权溢价,收购方愿意为一家上市公司支付超过其当前市场价值的购买价格。

自由现金流:企业经营活动产生的现金流量扣除资本性支出的差额,用来衡量企业实际持有的能够回报股东的现金,指在不危及公司生存与发展的前提下可供分配给股东(和债权人)的最大现金额。其计算公式为:自由现金流=(1-所得税率)×息税前利润+折旧与摊销－资本支出－营运资本变动额。

商誉:能在未来期间为企业经营带来超额利润的潜在经济价值,或一家企业预期的获利能力超过可辨认资产正常获利能力(如社会平均投资回报率)的资本化价值,是企业整体价值的组成部分。

做多:看好股票、外汇或期货等未来的上涨前景而进行买入持有等待上涨获利。

做空:先借入标的资产,然后卖出获得现金,过一段时间之后,再支出现金,买入标的资产归还。

横向并购:两个或两个以上生产和销售相同或相似产品公司之间的并购行为,如两家航空公司的并购。横向并购对企业发展的价值在于弥补了企业资产配置的不足,由于规模效应而使生产成本降低,提高了市场份额,从而大大增强了企业的竞争力和盈利能力。

纵向并购:生产过程或经营环节相互衔接、密切联系的企业之间或者具有纵向协作关系的专为化企业之间的并购。纵向并购的企业之间不是直接的竞争关系,而是供应商和需求商之间的关系。

混合并购:企业对那些与自己生产的产品不同性质和种类的企业进行的并购行为,其中目标公司与并购企业既不属于同一行业,又没有纵向关系。

要约收购:收购人通过标的公司的股东发出购买其所持该公司股份的书面意见表示,并按照依法公告的收购要约中所规定的事项,收购标的公司股份的收购方式。要约收购既是上市公司收购的一种制度安排,也是一种特殊的证券交易行为。

定向增发:上市企业向满足条件的特殊投资人以非公开的方式发售股权的行为。

特殊目的实体(Special Purpose Vehicle,SPV):仅为特定、专向目的而设立的法律实体。特殊目的实体除设立的特定目的外,一般没有独立的经营、业务等职能。

股票回购:公司按一定的程序,购回发行或流通在外的本公司股份的行为。

股票分割:又称拆股、拆细,是将一股股票均等地拆成若干股。理论上说,股票分割后股价会以与分割相同的比例向下调整,但股票的总市值不会变化。

股票合并:又称并股,是将若干股股票合并成一股。

大宗交易:又称大宗买卖,是指单笔证券申报数量或交易金额达到相关规定,买卖双方经过协议达成一致并经过交易所大宗交易系统成交的证券交易。

协同效应:大型集团企业中,成员企业通过相互协作、共享资源等方式,集中购买力、发挥规模经济效应、消除重复活动、提高借款能力,进而获得协同效益。简单地说,就是“1 +1 >2”的效应。

委托代理问题:由于企业所有权与经营权的分离产生的股东与管理层之间、股东与债权人之间的代理问题。委托代理问题的存在必然带来相应的委托人与代理人之间的利益冲突。

内部治理机制:企业或其他组织内部为规范各类参与者行为、平衡内部各方利益、实现组织目标而设立的一套制度安排和运行程序,主要包括决策机制、激励约束机制和内部监控机制等。公司内部治理结构是指主要涵盖股东大会、董事会(监事会)、高级管理团队以及公司员工之间职责权利相互制衡的制度体系。

外部治理机制:除企业内部的各种监控机制外的各个市场机制(如产品市场、资本市场、经理人市场等)对公司的监控和约束。

AMBERS 系统:中国证券投资基金业协会资产管理业务综合报送平台的简称。

S 基金(Secondary Fund):私募股权二级市场基金。S 基金主要在二级市场进行私募股权投资基金权益交易,包括基金份额和投资组合,是基金份额持有人在基金清算前实现退出的重要途径之一。根据交易标的不同,S 基金交易可细分为基金份额的交易和投资组合的交易。

私募股权投资(Private Equity,PE):投资于非上市股权,或者上市公司非公开交易股权的一种投资方式。

风险投资(Venture Capital,VC):向初创企业提供资金支持并取得该公司股份的一种融资方式。

特殊目的并购公司(Special Purpose Acquisition Company,SPAC):特殊目的并购公司是不进行商业运营其成立是为了通过首次公开发行筹集资金,收购现有公司。因此,特殊目的并购公司也被称为“空白支票公司”。

母基金(Fund of Funds,FOF):直译为“基金中的基金”,是一种组合投资基金品种。投资者购买由专业化资产管理机构设立的母基金,通过母基金间接地投资多只标的基金,这样就可以使投资者的资金分配更加多元化。

现金回报倍数(Distribution to Paid - in Capital,DPI):衡量基金最终收益率的常用指标,即在基金期限内的现金回款除以投资金额的倍数。其计算公式为:现金回报倍数 = 投资总回报 ÷ 投资本金。

投入资本总值倍数(Total Value to Paid - in,TVPI):投入资本总值倍数表示所有已缴资本预计可以获取多少回报,为基金总价值(total value)和已缴资本(paid - in)之间的比值。

基金的投资回报倍数(Multiple of Invested Capital,MOIC):投资收益与投资成本的比值。基金的投资回报倍数反映的是投资的静态回报,可以衡量基金的绝对收益量大小,但是对于基金在多长时间实现收益无法作出解释。

目标公司估值方法:投资者或购买者用来确定一个公司在收购、并购或投资中的价值的一系列方法,主要包括市盈率法、资产净值法、现金流折现法、可比公司法。

市盈率法:这种方法通过比较目标公司的每股收益与同行业其他公司的市盈率来估算公司的价值。

资产净值法:基于公司的净资产(总资产减去总负债)来估算公司的价值。

现金流折现法:基于公司未来预期的现金流入,再考虑时间价值和风险,将未来的现金流折现到现在来估算公司的价值。

可比公司法:用同行可比上市公司乘数来决定目标公司估值,通过挑选同行业可参照的上市公司,并计算同类公司的主要财务比率,如盈利能力、投资收益、杠杆率、相关倍数等,运用这些比率作为市场价格乘数,将目标公司与同类公司进行分析和比较,进一步确定相对的估值范围。

久期:以未来时间发生的现金流,按照收益率折现成现值,再用每笔现值乘以距离该笔现金流发生时间点的时间年限,然后进行求和,以这个总和除以债券价格得到的数值。概括来说,就是债券各期现金流支付所需时间的加权平均值。

在险价值:在市场正常波动下,某一金融资产或证券组合的最大可能损失。

期权:赋予持有人在某一特定日期或该日之前的任何时间以固定价格购进或售出一种资产的权利的合约。

期货:是指期货交易场所统一制定的、约定在将来某一特定的时间和地点交割一定数量标的物的标准化合约。

远期:交易双方约定在未来的某一确定时间,以确定的价格买卖一定数量的某种金融资产的合约。该合约规定交易的标的物、有效期和交割时的执行价格等内容。

优先认购权:也称为优先认缴权,是指目标公司新增注册资本时,享有该权利的股东有权在同等条件下优先于其他股东认缴新增注册资本。

认股权证:发行人和认股权证持有人两方之间的协议。该协议赋予持有人在特定时间范围内以指定价格购买公司股权的权利。

反稀释条款:又称反摊薄条款,是指在目标公司进行后续项目融资或者定向增发过程中,投资人避免自己的股份贬值及份额被过分稀释而采取的措施。稀释指的是公司采取增发新股或发行可转换债券等方式,导致现有股东的股权比例减少。

可转换债券:可转换公司债券的简称,又简称可转债,是一种可以在特定时间、按特定条件转换为普通股票的特殊企业债券。可转换债券兼具债权和股权的特征。

创始人限制股权：一种常见的股权安排，用于保障公司创始人的利益和公司的长期发展。它是在公司成立初期或股权融资时设立的一种约束机制，限制创始人在一定时间内或特定条件下出售或转让其持有的股权。

限制转让条款：在公司股权转让过程中设定的一些限制和规定。这种条款可以约束股东在将自己的股权转让给其他人时的行为和条件。常见的限制转让条款包括优先购买权条款、禁止转让条款等。

优先受让权：公司股东或其他特定利益相关方在公司发生股权转让或其他重要交易时，享有在其他潜在买家之前以相同条件购买或者获得股权或其他权益的权利。

共售权：又称随售权，是指当目标公司的控股股东、实际控制人或者其他单独或合计持有目标公司一定股权比例的股东直接或者间接转让目标公司股权时，投资方有权按照约定与其一起转让目标公司股权，或者优先于转让股权。

拖售权：又称领售权，是指当满足一定条件时，公司的一方或几方股东与其他第三方形成股权转让合意后，有权要求公司的其余股东一起按照约定向第三方同时转让公司股权。

赎回条款：一种合同或协议中的条款，规定了在特定条件下，一方有权以事先约定的价格或方式回购另一方持有的资产、股权或债务。赎回条款通常用于投资合同、债券协议、股东协议等文件中。

优先清算权：又称清算优先权，目标公司发生清算事件时，某些股东或债权人拥有在清算过程中优先获得公司资产的分配的权利。优先清算权一般有两个组成部分：优先权（Preference）和参与分配权（Participation）。

优先分红权：在公司进行利润分配时，通过公司章程或者投资协议的约定获得优先分红权的股东，相对于普通股东所拥有的优先获得利润分配的权利，即"后进入公司的投资者先分得公司收益"的权利。

股东知情权：股东作为公司所有者所享有的了解公司经营信息、

参与公司管理的基本权利,也称为股东的信息权。

股东查阅权:股东查阅公司财务报告资料,会计账簿等有关公司经营、决策、管理的相关资料,了解公司经营活动和公司财务状况的权利。股东查阅权是股东知情权的一种具体表现形式。

保护性条款:在风险投资项目中,保护性条款的广度和深度均可能有所不同,常见的保护性条款体现为一票否决权。一票否决权又称为否决权或一票否决制,指的是在公司的决策过程中,股东有权对某一决议投出反对票,而该反对票就有可能导致该决议无法通过。这种权利通常适用于公司的重大决策,如公司的合并、分立、解散,增减公司资本、更改公司章程等。

股东派生诉讼:又称股东代位诉讼,是指股东代表公司对内部(如董事、高级管理人员等)或外部(如第三方)的侵权行为提起诉讼,这种诉讼的目的是恢复由于不当行为而给公司带来的损失。

员工持股计划(Employee Stock Option Program,SEOP)俗称"期权池"(Option Pool),是指将部分股份提前留出,用于激励员工(包括创始人自己、高级管理人员、普通员工)。

基金托管:基金管理人委托合法托管机构(基金托管人),代表基金份额持有人的利益,监督基金管理人日常投资运作,依据基金管理人的指令进行清算和交割,保管基金资产,在有关制度和基金契约规定的范围内对基金业务运作进行监督,并收取一定的托管费。

估值调整协议:投资方与融资方在达成股权性融资协议时,为解决交易双方对目标公司未来发展的不确定性、信息不对称以及代理成本问题而设计的包含股权回购、金钱补偿等对未来目标公司的估值进行调整的协议,业界也称之为对赌协议。从对赌的对象区分,对赌协议可以分为投资方与公司股东(或实际控制人)对赌、投资方与目标公司对赌、投资方与股东及目标公司对赌三种。

回购协议:一种金融合同,用于规定一方(通常是金融机构)将某种资产(如债券、股票等)出售给另一方,并在未来的约定时间以约定价格回购该资产的条款和条件。

股权激励计划:一种企业用于激励和奖励员工、管理层或者合作伙伴的方式,即通过向相关人员提供公司股权或股票期权,使他们有机会分享公司后续经营成果。

业绩报酬(carried interest):私募基金行业中的一种报酬机制,是指私募基金合伙人在基金实现盈利后,按照约定的比例分享投资回报的一部分。这里的比例通常被称为分成比例(carry ratio),可以根据基金的约定而有所不同。常见的分成比例是20%。

封闭期:投资者在购买私募基金份额后,不能随时赎回份额而需要等待一定时间的期限。封闭期的长度可以根据不同的私募基金而有所不同。

基金开放日:可以办理开放式基金的开户、申购、赎回、销户、挂失、过户等一系列手续的工作日。

附录三:

与本条例相关的法律法规目录

(一)全国人大及其常委会

《中华人民共和国刑法》(全国人大常委会,中华人民共和国主席令第18号,2024年3月1日)

《中华人民共和国民法典》(全国人大常委会,中华人民共和国主席令第45号,2021年1月1日)

《中华人民共和国民事诉讼法》(全国人大常委会,中华人民共和国主席令第11号,2024年1月1日)

《中华人民共和国公司法》(全国人大常委会,中华人民共和国主席令第15号,2024年7月1日)

《中华人民共和国证券法》(全国人大常委会,中华人民共和国主席令第37号,2020年3月1日)

《中华人民共和国信托法》（全国人大常委会，中华人民共和国主席令第50号，2001年10月1日）

《中华人民共和国商业银行法》（全国人大常委会，中华人民共和国主席令第34号，2015年10月1日）

《中华人民共和国证券投资基金法》（全国人大常委会，中华人民共和国主席令第23号，2015年4月24日）

《中华人民共和国企业所得税法》（全国人大常委会，中华人民共和国主席令第23号，2018年12月29日）

《中华人民共和国个人所得税法》（全国人大常委会，中华人民共和国主席令第9号，2019年1月1日）

《中华人民共和国反垄断法》（全国人大常委会，中华人民共和国主席令第116号，2022年8月1日）

《中华人民共和国行政处罚法》（全国人大常委会，中华人民共和国主席令第70号，2021年7月15日）

《中华人民共和国预算法》（全国人大常委会，中华人民共和国主席令第22号，2018年12月29日）

《中华人民共和国反不正当竞争法》（全国人大常委会，中华人民共和国主席令第29号，2019年4月23日）

《中华人民共和国保险法》（全国人大常委会，中华人民共和国主席令第26号，2015年4月24日）

《中华人民共和国外商投资法》（全国人大常委会，中华人民共和国主席令第26号，2020年1月1日）

《中华人民共和国合伙企业法》（全国人大常委会，中华人民共和国主席令第55号，2007年6月1日）

《中华人民共和国企业破产法》（全国人大常委会，中华人民共和国主席令第54号，2007年6月1日）

《中华人民共和国银行业监督管理法》（全国人大常委会，中华人民共和国主席令第58号，2007年1月1日）

《中华人民共和国反洗钱法》（全国人大常委会，中华人民共和

国主席令第56号,2007年1月1日)

(二)国务院

《证券公司监督管理条例》(国务院,中华人民共和国国务院令第653号,2014年7月29日)

《防范和处置非法集资条例》(国务院,中华人民共和国国务院令第737号,2021年5月1日)

《国务院关于加强地方政府性债务管理的意见》(国务院,国发〔2014〕43号,2014年9月21日)

《期货交易管理条例》(国务院,中华人民共和国国务院令第676号,2017年3月1日)

《国务院关于促进创业投资持续健康发展的若干意见》(国务院,国发〔2016〕53号,2016年9月16日)

《证券公司风险处置条例》(国务院,中华人民共和国国务院令第764号,2023年7月20日)

《关于私募股权基金管理职责分工的通知》(中央机构编制委员会,中央编办发〔2013〕22号)

《国务院办公厅转发发展改革委等部门关于创业投资引导基金规范设立与运作指导意见的通知》(国务院办公厅,国办发〔2008〕116号,2008年10月18日)

《中华人民共和国企业所得税法实施条例》(国务院,中华人民共和国国务院令第714号,2019年4月23日)

《中华人民共和国个人所得税法实施条例》(国务院,中华人民共和国国务院令第707号,2019年1月1日)

《中华人民共和国增值税暂行条例》(国务院,中华人民共和国国务院令第691号,2017年11月19日)

《中华人民共和国外商投资法实施条例》(国务院,中华人民共和国国务院令第723号,2020年1月1日)

（三）最高人民法院、最高人民检察院、公安部

《全国法院审理金融犯罪案件工作座谈会纪要》（最高人民法院，法〔2001〕8 号，2001 年 1 月 21 日）

《最高人民检察院、公安部关于公安机关管辖的刑事案件立案追诉标准的规定（二）》（最高人民检察院等，公通字〔2022〕12 号，2022 年 5 月 15 日）

《最高人民法院关于准确理解和适用刑法中“国家规定”的有关问题的通知》（最高人民法院，法发〔2011〕155 号，2011 年 4 月 8 日）

《最高人民法院、最高人民检察院、公安部关于办理非法集资刑事案件适用法律若干问题的意见》（最高人民法院等，公通字〔2014〕16 号，2014 年 3 月 25 日）

《最高人民法院关于审理非法集资刑事案件具体应用法律若干问题的解释》（最高人民法院，法释〔2022〕5 号，2022 年 3 月 1 日）

《最高人民法院、最高人民检察院关于办理贪污贿赂刑事案件适用法律若干问题的解释》（最高人民法院等，法释〔2016〕9 号，2016 年 4 月 18 日）

《最高人民法院、最高人民检察院关于办理内幕交易、泄露内幕信息刑事案件具体应用法律若干问题的解释》（最高人民法院等，法释〔2012〕6 号，2012 年 6 月 1 日）

《全国法院民商事审判工作会议纪要》（最高人民法院，法〔2019〕254 号，2019 年 11 月 8 日）

《最高人民法院关于审理企业破产案件若干问题的规定》（最高人民法院，法释〔2002〕23 号，2002 年 9 月 1 日）

《最高人民法院关于公布失信被执行人名单信息的若干规定》（最高人民法院，法释〔2017〕7 号，2017 年 5 月 1 日）

《最高人民法院关于适用〈中华人民共和国公司法〉若干问题的规定（二）》（最高人民法院，法释〔2020〕18 号，2021 年 1 月 1 日）

《最高人民法院关于适用〈中华人民共和国公司法〉若干问题的

规定(三)》(最高人民法院,法释〔2020〕18 号,2021 年 1 月 1 日)

《最高人民法院关于适用〈中华人民共和国公司法〉若干问题的规定(四)》(最高人民法院,法释〔2020〕18 号,2021 年 1 月 1 日)

《最高人民法院关于适用〈中华人民共和国公司法〉若干问题的规定(五)》(最高人民法院,法释〔2020〕18 号,2021 年 1 月 1 日)

《关于适用〈中华人民共和国民法典〉合同编通则若干问题的解释》(最高人民法院,法释〔2023〕13 号,2023 年 12 月 5 日)

《最高人民法院关于审理洗钱等刑事案件具体应用法律若干问题的解释》(最高人民法院,法释〔2009〕15 号,2009 年 11 月 11 日)

《最高人民法院关于审理证券行政处罚案件证据若干问题的座谈会纪要》(最高人民法院,法〔2011〕225 号,2011 年 7 月 13 日)

《最高人民法院关于审理证券市场虚假陈述侵权民事赔偿案件的若干规定》(最高人民法院,法释〔2022〕2 号,2022 年 1 月 22 日)

《最高人民法院关于审理公司强制清算案件工作座谈会纪要》(最高人民法院,法发〔2009〕52 号,2009 年 11 月 4 日)

《最高人民法院关于当前形势下审理民商事合同纠纷案件若干问题的指导意见》(最高人民法院,法发〔2009〕40 号,2009 年 7 月 7 日)

(四)中国人民银行

《中国人民银行金融市场司关于私募投资基金进入银行间债券市场有关事项的通知》(中国人民银行,银市场〔2015〕17 号,2015 年 6 月 15 日)

《中国人民银行、中国银行保险监督管理委员会、中国证券监督管理委员会、国家外汇管理局关于规范金融机构资产管理业务的指导意见》(中国人民银行等,银发〔2018〕106 号,2018 年 4 月 27 日)

《中国人民银行行政处罚程序规定》(中国人民银行,中国人民银行令〔2022〕第 3 号,2022 年 6 月 1 日)

《中国人民银行关于加强反洗钱客户身份识别有关工作的通知》(中国人民银行,银发〔2017〕235 号,2017 年 10 月 20 日)

（五）外汇管理局

《国家外汇管理局关于改革外商投资企业外汇资本金结汇管理方式的通知》（部分失效）（国家外汇管理局，汇发〔2015〕19号，2015年6月1日）

（六）财政部、国家税务总局

《政府投资基金暂行管理办法》（财政部，财预〔2015〕210号，2015年11月12日）

《企业会计准则第36号——关联方披露》（财政部，财会〔2006〕3号，2007年1月1日）

《财政部、国家税务总局关于全面推开营业税改征增值税试点的通知》（部分失效）（财政部等，财税〔2016〕36号，2016年5月1日）

《财政部、国家税务总局关于进一步明确全面推开营改增试点金融业有关政策的通知》（财政部等，财税〔2016〕46号，2016年5月1日）

《财政部、国家税务总局关于资管产品增值税有关问题的通知》（财政部等，财税〔2017〕56号，2018年1月1日）

《财政部、国家税务总局关于资管产品增值税政策有关问题的补充通知》（财政部等，财税〔2017〕2号，2017年7月1日）

《财政部、税务总局关于创业投资企业和天使投资个人有关税收政策的通知》（财政部等，财税〔2018〕55号，2018年7月1日）

《新兴产业创投计划参股创业投资基金管理暂行办法》（财政部等，财建〔2011〕668号，2011年8月17日）

《国家税务总局关于有限合伙制创业投资企业法人合伙人企业所得税有关问题的公告》（国家税务总局，国家税务总局公告2015年第81号，2015年10月1日）

《国家税务总局关于实施创业投资企业所得税优惠问题的通知》（部分失效）（国家税务总局，国税发〔2009〕87号，2008年1月1日）

《财政部、国家税务总局关于合伙企业合伙人所得税问题的通知》(财政部等,财税〔2008〕159号,2008年1月1日)

《财政部关于规范金融企业对地方政府和国有企业投融资行为有关问题的通知》(财政部,财金〔2018〕23号,2018年3月28日)

《财政部关于财政资金注资政府投资基金支持产业发展的指导意见》(财政部,财建〔2015〕1062号,2015年12月25日)

《国家税务总局关于个人终止投资经营收回款项征收个人所得税问题的公告》(国家税务总局,国家税务总局公告2011年第41号,2011年7月25日)

《国家税务总局关于〈关于个人独资企业和合伙企业投资者征收个人所得税的规定〉执行口径的通知》(国家税务总局,国税函〔2001〕84号,2001年1月17日)

《财政部关于加强政府投资基金管理提高财政出资效益的通知》(财政部,财预〔2020〕7号,2020年2月12日)

(七)商务部

《外商投资创业投资企业管理规定》(商务部,中华人民共和国商务部令2015年第2号,2015年10月28日)

《商务部关于外商投资举办投资性公司的规定》(商务部,中华人民共和国商务部令2015年第2号,2015年10月28日)

(八)科学技术部

《科学技术部关于外商投资创业投资企业创业投资管理企业审批有关事项的通知》(科学技术部,国科发财〔2009〕140号,2009年3月3日)

(九)国家市场监督管理总局

《经营者集中审查规定》(国家市场监督管理总局,国家市场监督管理总局令第67号,2023年4月15日)

《经营者集中反垄断合规指引》(国家市场监督管理总局,2023年9月5日)

(十)国家金融监督管理总局

《中国银保监会行政处罚办法》[中国银行保险监督管理委员会(已撤销),中国银行保险监督管理委员会令2020年第8号,2020年8月1日]

《中国银监会关于规范银信类业务的通知》[中国银行业监督管理委员会(已撤销),银监发〔2017〕55号,2017年11月22日]

《商业银行并表管理与监管指引》[中国银行业监督管理委员会(已撤销),银监发〔2014〕54号,2015年7月1日]

《关于清理规范保险资产管理公司通道类业务有关事项的通知》(中国银行保险监督管理委员会(已撤销),保监资金〔2016〕98号]

(十一)国家发展和改革委员会

《政府出资产业投资基金管理暂行办法》(国家发展和改革委员会,发改财金规〔2016〕2800号,2017年4月1日)

《国家发展改革委、中国人民银行、财政部、银保监会、证监会、外汇局关于进一步明确规范金融机构资产管理产品投资创业投资基金和政府出资产业投资基金有关事项的通知》(国家发展和改革委员会等,发改财金规〔2019〕1638号,2019年10月19日)

《创业投资企业管理暂行办法》(国家发展和改革委员会等,国家发展和改革委员会、中华人民共和国科学技术部、中华人民共和国财政部、中华人民共和国商务部、中国人民银行、国家税务总局、国家工商行政管理总局、中国银行业监督管理委员会、中国证券监督管理委员会、国家外汇管理局令第39号,2006年3月1日)

《国家发展改革委办公厅关于发挥政府出资产业投资基金引导作用推进市场化银行债权转股权相关工作的通知》(国家发展和改革委员会,发改办财金〔2017〕1238号,2017年7月15日)

《国家发展改革委办公厅关于进一步做好政府出资产业投资基金信用信息登记工作的通知》(国家发展和改革委员会,发改办财金〔2017〕1834号,2017年11月8日)

《国家发展和改革委关于加强创业投资企业备案管理严格规范创业投资企业募资行为的通知》(国家发展和改革委员会,发改财金〔2009〕1827号,2009年7月10日)

《国家发展和改革委员会、财政部关于实施新兴产业创投计划、开展产业技术研究与开发资金参股设立创业投资基金试点工作的通知》(国家发展和改革委员会等,发改高技〔2009〕2743号,2009年10月29日)

《政府出资产业投资基金管理暂行办法》(国家发展和改革委员会,发改财金规〔2016〕2800号,2017年4月1日)

《政府出资产业投资基金信用信息登记指引(试行)》(国家发展和改革委员会,发改办财金规〔2017〕571号,2017年4月1日)

(十二)国务院国有资产监督管理委员会

《有限合伙企业国有权益登记暂行规定》(国务院国有资产监督管理委员会,国资发产权规〔2020〕2号,2020年1月3日)

《企业国有资产交易监督管理办法》(国务院国有资产监督管理委员会等,国务院国有资产监督管理委员会、中华人民共和国财政部令第32号,2016年6月24日)

(十三)中国证券监督管理委员会

《中国证券监督管理委员会关于加强私募投资基金监管的若干规定》(中国证券监督管理委员会,中国证券监督管理委员会公告〔2020〕71号,2020年12月30日)

《证券期货违法行为行政处罚办法》(中国证券监督管理委员会,中国证券监督管理委员会令第186号,2021年7月14日)

《中国证券监督管理委员会行政处罚听证规则》(中国证券监督管

理委员会,中国证券监督管理委员会令第119号,2015年12月4日)

《公开募集证券投资基金管理人监督管理办法》(中国证券监督管理委员会,中国证券监督管理委员会令第198号,2022年6月20日)

《最高人民法院、最高人民检察院、公安部、中国证券监督管理委员会关于整治非法证券活动有关问题的通知》(最高人民法院等,证监发〔2008〕1号,2008年1月2日)

《公开募集证券投资基金投资顾问业务管理规定(征求意见稿)》(中国证券监督管理委员会,2023年6月9日公布)

《上市公司收购管理办法》(中国证券监督管理委员会,中国证券监督管理委员会令第166号,2020年3月20日)

《证券市场禁入规定》(中国证券监督管理委员会,中国证券监督管理委员会令第185号,2021年7月19日)

《私募投资基金监督管理暂行办法》(中国证券监督管理委员会,中国证券监督管理委员会令第105号,2014年8月21日)

《证券期货投资者适当性管理办法》(中国证券监督管理委员会,中国证券监督管理委员会令第202号,2022年8月12日)

《证券期货经营机构私募资产管理业务运作管理暂行规定》(中国证券监督管理委员会,中国证券监督管理委员会公告〔2016〕13号,2016年7月18日)

《中国证券监督管理委员会关于基金从业人员投资证券投资基金有关事项的规定》(中国证券监督管理委员会,中国证券监督管理委员会公告〔2012〕15号,2012年6月12日)

《证券公司和证券投资基金管理公司合规管理办法》(中国证券监督管理委员会,中国证券监督管理委员会令第166号,2020年3月20日)

《证券投资基金托管业务管理办法》(中国证券监督管理委员会等,中国证券监督管理委员会、中国银行保险监督管理委员会令第172号,2020年7月10日)

《证券期货市场诚信监督管理办法》(中国证券监督管理委员

会,中国证券监督管理委员会令第166号,2020年3月20日)

《上市公司创业投资基金股东的特别规定》(中国证券监督管理委员会,中国证券监督管理委员会公告〔2020〕17号,2020年3月31日)

《私募投资基金管理人登记和私募投资基金备案流程》(中国证券监督管理委员会,2014年12月31日)

《关于禁止违规开展私募产品拆分转让业务问题的答复》(中国证券监督管理委员会,2016年3月18日)

《私募基金监管问答——关于享受税收试点政策的创业投资基金标准及申请流程》(中国证券监督管理委员会,2017年7月7日)

《私募基金监管问答——关于享受税收政策的创业投资基金标准及申请流程》(中国证券监督管理委员会,2019年6月19日)

《中国证监会关于开展创新创业公司债券试点的指导意见》(中国证券监督管理委员会,中国证券监督管理委员会公告〔2017〕10号,2017年7月4日)

《中国证券监督管理委员会关于证券投资基金估值业务的指导意见》(中国证券监督管理委员会,中国证券监督管理委员会公告〔2017〕13号,2017年9月5日)

《中国证券监督管理委员会关于清理整顿违法从事证券业务活动的意见》(中国证券监督管理委员会,中国证券监督管理委员会公告〔2015〕19号,2015年7月12日)

(十四)上海证券交易所

《上海证券交易所上市公司创业投资基金股东减持股份实施细则(2020年修订)》(上海证券交易所,上证发〔2020〕14号,2020年3月31日)

《上海证券交易所主板股票异常交易实时监控细则》(上海证券交易所,上证发〔2023〕39号,2023年2月17日)

《上海证券交易所上市公司自律监管指引第5号——交易与关

联交易(2023年1月修订)》(上海证券交易所,上证发〔2023〕6号,2023年1月13日)

(十五)深圳证券交易所

《深圳证券交易所上市公司创业投资基金股东减持股份实施细则(2020年修订)》(深圳证券交易所,深证上〔2020〕143号,2020年3月31日)

《深圳证券交易所主板股票异常交易实时监控细则》(深圳证券交易所,深证上〔2023〕104号,2023年2月17日)

(十六)中国银行业协会

《中国银行业协会商业银行资产托管业务指引》(中国银行业协会,2019年3月18日)

(十七)中国证券业协会

《非公开发行公司债券项目承接负面清单指引(2022年修订)》(中国证券业协会,中国证券业协会〔2022〕294号,2022年12月9日)

《证券经营机构参与打击非法证券活动工作指引》(中国证券业协会,中证协发〔2016〕156号,2016年8月11日)

《证券经营机构投资者适当性管理实施指引(试行)》(中国证券业协会,中证协发〔2017〕153号,2017年7月1日)

《中国证券业协会关于发布〈证券公司私募投资基金子公司管理规范〉及〈证券公司另类投资子公司管理规范〉的通知》(中国证券业协会,中证协发〔2016〕253号,2016年12月30日)

(十八)中国证券投资基金业协会

1. 办法

《私募投资基金登记备案办法》(中国证券投资基金业协会,中

基协发〔2023〕5号,2023年5月1日)

《中国证券投资基金业协会会员管理办法》(中国证券投资基金业协会,2021年12月14日)

《中国证券投资基金业协会会费收缴办法》(中国证券投资基金业协会,2021年12月14日)

《中国证券投资基金业协会自律管理和纪律处分措施实施办法》(中国证券投资基金业协会,中基协发〔2022〕20号,2022年12月30日)

《中国证券投资基金业协会投诉处理办法》(中国证券投资基金业协会,中基协发〔2021〕4号,2022年1月1日)

《私募投资基金募集行为管理办法》(中国基金业协会,2016年7月15日)

《基金从业资格考试管理办法(试行)》(中国证券投资基金业协会,2015年7月24日)

《私募投资基金信息披露管理办法》(中国基金业协会,2016年2月4日)

《私募投资基金服务业务管理办法(试行)》(中国证券投资基金业协会,中基协字〔2017〕21号,2017年3月1日)

《私募投资基金电子合同业务管理办法(试行)》(中国证券投资基金业协会,中基协字〔2022〕204号,2022年6月2日)

2. 通知、公告

《私募投资基金备案指引第1号——私募证券投资基金》(中国证券投资基金业协会,中基协发〔2023〕21号,2023年9月28日)

《私募投资基金备案指引第2号——私募股权、创业投资基金》(中国证券投资基金业协会,中基协发〔2023〕21号,2023年9月28日)

《私募投资基金备案指引第3号——私募投资基金变更管理人》(中国证券投资基金业协会,中基协发〔2023〕22号,2023年9月28日)

《中国基金业协会关于发布私募投资基金合同指引的通知》(中国基金业协会,2016 年 7 月 15 日)

《私募基金管理人登记申请材料清单(2023 年修订)》(中国证券投资基金业协会,中基协发〔2023〕11 号,2023 年 4 月 7 日)

《中国证券投资基金业协会关于加强经营异常机构自律管理相关事项的通知》(中国证券投资基金业协会,中基协字〔2022〕37 号,2022 年 1 月 30 日)

《中国证券投资基金业协会关于便利申请办理私募基金管理人登记相关事宜的通知》(中国证券投资基金业协会,2023 年 2 月 28 日)

《中国证券投资基金业协会关于加强私募基金信息报送自律管理与优化行业服务的通知》(中国证券投资基金业协会,中基协字〔2021〕107 号,2021 年 2 月 9 日)

《中国证券投资基金业协会关于改进私募基金管理人登记备案相关工作的通知》(中国证券投资基金业协会,2014 年 12 月 31 日)

《中国证券投资基金业协会关于发布私募基金登记备案相关常见问题解答的通知》(中国证券投资基金业协会,中基协字〔2015〕103 号,2015 年 6 月 4 日)

《中国证券投资基金业协会关于私募基金管理人注销相关事宜的公告》(中国证券投资基金业协会,2016 年 8 月 1 日)

《中国基金业协会关于进一步规范私募基金管理人登记若干事项的公告》(中国基金业协会,中基协发〔2016〕4 号,2016 年 2 月 5 日)

《中国证券投资基金业协会关于进一步优化私募基金登记备案工作若干举措的通知》(中国证券投资基金业协会,2015 年 7 月 3 日)

《中国证券投资基金业协会关于做好私募基金“两个加强、两个遏制”相关工作的通知》(中国证券投资基金业协会,中基协〔2016〕134 号,2016 年 8 月 29 日)

《中国证券投资基金业协会关于私募证券投资基金管理机构投资管理人员投资业绩填报有关事项的通知》(中国证券投资基金业协会,中基协字〔2018〕11 号,2018 年 1 月 19 日)

《中国证券投资基金业协会关于进一步加强私募基金行业自律管理的决定》(中国证券投资基金业协会,2018 年 3 月 27 日)

《中国证券投资基金业协会关于私募基金管理人在异常经营情形下提交专项法律意见书的公告》(中国证券投资基金业协会,2018 年 3 月 27 日)

《中国证券投资基金业协会关于私募证券投资基金管理人提供投资建议服务线上提交材料功能上线的通知》(中国证券投资基金业协会,2018 年 3 月 23 日)

《私募投资基金非上市股权投资估值指引(试行)》(中国证券投资基金业协会,2018 年 7 月 1 日)

《中国证券投资基金业协会关于对参与上市公司并购重组纾解股权质押问题的私募基金提供备案"绿色通道"相关安排的通知》(中国证券投资基金业协会,2018 年 10 月 21 日)

《证券期货经营机构私募集合资产管理计划适用简易备案核查程序条件清单》(中国证券投资基金业协会,2019 年 10 月 8 日)

《中国证券投资基金业协会关于进一步规范异常经营专项法律意见书出具行为的通知》(中国证券投资基金业协会,中基协字〔2020〕27 号,2020 年 3 月 23 日)

《中国证券投资基金业协会关于进一步支持私募基金服务实体经济的若干备案便利措施》(中国证券投资基金业协会,2020 年 4 月 14 日)

《中国证券投资基金业协会关于发布私募基金备案案例公示的通知》(中国证券投资基金业协会,2021 年 9 月 1 日)

《中国证券投资基金业协会关于发布私募基金备案案例公示的通知》(中国证券投资基金业协会,2022 年 4 月 18 日)

《中国证券投资基金业协会关于发布私募基金备案案例公示的

通知》(中国证券投资基金业协会,2022 年 9 月 16 日)

《中国证券投资基金业协会关于发布私募基金管理人登记案例公示的通知》(中国证券投资基金业协会,2022 年 4 月 15 日)

《私募基金登记备案动态》(中国证券投资基金业协会,【2023】第 1 期总第 1 期,2023 年 8 月 11 日)

《中国证券投资基金业协会关于规范私募基金管理人登记填报工作的通知》(中国证券投资基金业协会,2015 年 1 月 4 日)

3. 规则、细则

《私募证券投资基金管理人会员信用信息报告工作规则(试行)》(中国证券投资基金业协会,2018 年 1 月 12 日)

《私募股权、创业投资基金管理人会员信用信息报告工作规则(试行)》(中国证券投资基金业协会,2019 年 11 月 11 日)

《中国证券投资基金业协会自律检查规则》(中国证券投资基金业协会,中基协发〔2023〕16 号,2023 年 7 月 14 日)

《基金从业人员管理规则》(中国证券投资基金业协会,中基协发〔2023〕23 号,2023 年 11 月 24 日)

《中国证券投资基金业协会投资基金纠纷调解规则》(中国证券投资基金业协会,中基协发〔2021〕3 号,2022 年 1 月 1 日)

《基金经营机构及其工作人员廉洁从业实施细则》(中国证券投资基金业协会,2020 年 3 月 12 日)

4. 指引

《私募证券投资基金运作指引(征求意见稿)》(中国证券投资基金业协会,2023 年 4 月 28 日公布)

《私募投资基金管理人内部控制指引》(中国证券投资基金业协会,2016 年 2 月 1 日)

《私募基金管理人登记法律意见书指引》(中国证券投资基金业协会,2019 年 12 月 22 日)

《基金募集机构投资者适当性管理实施指引(试行)》(中国证券投资基金业协会,中基协发〔2017〕4 号,2017 年 6 月 28 日)

《不动产私募投资基金试点备案指引(试行)》(中国证券投资基金业协会,中基协发〔2023〕4号,2023年3月1日)

《私募投资基金合同指引1号(契约型私募基金合同内容与格式指引)》(中国基金业协会,2016年7月15日)

《私募投资基金合同指引2号(公司章程必备条款指引)》(中国基金业协会,2016年7月15日)

《私募投资基金合同指引3号(合伙协议必备条款指引)》(中国基金业协会,2016年7月15日)

《私募基金管理人登记指引第1号——基本经营要求》(中国证券投资基金业协会,中基协发〔2023〕6号,2023年5月1日)

《私募基金管理人登记指引第2号——股东、合伙人、实际控制人》(中国证券投资基金业协会,中基协发〔2023〕7号,2023年5月1日)

《私募基金管理人登记指引第3号——法定代表人、高级管理人员、执行事务合伙人或其委派代表》(中国证券投资基金业协会,中基协发〔2023〕8号,2023年5月1日)

《基金从业人员证券投资管理指引(试行)》(中国证券投资基金业协会,中基协发〔2013〕32号,2013年12月30日)

《私募投资基金信息披露内容与格式指引1号(适用于私募证券投资基金)》(中国证券投资基金业协会,2016年2月4日)

《私募投资基金信息披露内容与格式指引2号——适用于私募股权(含创业)投资基金》(中国证券投资基金业协会,2016年11月14日)

《私募基金管理人失联处理指引》(中国证券投资基金业协会,中基协发〔2023〕17号,2023年7月14日)

《私募投资基金服务机构登记法律意见书指引》(中国证券投资基金业协会,2020年3月12日)

《证券投资基金增值税核算估值参考意见及释义》(中国证券投资基金业协会,2017年12月29日)

《绿色投资指引(试行)》(中国证券投资基金业协会,2018 年 11 月 10 日)

《私募投资基金命名指引》(中国证券投资基金业协会,2019 年 1 月 1 日)

《证券投资基金投资信用衍生品估值指引(试行)》(中国证券投资基金业协会,中基协发〔2019〕1 号,2019 年 1 月 18 日)

《证券投资基金投资流通受限股票估值指引(试行)》(中国证券投资基金业协会,中基协发〔2017〕6 号,2017 年 9 月 4 日)

5. 规范

《证券期货经营机构私募资产管理计划备案管理规范第 1 – 3 号》(中国证券投资基金业协会,2016 年 10 月 21 日)

《证券期货经营机构私募资产管理计划备案管理规范第 4 号——私募资产管理计划投资房地产开发企业、项目》(中国证券投资基金业协会,2017 年 2 月 13 日)

中国证券投资基金业协会、中国证券登记结算有限公司关于发布《基金行业数据集中备份接口规范(试行)》(中国证券投资基金业协会等,2017 年 5 月 5 日)

6. 说明

《有关私募投资基金业务类型/基金类型和产品类型的说明》(中国证券投资基金业协会,2016 年 9 月 8 日)

《私募基金信息报送常见问题示例说明(2021 年 2 月)》(中国证券投资基金业协会,中基协字〔2021〕108 号,2021 年 2 月 9 日)

《外商独资和合资私募证券投资基金管理人登记备案填报说明》(中国证券投资基金业协会,2017 年 1 月 5 日)

7. 准则

《基金从业人员执业行为自律准则》(中国证券投资基金业协会,2014 年 12 月 15 日)

8. 解答

《私募基金登记备案相关问题解答(六)》(中国证券投资基金业

协会,2015 年 4 月 2 日)

《私募基金登记备案相关问题解答(八)》(中国证券投资基金业协会,2016 年 3 月 18 日)

《私募基金登记备案相关问题解答(十)》(中国证券投资基金业协会,2016 年 6 月 30 日)

《私募基金登记备案相关问题解答(十五)》(中国证券投资基金业协会,2018 年 8 月 29 日)

《私募基金登记备案常见问题解答》(中国证券投资基金业协会,2016 年 5 月 27 日)

9. 章程

《中国证券投资基金业协会章程》(中国证券投资基金业协会,2018 年 8 月 17 日)

(十九)地方性文件

《上海金融服务办公室、上海市商务委员会、上海市工商行政管理局关于本市开展外商投资股权投资企业试点工作的实施办法》(上海市金融服务办公室等,沪金融办通〔2010〕38 号,2011 年 1 月 24 日)

《深圳市外商投资股权投资企业试点办法》(深圳市地方金融监督管理局,深金规〔2021〕1 号,2021 年 2 月 8 日)

《上海市地方金融监督管理局、中国证券监督管理委员会上海监管局、上海市国有资产监督管理委员会、上海市市场监督管理局、上海市财政局、国家税务总局上海市税务局关于支持上海股权托管交易中心开展私募股权和创业投资份额转让试点工作的若干意见》(上海市地方金融监督管理局等,沪金监〔2022〕120 号,2022 年 9 月 21 日)

《上海市人民政府办公厅上海市人民政府办公厅关于进一步促进上海股权投资行业高质量发展的若干措施》(上海市人民政府办公厅,沪府办规〔2023〕29 号,2024 年 2 月 1 日)